특별감찰관법 강의

차정현

A Lecture on

INDEPENDENT INSPECTOR GENERAL ACT

박영사

머리말

책을 쓴 이유

벌써 7여년이 지난 것 같습니다. 2016년 8월 특별감찰관실이 전 대통령비서실 감찰대상자에 대한 감찰을 마치자 곧이어 2016년 9월 검찰에서 특별감찰관실에 대한 압수수색이 시작되었습니다. 이후 2016년 9월 28일 당시 정부에서 특별감찰관실 전직원에 대해 '당연퇴직의 해석에 대하여 사회혼란을 야기한다'라면서 감찰담당관 전원 당연퇴직 의견 공문이 도착한 저녁에 특별감찰관실 직원들은 삼삼오오 모여서 앞으로 어떻게 해야 하는지 고민하다가 밤늦게 귀가를 하였던 것 같습니다. 그때 감찰기록을 보완하다가 사무실에서 밤을 새운 새벽은 아직도 생생한 기억으로 다가옵니다.

당장 특별감찰관실의 국회 법제사법위원회 국정감사가 2016년 9월 30일이었습니다. 당연퇴직 의견으로 당시 소속직원 전원부재로 국정감사는 파행을 겪을 수밖에 없는 상황이었습니다. 매일 텅 빈 서울 종각역에 있는 특별감찰관 사무실에 출근하면서 '도대체 왜 당신은 공무원도 아닌데 출근하느냐, 공무소 무단침입 아닌가, 검찰수사는 언제부터 받기 시작하느냐'는 이야기를 들으며 제가 다짐했던 생각은 앞으로는 국가기구인 특별감찰관실은 어떠한 일이 있더라도 이러한 일이 재차 발생하여서는 안 된다는 생각이었습니다.

이후 2016년 10월 18일 특별감찰관실에 대한 국회종합감사가 다가왔습니다. 전날부터 이미 국회 법제사법위원회에 당연퇴직된 특별감찰과장이 기관증인으로 적격성이 있는지에 대해 논란이 일기 시작했습니다. 당시에 저는 38살이었고, 특별감찰권 직무대행으로 국정감사에 출석하는 것에 대해 많은 고민이 있었습니다. 하지만, 만약 제가 그냥 조용히 짐을 챙겨 집에 돌아가면 법에 의해 설치된 국가기구의 무력화가 용인되고 또한 앞으로도 반복될 수 있을 것 같다는 생각도 들었습니다. 이에 주저하지 않고 기관증인 출석의사를 전했습니다.

법제사법위원회 국정감사장에서 당시 정권의 자동퇴직 공문 불수용 의사를 밝히고 자리에 돌아오니 제 특별감찰과장 집무실 책상 위에는 특별감찰관실 감찰담당관 전원에 대한 정부의 당연퇴직 통보서와 함께 검찰의 파일 압수물 목록, 그리고 저의 사직서를 포함한 직원 전원의 사직서가 3개월간 밀린 특별감찰관 관청 사무실 전기비 연체 고지서와 함께 놓여있었습니다. 저는 이미 당연퇴직이 된 상황으로 간주되어 행정기능은 모두 멈춘 상태였습니다.

특별감찰관실은 매일 고립되고 고사되는 중이었습니다. 인건비 등 예산은 집행되지 않았고, 기관운영은 멈추게 되었습니다. 특히 2016년 겨울은 유난히 추웠는데 이 상황을 어떻게든 극복하기 위해 저는 당시 전기도 들어오지 않는 건물에서 비용을 대납하면서 2016년 12월 서울행정법원에 특별감찰관 직무대행 지위인정 가처분 소송을 제기하였습니다.

결국 2017년 2월 17일 특별감찰과장 및 감찰담당관들은 자동퇴직되지 않고 3순위 대행권자라는 취지의 특별감찰관 직무대행 가처분 인용 판결을 받고서도 두 달이 지나서야 간신히 예산과 공문이 집행되었던 것 같습니다.

저는 이후 특별감찰관 제도라는 것에 대해서 언젠가는 당시 제가 고민했던 부분을 말씀드려야 할 것이라 생각했습니다. 그리고 그 말은 최대한 객관적으로 당시 특별감찰관이라는 조직이 해당 법상 어떠한 내용이 설시되어 있으며 이 법조문이 조문별로 어떠한 문제점이 있고, 이를 어떻게 보완하여야 되는지를 법리적으로 그리고 운용실무적으로 정제되어 기술될 수 있도록 하여야겠다고 생각했습니다. 당시 잊혀진 상흔처럼 2016년 겨울에 조문별로 조각조각 썼던 주석서 형태의 단어와 문장들은 이후 제가 2018년 4월 특별감찰관 직무대행을 임기만료로 떠나게 되면서, 그리고 저도 세월이 지나서 다시 들추어보지 않는 과거 기억의 파편으로 자리매김하여 특별감찰관법 원고를 지금은 쓰지도 않는 노트북 깊은 곳에 두었던 것 같습니다.

7년여 정도 세월이 지났습니다. 저도 이제 국회에서 정부의 당연해고통보 공문을 수용할 생각이 전혀 없다며 언성을 높이던 30대도 아니고, 관리비를 사비로 납부해가며 특별감찰관실 고사작전 펼친다고 해도 우리들은 조직을 버리고 떠나지 않는다고 목소리에 힘주어 말하던 나이가 아닌 어언 40대 중반이 되었습니다. 사람들의 관심도 없던, 그리고 사문화된 법조문이 되어 버린 특별감찰관법이라는 단어를 들은 것은 다시 2022년 유난히 추운 겨울이 찾아온 시점인 것 같습니다. 고민을 거듭하다가 이제는 그 당시 컴퓨터 저장 공간 어딘가 깊이 묻어버렸던 원고를 열어 이를 조문별로 살펴서 보았습니다. 한 글자 한 문장마다 꾹꾹 힘을 주면서 키보드 자판을 눌렀던, 모니터를 새벽까지 충혈된 눈으로 밤새며 응시했던 모습이 기억납니다. 그리고 교정을 진행하는 현재에도 같은 눈빛으로 문장을 점검하는 저를 보고, 체력이 더 좋았던 젊을 때에 미리 써두길 정말 잘했다고 생각이 들었습니다. 그리고 이제 저도 당시 고민했던 부분을 같이 공유하여야 될 것 같아서 두서 없이 지난 특별감찰기구에 근무했었던 경험을 되살려 졸고를 내게 되었습니다.

　기본적으로 당시에도 지금도 그리고 향후에도 저는 같은 생각입니다. 어떤 형태든 기구 명이든지, 그것이 다른 수사 및 감찰기구들의 권한과 중복되는 측면이 있다고 하더라도 만약 특별수사기구나 특별감찰기구가 새로 설계되어 운용될 것이라면 제대로 운영될 수 있도록 되어야 하며, 구성원들이 감찰조사나 수사를 할 때마다 다른 요소들로 인하여 조직이 해체되거나 구성원이 부당하게 공격받거나 직을 잃는 일이 없이 법과 원칙에 따라 수사나 조사할 수 있는 형태로 되어야 할 것이라고 생각합니다.

특별감찰관제도의 운용방안

　특별감찰관법의 구체적인 조문별 주석에 앞서 기본적인 국가특별감찰기구의 운용방안 에 대해 짧은 개인적인 소견을 적습니다. 물론 이러한 소견은 특별감찰관실 근무 중 경험 하고 느꼈던 많은 내용들과 그동안 스스로 했던 고민들, 그리고 그동안 받았던 질문들을 정리하고 공유하는 것이 향후 국가를 위해 운용될 반부패감찰기구의 방향과 운용형태에 혹시 조그마한 도움이 될까 하여 조심스럽게 제 경험과 생각을 적습니다.

　저는 법안들 그리고 운용방안에 대한 많은 의견과 견해들을 보았습니다. 기본적으로 특 별감찰기구 운용에 대해 논의가 많이 이루어지는 것은 좋은 현상이라고 생각됩니다. 기구 형태나 운용방안이 다양하게 논의된다는 것은 특별감찰기구의 정립을 위해서 수많은 분들 께서 많은 고민을 하고 계시다는 것이고, 이는 역으로 생각하면 소위 고위공직자의 비위 행위나 부패범죄를 대응하는 데 있어서는 다양한 대응방안이 가능하다는 반증이라고 생각 하기 때문입니다.

1. 우선 특별감찰기구에서 공정한 조사가 이루어질 수 있느냐 하는 부분입니다.

　현재 특별감찰관법상 감찰관의 임명은 국회는 15년 이상 법원조직법 제42조 제1항 제1 호의 직에 있던 변호사 중에서 3명의 특별감찰관 후보자를 대통령에게 서면으로 추천하 면 대통령은 특별감찰관 후보자 추천서를 받은 날부터 3일 이내에 추천후보자 중에서 1 명을 특별감찰관으로 지명하고, 국회의 인사청문을 거쳐 임명하여야 합니다.

　후보자의 경우 인사청문회를 거치게 되어 있어 혹시 정치적 편향성을 가진 인물이라면 이미 국회에서 자격요건 검증과 함께 논의과정에서 지적이 될 것이라고 생각합니다. 이는 사전에 후보자 롱리스트 중에서 추천시에 서로가 상대방이 반대할 가능성이 높은 후보는 소거하면서 추천할 가능성도 높다는 점도 가능할 수 있습니다. 결국 그렇게 되면 최종적인 후보는 중립적인 후보자분들이 남을 가능성이 높다고 생각됩니다. 참고로 후보자의 국회추천은 기존의 모든 특별검사법이나 특별감찰관법, 상설특별검사법, 고위공직자범죄수사처법에도 포함된 조항입니다.

특히 살펴보아야 하는 것은 구성원들의 인사상 이익 및 불이익 부분입니다. 감찰대상자에 대한 감찰을 시행한다고 해서 만약 감찰을 하는 구성원에 대해 인사적 고려요소가 생기게 된다면 누구나 조사하는 것을 망설이게 될 것입니다. 하지만 특별감찰관실의 구성원들은 별도의 전보가 없으며 규모가 크지 않아 청사가 단일한 특정지역에 위치하여 모두 같이 근무할 가능성이 높습니다. 이는 인사혜택이나 좌천인사 등 인사불이익 없이 감찰매뉴얼대로 조사할 수 있는 구조가 될 수 있습니다.

진행되는 감찰 역시 내부결재 및 감찰팀의 회의·보고와 내규에 의해 정제된 조사가 이루어진다고 생각합니다. 실제 특별감찰관실도 그동안 진행되었던 감찰사건에서 내부의 사건처리규정에 따라 여러 가지 감찰계획에 따라 준비하여 숙의를 거듭하여 신중하게 법과 원칙에 따라 감찰을 진행한 바 있습니다.

2. 고위공직자에 대한 감찰총량의 증가 부분입니다.

현재 특별감찰관실의 감찰대상은 일반국민이 아니며 고위공직자 중 일부일 뿐입니다. 비위행위나 부패범죄도 일부 부패범죄에 한정되어 있습니다. 그러나 감찰대상으로 대통령실 수석비서관 이상 및 대통령의 친인척이라 할지라도 이에 대해서는 국회에서 일정직급 이상의 고위공직자로 확대되어야 한다고 수많은 개정법률안이 제출되어 있는 상황이며, 또한 사안에 고위공직자가 관련되어 있는 경우가 있으면 감찰대상자와 관련이 되어 있는지 여부를 조사하는 과정에서 범위가 확대될 수 있습니다. 중요한 점은 이 중복되는 영역에 대해서도 검찰과 경찰의 수사 및 국민권익위원회의 조사와 감사원의 감사는 항상 가능하다는 것입니다. 이에 특별감찰관실이 굳이 사건을 고의로 잘못 조사하기는 구조적으로 어렵습니다. 그렇게 되면 오류는 다른 수사 및 조사기구들에게 감시당할 것이고 궁극적으로는 법원에 의해 지적될 것이기 때문입니다.

고위공직자에 대한 특별감찰기구의 설치 및 운용문제는 결국 대의기구인 국회의 입법정책의 문제이고 근본적으로는 주권자인 국민의 권한이라고 생각합니다. 무엇보다 고위공직자의 부패행위 및 범죄에 대한 감찰총량의 증가는 뇌물 등 부패범죄의 은밀성과 고위공직자의 사회적 위치에서 오는 회피능력을 생각할 때 저는 도리어 긍정적입니다. 방패가 강한 물질로 되어 있다면 창 역시 그와 같거나 더 강한 재질이어야 할 것입니다.

국가기구와 공직자는 모두 국가와 국민을 위해 존재하는 조직과 구성원들이라고 생각합니다. 이에 고위공직자의 부패행위를 맞서는 일을 특별감찰기구에게 뺏긴다든지, 내가 가진 조사권한을 나누어야 한다든지, 아니면 반부패기구간 권한이 더 높고 낮고의 문제는 애당초 발생할 수 없습니다. 특별감찰기구 역시 감사원 감사나 국회의 감시 및 수사기관의 조사대상이 되며 무엇보다 사안의 중대성으로 제대로 업무를 수행하는지에 대해 상시 주권자인 국민의 관심 대상이 될 것입니다. 이에 특별감찰기구는 최상층에서 조사하는 기구가 아니며 병렬형 중복감시를 하는 구조에서 설계된 기구라고 생각합니다.

이는 국내외에도 무척 사례가 많습니다. 기구 자체의 규모와 예산은 타 기구들의 몇 십 분의 일도 되지 아니하여 크지 않지만 그에 대한 고위공직자 부패범죄에 대한 감시능력의 가성비가 매우 높습니다. 검찰, 경찰, 감사원, 특별감찰관 및 특별수사기관 간의 상호 견제감시와 고위공직자 부패행위에 대한 협동감시가 만들어질 수 있는 이상적 구조로 운영될 수 있습니다. 영국·뉴질랜드의 중대비리조사청, 호주의 반부패위원회, 싱가포르의 탐오조사국, 대만의 염정서, 홍콩의 염정공서 등 외국에서도 고위공직자의 부패행위에 대한 다수기관의 상호 검증과 감시는 그 중요성이 더 강조되고 있습니다. 이는 조사권이 어느 기관에게 있느냐 누가 주도적으로 조사하고 수사하고 기소하느냐의 문제가 아니라 국가의 모든 기관들이 협동하여 부패범죄로부터의 촘촘한 안전망을 같이 구축하자는 부분이 중요하며 외국은 더 촘촘히 그물코를 만들고 있습니다. 고위공직자는 더 많은 눈이 지켜봐야 한다고 생각합니다. 물론 보는 눈 사이에서도 서로 계속 지켜봐야 할 것입니다.

특별감찰관법 강의의 특징

특별감찰관법 강의는 특별감찰관법과 시행령, 그리고 하위 규정을 중심으로 조문 순서대로 서술하면서 주요 관련 규정인 상설특별검사의 임명에 관한 법률 등 주요한 제도의 조문을 빠짐없이 설명할 수 있도록 하였습니다. 또한 특별감찰관법 제정안들과 이후 개정안들에 대해서도 특별감찰관법 제도의 주요 내용에 대한 조문해석 이후에 다양한 제정안 및 개정안의 취지를 모두 함께 살펴보아 제도 이해의 깊이를 더하려고 노력하였습니다.

특히 단순히 법조문을 나열하면서 해당 설명을 나열하기보다는 국내 타기관의 사례 및 입법례, 외국 특별감찰기구의 제도에 대해 동시에 비교 설명하였으며, 특별감찰사무규정 등 실무적으로 적용될 수 있는 감찰실무규정 해석을 각 조문에 대입 적용하여 되도록 감찰실무에 해당 조문이 어떻게 해석되어 운용될 수 있는지 기술하였습니다.

또한 특별감찰관 조문의 내용과 해석사례만 집중하지 않고 제도 운영과정에서 느꼈던 한계점이나 문제점에 대해 저는 되도록 개선방안이나 사견 등의 내용을 다수 더하여 제도이해에 깊이를 더하고 특별감찰관 제도가 효율적으로 전개될 수 있도록 개선가능한 여러 방안에 대해 다양한 논의를 더하였습니다.

특히 조문에 기술되지 아니한 사전예방감찰 및 신속감찰제도에 대해서도 다른 기관에서도 응용할 수 있는 방안에 대하여도 기술하였습니다. 뿐만 아니라 일반 논문이나 연구서적의 기술방식으로는 한눈에 제도를 파악하기 어렵다는 생각에 최대한 비교표와 요약표, 업무 흐름도, 예시양식 등을 만들어 제도응용과 적용이 가능하도록 하였습니다.

감사한 분들

깊이 파묻혀 있던 특별감찰관법 강의 원고가 책자로 나올 때까지 너무 많은 분들의 도움이 있었습니다. 무엇보다 현재는 텅 빈 사무실이지만 당시 최선을 다해 근무했던 특별감찰관실 동료분들 및 특히 국정감사장에 같이 동행하여 주었던 감찰담당관님들, 서울행정법원에 탄원서를 적어주셨던 파견팀장님들 및 동료직원분들께 너무 감사합니다.

저의 첫 직장은 금융위원회입니다. 금융위원회에서 저는 많은 가르침을 받았고 이에 제가 항상 배우고 있는 자금세탁방지법을 공부할 수 있었습니다. 매번 아낌없는 조언과 가르침을 주시고 금융이 아닌 새로운 영역인 특별감찰관으로 이직을 할 때 진심어린 걱정과 함께 용기를 북돋아주셨던 금융위원회와 금융정보분석원 선배님들·동료분들, 그리고 아직은 제도도입단계이지만 반부패 특별수사기관으로 자리매김하려고 노력하고 있는 고위공직자범죄수사처에서 성실하게 근무하고 있는 동료분들에게 감사한 마음뿐입니다.

부족한 저를 16년째 항상 친아들처럼 아껴주시는 서울대학교 법학전문대학원 이상원 지도교수님, 또한 특별감찰기구에서 근무하였고 특별수사기구에서 근무하고 있는 것에 대해 자긍심을 가지시는 부모님이 아니었으면 본 주석서가 나오기 어려웠을 것입니다.

특히 2021년 10월 '자금세탁방지법 강의'에 이어 목차, 색인, 본문교정, 편집, 각주 및 표지디자인까지 여러 번의 교정 작업과정에도 항상 최선을 다해 의미있는 책을 만들어주시기 위해 함께해주신 박영사 관계자 여러분들께 진심의 감사를 드립니다.

무엇보다도 본 특별감찰관법 주석서가 우리나라 최초로 도입되었던 반부패 감찰 및 조사기구를 연구하시는 분들께 작은 도움이라도 되었으면 하는 마음입니다. 그리고 부족한 글에 대한 독자님들의 지도편달 부탁드립니다. 감사합니다.

2023년 초여름
과천에서
차 정 현 올림

차례

제1장 특별감찰관 제도의 입법 배경과 목적

제2장 특별감찰관 제도 주요 내용

제1장

특별감찰관 제도의 입법 배경과 목적

특별감찰관 제도의 입법 배경과 목적

Ⅰ.특별감찰관 제도

1. 서

가. 도입취지

특별감찰관(特別監察官)은 대통령의 친인척 및 측근들의 권력형 비리를 척결하기 위하여 직무상 독립성이 보장되는 공무원으로 하여금 상시적으로 대통령의 친인척 및 측근들의 비위를 감찰하도록 함으로써 권력형 비리를 사전에 예방하고 공직사회의 청렴성을 확보하기 위하여 도입되었다. 당초 특별감찰관 제도는 상설특별검사의 임명에 관한 법률과 함께 그 연계가능성을 고려하여 도입되었는데 상설특검제도가 기구특검으로 작용하지 않고, 상설특검에 관련된 법률에 의해 작동된 사례가 없게 되면서 제도특검으로만 기능하게 되어 상설특검제도는 형식적인 법안으로 존치하게 되었다. 또한 당초의 법 취지와 달리 상설특검의 발동요건으로 특별감찰관의 수사의뢰나 고발을 필요로 하는 것도 아니어서 제도적 연계성도 강하지 아니하게 되는 약한 형태의 특별감찰관 제도가 출범하게 되었다.

나. 설립 배경

특별감찰관 제도는 2012년 7월 16일 당시 박근혜 새누리당 대선 경선후보가 한국신문방송편집인협회 초청 토론회에서 최초로 언급하면서 공론화되었다. 당시 새누리당은 대선 직전에 친인척과 권력형 비리를 담당하는 특별감찰관제를 도입하겠다고 발표하고 제18대 대통령 선거와 관련하여 발표한 공약에 「부정부패 없는 깨끗한 정부」라는 항목으로 국회가 추천하는 '특별감찰관제'를 도입하며 조사권을 부여해서 대통령의 친인척 및 측근들의 비리와 부패를 근절하고 '상설특별검사제'를 통해 고위공직자의 비리를 수사하겠다고 주장하면서 이후 박근혜 정부 출범당시 국정과제로 특별감찰관제 및 상설특검제를 도입하였다.

다. 입법 과정

하지만 출범당시 주요입법과제로 설정되었음에도 특별감찰관제도 및 상설특검제도는 바로 입법화되지 못하고 지나치게 오랜 시간이 소요되었는바, 그 가운데 다양한 입법안들이 제출되게 된다. 대표적으로는 당시 민주통합당 의원으로 대표발의한 박범계 의원안(2013. 4.)이 있는데 그 대상자로 대통령의 배우자, 4촌 이내의 친족 및 대통령 비서실의 1급 이상 공무원뿐만 아니라, 국무총리, 국무위원, 국회의원, 감사원장, 국가정보원장, 검찰총장, 공정거래위원장, 금융위원장, 국세청장, 경찰청장 등을 감찰대상에 포함하였고, 그 구체적 범위도 더 넓게 대통령령에 위임하면서 폭넓은 대상자를 포함하는 형태의 광범위한 대상자를 관할하는 특별감찰관제도 법안을 발의하게 된다. 그 권한도 특별감찰관에게 계좌추적, 통신내역조회 등의 권한도 부여하였으며, 비위행위를 했다고 의심할 만한 상당한 이유가 존재할 경우 국회를 경유하여 상설특별검사에게 고발할 의무를 부여하는 등 일부 강제조사권도 부여하면서 실효적인 특별감찰관제도가 기능할 수 있도록 법안을 설계하였다.

동시에 김도읍 의원 대표발의안(2013. 6.)도 상정되었는데 김도읍 의원안은 감찰대상자인 고위공직자의 구체적 범위를 법에서 한정적으로 규정하고 별도로 대통령령에 그 대상을 위임하지는 아니하였다. 이에 상대적으로 박범계 의원안에 비해서 그 대상자가 협소하게 구성되었다. 특별감찰관의 권한도 계좌추적 등을 위해서는 영장이 필요한 점을 고려하여 계좌추적, 통신내역조회 권한 등의 일부 강제조사권한은 부여하지 아니하였으며, 또한 범죄혐의가 명백하여 형사처벌이 필요한 경우 검찰총장에게 고발토록 규정함으로써 상설특별검사제도와의 연계없이 제도가 설계되었다.

 이후 국회 사법개혁특별위원회에서는 2013. 9. 30. 전체회의에서 대통령의 친인척 및 측근들과 그 밖의 고위공직자들의 비위를 상시적으로 감찰하도록 하기 위하여 특별감찰관제도를 도입할 필요가 있다는 내용을 포함한 활동결과보고서가 채택되었고 이후 법제사법위원회의 논의 및 전체회의 심의·의결을 거쳐 국회 본회의 심의·의결 (2014. 2. 28. 국회 본회의에 법사위 대안이 상정되었으며, 토론 이후 표결에 회부가결)되어 결국 법은 2014. 3. 18.자로 제정, 2014. 6. 19.자로 시행되게 된다. 다만 법이 2014. 6. 19.자로 시행되었음에도 특별감찰관의 기구는 바로 운영되지 못하고 특별감찰관 후보자 선정과정에서 많은 시간이 소요되는 등 진통과정을 겪었다.

 최종적으로 2015. 3. 24. 국회에서 인사청문경과보고서가 채택됨에 따라 2015. 3. 26. 특별감찰관 후보자 임명안이 재가되고 2015. 3. 27.이 되어서야 특별감찰관이 임명되게 된다.

〈특별감찰관법과 주요 개정안〉

구분	현행법	개정안		
		권성동 안	최교일 안	김관영 안
목적/소속	◦ 대통령과 특수한 관계에 있는 사람의 비위행위 감찰/대통령	현행법과 동일		
감찰대상자	◦ 대통령 배우자, 4촌 이내의 친족 ◦ 대통령 비서실의 수석비서관 이상의 공무원	◦ 대통령 배우자, 4촌 이내의 친족 ◦ 대통령 비서실의 수석비서관 이상의 공무원		
		+비서실 행정관 +국무총리, 감사원장, 국가정보원장, 국무위원, 검찰총장, 경찰청장, 국세청장, 공정거래위원장, 금융위원장	+대통령비서실 행정관 + 대통령과의 친분을 과시하여 사익, 이권 개입 민간인	현행법과 동일

		+ 형법 30-34조		
비위행위	◦ 비실명계약, 알선, 중개 ◦ 공기업, 공직유관단체 수의계약, 알선, 중개 ◦ 인사관련 부정청탁하는 경우 ◦ 부당 금품, 향응 ◦ 공금 횡령, 유용	현행법과 동일	현행법과 동일	+ 감찰대상자 신분관계 발생전 10년 동안의 비위행위
감찰개시와 종료	◦ 개시, 종료시 대통령 보고 의무 ◦ 개시: 비위행위를 조사하는 방법 ◦ 종료: 고발, 수사의뢰, 항고(국회출석, 보고 의무)	현행법과 동일	- 개시시 대통령 보고의무 삭제 + 감찰기간 2개월	현행법과 동일
조사권한과 의무	◦ 관계기관의 협조(협조, 지원, 자료제출, 사실조회) ◦ 대상자 출석, 답변, 자료제출요구 ◦ 이외의 자에 대한 협조요구	+ 특별검사에의 수사요청권한 부여	+ 현지실지 감찰권 + 금융거래내역 요구권	현행법과 동일
임명과 신분보장	◦ 대통령 소속 ◦ 특별감찰관(1인), 특별감찰관보(1인), 담당관(10인 이내), 파견(20인 이내)	현행법과 동일		

2. 법의 주요 내용

특별감찰관(特別監察官)은 대통령의 친인척 및 측근들의 권력형 비리를 척결하기 위하여 직무상 독립성이 보장되는 공무원으로 하여금 상시적으로 대통령의 친인척 및 측근들의 비위를 감찰하도록 함으로써 권력형 비리를 사전에 예방하고 공직사회의 청렴성을 확보하기 위하여 도입된 차관급 공직이다. 그 소속에 대해서 법에서는 대통령 소속으로 한다[1]고 하여 흔히 대통령 비서실 소속의 특별감찰반이나 공직기강비서관실

---

1) **특별감찰관법 제3조(지위)** ① 특별감찰관은 대통령 소속으로 하되, 직무에 관하여는 독립의

혹은 민정수석실 산하의 감찰기구로 오인2)받는 일이 많으나 대통령 비서실 직제에서 감찰업무를 위해서 별도로 ① 대통령이 임명하는 행정부 소속 고위공직자, ② 대통령이 임명하는 공공기관·단체 등의 장 및 임원, ③ 대통령의 친족 및 대통령과 특수한 관계에 있는 사람의 경우에는 감찰반을 두고 있으며 특별감찰관은 이와는 별도로 하는 직무상 독립의 지위를 가지는 차관급 기구이다.

지위를 가진다.
2) **대통령비서실 직제 제7조(감찰반)** ① 대통령의 명을 받아 다음 각 호의 사람에 대한 감찰업무를 수행하기 위하여 대통령비서실에 감찰반을 둔다. <개정 2018. 12. 24.>
1. 대통령이 임명하는 행정부 소속 고위공직자
2. 대통령이 임명하는 공공기관·단체 등의 장 및 임원
3. 대통령의 친족 및 대통령과 특수한 관계에 있는 사람
② 감찰반의 감찰업무는 법령에 위반되거나 강제처분에 의하지 않는 방법으로 비리 첩보를 수집하거나 사실관계를 확인하는 것으로 한정하며, 수사가 필요하다고 판단되면 해당 수사기관에 수사를 의뢰하거나 이관한다. <개정 2018. 12. 24., 2021. 1. 5.>
③ 감찰반은 반장과 반원으로 구성한다. <개정 2018. 12. 24.>
④ 반장은 대통령비서실 소속의 선임행정관 또는 행정관으로 보하고, 반원은 감사원·검찰청·경찰청 소속 공무원, 그 밖에 감찰업무에 전문성을 가진 공무원으로 한다. <개정 2018. 8. 1., 2018. 12. 24.>
⑤ 반장과 반원은 「공무원 행동강령」 등 관련 법령을 준수하고, 업무상 알게 된 비밀을 엄수해야 하며, 직권을 남용하는 행위, 부당한 이익을 얻는 행위 및 그 밖에 공무원으로서의 품위를 손상하는 부적절한 행위를 해서는 안된다. <신설 2018. 12. 24.>
⑥ 대통령비서실장은 감찰반에 파견된 공무원이 제5항을 위반했을 때에는 해당 공무원의 원소속기관의 장에게 위반사실을 통보하고, 징계사유 해당 여부의 조사 등 징계와 관련하여 필요한 절차를 진행하도록 요구해야 한다. <신설 2018. 12. 24.>
⑦ 그 밖에 감찰반의 구성, 감찰업무의 원칙 및 절차, 업무수행 기준 등은 대통령비서실장이 정한다. <신설 2018. 12. 24.>

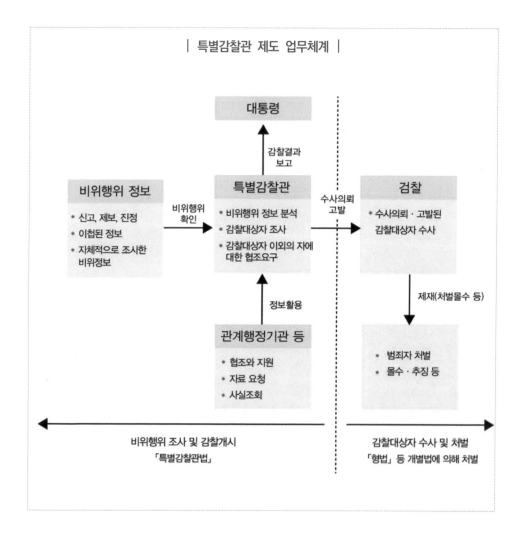

특별감찰관은 대통령 직속기관이나, 직무에 관하여는 독립의 지위를 가지며 직무를 수행함에 있어 정치적 중립을 지킨다. 특히 대통령의 친인척이나 수석비서관 이상의 감찰대상자에 대해서 감찰하는 기구이기 때문에 더욱 특별한 결격사유가 있지 않는 한 특별감찰관의 신분은 보장할 필요가 있게 된다. 이에 특별감찰관은 면직, 해임 또는 퇴직 후 그 특별감찰관을 임명한 대통령의 임기 중에는 대통령비서실의 수석비서관 이상의 공무원, 차관급 이상 공직자 및 공직자윤리법에 따른 공직유관단체의 임원에 임명될 수 없다.

특별감찰관은 대통령이 임명하기는 하지만 기본적으로 국회는 15년 이상 「법원조직법」 제42조 제1항 제1호[3])의 직에 있던 변호사 중에서 3명의 특별감찰관 후보자를 대통령에게 서면으로 추천하고 대통령은 특별감찰관 후보자 추천서를 받은 때에는 추천서를 받은 날부터 3일 이내에 추천후보자 중에서 1명을 특별감찰관으로 지명하게 된다. 이렇게 지명을 받는다고 하여 바로 특별감찰관이 되는 것은 아니고 국회의 인사청문을 거쳐 임명하여야 한다. 국회의 인사청문회를 거친 이후 임명을 받으면 그 임기는 3년으로 중임할 수 없으며 정년은 65세까지이다. 특별감찰관이 감찰업무 모두를 수행하기는 현실적으로 어렵기 때문에 직무수행에 필요한 범위에서 1명의 특별감찰관보와 10명 이내의 감찰담당관[4])을 임명할 수 있으며 직무수행을 위하여 필요한 때에는 총 20명 이내에서 감사원, 대검찰청, 경찰청, 국세청 등 관계기관의 장에게 소속 공무원의 파견근무와 지원을 요청할 수 있다.

특별감찰관은 감찰대상자의 비위행위 여부를 확인하기 위하여 필요한 경우 국가 또는 지방자치단체, 그 밖의 공공기관의 장에게 협조·지원 및 필요한 자료 등의 제출이나 사실조회를 요구할 수 있다. 또한 감찰에 필요하면 감찰대상자 및 감찰대상자 이외의 자에 대하여 출석·답변 및 자료제출 등을 요구할 수 있다.

특별감찰관이 감찰을 개시하는 과정은 절차적인 제한과 내용적인 제한이 있는데 우선 절차적으로는 감찰개시와 종료 후 대통령에 보고의무가 있으며, 그 내용적으로도 가볍게 모든 비위행위에 대해 감찰에 착수하는 것은 과잉감찰이 될 수 있기 때문에 일정한 비위행위에 대해서 그 비위행위에 관한 정보가 신빙성이 있고 구체적으로 특정되는지 여부를 판단하여 감찰개시 요건에 해당하는 경우에만 감찰을 개시하게 된다.

감찰결과 범죄혐의가 명백하여 형사처벌이 필요하다고 인정하는 경우 검찰총장에 고발하고, 범죄행위에 해당한다고 믿을 만한 상당한 이유가 있고 도주 또는 증거인멸 등을 방지하거나 증거확보를 위하여 필요하다고 인정하는 때에는 검찰총장에게 수사의뢰를 하여야 한다. 물론 비위행위에 대한 혐의를 인정하기 어려운 경우에는 감찰을

---

3) **법원조직법 제42조(임용자격)** ① 대법원장과 대법관은 20년 이상 다음 각 호의 직(職)에 있던 45세 이상의 사람 중에서 임용한다.
   1. 판사·검사·변호사
   2. 변호사 자격이 있는 사람으로서 국가기관, 지방자치단체, 「공공기관의 운영에 관한 법률」 제4조에 따른 공공기관, 그 밖의 법인에서 법률에 관한 사무에 종사한 사람
   3. 변호사 자격이 있는 사람으로서 공인된 대학의 법률학 조교수 이상으로 재직한 사람
4) **특별감찰관법 제9조(특별감찰관보와 감찰담당관)** 특별감찰관은 그 직무수행에 필요한 범위에서 1명의 특별감찰관보와 10명 이내의 감찰담당관을 임명할 수 있다.

즉시 종료하여야 하며, 이러한 감찰에 대한 사후적 통제를 위하여 감찰종료 후 5일(공휴일과 토요일은 제외한다) 이내에 감찰 진행경과, 세부 감찰활동 내역, 감찰결과와 그 이유 등을 서면으로 대통령에게 보고하도록 하면서 엄격히 절차적으로 통제하고 있다.

Ⅱ. 특별감찰관법 목적

> **제1장 총칙**
> **특별감찰관법 제1조(목적)** 이 법은 대통령의 친인척 등 대통령과 특수한 관계에 있는 사람의 비위행위에 대한 감찰을 담당하는 특별감찰관의 임명과 직무 등에 관하여 필요한 사항을 규정함을 목적으로 한다.

> **특별감찰관법 시행령 제1조(목적)** 이 영은 「특별감찰관법」에서 위임된 사항과 그 시행에 필요한 사항을 규정함을 목적으로 한다.
> **특별감찰관법 시행령 제2조(감찰의 준칙)** 특별감찰관과 감찰담당자[특별감찰관의 지휘를 받아 감찰업무를 수행하는 특별감찰관보 및 감찰담당관과 「특별감찰관법」(이하 "법"이라 한다) 제10조 제1항에 따라 파견받은 공무원 중 감찰업무를 직접 수행하는 사람을 말한다. 이하 같다]가 감찰을 수행할 때에는 다음 각 호의 사항을 준수하여야 한다.
>   1. 특별감찰관의 정치적 중립성이 훼손되지 아니하도록 공정하게 직무를 수행할 것
>   2. 적법절차를 준수하고 관계인에게 의견을 진술할 기회를 충분히 제공할 것
>   3. 감찰업무 중 알게 된 사항을 누설하거나 다른 목적으로 사용하지 아니할 것

1. 목적

가. 법의 목적(제1조)

특별감찰관법 제1조에서는 법률의 목적을 명확히 하여 적용 범위에 대한 기준을 설정하면서 특별감찰관법의 목적이 '대통령의 친인척 등 대통령과 특수한 관계에 있는 사람'의 비위행위에 대한 감찰을 담당하는 특별감찰관의 임명 등에 관한 사항을 규정하는데 있음을 분명히 하고 있다. 법의 제정이유는 대통령의 친인척 및 측근들의 권력

형 비리를 척결하기 위해 직무상 독립성이 보장되는 특별감찰관이 상시적으로 대통령의 친인척 및 측근들의 비위를 감찰하도록 함으로써 권력형 비리를 사전에 예방할 필요가 있어, 대통령 측근 등의 권력형 비리를 근절하고 공직사회의 청렴성을 확보하기 위하여 특별감찰관제를 도입하여 대통령의 친인척 등의 행위를 감시하고 향후 발생할 수 있는 비리행위를 방지하려는 것으로 설계되었으며 후술하겠지만 특별감찰관은 상설특검법, 즉 특별검사의 임명에 관한 법률과 함께 병렬적으로 설계된 기구형태의 감찰기구이다.

나. 제정경위

당초 특별감찰관법은 크게 2013. 4. 박범계 의원이 대표발의한 "특별감찰관 임명 등에 관한 법률안"(이하 박범계 의원안)"과 2013. 6. 김도읍 의원 등이 대표발의한 "특별감찰관법안(이하 김도읍 의원안)"이 같이 심의되다가 양 법안을 같이 법제사법위원회에서 합쳐서 법제사법위원회 제출안으로 통합심의되게 된다.[5]

원래 박범계 의원안에는 "이 법은 대통령의 친인척 및 그 밖의 고위공직자의 비리를 감찰하기 위하여 독립적인 지위를 가지는 특별감찰관의 임명과 직무 등에 관하여 필요한 사항을 규정함을 목적으로 한다"라고 규정함으로써 적용대상이 "대통령의 친인척 및 그 밖의 고위공직자"라고 하여 고위공직자 전반에 대한 감찰로 나아갈 수 있다고 넓게 해석하여 법의 목적을 규정하였는데 이는 후술하겠지만 같이 제정되는 상설특별검사법과의 연계가능성을 목적에 둔 입법취지로 보인다. 즉 독립적인 지위를 가지는 특별감찰관이 대통령 측근, 고위공직자 등을 상시적으로 감시하도록 하고 비리행위가 의심되는 경우 상설특별검사에게 고발하도록 함으로써 특별감찰관이 독립적인 수사권과 기소권을 가지는 상설특별검사제도의 도입을 전제로 하는 것이므로 상설특별검사의 수사대상 등 구체적인 권한의 범위와 연계하여 검토하려는 경향을 보인다고 할 수 있다. 즉 특별감찰관이 사전예방적으로 감찰심사를 하고 문제가 되는 사안의 경우 검찰뿐만 아니라 상설특별검사(소위 기구특검 등)에게 수사의뢰 혹은 고발을 하여

---

5) 제322회 국회(임시회) 제3차 법안심사제1소위원회(2014. 2. 27)에서는 위 김도읍, 박범계 각 법률안을 각각 본회의에 부의하지 아니하기로 하고 각 법률안의 내용을 통합·조정하여 대안을 위원회안으로 제안하기로 하였으며, 이에 제322회 국회(임시회) 제7차 법제사법위원회(2014. 2. 28)는 법안심사소위원회에서 심사 보고한 대로 위 2건의 법률안을 본회의에 부의하지 아니하고 법안심사소위원회에서 마련한 대안을 위원회안으로 제안하기로 의결하였다.

유기적으로 양 기구를 활용하려는 의도가 보이는 대목으로 생각할 수 있다. 반면 김도읍 의원안은 "대통령의 친인척 등 대통령과 특수한 관계에 있는 사람"의 비위행위에 대한 감찰을 규정하였다.

따라서 박범계안은 대통령 친인척뿐만 아니라 고위공직자도 그 대상으로 하는 것을 명확히 하여 되도록 특별감찰관법을 적극적으로 설계하려는 방향성이 보였으며 반면 김도읍 의원안은 "대통령 친인척 등 특수한 관계에 있는 사람"이라는 표현을 사용하였다.

2. 감찰의 준칙

감찰은 제한적인 대상을 상대로 행정조사 등 의혹의 진상규명을 통해 비위행위를 확인 후, 징계 등 조치를 하는 과정인 반면, 수사는 원칙적으로 모든 국민을 대상으로 하며 형사처벌을 목적으로 범죄의 혐의 유무를 밝힌다는 점에서 차이가 있다. 이에 수사는 형사소송법 등 다양한 법과 규정에 따라 그 절차가 통제되는 것처럼 감찰 역시 엄격한 준칙하에 시행되어야 하는 것은 당연하다. 사견으로는 감찰은 시간적으로 수사보다 선행적으로 이루어지고 사전예방적인 감찰도 수행될 수 있기 때문에 더 철저한 감찰준칙의 준수가 긴요하다고 사료된다.

현재 특별감찰관법 시행령 제2조에서는 특별감찰관과 감찰담당자(특별감찰관의 지휘를 받아 감찰업무를 수행하는 특별감찰관보 및 감찰담당관과 파견받은 공무원 중 감찰업무를 직접 수행하는 사람)가 감찰을 수행할 때에는 ① 특별감찰관의 정치적 중립성이 훼손되지 아니하도록 공정하게 직무를 수행하고, ② 적법절차를 준수하고 관계인에게 의견을 진술할 기회를 충분히 제공하며, ③ 감찰업무 중 알게 된 사항을 누설하거나 다른 목적으로 사용하지 아니하는 의무를 규정하면서 특별감찰의 준칙을 규정하고 있다.

3. 국내외 유사 감찰 및 감사기구

가. 국내 감찰 및 감사기구

국내의 대표적인 감사기구로는 **감사원**을 들 수 있다. 감사원은 헌법이 부여한 임무인 회계검사와 직무감찰을 수행하는 국가 최고 감사기구[6]로 국가의 세입·세출의 결산검사를 하고, 이 법 및 다른 법률에서 정하는 회계를 상시 검사·감독하여 그 적정을 기하며, 행정기관 및 공무원의 직무를 감찰하여 행정운영의 개선과 향상을 기능으로 하는 헌법상의 기구이다.

구체적으로 감사원은 국가의 세입·세출의 결산을 해마다 검사하여 확인[7]하고 그 결과를 대통령과 다음연도 국회에 보고하는 결산 확인업무를 담당한다. 또한 감사원법 제22조 및 제23조에 따라 회계검사 권한을 갖는다. 회계검사는 국가, 지방자치단체, 정부투자기관 등의 회계를 검사하여 그 집행에 적정을 기하게 하는 것으로 회계검사 대상은 필요적 검사사항[8]과 선택적 검사사항으로 구분되고, 필요적 검사대상은 감사원에서 반드시 검사하여야 하는 사항으로서 국가 및 지방자치단체 등 약 38,700여 개 기관의 회계업무가 이에 해당하며, 선택적 검사사항[9]은 감사원이 필요하다고 인정하

---

6) **헌법 제97조** 국가의 세입·세출의 결산, 국가 및 법률이 정한 단체의 회계검사와 행정기관 및 공무원의 직무에 관한 감찰을 하기 위하여 대통령 소속하에 감사원을 둔다.

7) **감사원법 제21조(결산의 확인)** 감사원은 회계검사의 결과에 따라 국가의 세입·세출의 결산을 확인한다.

8) **감사원법 제22조(필요적 검사사항)** ① 감사원은 다음 각 호의 사항을 검사한다.
   1. 국가의 회계
   2. 지방자치단체의 회계
   3. 한국은행의 회계와 국가 또는 지방자치단체가 자본금의 2분의 1 이상을 출자한 법인의 회계
   4. 다른 법률에 따라 감사원의 회계검사를 받도록 규정된 단체 등의 회계
   ② 제1항과 제23조에 따른 회계검사에는 수입과 지출, 재산(물품·유가증권·권리 등을 포함한다)의 취득·보관·관리 및 처분 등의 검사를 포함한다.

9) **감사원법 제23조(선택적 검사사항)** 감사원은 필요하다고 인정하거나 국무총리의 요구가 있는 경우에는 다음 각 호의 사항을 검사할 수 있다.
   1. 국가기관 또는 지방자치단체 외의 자가 국가 또는 지방자치단체를 위하여 취급하는 국가 또는 지방자치단체의 현금·물품 또는 유가증권의 출납
   2. 국가 또는 지방자치단체가 직접 또는 간접으로 보조금·장려금·조성금 및 출연금 등을 교부(交付)하거나 대부금 등 재정 원조를 제공한 자의 회계
   3. 제2호에 규정된 자가 그 보조금·장려금·조성금 및 출연금 등을 다시 교부한 자의 회계
   4. 국가 또는 지방자치단체가 자본금의 일부를 출자한 자의 회계
   5. 제4호 또는 제22조 제1항 제3호에 규정된 자가 출자한 자의 회계
   6. 국가 또는 지방자치단체가 채무를 보증한 자의 회계
   7. 「민법」 또는 「상법」 외의 다른 법률에 따라 설립되고 그 임원의 전부 또는 일부나 대표자가 국가 또는 지방자치단체에 의하여 임명되거나 임명 승인되는 단체 등의 회계
   8. 국가, 지방자치단체, 제2호부터 제6호까지 또는 제22조 제1항 제3호·제4호에 규정된 자와 계약을 체결한 자의 그 계약에 관련된 사항에 관한 회계
   9. 「국가재정법」 제5조의 적용을 받는 기금을 관리하는 자의 회계
   10. 제9호에 따른 자가 그 기금에서 다시 출연 및 보조한 단체 등의 회계

거나 국무총리의 요구가 있을 때 검사할 수 있는 사항으로서 국고수납대리점(금융기관) 등 29,300여 개 기관의 회계업무가 이에 해당한다.[10]

  감사원의 주요기능 중 하나가 직무감찰권인 바, 직무감찰은 행정기관 등의 사무와 그 소속 직원의 직무에 관한 감찰을 할 수 있는 권한을 의미한다. 직무감찰은 공무원의 비위 적발을 위한 비위감찰뿐만 아니라 법령·제도 또는 행정관리상의 모순이나 문제점의 개선 등에 관한 기능이 포함된다.[11] 다만 감사원은 기본적으로 그 기능이 회계감사 및 직무감찰을 기본으로 하는 감사기구이지만 특별감찰관은 대통령 친인척 및 수석비서관 등 특정신분자에 대해 감찰하는 기구라는 점에서 그 기능적인 차이가 존재한다.

  뿐만 아니라 우리나라의 주된 반부패수사기구에는 현재 **고위공직자범죄수사처**(이하 '공수처'라 한다)가 설치되어 운영되고 있다. 고위공직자 등의 범죄는 정부에 대한 신뢰를 훼손하고, 공공부문의 투명성과 책임성을 약화시키는 중요한 원인이 되고 있는바, 고위공직자 등의 범죄를 독립된 위치에서 수사할 수 있는 고위공직자범죄수사처를 만들어 고위공직자 등의 범죄를 척결하고, 국가의 투명성과 공직사회의 신뢰성을 높이기 위함이다. 다만 고위공직자범죄수사처는 기본적으로 그 기능이 수사기구이지만 특별감찰관은 사전예방적 감찰기구라는 점에서 그 기능적인 차이가 존재한다. 당초 고위공직자범죄수사처가 도입되기 이전에 대상자가 일부 중복됨으로 인하여 그 기능이 일부

---

10) 감사원 임무와 기능 설명. https://www.bai.go.kr/bai/intro/officialDuties
11) **감사원법 제24조(감찰 사항)** ① 감사원은 다음 각 호의 사항을 감찰한다.
  1. 「정부조직법」 및 그 밖의 법률에 따라 설치된 행정기관의 사무와 그에 소속된 공무원의 직무
  2. 지방자치단체의 사무와 그에 소속한 지방공무원의 직무
  3. 제22조 제1항 제3호 및 제23조 제7호에 규정된 자의 사무와 그에 소속한 임원 및 감사원의 검사대상이 되는 회계사무와 직접 또는 간접으로 관련이 있는 직원의 직무
  4. 법령에 따라 국가 또는 지방자치단체가 위탁하거나 대행하게 한 사무와 그 밖의 법령에 따라 공무원의 신분을 가지거나 공무원에 준하는 자의 직무
  ② 제1항 제1호의 행정기관에는 군기관과 교육기관을 포함한다. 다만, 군기관에는 소장급 이하의 장교가 지휘하는 전투를 주된 임무로 하는 부대 및 중령급 이하의 장교가 지휘하는 부대는 제외한다.
  ③ 제1항의 공무원에는 국회·법원 및 헌법재판소에 소속한 공무원은 제외한다.
  ④ 제1항에 따라 감찰을 하려는 경우 다음 각 호의 어느 하나에 해당하는 사항은 감찰할 수 없다.
  1. 국무총리로부터 국가기밀에 속한다는 소명이 있는 사항
  2. 국방부장관으로부터 군기밀이거나 작전상 지장이 있다는 소명이 있는 사항

겹치는 측면도 있고 각국마다 조직의 설계가 다양하다 보니 기구간 역할 정립을 어떻게 설정하여야 하는지 논의가 필요했다. 일단 다양하게 논의되고 있는 고위공직자 부패수사기구를 살펴보기 이전에 우리가 현재 설정했었던 제도의 문제점과 개선안을 살펴볼 필요가 있다.

현재 기구가 실질적으로 운영되지는 않지만 특별감찰관법이 존재하는 연유로 현재 운영되고 있는 공수처와의 겹치는 대상자들, 즉 대통령 친인척이나 수석비서관 등 대상자들의 경우 특별감찰관의 감찰대상자이기도 하지만 고위공직자범죄수사처의 수사 대상자이기도 하기 때문에 각 기구의 세부기능에 이르기까지 다양한 논의가 필요할 것으로 보인다. 다만 어떠한 형태의 운영이 이루어지든 최초의 설립형태였던 특별감찰관의 설립 및 문제점들은 반드시 살펴보아야하는 부분이라 사료된다.

고위공직자범죄수사처가 고위공직자의 범죄를 적발하는 주된 반부패수사기구로서 자리를 잡아가게 된다면 고위공직자범죄수사처와 특별감찰관 등 반부패수사·감찰기구가 가져야 할 권한과 의무가 어떻게 정립되어야 하는지 논의가 필요하다. 사견으로는 양 기구사이에 권한이 어떤 형태(단일형, 흡수형, 병존형 등)로 자리잡아야 하는지에 대해 특별감찰관은 대상자들에 대한 사전예방적 감찰에, 고위공직자범죄수사처는 해당 대상자를 포함한 전체 고위공직자에 대한 수사에 그 중점을 맞추어야 할 것으로 보이며, 당초 특별감찰관이 상설특별검사제도와 연계되어 설계되려고 한 입법적 과거를 살펴본다면 고위공직자범죄수사처가 특별감찰관이 감찰한 내용을 수사의뢰 혹은 고발을 받아서 이에 대한 수사를 진행하는 방향이 가장 효율적인 운영구조라고 생각된다 **(협력적 병존형)**.

대통령 비서실에 설치된 감찰반은 특별감찰관과 일부 기능이 중첩될 수 있다. 즉 대통령비서실 직제 제7조에서는 감찰반을 규정하면서 Ⓐ 대통령이 임명하는 행정부 소속 고위공직자, Ⓑ 대통령이 임명하는 공공기관·단체 등의 장 및 임원, Ⓒ 대통령의 친족 및 대통령과 특수한 관계에 있는 사람에 대해 감찰을 할 수 있도록 규정하고 있고 내부적인 대통령비서실에 대한 감찰도 수행할 수 있기 때문에 그 대상이 ① 대통령의 배우자 및 4촌 이내 친족, ② 대통령비서실의 수석비서관 이상의 공무원으로 규정하고 있는 특별감찰관과 중첩되고 범위가 더 넓다. 다만 사견으로는 이렇게 감찰대상자가 겹치는 부분은 기관간 협력을 통해서 충분히 해소될 수 있다고 생각되며, 한편으로는 중첩되는 대상자는 비위행위의 발생가능성을 더욱 엄밀히 통제한다는 점에서 중복감시의 측면에서 장점이 있다고 생각한다.

　기타 각 개별법에서 기관의 감사관이나 감찰관, 감사실 등을 규정하고 있는데 이는 그 해당기관 직원의 내부비위 적발 및 민원신고사항을 처리하는 기능을 수행한다는 점에서 특별감찰관과 범주가 다르다. 현재 각 기관에 설치된 감사부서는 다음과 같으며 이는 매번 정부조직법이나 개별설치법이 변하면서 일부 기능이나 명칭의 변경이 있으나 큰틀에서는 감사부서의 유지는 변화가 없다.

기 관	부 서 명	대 상	근거 법령
국회	◦ 감사관(국회사무처 사무총장 소속, 감사담당관 총 13명)	◦ 사무처 및 산하단체 ◦ 공직자 재산등록 및 병역신고 ◦ 국민감사청구에 관한 사항	국회사무처 직제 제4조
대통령 비서실	◦ 특별감찰반(민정수석실 민정비서관 소속, 현재는 비서실장실 공직기강비서관 소속)	◦ 행정부 내 고위공직자, 공공기관장 및 임원, 대통령 특수관계인	대통령비서실 직제 제7조
국무총리 국무 조정실	◦ 공직복무관리관(국무1차장 소속, 총 8명) ◦ 법무감사담당관(국무1차장 소속, 총 9명)	◦ 공직사회 기강 확립에 관한 사항(공직복무관리관) ◦ 국무조정실, 그 소속기관 및 소관 공공기관에 대한 감사 및 진정·비위사건 조사처리(법무감사담당관)	국무조정실과 그 소속기관 직제 제11조, 국무조정실과 그 소속기관 직제 제13조
감사원	◦ 감찰관(사무총장 소속, 감찰담당관) ◦ 특별조사국(공직감찰본부장 소속)	◦ 감사원 자체감사 및 특명사항 감찰(감찰관) ◦ 공직기강 점검 총괄(특별조사국)	감사원사무처 직제 제4조, 감사원사무처 직제 제1조
국가 정보원	◦ 감찰실(원장 소속)	◦ 비공개	국가정보원법 제6조 (비공개 규정)

공정거래 위원회	◦ 감사담당관(부위원장 소속, 총 8명)	◦ 위원회와 그 소속기관 및 산하단체에 대한 감사	공정거래위원회와 그 소속기관 직제 제8조
금융 위원회	◦ 감사담당관(기획조정관 소속)	◦ 사정업무에 관한 사항 ◦ 진정 및 비위사항의 조사·처리 ◦ 위원회와 그 소속기관 및 산하기관·단체의 감사에 관한 사항	금융위원회와 그 소속기관 직제, 시행규칙 제7조 제5항
국민권익 위원회	◦ 부패방지국(부위원장 소속) ◦ 감사담당관(부위원장 소속, 총 9명)	◦ 부패방지에 관한 각종 정책총괄, 반부패 정책 협의 및 조정 (부패방지국) ◦ 위원회와 그 소속기관에 대한 감사·감찰에 관한 사항(감사담당관)	국민권익위원회와 그 소속기관 직제 제5조, 국민권익위원회와 그 소속기관 직제 제7조의3
원자력 안전 위원회	◦ 감사조사담당관(사무처장 소속, 총 6명)	◦ 위원회와 그 소속기관, 소관 공공기관 및 산하단체에 대한 감사 ◦ 원자력 및 방사선 관련 사건·사고의 조사 총괄	원자력안전위원회와 그 소속기관 직제 제5조의3
방송통신 위원회	◦ 운영지원과(위원장 소속, 총 30명)	◦ 위원회와 그 소관 산하단체에 대한 감사 ◦ 다른 기관의 위원회에 대한 감사결과의 처리	방송통신위원회 직제 제5조의2
국가인권 위원회	◦ 조사국(사무총장소속) ◦ 행정법무담당관(기획조정관 소속)	◦ 국회, 법원, 헌법재판소, 국가정보원, 검찰·경찰 등 수사기관 및 군의 업무수행 관련 인권침해에 대한 진정사항의 조사·구	국가인권위원회와 그 소속기관 직제 제9조, 국가인권위원회와 그 소속기관 직제 제7

		제(조사국) ◦ 위원회와 그 소속 기관에 대한 자체 감사 (행정법무담당관)	조 제5항
기획 재정부	◦ 감사담당관(부총리 소속, 총 8명)	◦ 기획재정부와 그 소속기관에 대한 감사 ◦ 산하기관·단체에 대한 감사	기획재정부와 그 소속기관 직제 제9조
미래창조 과학부	◦ 감사관(장관 소속, 감사담당관 총 16명)	◦ 행정감사제도의 운영 및 감사계획의 수립·조정 ◦ 미래창조과학부와 그 소속기관 및 소관 공공기관·산하단체에 대한 감사	미래창조과학부와 그 소속기관 직제 제8조
교육부	◦ 감사관(차관 소속, 감사관 1명, 감사총괄담당관 14명)	◦ 행정감사제도의 운영 및 감사계획의 수립·조정 ◦ 교육부와 그 소속기관 및 소관 공공기관·산하단체에 대한 감사	교육부와 그 소속기관 직제 제8조
외교부	◦ 감사관실(장관 소속, 감사관 1명, 감사담당관 13명)	◦ 외교부와 그 소속기관 및 산하단체에 대한 감사 ◦ 소속 공무원의 재산등록 심사, 공직기강 및 부패방지에 관한 업무	외교부와 그 소속기관 직제 제9조
통일부	◦ 감사담당관실(차관 소속)	◦ 통일부와 그 소속기관 및 산하단체에 대한 감사	통일부와 그 소속기관 직제 제7조
법무부	◦ 감찰관(장관 소속, 감찰관 1명, 감찰담당관 1명, 감사담당관 1명)	◦ 사정업무 ◦ 진정 및 비위사항의	법무부와 그 소속기관 직제

		조사·처리 ◦ 법무부 및 검찰청에 대한 감사 ◦ 법무부 소속기관·산하단체에 대한 감사 ◦ 공직자윤리위원회로부터 의뢰받은 사항에 관한 조사·처리	제4조의3
국방부	◦ 감사관(차관 소속, 감사관 1명, 직무감찰담당관, 회계감사담당관, 군수감사담당관)	◦ 국방부장관의 지휘·감독을 받는 기관·부대 및 산하단체에 대한 감사 ◦ 전비품(戰備品)의 검사·확인 및 전비품검사위원회의 운영	국방부와 그 소속기관 직제 제9조
행정 안전부	◦ 감사관(차관 소속, 감사담당관실 22명, 조사담당관실 17명)	◦ 지방자치단체에 대한 감사제도의 운영·조정 ◦ 행정자치부 자체감사 ◦ 지방자치단체에 대한 정부합동감사·부분감사	행정자치부와 그 소속기관 직제 제9조
문화체육 관광부	◦ 감사관(장관 소속, 감사관 1명, 감사담당관 13명)	◦ 문화체육관광부와 그 소속기관에 대한 감사 ◦ 소속 공공기관에 대한 감사	문화체육관광부와 그 소속기관 직제 시행규칙 제4조
농림축산 식품부	◦ 감사관(차관 소속, 감사관 1명, 감사담당관 15명)	◦ 농림축산식품부와 그 소속기관 및 산하단체(공공기관을 포함)에 대한 감사 ◦ 사정업무에 관한 사항	농림축산식품부와 그 소속기관 직제 제9조
산업통상 자원부	◦ 감사관(장관 소속, 감사관 1명, 감사담당관 18명)	◦ 산업통상자원부와 그 소속기관 및 산하단체에 대한 감사	산업통상자원부와 그 소속기관 직제 제8조

보건 복지부	◦ 감사관(차관 소속, 감사담당관 15명, 복지급여조사담당관 10명)	◦ 보건복지부와 소속기관·산하단체에 대한 감사 및 결과 처리 ◦ 복지급여 관련 현장조사에 관한 사항	보건복지부와 그 소속기관 직제 제7조
환경부	◦ 감사관(장관 소속, 감사담당관 14명, 환경감시팀 11명)	◦ 환경부와 그 소속기관 및 산하단체에 대한 감사 ◦ 환경오염물질 배출시설에 대한 감시 및 지방자치단체의 배출업소 지도·점검업무에 대한 감독·지원	환경부와 그 소속기관 직제 제7조
고용 노동부	◦ 감사관(차관 소속, 감사담당관 20명, 고객지원팀 8명)	◦ 고용노동부와 그 소속기관 및 산하단체에 대한 감사	고용노동부와 그 소속기관 직제 제7조
여성 가족부	◦ 법무감사담당관(기획조정실 소속, 총 8명)	◦ 감사·공직기강 및 부패방지에 관한 사항	여성가족부와 그 소속기관 직제 제5조의2
국토 교통부	◦ 감사관(장관 소속, 감사담당관 45명)	◦ 국토교통부와 그 소속기관·공공기관 및 산하단체에 대한 감사	국토교통부와 그 소속기관 직제 제10조
해양 수산부	◦ 감사관(장관 소속, 감사담당관 13명, 감찰팀 6명)	◦ 해양수산부와 그 소속기관·공공기관 및 산하단체에 대한 감사	해양수산부와 그 소속기관 직제 제6조
(구)국민 안전처	◦ 안전감찰관(차관 소속, 감사담당관 18명, 안전감찰담당관 20명)	◦ 국민안전처와 그 소속기관 및 소관 공공기관·산하단체에 대한 감사	국민안전처와 그 소속기관 직제 제9조
인사 혁신처	◦ 윤리복무국(차장 소속, 복무과 14명, 윤리과 17명, 취업심사과 10명)	◦ 공무원 복무실태의 확인 및 점검 ◦ 공무원 징계제도 및 중앙징계위원회의 운영	인사혁신처와 그 소속기관 직제 제14조

		◦ 공직자 선물신고제도의 운영	
법제처	◦ 창조행정인사담당관(기획조정관 소속, 총 8명)	◦ 법제처와 그 산하단체에 대한 감사	법제처 직제 제5조
국가보훈처	◦ 감사담당관(차장 소속, 총 22명)	◦ 국가보훈처와 그 소속기관·산하단체 등에 대한 감사	국가보훈처와 그 소속기관 직제 제8조
식품의약품안전처	◦ 감사담당관(차장 소속, 총 12명)	◦ 식품의약품안전처와 그 소속기관 및 산하단체에 대한 감사 및 감사결과의 처리	식품의약품안전처와 그 소속기관 직제 제8조
국세청	◦ 감사관(차장 소속, 감사담당관 5명, 청렴세정담당관 6명)	◦ 국세청 행정감사제도의 운영 및 행정감사계획의 수립·조정 ◦ 국세청 및 그 소속기관에 대한 감사 결과의 처리	국세청과 그 소속기관 직제 제8조
관세청	◦ 감사관(차장 소속, 감사담당관, 감찰팀)	◦ 관세청과 그 소속기관 및 유관단체에 대한 감사	관세청과 그 소속기관 직제 제7조
조달청	◦ 감사담당관(차장 소속, 총 13명)	◦ 조달청과 그 소속기관 및 산하단체에 대한 감사	조달청과 그 소속기관 직제 제5조
통계청	◦ 감사담당관(차장 소속, 총 14명)	◦ 통계청과 그 소속기관 및 산하단체에 대한 감사	통계청과 그 소속기관 직제 제5조의3
대검찰청	◦ 감찰부(차장검사 소속, 감찰1과, 감찰2과)	◦ 검찰청소속 공무원의 비위에 관한 조사, 정보수집·관리 및 진정 기타 내사사건의 조사·처리에 관한 사항	검찰청법 제16조 제1항, 검찰청 사무기구에 관한 규정 제9조의3

		◦ 인권침해사건에 관한 사항 ◦ 사무감사, 기강감사, 사건평정에 관한 사항	
경찰청	◦ 감사관(차장 소속, 감찰담당관, 감사담당관, 인권보호담당관)	◦ 경찰청과 그 소속기관 및 산하단체에 대한 감사 ◦ 경찰 직무수행 과정상의 인권보호 및 개선에 관한 사항	경찰청과 그 소속기관 직제 제6조
병무청	◦ 감사담당관(차장 소속, 총 12명)	◦ 병무청과 그 소속기관 및 산하단체에 대한 감사	병무청과 그 소속기관 직제 제7조
방위 사업청	◦ 감사관(차장 소속, 공직감사담당관 22명, 사업감사담당관 13명, 고객지원 담당관 10명)	◦ 방위사업청과 그 소속기관 및 청장의 지휘·감독을 받는 산하단체에 대한 감사 ◦ 방위산업체의 방위산업물자 생산계약분 및 융자금의 사용내역에 대한 감독	방위사업청과 그 소속기관 직제 제6조
농촌 진흥청	◦ 감사담당관(차장 소속, 총 14명)	◦ 농촌진흥청 및 그 소속기관에 대한 감사	농촌진흥청과 그 소속기관 직제 제8조
문화재청	◦ 법무감사담당관(기획조정관 소속, 총 11명)	◦ 문화재청과 그 소속기관 및 산하단체에 대한 감사	문화재청과 그 소속기관 직제 제5조의4
산림청	◦ 법무감사담당관실(기획조정관실 소속, 총 15명)	◦ 산림청과 그 소속기관 및 산하단체에 대한 감사	산림청과 그 소속기관 직제 제6조
중소 벤처기업부	◦ 감사담당관(차장 소속)	◦ 중소벤처기업부와 그 소속기관 및 산하단체에 대한 감사	중소벤처기업부와 그 소속기관

			직제 제8조
특허청	◦ 감사담당관(차장 소속, 총 9명)	◦ 특허청 및 그 소속기관에 대한 감사	특허청과 그 소속기관 직제 제7조
기상청	◦ 감사담당관(차장 소속, 총 11명)	◦ 기상청과 그 소속기관·산하기관 및 산하단체에 대한 감사	기상청과 그 소속기관 직제 제8조의2
행정중심 복합 도시 건설청	◦ 창조행정담당관(기획조정관 소속, 총 7명)	◦ 감사·공직기강 및 부패방지에 관한 사항	행정중심복합 도시건설청 직제 제7조
새만금 개발청	◦ 창조행정담당관(기획조정관 소속, 총 7명)	◦ 감사·공직기강 및 부패방지에 관한 사항	새만금개발청 직제 제6조
대법원	◦ 윤리감사관(법원행정처 차장 소속, 윤리감사기획심의관, 제1심의관, 제2심의관)	◦ 법관, 법원직원에 대한 징계에 관한 사항 ◦ 법관, 법원직원에 대한 진정, 비위사항의 조사 ◦ 사무감사, 기강감사	법원조직법 제10조, 법원 사무기구에 관한 규칙 제2조
헌법 재판소	◦ 기획감사과(기획조정실 소속, 총 5명)	◦ 진정 및 비위사항의 조사·처리 ◦ 회계 및 직무에 대한 감사	헌법재판소법 제17조, 헌법재판소 사무기구에 관한 규칙 제9조
중앙선거 관리 위원회	◦ 조사국(선거정책실 소속, 조사1과, 2과, 사이버선거범죄대응센터) ◦ 감사관(사무차장 소속, 감사과, 총 12명)	◦ 법규 등 위반행위 조사·확인 및 조치업무에 관한 사항 ◦ 정당·정치자금법규 위반행위 조사·확인 및 조치업무에 관한 사항 ◦ 각급 선거관리위원회 및 그 소속기관에 대	선거관리위원회법 제15조, 선거관리위원회 사무기구에 관한 규칙 제13조, 선거관리위원회 사무기구에 관한 규칙

		한 감사 ◦ 부패행위 신고사항 및 국민감사청구의 조사·처리 ◦ 직무감찰 및 공무원 비위사항의 조사·처리	제6조

나. 외국의 감찰 및 감사기구

국 가	기 관	개 요
싱가포르	부패행위조사국 (CPIB)	◦ 총리실 산하 독립기관이며, 국장은 대통령이 임면 ◦ 운영과, 업무과, 조사과로 구성되며, 광범위한 조사권을 가짐(관련자의 은행계좌와 거래내역 등 조사권한) ◦ 조사에 협조하지 않을 경우, 2,000달러의 벌금 또는 1년 이하의 징역형에 처하고, 일반기업 등도 그 대상
미 국	정부윤리청 및 감찰국 등	◦ 독립기관인 정부윤리청은 사전예방을 주로 담당하고, 감찰국은 부패행위에 대한 사후조사(수사포함)를 담당 ◦ 내부고발자를 법적으로 보호하고, 전담기관인 특별심사청 설립 ◦ 국회의원, 판사, 검사 등 고위공직자의 비리에 관련된 감독과 수사는 연방 법무부 형사국 소속의 공직청렴과 등에서 수행
영 국	인사위원회 및 중대경제범죄청	◦ 인사위원회는 정부로부터 독립된 기관이며 공직윤리 관련 업무 수행 ◦ 중대경제범죄청은 법무부 산하의 독립기관으로 자료요청권, 긴급조사권, 기소권 등의 권한 보유
일 본	인사원의 국가공무원 윤리심사회	◦ 인사원은 내각 산하의 독립기관이고, 국가공무원윤리심사회는 인사원 업무 가운데 공직윤리와 관련된 사무를 담당 ◦ 공무원윤리법 위반 혐의에 대한 조사와 징계, 공무원윤리확립을 위한 조사 연구 및 비리 예방 등을 담당
홍 콩	염정공서	◦ 홍콩 특별행정구 장관이 직접 지휘하는 독립적 기구이며, 독자적 수사권 보유 ◦ 부패 방지를 위한 전단지, 포스터 및 공영방송국과 합작한 드라마 제작을 통한 예방기능 수행

4. 하부 시행령 및 직제규정

> **특별감찰관법 시행령 제1조(목적)** 이 영은 「특별감찰관법」에서 위임된 사항과 그 시행에 필요한 사항을 규정함을 목적으로 한다.

> **특별감찰관 직제**
> **제1조(목적)** 이 영은 「특별감찰관법」 제24조에 따라 특별감찰관의 조직과 직무범위, 그 밖에 필요한 사항을 규정함을 목적으로 한다.

가. 특별감찰관법 시행령

대통령 측근 등의 권력형 비리를 근절하고 공직사회의 청렴성을 확보하기 위하여 특별감찰관제도를 도입하는 내용으로 모법인 특별감찰관법이 제정(법률 제12422호, 2014. 3. 18. 공포, 6. 19. 시행)됨에 따라, 특별감찰관의 감찰방법 및 절차 등 법률에서 위임된 사항과 그 시행에 필요한 사항을 정할 필요가 있었다. 이에 시행령에서는 주로 ① 특별감찰관보의 자격(제3조 제1항, 특별감찰관보는 10년 이상 판사·검사·변호사 등의 직에 있던 사람 중에서 특별감찰관이 임명하도록 함), ② 특별감찰관의 직무대행(제5조, 특별감찰관이 사고로 직무를 수행할 수 없으면 특별감찰관보가 그 직무를 대행하고, 특별감찰관과 특별감찰관보가 모두 사고로 직무를 수행할 수 없으면 특별감찰과장이 그 직무를 대행하도록 함), ③ 감찰의 개시요건(제6조, 특별감찰관보, 감찰담당관 및 파견 공무원 등은 신고·제보·진정을 받거나, 법령에 위반되지 아니하는 방법으로 수집하거나, 다른 기관으로부터 이첩받은 비위행위 정보를 지체없이 특별감찰관에게 보고하도록 하고, 특별감찰관은 보고받은 정보, 신고자 등과의 면담 내용 등을 검토하여 감찰에 착수하도록 함), ④ 감찰종료시의 처리(제7조, 특별감찰관은 신고 등으로 접수된 사안이 비위행위 등에 해당하지 아니하고 다른 기관의 소관사항인 경우 그 기관에 이첩하여 종료하도록 하는 등 감찰의 종료에 관한 사항) 등을 규정하고 있으며, 구체적인 내용은 각 해당 부분에서 분설하도록 하겠다.

나. 특별감찰관 직제규정[12]

법률의 위임에 의하여 시행에 필요한 사항을 시행령에 규정하더라도 세부적인 조직의 직제 등을 추가로 규정할 필요가 있어서 특별감찰관법의 위임에 의하여 법률의 시행에 필요한 사항에 대한 구체적이고 세부적인 내용을 특별감찰관 직제규정에 기술하였다. 특별감찰관 직제규정에서는 특별감찰관을 보좌하는 특별감찰관보를 고위공무원단에 속하는 별정직공무원으로 보하도록 하되, 직무등급을 가등급으로 정하고, 특별감찰관의 하부조직으로 감찰사무와 운영지원에 관한 사무 등을 처리하는 특별감찰과를 두며 이를 관장하는 특별감찰과장은 별정직 3급 상당 또는 4급 상당의 감찰담당관으로 한다. 특별감찰과에는 10인 이내의 별정직 5급 상당의 감찰담당관과 파견공무원으로 구성된다.

이에 특별감찰관은 단일과인 특별감찰과 1개의 과로 구성이 되며 이에 특별감찰관에 두는 공무원의 정원을 8명(정무직 차관급 1명, 고위공무원단에 속하는 별정직 가등급 1명, 별정직 3급 상당 또는 4급 상당 1명, 별정직 5급 상당 5명)으로 정하게 되어있다.

사견으로는 특별감찰관이 감찰행정 업무와 국회, 예산, 인사, 조직 업무를 모두 수행하기 때문에 효율적인 업무수행을 위해서 2개 이상의 과가 필요하다는 생각이며, 이를 총괄하는 1개의 국(특별감찰국)이 필요하다고 생각된다. 또한 법에서는 특별감찰과에 두는 감찰담당관을 10명 이내에서 가능하도록 규정하고 있는데 특별감찰관 직제에서는 별정직 5급 상당 5명만을 두고 있다. 이는 법에 규정된 정원도 채우지 못하고 있는 것으로 법의 취지에 부합하게 10명의 감찰담당관[13]을 모두 임명할 수 있도록 직제규정이 개정되어야 할 것이다. 후술하겠지만 임기 3년제의 별정직 공무원이라는 신분상의 맹점으로 인하여 기본적으로 조직 인적 구성이 유동적이며 장기 근무가 어려운 점 등을 고려할 때 법에서 정한 정원을 모두 채우고 연속성 있는 업무의 수행을 가능

---

12) 대통령령 제25386호, 2014. 6. 17. 제정되었고 주무부서가 행정안전부(사회조직과)이다. 특별감찰관법이 법무부(형사법제과), 특별감찰관법 시행령이 법무부(검찰국 형사법제과)가 주무부서로 되어 있는 바, 이는 설립초기에 전신인 기구가 없기 때문에 법령의 주무부서를 법무부와 행정부서에서 담당하였던 것으로 보인다. 차후에 특별감찰관이 임명되는 경우 법령 및 직제의 주무부서를 특별감찰관으로 하여 효율적인 규정해석과 업무수행이 가능하여야 할 것으로 보인다.

13) **특별감찰관법 제9조(특별감찰관보와 감찰담당관)** 특별감찰관은 그 직무수행에 필요한 범위에서 1명의 특별감찰관보와 10명 이내의 감찰담당관을 임명할 수 있다.

하게 하기 위해서라도 직제규정은 법에 부합하게 수정되어야 할 것이다.

특별감찰관 직제는 그 형태가 시행령 형태로 규정되어 있는 바 이는 특별감찰관법 제11조 제2항의 "대통령령으로 정하는 순서에 따라 그 직무를 대행한다"라는 부분, 특별감찰관법 제12조 제3항의 "보수와 대우에 대하여는 대통령령으로 정한다"라는 부분 이 법률에서 명문으로 시행령에 명시적으로 조직의 구성을 위임하고 있기 때문에 직제의 법적 근거가 된다고 할 것이고 특별감찰관법 제24조가 "그 밖에 이 법률에 규정되지 아니한 특별감찰관의 조직, 운영, 감찰방법 및 절차 등 이 법 시행에 필요한 사항은 대통령령으로 정한다"라고 함으로써 특별감찰관 조직 및 운영 등의 일반적인 사항에 대한 위임근거 규정으로 특별감찰관 직제규정이 사용될 수 있다.

제2장

특별감찰관 제도
주요 내용

특별감찰관 제도 주요 내용

제1절 　비위행위

Ⅰ. 감찰대상 비위행위

> **특별감찰관법 제2조(비위행위)** 이 법에서 사용하는 "비위행위"란 다음 각 호의 어느 하나
> 에 해당하는 행위를 말한다.
>   1. 실명(實名)이 아닌 명의로 계약을 하거나 알선·중개하는 등으로 개입하는 행위
>   2. 공기업이나 공직 유관 단체와 수의계약하거나 알선·중개하는 등으로 개입하는 행위
>   3. 인사 관련 등 부정한 청탁을 하는 행위
>   4. 부당하게 금품·향응을 주고 받는 행위
>   5. 공금을 횡령·유용하는 행위

1. 의의

특별감찰관이 감찰대상으로 삼을 수 있는 것은 감찰대상자의 모든 행위가 아니라

특정 비위행위만이 가능한데 현행 특별감찰관법에서는 ① 실명(實名)이 아닌 명의로 계약을 하거나 알선·중개하는 등으로 개입하는 행위(**비실명계약 체결행위**), ② 공기업 이나 공직 유관 단체와 수의계약하거나 알선·중개하는 등으로 개입하는 행위(**공공단체 등 수의계약체결**), ③ 인사 관련 등 부정한 청탁을 하는 행위(**부정 인사청탁**), ④ 부당하 게 금품·향응을 주고 받는 행위(**부정금품 및 향응 수수**), ⑤ 공금을 횡령·유용하는 행 위(**공금횡령 등**)등 5가지 양태로 분류하여 이를 규정하고 있다.

당초 김도읍 의원안에서는 현재 특별감찰관법상 비실명계약 체결행위, 공공단체 등 수의계약체결, 부정인사 청탁, 부정금품향응, 공금횡령 등[14] 5가지 유형(특별감찰관법 제2조) 이외에 추가로 인사관련 부정청탁을 받는 경우를 비위행위로 추가하였으며, 박 범계 의원안에서는 인사관련 부정청탁을 받는 경우에다가 정당하더라도 금품 및 향응 을 수수하는 경우 뿐만 아니라 친족이 공무원으로 임용되거나 공공기관 임직원으로 취임, 선출직 공무원(가령 총선이나 지방선거 등)으로 출마하는 경우를 비위행위의 범주 에 포함시켰었다. 다만 이에 대해 법사위의 논의과정에서 비위행위의 유형이 너무 범 위가 넓고 일부 비위행위의 경우에는 감찰대상자의 정치적 자유를 제한할 우려가 있 다는 점들이 제기되어 현재의 형태로 최소화되어 비위행위가 규정되게 되었다.

결과론적으로 위 **비위행위는 그 범위가 너무 협소**하다. 단적인 예로 비위행위 범위 가 너무 협소하다는 지적은 지속적으로 제기되어 왔고 법 제정 이후에도 다양한 개정 안들이 제기되었는데 이 개정안들의 핵심이 모두 비위행위를 넓혀서 규정하거나 감찰 대상자의 범위를 넓히는 방식으로 다수의 개정안들이 제출된 것만 보아도 현행법상 비위행위가 무척 협소하게 규정되었다는 것을 알 수 있다. 이 개정안들에 대해서는 구 체적인 내용은 후술하겠지만 특별감찰관의 감찰대상 비위행위에 다양한 비위행위의 유형들을 포함시켜 그 범위를 넓히는 개정안들이 뒤따르게 하는데 이러한 개정안들에 대해서는 심도있는 논의는 이루어지지 못하였다. 그 이유는 위 비위행위에 대한 확대 논의 개정안이 2016. 9. 특별감찰관이 사표를 제출한 이후 기구가 특별감찰과장의 직 무대행체제로 운영이 되면서 특별감찰관법에 대한 깊이 있는 분석이 이루어지지 못하 였기 때문이다. 이후 고위공직자비리수사처의 논의가 함께 진행되면서 특별감찰관법 개정안은 대부분 회기만료로 폐기되게 된다.

---

14) 약칭된 유형은 저자가 본서 서술의 편의상 법문의 주요 부분을 약칭한 것이다.

2. 비위행위 취지와 2원화

가. 취지

법 제2조에서는 비위행위 개념을 5개의 유형으로 명확히 규정하여 감찰 대상을 특정하고 있는데 특별감찰관법의 목적이 '대통령의 친인척 등 대통령과 특수한 관계에 있는 사람'의 비위행위에 대한 감찰을 담당하는 특별감찰관의 임명 등에 관한 사항을 규정하는데 있기 때문에 이러한 '대통령의 친인척 및 대통령과 특수한 관계에 있는 사람'의 비위행위 중 구체적으로 어떠한 행위가 감찰 대상이 되는 것인지를 분명히 할 필요가 있어 나열식으로 비위행위가 규정된 것으로 보인다.

〈법 제2조의 비위행위 범위 비교〉

현행법	의원안	
	김도읍 안	박범계 안
◦ 비실명계약, 알선, 중개 ◦ 공기업, 공직유관단체 수의계약, 알선, 중개 ◦ 인사 부정청탁하는 경우 ◦ **부당** 금품, 향응 ◦ 공금 횡령, 유용	+ 인사 관련 부정청탁을 **받는 경우**	+ 인사 관련 부정청탁을 **받는 경우** + 정당한 금품, 향응 수수 + **친족이** 공무원으로 임용, 공공기관 임직원으로 취임, 선출직 공무원 출마

나. 비위행위의 2원화

위와 같은 비위행위 유형을 나열식, 열거식으로 규정한 김도읍 의원안과 달리 박범계 의원안은 비위행위의 유형을 2가지로 나누어, 감찰대상자 전원에 대해 적용되는 비위행위 유형과 대통령의 친인척에 국한하여 적용되는 비위행위 유형을 나누는 방식을 취하였다. 이에 박범계 의원안의 경우 감찰대상자 전원에 대해서는 비위행위에 대한 감찰이 실시되고, 대통령의 친인척에 대해서는 '공무원으로 임용되는 행위', '공공기관 임직원으로 취임하는 행위', '「공직선거법」상의 선거에 입후보(준비행위를 포함)하는 등 선출직 공무원으로 출마하는 행위'도 감찰대상이 되는 행위로 규정하여 2원적인 비위행위를 규정하였다. 한편 공직취임을 할 수 없도록 되어 있는데 대통령 친인척이라고 해서 공무원이나 공무담임을 할 수 없다는 것은 직업선택의 자유라든지 평등권을 침해할 수 있는 상당한 소지가 있다는 의견이 있어서 이 부분이 제한되어 규정되게 된다.

사견으로는 박범계 의원안의 2원적 규정을 선해하면 전체에 금지되는 행위유형이 있고(박범계 의원안 제4조 제1항), 이외에 Ⓐ 대통령의 배우자, Ⓑ 대통령의 직계존비속, Ⓒ 대통령의 4촌 이내의 친족의 특수 신분자가 ① 공무원으로 임용되는 행위, ② 공공기관 임직원으로 취임하는 행위, ③ 「공직선거법」상의 선거에 입후보(준비행위를 포함한다)하는 등 선출직 공무원으로 출마하는 행위 전체를 금지하는 것이 아니라 **대통령의 영향력 또는 대통령의 허가나 지시를 받은 것처럼 행사**하며 자신의 사익을 추구하는 것을 방지하는 것에 대해 감찰을 하라는 취지로 해석하면 될 것으로 보인다. 이에 위와 같은 견지로 해석을 한다면 감찰은 기본적으로 감찰대상자의 유죄를 밝혀내는 수사과정이 아니라 감찰대상자의 행동에 대해 권력형 비리의 사전 예방적 기능을 수행한다는 점, 특별감찰관이 대통령 측근, 고위공직자 등을 상시적으로 감시하도록 하고 비리행위가 의심되는 경우 적극적으로 이를 모니터링하도록 법이 설계되었다는 점에서 타당한 입법안이라고 사료된다.

박범계 의원의 제정안

제3조(특별감찰관의 감찰대상) 이 법에 따른 특별감찰관의 감찰대상자는 다음 각 호에 해당하는 자로 한다.

  1. 대통령의 배우자
  2. 대통령의 직계존비속
  3. 대통령의 4촌 이내의 친족
  4. 대통령 비서실의 1급 이상의 공무원
  5. 국무총리, 국무위원, 국회의원, 감사원장, 국가정보원장, 검찰총장, 공정거래위원장, 금융위원장, 국세청장, 경찰청장
  6. 그 밖의 고위공직자로서 대통령령으로 정하는 사람

제4조(특별감찰관의 감찰범위) ① 특별감찰관은 제3조 각 호의 어느 하나에 해당하는 사람이 다음 각 호의 금지된 행위를 하는지 여부를 감찰한다.

> 1. 실명(實名)이 아닌 명의로 계약을 하거나 알선·중개하는 등으로 개입하는 행위
>
> 2. 공기업이나 공직 유관 단체와 수의계약하거나 알선·중개하는 등으로 개입하는 행위
>
> 3. 인사 관련 등 부정한 청탁을 하거나 받는 행위
>
> 4. 금품·향응을 주고 받는 행위
>
> ② 특별감찰관은 제3조 제1호부터 제3호까지에 해당하는 사람이 다음 각 호의 금지된 행위를 하는지 여부를 감찰한다.
>
> 1. 공무원으로 임용되는 행위
>
> 2. 공공기관 임직원으로 취임하는 행위
>
> 3. 「공직선거법」상의 선거에 입후보(준비행위를 포함한다)하는 등 선출직 공무원으로 출마하는 행위가 감찰을 수행할 때에는 다음 각 호의 사항을 준수하여야 한다.

3. 비위행위의 구체적 내용

가. 실명이 아닌 명의로 계약을 하거나, 알선·중개하는 등으로 개입(1호)

(1) 의의

실명이 아닌 명의로 계약을 하거나 알선·중개하는 등으로 개입하는 행위를 비위행위로 규정하고 있다. 이 차명계약행위를 비위행위로 규정한 이유는 대통령 수석비서관 등보다는 대통령 친인척의 사익추구를 방지하기 위한 규정으로 볼 수 있는 바, 대통령 측근의 재산은닉을 규제하기 위해 이른바 불법적인 차명계약뿐만 아니라 모든 형태의 차명계약 자체를 비위행위로 규정한 것이다. 특이한 것은 현재 금융거래나 부동산 거래는 이미 차명계약의 대상이 된다면 이미 각 개별법에서 규율되고 있다는 데 있다. 만약 차명거래의 대상이 부동산이라면 그에 따른 등기를 한 행위 자체가 누구든지 부동산에 관한 물권을 명의신탁약정에 따라 명의수탁자의 명의로 등기하여서는 아니 된다는 규정인 '부동산 실권리자명의 등기에 관한 법률' 제7조 및 동법 제3조에 의하여 형사처벌 대상이 되기 때문이다.[15]

---

15) **부동산실명법 제3조(실권리자명의 등기의무 등)** ① 누구든지 부동산에 관한 물권을 명의신탁 약정에 따라 명의수탁자의 명의로 등기하여서는 아니 된다.

② 채무의 변제를 담보하기 위하여 채권자가 부동산에 관한 물권을 이전받는 경우에는 채무자, 채권금액 및 채무변제를 위한 담보라는 뜻이 적힌 서면을 등기신청서와 함께 등기관에게

그 외에 금융실명법에서 규율하는 불법적인 차명금융거래 이외에 동산 등의 각종 계약에 있어서 차명거래를 하더라도 원래 그 자체로서 처벌이 되는 것은 아닌 바, 합법적인 영역에 대해서까지 특별감찰관법의 적용대상이 되는 비위행위에 포함되는 이유는 이 행위들이 일반인이 아닌 대통령의 측근들에 대해서 이루어진다는 신분에 의한 감찰위법성(신분가중성 요건)의 가중 때문이다. 이에 동 비위행위 자체가 불법이고 곧 처벌이 되는 것은 물론 아니지만 당연히 이러한 과정에 불법적인 요소가 가미된 것인지 아닌지 여부에 대해 살펴볼 필요는 있다. 이에 대해서까지도 특별감찰관법상의 감찰의 대상이 됨에 따라, 사실상 감찰대상자는 모든 부동산, 동산, 금융거래를 실명거래로 하여야 하는 의무를 부담하게 되는 결과를 낳게 된다. 뿐만 아니라 행위유형은 이러한 차명계약을 '알선·중개'하는 행위 자체도 감찰의 대상인 비위행위에 포함시키고 있는데, '알선' 이란 위와 같은 행위를 '매개하거나 주선'하는 행위를 의미하고, '중개' 란 '양 당사자 사이에 일을 성사되도록 소개하고 주선'하는 행위를 의미한다.

(2) 내용

(차명거래) 대통령 측근의 재산은닉을 규제하기 위해 이른바 차명계약 자체를 비위행위로 규정하였으며 **형사처벌 가부를 불문한 각종 차명계약 체결행위**를 의미한다. 차명계약 체결의 경우를 구체적으로 경우를 나누어 살펴보면 우선 **부동산 차명거래**의 경우 앞서 전술한 것처럼 현재 차명의 부동산거래는 부동산 실명법에 의해 규율되고 있으며,16) 부동산 실명법상 불법 부동산 거래로 판단되는 경우에는 비위행위에 해당하

제출하여야 한다.

부동산실명법 제7조(벌칙) ① 다음 각 호의 어느 하나에 해당하는 자는 5년 이하의 징역 또는 2억원 이하의 벌금에 처한다. <개정 2016. 1. 6.>

1. 제3조 제1항을 위반한 명의신탁자

2. 제3조 제2항을 위반한 채권자 및 같은 항에 따른 서면에 채무자를 거짓으로 적어 제출하게 한 실채무자

② 제3조 제1항을 위반한 명의수탁자는 3년 이하의 징역 또는 1억원 이하의 벌금에 처한다. <개정 2016. 1. 6.>

16) 부동산 실권리자명의 등기에 관한 법률에서는 부동산에 관한 소유권 기타 물권을 실체적 권리관계와 일치하도록 실권리자의 명의로 등기하게 함으로써 부동산등기제도를 악용한 투기·탈세·탈법행위 등 반사회적 행위를 방지하고 부동산 거래의 정상화와 부동산 가격의 안정을 도모함을 목적으로 하고 있다(동법 제1조). 부동산실명법은 부동산에 관한 물권을 실권리자의 명의로 등기하도록 의무화하고(제3조), 실권리자와 명의자 간의 명의신탁약정과 동 약정에 따라 행하여진 등기에 의한 물권변동은 무효이며(제4조), 명의신탁자를 과징금에 처하고 명의신

여 감찰조사가 될 가능성이 농후[17]하다고 보인다.

동산거래 중 금융거래의 경우 금융실명법에서 규율하고 있다. 금융회사 등은 거래자의 실지명의(이하 "실명")로 금융거래를 하여야 한다. 원래 차명 금융거래[18]란 자신의 금융자산을 타인의 명의로 거래를 하는 것을 말하는 바, 과거 불법차명 금융거래를 금지하기 이전까지는 실제적으로는 차명금융거래 자체를 직접 금지하는 것은 없었으며,[19] 차명으로 금융거래를 한다고 하더라도 금융거래자의 실명확인증표에 의하여 실명여부를 확인토록 의무를 위반하거나 차명거래를 알선·중개하는 경우에도 행위당사자가 아닌 거래한 금융회사에 대해서만 일정 금액 이하의 과태료 및 신분상 제재[20]만이 가능할 뿐 차명거래자 등 금융거래자에 대한 직접적 제재 등 별다른 형사적 제재조치를 받지 아니하였다.[21] 다만 이후 법개정을 통해 일반 모든 금융거래자에 대하여 차명거래를 금지하고, 이를 위반하는 경우에는 5년 이하의 징역 또는 5천만원 이하의 벌

탁자와 명의수탁자에게 형사처벌을 과하도록 규정하고 있다(제5조 및 제7조 등).

17) 한편 계속 반복 언급될 비위행위의 조사의 경우는 아직 범죄혐의가 구체적으로 특정되지 않는다고 하더라도 그 사전 단계에서의 비위행위의 확인인 만큼 형사소송법상에서의 범죄혐의 정도에 까지 이르지 아니하더라도 비위행위의 확인 필요가 있다고 넓게 보는 것이 타당하다. 반드시 유죄의 판결을 받지 않더라도 비위행위로 밝혀지는 경우 공무원 징계처분이나 관련 행정기관의 참고자료 송부의 필요성이 있기 때문이다.

18) 차명거래 등을 활용한 주가조작 행위에 대해서는 자본시장법(제443조)에 따라 형사처벌(10년 이하의 징역 또는 5억원 이하의 벌금)되는 조항이 있다.

19) 불법자금 조성, 거래, 사용 행위 등에 대해서는 범죄수익은닉규제법, 조세범처벌법 등 개별법령에 따라 처벌하여, ① 범죄수익 등의 취득 또는 처분을 가장한 자(자금세탁 등)는 범죄수익은닉규제법(제3조)에 따라 형사처벌(5년 이하의 징역 또는 3천만원 이하의 벌금), ② 사기 기타 부정한 방법으로 조세를 포탈한 경우 조세범처벌법(제3조)에 따라 형사처벌(5억원 이상인 경우 3년 이하의 징역 또는 포탈액의 3배 이하에 상당하는 벌금), ③ 타인의 명의나 가명으로 정치자금을 기부한 자는 정치자금법(제48조)에 따라 처벌(2백만원 이하 벌금형), ④ 차명거래 등을 활용한 주가조작 행위에 대해서는 자본시장법(제443조)에 따라 형사처벌(10년 이하의 징역 또는 5억원 이하의 벌금), ⑤ 일반적으로 불법자금을 조성하여 사용한 경우 형법에 따라 처벌(공금유용, 횡령, 뇌물공여 등)함으로써 차명거래를 규율하고 있다.

20) 금융위원회의 고시인 '금융기관 검사및 제재에 관한 규정'은 금융실명법을 포함한 금융관련법규를 위반한 금융기관 임·직원에 대한 해임권고, 업무정지 또는 금융기관에 대한 경고, 영업정지 등을 규정하고 있지만(제5조 및 제17조부터 제19조까지), 신분상 제재와 기관제재에 해당하는 조치로서 그 중요성으로 비추어 볼 때 이를 검사제재규정에서 인용하여 제재하기 보다는 차명거래를 엄단하는 취지에서 금융실명법에 직접 규정함이 타당하다. 후에 이와 같은 취지로 금융실명법에서 불법차명금융거래에 대해 금지하는 규정이 신설된다.

21) 물론 차명금융거래를 이전 단계에서 해당 자금을 불법적으로 마련하였다면 의당 해당범죄에 대해 본범으로 처벌될 것이다.

금에 처하도록 하면서 형벌상 처벌조항을 신설하게 되었다.[22)]

이에 실제 특별감찰관법상 비위행위 규정이 직접 적용되는 실익은 차명 동산거래(물론 전술한 것처럼 차명부동산거래, 차명금융거래 역시 개별법에 의한 심사 이외에 특별감찰관법상의 비위행위 심사도 거치게 될 것이다)라고 볼 수 있고 이러한 개별법상 특별감찰관법상의 감찰대상자가 포함된 당사자간 차명의 동산거래에 대해서는 별도의 처벌규정은 없으나 특별감찰관법상 비위행위에 포함되어 감찰의 대상이 될 수 있다.

이러한 차명거래는 외환거래의 경우도 물론 포함될 수 있으므로 차명으로 유령법인을 만들어 거래를 하는 등의 경우(가령 파나마 페이퍼에 감찰대상자가 있는 경우에 외국환거래법 자본신고이전규정 위반행위는 금융감독원 조사 사안에 해당하며 차명외국환거래에 대해 조세포탈 등의 혐의로 감찰이 가능할 것으로 사료된다), 재산은닉 목적이 없는 합의차명거래의 경우에도 일단 감찰의 개시대상이 되는 비위행위에는 해당할 소지가 있으며 구체적인 감찰 이후 해당 행위에 대한 감찰결과 불법성이 포착되는 경우에는 수사의뢰나 고발, 관계자료 송부 등의 경우도 발생할 수 있다고 본다.

나. 공기업, 공직유관단체와 수의계약하거나 알선·중개하는 등으로 개입(2호)

특별감찰관법 제2조 제2호에서는 감찰대상자가 공기업이나 공직유관단체와 수의계약하거나 알선·중개하는 등으로 개입하는 행위를 비위행위의 한 유형으로 적시하고 있다. 이는 대통령 친인척이나 수석비서관의 측근이 소위 공기업이나 공직유관단체와의 계약행위를 통해 이권에 개입하는 행위 유형들을 규제하기 위해 공기업 등과 수의계약을 하거나 알선·중개하는 등으로 개입하는 행위를 비위행위로 규정한 것이다.

공기업의 개념과 관련하여는 현재 공공기관의 운영에 관한 법률 제5조 제4항 및 동법 시행령 제7조 제3항에 의하여 규정하고 있는데, 기본적으로 공기업은 시장형 공기업(자산규모와 총수입액 중 자체수입액이 대통령령으로 정하는 기준 이상인 공기업), 준시장형 공기업(시장형 공기업이 아닌 공기업)으로 나눌 수가 있다. 구체적으로 시행령에서는

---

22) **금융실명법 제3조(금융실명거래)** ① 금융회사등은 거래자의 실지명의(이하 "실명"이라 한다)로 금융거래를 하여야 한다.
금융실명법 제6조(벌칙) ① 제3조 제3항 또는 제4항, 제4조 제1항 또는 제3항부터 제5항까지의 규정을 위반한 자는 5년 이하의 징역 또는 5천만원 이하의 벌금에 처한다. <개정 2014. 5. 28.>
② 제1항의 징역형과 벌금형은 병과(倂科)할 수 있다.

기획재정부장관이 지정한 공기업인 **시장형 공기업**(자산규모가 2조원 이상이고, 총수입액 중 자체수입액이 85% 이상인 공기업)[23])과 **준시장형 공기업**(시장형 공기업이 아닌 공기업으로 직원 정원이 50명 이상, 수입액 30억원 이상, 자산규모 10억원 이상에 해당하는 공기업)을 공기업으로 규정하고 있다. 물론 공공기관운영법 제5조 제3항에 따라 총수입액 중 자체수입액이 차지하는 비중이 100분의 50(「국가재정법」에 따라 기금을 관리하거나 기금의 관리를 위탁받은 공공기관의 경우 100분의 85) 이상인 공공기관을 공기업으로 지정하는 바, 이러한 공기업도 포함되는 개념이다.

〈2022년 공기업 지정현황〉[24])

구 분	(주무기관) 기관명
시장형 공기업 (15)	(산업부) 한국가스공사, 한국남동발전㈜, 한국남부발전㈜, 한국동서발전㈜, 한국서부발전㈜, 한국석유공사, 한국수력원자력㈜, 한국전력공사, 한국중부발전㈜, 한국지역난방공사, 주식회사 강원랜드 (국토부) 인천국제공항공사, 한국공항공사 (해수부) 부산항만공사, 인천항만공사
준시장형 공기업 (21)	(기재부) 한국조폐공사 (문체부) 그랜드코리아레저㈜ (농식품부) 한국마사회 (산업부) ㈜한국가스기술공사, 대한석탄공사, 한국광해광업공단, 한국전력기술

---

23) **공공기관의 운영에 관한 법률 시행령 제7조(공기업 및 준정부기관의 지정기준)** ① 기획재정부장관은 법 제5조 제1항 제1호에 따라 다음 각 호의 기준에 해당하는 공공기관을 공기업·준정부기관으로 시정한다.
  1. **직원 정원: 50명 이상**
  2. **수입액(총수입액을 말한다): 30억원 이상**
  3. **자산규모: 10억원 이상**
  ② 기획재정부장관은 법 제5조 제3항에 따라 총수입액 중 자체수입액이 차지하는 비중이 100분의 50(「국가재정법」에 따라 기금을 관리하거나 기금의 관리를 위탁받은 공공기관의 경우 100분의 85) 이상인 공공기관을 공기업으로 지정한다. <개정 2021. 12. 21.>
  ③ 기획재정부장관은 법 제5조 제4항 제1호에 따라 다음 각 호의 기준에 해당하는 공기업을 시장형 공기업으로 지정한다.
  1. **자산규모: 2조원**
  2. **총수입액 중 자체수입액이 차지하는 비중: 100분의 85**
24) 2022. 1. 28. 기획재정부, "2022년 공공기관" 지정 보도자료 제4면 참조.

구 분	(주무기관) 기관명
	㈜, 한전KDN㈜, 한전KPS㈜ (국토부) 제주국제자유도시개발센터, 주택도시보증공사, 한국도로공사, 한국부 　　　　동산원, 한국철도공사, 한국토지주택공사, 주식회사 에스알 (해수부) 여수광양항만공사, 울산항만공사, 해양환경공단 (방통위) 한국방송광고진흥공사 (환경부) 한국수자원공사

　　공직유관단체는 공직자윤리법 제3조의2[25] 및 동법 시행령 제3조의2[26]에 의하여 정부 공직자윤리위원회가 정부 또는 지방자치단체의 재정지원 규모, 임원선임 방법 등을

---

25) **공직자윤리법 제3조의2(공직유관단체)** ① 제9조 제2항 제8호에 따른 정부 공직자윤리위원회는 정부 또는 지방자치단체의 재정지원 규모, 임원선임 방법 등을 고려하여 다음 각 호에 해당하는 기관·단체를 공직유관단체로 지정할 수 있다. <개정 2014. 12. 30.>
　1. 한국은행
　2. 공기업
　3. 정부의 출자·출연·보조를 받는 기관·단체(재출자·재출연을 포함한다), 그 밖에 정부 업무를 위탁받아 수행하거나 대행하는 기관·단체
　4. 「지방공기업법」에 따른 지방공사·지방공단 및 지방자치단체의 출자·출연·보조를 받는 기관·단체(재출자·재출연을 포함한다), 그 밖에 지방자치단체의 업무를 위탁받아 수행하거나 대행하는 기관·단체
　5. 임원 선임 시 중앙행정기관의 장 또는 지방자치단체의 장의 승인·동의·추천·제청 등이 필요한 기관·단체나 중앙행정기관의 장 또는 지방자치단체의 장이 임원을 선임·임명·위촉하는 기관·단체
　② 제1항에 따른 공직유관단체의 지정기준 및 절차, 그 밖에 필요한 사항은 대통령령으로 정한다.
26) **공직자윤리법 시행령 제3조의2(공직유관단체의 범위 등)** ① 법 제3조의2제1항에 따라 공직유관단체로 지정할 수 있는 기관·단체의 범위는 다음 각 호와 같다. <개정 2009.11.23, 2011.10.28, 2015.3.30>
　1. 법 제3조의2제1항 제1호·제2호 및 제5호에 따른 기관·단체
　2. 법 제3조의2제1항 제4호에 따른 지방공사 및 지방공단
　3. 정부나 지방자치단체로부터 연간 10억원 이상 출자·출연·보조를 받는 기관·단체
　4. 정부나 지방자치단체의 업무를 위탁받아 수행하거나 대행하는 기관·단체 중 예산 규모가 100억원 이상인 기관·단체
　5. 정부나 지방자치단체로부터 출자·출연을 받은 기관·단체가 단독 또는 공동으로 재출자·재출연한 금액이 자본금의 전액이 되는 기관·단체
　6. 「공공기관의 운영에 관한 법률」 제4조에 따른 공공기관 중 제3호부터 제5호까지의 규정에 해당하지 아니하는 공공기관

고려하여 법령에서 정한 요건에 해당하는 공직유관단체를 지정하고 이에 대해 인사혁신처장이 매 반기말 고시하도록 규정되어 있다. 2022년 상반기 적용 공직유관단체 1,352개 단체가 지정되어 있다. 원래 국가 및 지방자치단체 등으로부터 재정지원 또는 임원선임 등의 승인을 받는 등 공공성이 있는 기관·단체를 공직유관단체로 지정하여 공직윤리제도를 적용하기 위해 정부공직자윤리위원회에서 관리하는 데 특별감찰관법상 적용이 되는 공직유관단체가 되는 것 이외에도 재산등록의무 부여(상근임원 이상) 및 등록재산 공개(기관장, 부기관장, 상임감사 등 일부임원), 퇴직자에 대하여 업무관련성 있는 취업심사대상기관에 취업제한, 직무와 관련하여 외국(인)으로부터 수령한 선물신고 등의 적용대상이 되기도 한다.

공직유관단체는 **한국은행**(공직자윤리법 제3조의2 제1항 제1호, 영 제3조의2 제1항 제1호), **공기업**(공직자윤리법 제3조의2 제1항 제2호, 영 제3조의2 제1항 제1호), **지방공사 및 지방공단**(공직자윤리법 제3조의2 제1항 제4호 전단, 영 제3조의2 제1항 제2호), **정부 또는 지방자치단체의 출자·출연·보조를 받는 기관·단체,** 정부나 지방자치단체로부터 연간 10억원 이상 출자·출연·보조를 받는 기관·단체(공직자윤리법 제3조의2 제1항 제3호 전단, 제4호 전단, 영 제3조의2 제1항 제3호), **정부·지방자치단체로부터 전액 재출자·재출연을 받는 기관·단체**(공직자윤리법 제3조의2 제1항 제3호 전단, 영 제3조의2 제1항 제5호), **정부나 지방자치단체의 업무를 위탁받아 수행하거나 대행하는 기관·단체** 중 예산 규모가 100억원 이상인 기관·단체(공직자윤리법 제3조의2 제1항 제3호 후단, 제4호 후단, 영 제3조의2 제1항 제4호), **임원을 중앙행정기관의 장 또는 지방자치단체의 장이 선임·임명·위촉**하거나 그 선임 등을 승인·동의·추천·제청하는 기관·단체(공직자윤리법 제3조의2 제1항 제5호, 영 제3조의2 제1항 제1호)가 모두 해당하여 그 범위가 상당히 광범위하다.

비위행위 중 특별감찰관법 제2조 제1호인 실명(實名)이 아닌 명의로 계약을 하거나 알선·중개하는 등으로 개입하는 행위, 제2호인 공기업이나 공직유관단체와 수의계약하거나 알선·중개하는 등으로 개입하는 행위유형에 대해 이를 부정청탁 및 금품등 수수의 금지에 관한 법률(약칭: 청탁금지법)에서 구체적으로 유형을 나누어 살펴보면 청탁금지법 제5조 제1항의 제6호 내지 제9호가 특별감찰관법 제2조 제1호 내지 제2호의 비위행위와 관련이 될 수 있는 부분으로 보인다.

청탁금지법 제5조(부정청탁의 금지) ① 누구든지 직접 또는 제3자를 통하여 직무를 수행하는 공직자등에게 다음 각 호의 어느 하나에 해당하는 부정청탁을 해서는 아니 된다. <개정 2016. 5. 29., 2021. 12. 7.>

1. 인가·허가·면허·특허·승인·검사·검정·시험·인증·확인 등 법령(조례·규칙을 포함한다. 이하 같다)에서 일정한 요건을 정하여 놓고 직무관련자로부터 신청을 받아 처리하는 직무에 대하여 법령을 위반하여 처리하도록 하는 행위

2. 인가 또는 허가의 취소, 조세, 부담금, 과태료, 과징금, 이행강제금, 범칙금, 징계 등 각종 행정처분 또는 형벌부과에 관하여 법령을 위반하여 감경·면제하도록 하는 행위

3. 모집·선발·채용·승진·전보 등 공직자등의 인사에 관하여 법령을 위반하여 개입하거나 영향을 미치도록 하는 행위

4. 법령을 위반하여 각종 심의·의결·조정 위원회의 위원, 공공기관이 주관하는 시험·선발 위원 등 공공기관의 의사결정에 관여하는 직위에 선정 또는 탈락되도록 하는 행위

5. 공공기관이 주관하는 각종 수상, 포상, 우수기관 선정 또는 우수자·장학생 선발에 관하여 법령을 위반하여 특정 개인·단체·법인이 선정 또는 탈락되도록 하는 행위

<u>6. 입찰·경매·개발·시험·특허·군사·과세 등에 관한 직무상 비밀을 법령을 위반하여 누설하도록 하는 행위</u>

<u>7. 계약 관련 법령을 위반하여 특정 개인·단체·법인이 계약의 당사자로 선정 또는 탈락되도록 하는 행위</u>

<u>8. 보조금·장려금·출연금·출자금·교부금·기금 등의 업무에 관하여 법령을 위반하여 특정 개인·단체·법인에 배정·지원하거나 투자·예치·대여·출연·출자하도록 개입하거나 영향을 미치도록 하는 행위</u>

<u>9. 공공기관이 생산·공급·관리하는 재화 및 용역을 특정 개인·단체·법인에게 법령에서 정하는 가격 또는 정상적인 거래관행에서 벗어나 매각·교환·사용·수익·점유하도록 하는 행위</u>

10. 각급 학교의 입학·성적·수행평가·논문심사·학위수여 등의 업무에 관하여 법령을 위반하여 처리·조작하도록 하는 행위

11. 병역판정검사, 부대 배속, 보직 부여 등 병역 관련 업무에 관하여 법령을 위반하여 처리하도록 하는 행위

12. 공공기관이 실시하는 각종 평가·판정·인정 업무에 관하여 법령을 위반하여 평가, 판정 또는 인정하게 하거나 결과를 조작하도록 하는 행위

13. 법령을 위반하여 행정지도·단속·감사·조사 대상에서 특정 개인·단체·법인이 선정·배제되도록 하거나 행정지도·단속·감사·조사의 결과를 조작하거나 또는 그 위법사항을 묵인하게 하는 행위

14. 사건의 수사·재판·심판·결정·조정·중재·화해, 형의 집행, 수용자의 지도·처우·계호 또는 이에 준하는 업무를 법령을 위반하여 처리하도록 하는 행위

15. 제1호부터 제14호까지의 부정청탁의 대상이 되는 업무에 관하여 공직자등이 법령에 따라 부여받은 지위·권한을 벗어나 행사하거나 권한에 속하지 아니한 사항을 행사하도록 하는 행위

다. 인사관련 등 부정한 청탁을 하는 행위(3호)

(1) 부정한 청탁의 해석

본호는 인사관련 부정한 청탁을 감찰대상자가 다른 사람에게 하는 행위를 가리킨다. 이는 전형적으로 대통령 측근이 그 권위를 이용하여 다른 사람에게 '인사청탁이나 개입'을 하는 것을 규제하기 위해 인사 관련 등 부정한 청탁을 하는 행위를 비위행위로 규정한 것이다. 다만 문언해석상 인사관련 등 '부정한' 청탁이 규제대상인 바, 인사관련 등 '정당한' 청탁이라면 비위행위가 되지 아니함은 문언상 명백하기는 하다. 다만 사견으로는 과연 인사와 관련된 "정당한" 청탁과 "부당한" 청탁을 나누는 경계선이 모호한 경우가 많을 것이며, 대통령 친인척 또는 대통령비서실의 수석비서관 이상의 인사가 인사 관련 등의 청탁을 하는 행위자체는 설사 그것이 정당한 영역의 청탁이라고 하더라도 **청탁을 받는 사람 입장에서는 부담스러운 인사청탁**이 될 수 있으므로 굳이 부정한 청탁이라는 문구에 한정되어 해석될 필요가 없다고 생각한다. 즉 법규상 정당한 인사추천에 해당하는 것으로 볼 여지가 많다고 하더라도 그 과정에서 부정한 청탁의 소지가 없었는지 등에 대해서는 특별감찰관은 감찰을 개시하여 비위행위 확인 후 종료를 하는 것이 타당하다. 또한 특별감찰관법상 인사청탁의 대상기관은 특정되어 있지 아니하기 때문에 감찰대상자가 공직이 아닌 일반 민간기업에 인사청탁을 한 경우, 특별감찰관법 제2조 제2호의 대상 공기업, 공직유관단체에 인사청탁을 한 경우, 기타의 민간기업이라도 만약 감찰대상자가 본인의 특수한 신분관계를 활용하여 부정한 청탁을 할 가능성이 있을 것이므로 이 경우에도 물론 비위행위를 확인할 필요성이 있다

고 할 것이다. 다만 이러한 견해에 따르더라도 부정한 청탁이 아닌 경우, 즉 정당한 인사추천서 양식에 의한 인사추천을 받는 경우[27])이거나 인사청탁이 아닌 법령에 따르는 인재풀 작성 또는 다수 적격인재 대상자 추천의 경우에는 부정한 청탁이 아니라서 비위행위에 해당한다고 보기 어려울 것이다.

(2) 청탁을 "하는" 경우의 해석

부정한 청탁을 하거나 받는 행위 중 **"받는" 행위 부분은 제외되고 "하는" 행위부분만이 비위행위의 대상**이 된다. 이는 원래 특별감찰관법 제정안 중 박범계 의원안과 김도읍 의원안 모두 '인사 관련 등 부정한 청탁을 하거나 받는 행위'를 비위행위에 규정되어 있었다가 법사위 논의과정에서 청탁을 하는 것은 별도로 치더라도 감찰대상자에게 인사에 관련된 청탁을 받는 행위까지 포함하는 것은 너무 광범위하다는 지적에서 그 비위행위 유형이 한정되어 기술되게 되었다. 문언상으로는 감찰대상자가 정당하든 부당하든 인사청탁을 받는 경우는 비위행위에 포함되지 아니하는데 이는 부족한 측면이 있다. 사견으로는 부정한 인사청탁을 받는 경우에는 곧 이러한 인사청탁을 전달할 가능성이 높다는 점, 감찰은 사전예방적으로 이루어져야 한다는 점에서 감찰대상자가 반복적인 부정한 인사청탁을 받는 경우 등에는 감찰개시의 필요성이 있다고 사료된다.

(3) "등"의 해석

조문상으로 인사 '관련 등'이라고 하여 포괄적인 용어를 사용하고 있어 인사청탁 외어느 정도까지 부정한 청탁의 영역으로 확대될 수 있을지에 대한 해석의 소지가 존재한다. 즉 특별감찰관법 제2조 제3호의 경우 **인사관련 "등" 부정한 청탁을 하는 행위**라고 규정되어 있어 "등"이라는 포괄적인 표현으로 인하여 인사청탁 이외에 포괄적인 여러 부정한 청탁행위를 포함하는 것은 아닌지 생각될 수 있다. 사견으로는 법 제정당시에 직무유기 및 직권남용의 포함방안도 제시되었으나 제외되었다는 점, 부정부패 행위 등을 막기 위한 법의 취지 등을 고려해 볼 때 광의의 부정청탁행위를 포함하는 개념으로 볼 여지가 있다고 생각된다.

---

27) 한편 정당한 인사추천과 부정한 인사청탁 사이에서 그 기준이 모호할 수 있는 것이 사실이나, 적법한 인사추천서 양식에 의한 정식 인우보증서의 제출 혹은 의뢰를 받거나 공식적 업무에 따르는 적격자 인사대상자의 강제력 없는 일회성의 인재풀의 추천 업무, 복수 후보자의 추천 등은 사안에 따라 나누어 판단하여야 할 것이지만 부정한 인사청탁으로 보기는 어려울 것이다.

다만 이에 대해 "등"을 지나치게 포괄하여 해석하면 확대해석이 될 수 있다는 점, 이후 이완구 의원 대표발의 특별감찰관법 개정안에 의하면 "인사, 직무 등"이라고 비위행위를 넓히는 방안이 제시되었다는 점, 특별감찰관법 제2조 제1호, 제3호, 제4호, 제5호에서 비위행위가 한정적으로 열거되어 있다는 점, 만약 모든 부정청탁행위에 적용할 것이라면 제3호에서 등을 표시하지 아니하고 부정청탁 및 금품등 수수의 금지에 관한 법률처럼 마지막 호에 등으로 표시하면서 포괄적으로 기술하였을 것이라는 점,[28] 하위 특별감찰관법 시행령에 구체적인 나열을 할 수 있도록 근거를 마련하였을 것이라는 점 등을 고려해 볼 때 무한히 모든 인사와 직무 등에 대한 청탁으로 확대하여 해석하기는 곤란하다고 보인다. 다만 법문에 의한 해석에 의해서도 적어도 인사 등과 관련된 근무평가 및 성적의 조정, 입학입시 부정청탁, 파견, 포상순위의 조작 등은 포함해서 해석할 필요가 있다고 할 수 있다. 이를 부정청탁 및 금품등 수수의 금지에 관한 법률(약칭: 청탁금지법)에서 구체적으로 유형을 나누어 살펴보면 청탁금지법 제5조에서는 부정청탁의 금지를 규정하면서 누구든지 직접 또는 제3자를 통하여 직무를 수행하는 공직자등에게 부정청탁을 해서는 아니 된다고 하고 금지되는 행위유형을 각 호에서 규정하고 있는 바, 부정한 인사 청탁을 하는 행위와 관련이 되는 것은 청탁금지법 제5조 제1항의 제3호 내지 제5호, 제10호 내지 제12호가 본호의 비위행위와 관련이 될 수 있는 부분으로 보인다.

청탁금지법 제5조(부정청탁의 금지) ① 누구든지 직접 또는 제3자를 통하여 직무를 수행하는 공직자등에게 다음 각 호의 어느 하나에 해당하는 부정청탁을 해서는 아니 된다. <개정 2016. 5. 29., 2021. 12. 7.>

   1. 인가·허가·면허·특허·승인·검사·검정·시험·인증·확인 등 법령(조례·규칙을 포함한다. 이하 같다)에서 일정한 요건을 정하여 놓고 직무관련자로부터 신청을 받아

---

28) **부정청탁 및 금품등 수수의 금지에 관한 법률 제5조(부정청탁의 금지)** ① 누구든지 직접 또는 제3자를 통하여 직무를 수행하는 공직자등에게 다음 각 호의 어느 하나에 해당하는 부정청탁을 해서는 아니 된다.
   1~14호 생략
   15. 제1호부터 제14호까지의 부정청탁의 대상이 되는 업무에 관하여 공직자등이 법령에 따라 부여받은 지위·권한을 벗어나 행사하거나 권한에 속하지 아니한 사항을 행사하도록 하는 행위

처리하는 직무에 대하여 법령을 위반하여 처리하도록 하는 행위

2. 인가 또는 허가의 취소, 조세, 부담금, 과태료, 과징금, 이행강제금, 범칙금, 징계 등 각종 행정처분 또는 형벌부과에 관하여 법령을 위반하여 감경·면제하도록 하는 행위

3. 모집·선발·채용·승진·전보 등 공직자등의 인사에 관하여 법령을 위반하여 개입하거나 영향을 미치도록 하는 행위

4. 법령을 위반하여 각종 심의·의결·조정 위원회의 위원, 공공기관이 주관하는 시험·선발 위원 등 공공기관의 의사결정에 관여하는 직위에 선정 또는 탈락되도록 하는 행위

5. 공공기관이 주관하는 각종 수상, 포상, 우수기관 선정 또는 우수자·장학생 선발에 관하여 법령을 위반하여 특정 개인·단체·법인이 선정 또는 탈락되도록 하는 행위

6. 입찰·경매·개발·시험·특허·군사·과세 등에 관한 직무상 비밀을 법령을 위반하여 누설하도록 하는 행위

7. 계약 관련 법령을 위반하여 특정 개인·단체·법인이 계약의 당사자로 선정 또는 탈락되도록 하는 행위

8. 보조금·장려금·출연금·출자금·교부금·기금 등의 업무에 관하여 법령을 위반하여 특정 개인·단체·법인에 배정·지원하거나 투자·예치·대여·출연·출자하도록 개입하거나 영향을 미치도록 하는 행위

9. 공공기관이 생산·공급·관리하는 재화 및 용역을 특정 개인·단체·법인에게 법령에서 정하는 가격 또는 정상적인 거래관행에서 벗어나 매각·교환·사용·수익·점유하도록 하는 행위

10. 각급 학교의 입학·성적·수행평가·논문심사·학위수여 등의 업무에 관하여 법령을 위반하여 처리·조작하도록 하는 행위

11. 병역판정검사, 부대 배속, 보직 부여 등 병역 관련 업무에 관하여 법령을 위반하여 처리하도록 하는 행위

12. 공공기관이 실시하는 각종 평가·판정·인정 업무에 관하여 법령을 위반하여 평가, 판정 또는 인정하게 하거나 결과를 조작하도록 하는 행위

13. 법령을 위반하여 행정지도·단속·감사·조사 대상에서 특정 개인·단체·법인이 선정·배제되도록 하거나 행정지도·단속·감사·조사의 결과를 조작하거나 또는 그 위법사항을 묵인하게 하는 행위

14. 사건의 수사·재판·심판·결정·조정·중재·화해, 형의 집행, 수용자의 지도·처우·계호 또는 이에 준하는 업무를 법령을 위반하여 처리하도록 하는 행위

15. 제1호부터 제14호까지의 부정청탁의 대상이 되는 업무에 관하여 공직자등이 법령
에 따라 부여받은 지위·권한을 벗어나 행사하거나 권한에 속하지 아니한 사항을 행사
하도록 하는 행위

라. 부당하게 금품·향응을 주고 받는 행위(4호)

특별감찰관법 제2조 제4호에서는 부당하게 금품·향응을 주고 받는 행위가 비위행
위의 유형으로 규정되어 있다. 금품·향응을 주고 받는 행위는 '부당한' 경우로 제한되
어 있다. 당초 박범계 의원안에는 비위행위로 "금품·향응을 주고 받는 행위"라고 규
정되어 부당성 요건을 전제조건으로 두고 있지는 않았는데, 김도읍 의원안에는 "부당
하게 금품·향응을 주고 받는 행위"라고 규정되어 있었고, 사법개혁특별위원회(이하
'사개특위'라 한다)나 법제사법위원회(이하 '법사위'라 한다)에서 논의 과정에서 부당한 경
우로 제한하여 규정되게 되었다.

대통령 측근이 관련된 '부정청탁'을 규제하기 위해 부당하게 금품이나 향응을 주고
받는 행위를 비위행위로 규정한 것인데 위 법 제2조 제4호의 행위는 그 자체로서 경
우에 따라 형사처벌이 될 수도 있다. 예를 들어 특별감찰관법의 적용대상자인 대통령
비서실의 수석비서관이 부당하게 금품 등을 수수한 경우라면 당연히 형법상의 뇌물관
련 범죄에 연루될 수 있는 것이며, 대통령의 친인척이 각종 인허가 등 관련 청탁을 받
으면서 금품 등을 수수한 경우라면 변호사법 제111조 위반[29]죄, 특정범죄가중처벌 등
에 관한 법률상의 알선수재죄[30] 등이 성립할 수 있는 것이기 때문이다. 다만 사견으로
전술한 것처럼 "정당하게" 금품을 주고 받는 경우에도 박범계 의원안에 의하면 비위행
위 안에 넣고 있었으나 현행법은 "부당하게"로 제한하고 있는데 문제점이 있다. 대통
령 친인척이나 수석비서관에게 제공되는 금품의 경우 그 부당성을 찾기 위해서라도

---

29) **변호사법 제111조(벌칙)** ① 공무원이 취급하는 사건 또는 사무에 관하여 청탁 또는 알선을
한다는 명목으로 금품·향응, 그 밖의 이익을 받거나 받을 것을 약속한 자 또는 제3자에게 이
를 공여하게 하거나 공여하게 할 것을 약속한 자는 5년 이하의 징역 또는 1천만원 이하의 벌
금에 처한다. 이 경우 벌금과 징역은 병과할 수 있다.
② 다른 법률에 따라 「형법」 제129조부터 제132조까지의 규정에 따른 벌칙을 적용할 때에
공무원으로 보는 자는 제1항의 공무원으로 본다.
30) **특정범죄가중법 제3조(알선수재)** 공무원의 직무에 속한 사항의 알선에 관하여 금품이나 이익
을 수수·요구 또는 약속한 사람은 5년 이하의 징역 또는 1천만원 이하의 벌금에 처한다.

일단 전수조사가 되어야 된다고 생각한다. 이에 금품수수·향응의 부당성 여부는 결국 김영란법에서의 금품수수·향응의 부당성으로 판단할 수 있다고 보인다. 부당하게 금품수수·향응의 범위 즉 대가성, 직무관련성 및 금액 기준에 있어서는 부정청탁금지법에 의거하여 감찰대상자가 직무관련자로부터 혹은 직무와 무관한 자가 대가성이 없어도 1회에 100만원, 매 회계연도에 300만원을 초과하는 금품 등을 받거나 요구, 약속하는 경우에는 부정청탁금지법 위반이 성립할 수 있다. 그렇다면 감찰대상자가 청탁법 위반이라는 현행법 위반이 되는 것이고 이는 그 자체로 부당한 것이라고 볼 수 있다. 현행법 위반이기 때문이다. 이에 부정청탁금지법 제8조[31])에 위반한 금품 등의 수수는 특별감찰관법 제2조 제4호상의 비위행위에 해당한다고 볼 수 있을 것이라고 생각하며, 부당성의 판단기준은 결국 청탁금지법 제8조에서 규정하고 있는 금액의 다과 규모의 판단으로 확대될 수 있다고 생각한다. 물론 이 과정에서 금품 수수자인 특별감찰관법상 감찰대상자는 부정청탁금지법 제8조 제3항 각호[32])상의 사유를 입증하여 면책될 수

---

31) **청탁금지법 제8조(금품등의 수수 금지)** ① 공직자등은 직무 관련 여부 및 기부·후원·증여 등 그 명목에 관계없이 동일인으로부터 1회에 100만원 또는 매 회계연도에 300만원을 초과하는 금품등을 받거나 요구 또는 약속해서는 아니 된다.
② 공직자등은 직무와 관련하여 대가성 여부를 불문하고 제1항에서 정한 금액 이하의 금품등을 받거나 요구 또는 약속해서는 아니 된다.

32) **청탁금지법 제8조(금품등의 수수 금지)** ③ 제10조의 외부강의등에 관한 사례금 또는 다음 각 호의 어느 하나에 해당하는 금품등의 경우에는 제1항 또는 제2항에서 수수를 금지하는 금품 등에 해당하지 아니한다. <개정 2021. 12. 16.>
1. 공공기관이 소속 공직자등이나 파견 공직자등에게 지급하거나 상급 공직자등이 위로·격려·포상 등의 목적으로 하급 공직자등에게 제공하는 금품등
2. 원활한 직무수행 또는 사교·의례 또는 부조의 목적으로 제공되는 음식물·경조사비·선물 등으로서 대통령령으로 정하는 가액 범위 안의 금품등. 다만, 선물 중 「농수산물 품질관리법」 제2조 제1항 제1호에 따른 농수산물 및 같은 항 제13호에 따른 농수산가공품(농수산물을 원료 또는 재료의 50퍼센트를 넘게 사용하여 가공한 제품만 해당한다)은 대통령령으로 정하는 설날·추석을 포함한 기간에 한정하여 그 가액 범위를 두배로 한다.
3. 사적 거래(증여는 제외한다)로 인한 채무의 이행 등 정당한 권원(權原)에 의하여 제공되는 금품등
4. 공직자등의 친족(「민법」 제777조에 따른 친족을 말한다)이 제공하는 금품등
5. 공직자등과 관련된 직원상조회·동호인회·동창회·향우회·친목회·종교단체·사회단체 등이 정하는 기준에 따라 구성원에게 제공하는 금품등 및 그 소속 구성원 등 공직자등과 특별히 장기적·지속적인 친분관계를 맺고 있는 자가 질병·재난 등으로 어려운 처지에 있는 공직자등에게 제공하는 금품등
6. 공직자등의 직무와 관련된 공식적인 행사에서 주최자가 참석자에게 통상적인 범위에서 일률적으로 제공하는 교통, 숙박, 음식물 등의 금품등

있는 소지가 있으며 이는 감찰조사과정에서 감찰대상자가 소명하여야 하는 부분이 될 것이다.

구체적으로는 본 호의 비위행위는 부당하게 보조금을 받는 경우, 출마를 시켜주기 위해 정당발전 기부금을 받는 경우(공직선거법 위반) 등이 비위행위에 해당한다고 할 것이고 적극적 재산을 공여받는 것 뿐만 아니라 채무면제 등 소극채무를 감면받는 경우에도 부당하게 금품을 받는 것과 유사하게 처리할 수 있으며, 향응의 개념 역시 음식물, 골프 등 접대, 교통, 숙박의 편의제공 등 넓게 해석할 수 있다고 보인다.

마. 공금을 횡령 · 유용하는 행위(5호)

특별감찰관법 제2조 제5호상의 공금의 횡령 · 유용의 의미는 대통령 측근이 국고 자금을 횡령하거나 유용하는 행위를 규제하기 위해 공금을 횡령하거나 유용하는 행위를 비위행위로 규정한 것이다. 김도읍 의원안에 규정되어 있는 것을 추가적으로 반영한 것으로 특별감찰관법 제2조 제5호의 행위는 그 자체로서 형법상의 횡령죄, 배임죄[33]와 같이 형사처벌 대상이 될 수 있는 행위가 될 수 있고, 대통령 수석비서관 이상이 회계관계직원 등의 책임에 관한 법률상 회계관계직원[34]에 해당하는 경우 특정범죄가

---

7. 불특정 다수인에게 배포하기 위한 기념품 또는 홍보용품 등이나 경연 · 추첨을 통하여 받는 보상 또는 상품 등

8. 그 밖에 다른 법령 · 기준 또는 사회상규에 따라 허용되는 금품등

33) **형법 제355조(횡령, 배임)** ① 타인의 재물을 보관하는 자가 그 재물을 횡령하거나 그 반환을 거부한 때에는 5년 이하의 징역 또는 1천500만원 이하의 벌금에 처한다. <개정 1995. 12. 29>

② 타인의 사무를 처리하는 자가 그 임무에 위배하는 행위로써 재산상의 이익을 취득하거나 제삼자로 하여금 이를 취득하게 하여 본인에게 손해를 가한 때에도 전항의 형과 같다.

34) **회계관계 직원 등의 책임에 관한 법률 제2조(정의)** 이 법에서 "회계관계직원"이란 다음 각 호의 어느 하나에 해당하는 사람을 말한다. <개정 2014. 5. 28., 2016. 5. 29.>

1. 「국가재정법」, 「국가회계법」, 「국고금관리법」 등 국가의 예산 및 회계에 관계되는 사항을 정한 법령에 따라 국가의 회계사무를 집행하는 사람으로서 다음 각 목의 어느 하나에 해당하는 사람

가. 수입징수관, 재무관, 지출관, 계약관 및 현금출납 공무원

나. 유가증권 취급 공무원

다. 선사용자금출납명령관

라. 기금의 회계사무를 처리하는 사람

마. 채권관리관

바. 물품관리관, 물품운용관, 물품출납 공무원 및 물품 사용 공무원

사. 재산관리관

중처벌법상 국고등 손실죄[35])에도 해당할 여지가 있다. 다만 형법상의 횡령죄 등은 불법영득의 의사 등과 같은 요건이 요구되고, 국고등 손실죄의 경우에는 엄격한 신분요건이 충족되어야 하는 점을 고려할 때, 특별감찰관법 제2조 제5호에서는 비위행위의 대상을 확대하고 있다고 해석할 수 있다.

특히 행위유형 중에는 **"유용"** 행위도 비위행위로 규정하고 있는데 이는 보관자 지위가 없는 범죄행위가 되지 아니하는 범위의 공금 전용행위나 특정업무경비 등의 목적의 법인비용(카드) 유용행위 등에 대해서도 규제된다고 해석할 수 있다. 공금을 횡령한 경우 보관자적 지위를 부인하거나 법의 목적에 맞게 사용한 것이라는 변명을 하여 불법영득의 의사가 없었음을 입증하는 것을 사전에 방지할 수 있다. 이에 횡령은 소위 불법영득의사를 증명하여야 하기 때문에 이를 입증하기 위해서는 엄격한 증명이 필요한 반면 예산의 전용이나 유용 등은 범죄행위가 되지 아니하는 행정편의상 조치이더라도 대상이 될 수 있다. 즉 유용은 형법상 불법행위에 해당하지 아니하는 정도이더라도, 즉 불법영득의사가 없는 경우라고 하더라도 감찰대상자가 예산을 유용하거나 전용한다면 설사 횡령행위의 구성요건에 해당하지 아니한다 하더라도 이는 감찰대상이 된

아. 국세환급금의 지급을 명하는 공무원
자. 관세환급금의 지급을 명하는 공무원
차. 회계책임관
카. 그 밖에 국가의 회계사무를 처리하는 사람
타. 가목부터 카목까지 규정된 사람의 대리자, 분임자(分任者) 또는 분임자의 대리자
2. 「지방재정법」 및 「지방회계법」 등 지방자치단체의 예산 및 회계에 관계되는 사항을 정한 법령에 따라 지방자치단체의 회계사무를 집행하는 사람으로서 다음 각 목의 어느 하나에 해당하는 사람
가. 징수관, 재무관, 지출원, 출납원, 물품관리관 및 물품 사용 공무원
나. 가목에 규정되지 아니한 사람으로서 제1호 각 목에 규정된 사람이 집행하는 회계사무에 준하는 사무를 처리하는 사람
4. 제1호부터 제3호까지 규정된 사람의 보조자로서 그 회계사무의 일부를 처리하는 사람
35) **특정범죄가중처벌법 제5조(국고 등 손실)** 「회계관계직원 등의 책임에 관한 법률」 제2조 제1호·제2호 또는 제4호(제1호 또는 제2호에 규정된 사람의 보조자로서 그 회계사무의 일부를 처리하는 사람만 해당한다)에 규정된 사람이 국고(國庫) 또는 지방자치단체에 손실을 입힐 것을 알면서 그 직무에 관하여 「형법」 제355조의 죄를 범한 경우에는 다음 각 호의 구분에 따라 가중처벌한다.
1. 국고 또는 지방자치단체의 손실이 5억원 이상인 경우에는 무기 또는 5년 이상의 징역에 처한다.
2. 국고 또는 지방자치단체의 손실이 1억원 이상 5억원 미만인 경우에는 3년 이상의 유기징역에 처한다.

다고 볼 수 있으며 이는 감찰대상자가 형사법상 문제가 없더라도 공무원법상 징계사유에 해당하는 경우 관련 자료를 관계 행정기관에 보내야 할 필요가 있기 때문에 더더욱 그러하여야 할 것이라고 사료된다.

< 관련문제 >

한편 동 조항에서의 공금이 국고뿐만 아니라 민간을 포함한 광의의 **공금**까지 해당하는 것인지 협의의 국고, 공기업, 공직유관단체의 공금, 기타 국가보조금을 받는 단체의 공금만을 의미하는 것인지 검토할 필요가 있다. 원칙적으로 공금의 사전적 의미는 국가나 공공단체가 소유하는 돈 뿐만 아니라 **개인의 돈이 아닌 어떤 조직이나 모임의 구성원 전체가 공동으로 소유하는 돈**을 의미한다. 이에 특별감찰관법에서 별도의 정의 규정을 두지 아니하는 한 원칙적으로 국어사전상 의미에서의 공금으로 개념범위를 이해할 수는 있다. 한편 국가공무원법에서는 예산, 기금, 국고금, 보조금, 국유재산 등을 횡령·유용한 행위에 대하여 징계부가금을 부과한다고 개념정의를 하면서 감사원징계규칙36)이나 검사징계법37) 등 타 법률에서도 동일하게 공금이라는 표현은 없고 예산, 기금, 국고금, 보조금, 국유재산, 공유재산, 물품 등의 **횡령**(橫領), 배임(背任), 절도, 사기 또는 **유용**(流用)한 경우를 규정하고 있다.

---

36) **감사원 징계규칙 제17조(징계부가금)** ① 징계위원회는 법 제78조의2제1항에 따라 징계부가금 부과 의결을 요구받은 때에는 금품 및 향응 수수액, 공금의 횡령액·유용액의 5배 내에서 징계부가금의 부과 의결을 할 수 있다. <개정 2016. 6. 30.>
② 징계위원회에서 징계부가금 부과 의결을 하기 전에, 징계등 혐의자가 금품 및 향응 수수, 공금의 횡령·유용으로 다른 법률에 따라 형사처벌을 받거나 변상책임 등을 이행하여(몰수나 추징을 당한 경우를 포함한다) 법 제78조의2제2항에 따라 징계위원회가 징계부가금을 조정하여 의결할 때에는 벌금, 변상금, 몰수 또는 추징금에 해당하는 금액과 징계부가금의 합계액이 금품 및 향응 수수액, 공금의 횡령액·유용액의 5배를 초과해서는 아니 된다. <개정 2016. 6. 30.>
37) **검사징계법 제7조의2(징계부가금)** ① 제7조에 따라 검찰총장이 검사에 대하여 징계를 청구하거나 법무부장관이 검찰총장인 검사에 대하여 징계를 청구하는 경우 그 징계 사유가 「국가공무원법」 제78조의2제1항 각 호의 어느 하나에 해당하는 경우에는 해당 징계 외에 그 행위로 취득하거나 제공한 금전 또는 재산상 이득(금전이 아닌 재산상 이득의 경우에는 금전으로 환산한 금액을 말한다)의 5배 내의 징계부가금 부과 의결을 위원회에 청구하여야 한다. <개정 2019. 4. 16.>
② 제1항에 따른 징계부가금의 조정, 감면 및 징수 등에 관하여는 「국가공무원법」 제78조의2 제2항부터 제5항까지의 규정을 준용한다. <개정 2019. 4. 16.>

국가공무원법 제78조의2(징계부가금) ① 제78조에 따라 공무원의 징계 의결을 요구하는 경우 그 징계 사유가 다음 각 호의 어느 하나에 해당하는 경우에는 해당 징계 외에 다음 각 호의 행위로 취득하거나 제공한 금전 또는 재산상 이득(금전이 아닌 재산상 이득의 경우에는 금전으로 환산한 금액을 말한다)의 5배 내의 징계부가금 부과 의결을 징계위원회에 요구하여야 한다.

　1. 금전, 물품, 부동산, 향응 또는 그 밖에 대통령령으로 정하는 재산상 이익을 취득하거나 제공한 경우

　2. 다음 각 목에 해당하는 것을 **횡령(橫領)**, 배임(背任), 절도, 사기 또는 **유용(流用)**한 경우

　　가. 「국가재정법」에 따른 **예산 및 기금**

　　나. 「지방재정법」에 따른 예산 및 「지방자치단체 기금관리기본법」에 따른 기금

　　다. 「국고금 관리법」 제2조 제1호에 따른 **국고금**

　　라. 「보조금 관리에 관한 법률」 제2조 제1호에 따른 보조금

　　마. 「국유재산법」 제2조 제1호에 따른 국유재산 및 「물품관리법」 제2조 제1항에 따른 **물품**

　　바. 「공유재산 및 물품 관리법」 제2조 제1호 및 제2호에 따른 **공유재산 및 물품**

　　사. 그 밖에 가목부터 바목까지에 준하는 것으로서 대통령령으로 정하는 것

　예산, 기금, 국고금, 보조금, 국유재산, 공유재산, 물품 등을 그 대상으로 규정한 것은 국가공무원법 제78조의2 징계부가금 규정인데 이 규정은 공금의 범위를 규정하기 위한 것이 아니라 공무원의 징계의결을 요구하기 위해 징계부가금 산정을 위해 **횡령·유용의 대상을 규정**해 놓은 것에 불과한 것으로, 즉 횡령·유용의 대상을 정하기 위한 것이지 공금의 정의를 규정짓기 위함이 아니며, 규정 어디에서도 공금의 정의나 규정은 존재하지 아니한다. 또한 국가공무원법 제78조의2(징계부가금) 규정은 징계벌을 전제로 "공무원" 신분자만을 대상으로 하는 규정으로서 민간인인 대통령 친인척에까지 적용되는 특별감찰관법과 수범대상이 다르다고 볼 수 있다. 이에 ㉮ 「국가재정법」에 따른 **예산 및 기금,** ㉯ 「지방재정법」에 따른 예산 및 「지방자치단체 기금관리기본법」에 따른 기금, ㉰ 「국고금 관리법」 제2조 제1호에 따른 **국고금,** ㉱ 「보조금 관리에 관한 법률」 제2조 제1호에 따른 **보조금,** ㉲ 「국유재산법」 제2조 제1호에 따른 국유재산 및 「물품관리법」 제2조 제1항에 따른 물품, ㉳ 「공유재산 및 물품 관리법」 제2조

제1호 및 제2호에 따른 공유재산 및 물품 등만이 공금의 범위라고 제한적 해석을 할 이유가 없다.

판례에서도 민사 및 형사(업무상 횡령) 관련 사안에서 "공금의 횡령·유용"이라는 표현을 공무원법상의 징계사안 관련 판시 이외에 일반 국어사전상의 광의의 공금 범위(조직이나 모임의 구성원 전체가 공동으로 소유하는 돈)로 판시하고 있다. 이에 자동차 딜러가 리스수수료로 받은 공금을 유용하는 경우(서울행정법원 2013. 10. 10. 선고 2012구합43574 판결),[38] 택시연맹조합장이 단위노동조합으로부터 일정한 금액을 연맹의무금으로 받아 보관하다가 분실운영비 등으로 사용하여 공금을 유용한 경우(대법원 1989. 3. 14. 선고 88도1278 판결)[39] 등에서 국고나 보조금 등 공적 측면의 기금 등이 아니더라도 민간의 공금(광의의 공금) 영역에서 "공금의 유용"이라는 표현의 판시를 하고 있는 것을 찾아볼 수 있다.

이러한 사전적 의미 및 판례상 사용하는 문구 이외에 공금을 횡령, 유용하는 행위의 해석에 관하여 공금의 범위는 **국고**만 해당한다는 견해(**협의설**[40]), 전체 국·공·민간의 **모든 공금**이 해당한다는 견해(**광의설**)가 있을 수 있다. 특별감찰관법의 취지상 협의의 국고, 공기업, 공직유관단체의 공금, 기타 국가보조금을 받는 단체의 공금이 이에 해당하는 것은 해석상 인정된다고 보인다(**중간설**). 또한 대상자가 **민간기업의 공금을 횡령**

---

38) 서울행정법원 2013. 10. 10. 선고 2012구합43574 판결 [부당해고구제재심판정취소] 나) **공금 유용** 부분(원고가 서○○으로부터 받은 돈은 차량대금이 아니라 차량등록비여서 이는 참가인에게 귀속되는 돈이 아니고, 서○○의 사정으로 차량등록절차가 다소 지연된 것이며, 위 돈을 차량등록 대행업자인 박○○에게 모두 지급하였다. 그리고 인스렌터카에 출고된 엔에프쏘나타 판매대금은 실차주인 김○○이 송금수수료를 피하기 위해 원고의 계좌로 송금한 것일 뿐이고 원고는 위 돈을 사용하지 않은 채 참가인의 계좌로 입금하였다. 따라서 원고는 위 각 돈을 유용한 사실이 없다. 나아가 원고의 이 부분 행위는 모두 2008. 3. 10.경 이전에 이루어진 것인데 참가인이 2012. 2. 29.에 이르러서야 원고에 대한 최초 징계위원회 개최통보를 하였기 때문에 단체협약 제35조에서 정한 징계시효가 이미 완성되었으므로, 이를 원고에 대한 징계사유로 삼을 수 없다.)

39) 대법원 1989. 3. 14. 선고 88도1278 판결 [출판물에의한명예훼손,명예훼손,업무상횡령] [공1989.5.1.(847),639] 판시사항(보관취지에 반하는 **공금의 유용**과 업무상횡령죄의 성부), 판결요지(택시노조조합장이 각 단위노동조합으로부터 일정한 금액을 연맹의무금으로 특정하여 받아 보관하다가 이를 상위조합인 전국자동차노동조합연맹에 송금하지 아니하고 분실운영비 등으로 사용하였다면 그 보관취지에 반하는 것이 되어 불법영득의 의사가 있다고 하지 않을 수 없고 비록 그 후 이를 반환하거나 변상·보충할 의사가 있더라도 업무상 횡령죄의 성립에는 아무런 영향이 없다.)

40) 학설의 명칭은 저자가 편의적으로 붙인 것임.

하는 것은 횡령죄의 본범 범죄행위에 해당할 뿐만 아니라 자금의 횡령 및 유용의 과정에서 감찰대상자의 위력이나 특수한 신분의 이용 등 불법행위가 혼합될 가능성도 배제할 수 없으며, 또한 감찰대상자 관계 법인들이 중간법인이나 유령법인을 설정하고 그 해당법인에 지원금을 주거나 국고나 지원금, 보조금을 혼화시켜서 실제 국고 등 공금을 횡령하거나 유용할 가능성이 높으므로 이러한 도관형태의 중간법인의 공금도 다 살펴보는 것이 타당할 것이다. 이에 민간부분의 공금이더라도 해당 공금에 있어 국고금이 혼화될 여지가 없는지, 대통령 친인척이나 수석비서관이라는 특수한 권력관계가 개입할 소지가 없는지 등을 모두 살펴 이를 포함하는 것이 타당하다고 생각된다.

대통령 측근 등의 권력형 비리를 근절하고 공직사회의 청렴성을 확보하기 위함이라는 특별감찰관 법제정문의 취지를 고려해 볼 때 공금은 국고 등 최협의의 공금이 아니라 법인이나 단체 공금의 사적유용, 예산의 전용, 항목 변경행위 등 공직사회의 청렴성에 훼손을 줄 수 있는 범주의 공금은 포함된다고 해석함이 타당하다. 이에 감찰대상자가 소액의 계금 내지는 반상회 공금을 횡령·유용하는 행위까지를 공금에 포섭하는 것은 감찰의 실익이 없다고 할 수 있으나, 법인의 경비를 개인적으로 유용하고, 이를 통해 거액의 탈세를 누적적으로 도모할 수 있다는 것은 세금의 탈루를 통해 국고 수입을 적극 회피하는 행위이며, 다양한 중간 및 도관법인이 국고 등의 횡령 및 유용행위에 사용될 수 있다는 점, 또한 공기업, 공직유관단체의 공금, 기타 국가보조금을 받는 단체의 공금은 당연히 공금에 혼화될 소지가 높아 해석상 인정된다고 보이기 때문에 공직자로서 청렴성을 훼손할 수 있다는 점에서 이를 모두 살펴서 감찰의 범위에 포함시키는 것이 타당하다고 사료된다.

4. 기타 비위행위의 경우

한편 감찰대상자가 특별감찰관법 제2조 각호상의 비위행위에 해당하지 아니하더라도 형법 또는 특별법상 범죄행위에 해당하는 것으로 보이는 경우에도 감찰을 개시할 필요가 있는지 문제될 수 있다. 기본적으로 ① 추가적인 감찰 및 수사를 통해 특별감찰관 제2조 각 호상의 비위행위에 해당할 가능성이 있는 경우, ② 또한 형사소송법상 공무원은 직무를 행함에 있어 범죄가 있다고 사료하는 때에는 고발하여야 하므로 이 경우에도 특별감찰관의 감찰대상자에 대한 비위행위에 대한 확인행위는 가능하다고 사료된다.[41]

구 분	비위행위인 경우	비위행위가 아닌 경우
범죄행위인 경우	감찰착수 (횡령, 금융실명법 위반, 외국환거래법 위반)	일정한 경우 감찰착수 가능 (대상자의 행정형벌 위반)
범죄행위가 아닌 경우	감찰착수 (차명동산거래, 공금 유용)	감찰대상 아니나 관련자료 송부, 이첩고려 (공무원 행동강령 위배)

5. 비위행위 확대 필요성

가. 의의

현재 특별감찰관법 제2조 각호에서 비위행위를 한정적으로 열거하고 있기 때문에 전반적으로 감찰대상 행위가 편협해져 대부분의 경우 감찰착수가 곤란한 경우가 다수 발생할 수 있다. 간단히 비교만 해봐도 특별감찰관법상의 비위행위는 부패방지법상의 부패행위 및 부정청탁등금품수수금지법(청탁금지법)상의 부정청탁 등 타법률 대상행위보다 범위가 매우 협소하다. 특히 비위행위는 공무원의 부패행위를 대상으로 한정하는 부패방지법상 부패행위나 청탁금지법상의 부정청탁보다 넓은 개념요소임에도 특별감찰관법상 비위행위는 일부행위에만 한정되어 있어 감찰대상행위가 제한되는 결과를 초래하고 있다. 이에 후술하듯이 다수 의원들은 역시 이러한 비위행위의 범위를 넓히는 특별감찰관법 개정안을 발의하게 된다.

특별감찰관법 비위행위	부패방지법상 부패행위	청탁금지법상 부정청탁행위와 금품수수행위
1. 실명(實名)이 아닌 명의로 계약을 하거나 알선·중개하는 등으로 개입	가. 공직자가 직무와 관련하여 그 지위 또는 권한을 남용하거나 법령을 위반하	〈부정청탁행위〉 1. 인가·허가·면허·특허·승인·검사·검정·시험·인증·

---

41) **형사소송법 제234조(고발)** ① 누구든지 범죄가 있다고 사료하는 때에는 고발할 수 있다.
② 공무원은 그 직무를 행함에 있어 범죄가 있다고 사료하는 때에는 고발하여야 한다.

하는 행위 2. 공기업이나 공직 유관 단체와 수의계약하거나 알선 · 중개하는 등으로 개입하는 행위 3. 인사 관련 등 부정한 청탁을 하는 행위 4. 부당하게 금품 · 향응을 주고 받는 행위 5. 공금을 횡령 · 유용하는 행위	여 **자기 또는 제3자의 이익을 도모하는 행위** 나. 공공기관의 예산사용, 공공기관 재산의 취득 · 관리 · 처분 또는 공공기관을 당사자로 하는 계약의 체결 및 그 이행에 있어서 법령에 위반하여 **공공기관에 대하여 재산상 손해를 가하는 행위** 다. 가목과 나목에 따른 행위나 그 **은폐를 강요, 권고, 제의, 유인하는 행위**	확인 등 법령(조례 · 규칙을 포함한다. 이하 같다)에서 일정한 요건을 정하여 놓고 직무관련자로부터 신청을 받아 처리하는 직무에 대하여 법령을 위반하여 처리하도록 하는 행위 2. 인가 또는 허가의 취소, 조세, 부담금, 과태료, 과징금, 이행강제금, 범칙금, 징계 등 각종 행정처분 또는 형벌부과에 관하여 법령을 위반하여 감경 · 면제하도록 하는 행위 3. 모집 · 선발 · 채용 · 승진 · 전보 등 공직자등의 인사에 관하여 법령을 위반하여 개입하거나 영향을 미치도록 하는 행위 4. 법령을 위반하여 각종 심의 · 의결 · 조정 위원회의 위원, 공공기관이 주관하는 시험 · 선발 위원 등 공공기관의 의사결정에 관여하는 직위에 선정 또는 탈락되도록 하는 행위 5. 공공기관이 주관하는 각종 수상, 포상, 우수기관 선정 또는 우수자 · 장학생 선발에 관하여 법령을 위반하여 특정 개인 · 단체 · 법인이 선정 또는 탈락되도록 하는 행위 6. 입찰 · 경매 · 개발 · 시험 · 특허 · 군사 · 과세 등에 관한 직무상 비밀을 법령을 위반하여 누설하도록 하는 행위 7. 계약 관련 법령을 위반하여 특정 개인 · 단체 · 법인이 계약의 당사자로 선정 또는 탈락되도록 하는 행위 8. 보조금 · 장려금 · 출연금 · 출자금 · 교부금 · 기금 등의 업무에 관하여 법령을 위반하여 특정 개인 · 단체 · 법인에 배정 · 지원하

		거나 투자·예치·대여·출연· 출자하도록 개입하거나 영향을 미치도록 하는 행위 9. 공공기관이 생산·공급·관리하는 재화 및 용역을 특정 개인·단체·법인에게 법령에서 정하는 가격 또는 정상적인 거래관행에서 벗어나 매각·교환·사용·수익·점유하도록 하는 행위 10. 각급 학교의 입학·성적·수행평가·논문심사·학위수여 등의 업무에 관하여 법령을 위반하여 처리·조작하도록 하는 행위 11. 병역판정검사, 부대 배속, 보직 부여 등 병역 관련 업무에 관하여 법령을 위반하여 처리하도록 하는 행위 12. 공공기관이 실시하는 각종 평가·판정·인정 업무에 관하여 법령을 위반하여 평가, 판정 또는 인정하게 하거나 결과를 조작하도록 하는 행위 13. 법령을 위반하여 행정지도·단속·감사·조사 대상에서 특정 개인·단체·법인이 선정·배제되도록 하거나 행정지도·단속·감사·조사의 결과를 조작하거나 또는 그 위법사항을 묵인하게 하는 행위 14. 사건의 수사·재판·심판·결정·조정·중재·화해, 형의 집행, 수용자의 지도·처우·계호 또는 이에 준하는 업무를 법령을 위반하여 처리하도록 하는 행위 15. 제1호부터 제14호까지의 부정청탁의 대상이 되는 업무에 관하여 공직자등이 법령에 따라 부여받은 지위·권한을 벗어나 행사하거나 권한에 속하지 아니한 사항을 행사하도록 하는 행위

| | | 〈금품수수행위〉
① 공직자등은 직무 관련 여부 및 기부·후원·증여 등 그 명목에 관계없이 동일인으로부터 1회에 100만원 또는 매 회계연도에 300만원을 초과하는 금품등을 받거나 요구 또는 약속해서는 아니 된다.
② 공직자등은 직무와 관련하여 대가성 여부를 불문하고 제1항에서 정한 금액 이하의 금품등을 받거나 요구 또는 약속해서는 아니 된다. |

나. 형법상 처벌대상이 아님에도 비위행위로 규정하는 것이 타당한지

특별감찰관은 비위행위 감찰결과 혐의가 있다고 인정되는 경우 이를 수사의뢰하거나 고발하여야 하는 바, 만약 특별감찰관법상 감찰대상자에 해당하는 대통령 친인척이 변호사법에 위배되지 아니하는 범위에서 금품을 수수하는 행위, 공금을 유용하는 행위 등의 행위를 하는 경우에는 법상 불법행위는 아니기 때문에 이는 감찰대상이 되지 아니하는지에 대한 문제가 있다. 불법이 아니라고 해도 이것이 합법이 되는 것이라고 볼 수는 없다. 가령 세법에서도 불법적인 조세포탈행위가 있고 합법적인 세금의 절세행위가 있다면 그 중간영역에서 행정법상 과태료 처분 등이나 추가 세원의 징구가 가능한 탈세행위가 있듯이 감찰대상자의 행위 역시 불법행위가 아니라고 해서 합법행위가 되어 감찰대상이 되지 아니하는 것이 아니다. 이에 법문에서는 이를 불법행위라고 규정하지 아니하고 비위행위라고 하여 더 그 의미를 넓게 보고 있는 점, 특별감찰관법 시행령 제6조 제2항에서는 특별감찰관은 보고받은 정보 및 공개된 자료의 내용, 신고자·제보자 또는 진정인과의 면담이나 전화 등을 통하여 청취한 진술의 내용을 검토한 결과, 비위행위에 관한 정보가 신빙성이 있고, 구체적으로 특정된다고 인정되는 경우 감찰에 착수한다고 추가적인 감찰개시의 조건을 설정해 두어 비위행위 중 추가로 이를 심사하여 감찰개시에 나아가는 점, 특별감찰관법상 비위행위에 대해 ① 실명(實名)이 아닌 명의로 계약을 하거나 알선·중개하는 등으로 개입하는 행위, ② 공기업이나 공직 유관 단체와 수의계약하거나 알선·중개하는 등으로 개입하는 행위, ③ 인사 관련 등 부정한 청탁을 하는 행위, ④ 부당하게 금품·향응을 주고 받는 행위, ⑤ 공금을 횡령·유용하는 행위라고 규정하고 있지 어디에도 "불법으로"라는 한정어구가 없는 점 등을 고려해 볼 때 가능한 한 비위행위는 넓게 해석하는 것이 타당하다.

또한 특별감찰관법의 목적은 형사적으로 유죄를 입증하여 이를 처벌하거나 기소하겠다는 것이 아니라 대통령과 특수한 관계에 있는 사람의 비위행위가 범법행위로 확장되기 이전에 **사전에 예방하고 근절**하는 것이 주된 목적이라는 점이다. 이에 특별감찰관이 감찰을 종료하고 반드시 고발이나 수사의뢰 행위 이외에 타기관이첩 및 관련 자료 송부와 같이 **형사법상 문제가 없더라도** 공무원법상의 징계사유 기타 인허가 등의 취소 사유에 해당하는 경우 감찰자료를 보내도록 규정[42]한 점에 비추어 볼 때, 형법상 처벌대상 행위 안으로 비위행위를 해석하거나 이를 일치시킬 필요는 없는 것으로 사료된다.

다. 비위행위 확대 개정안

특별감찰관법의 제정안 성안 당시에 법사위 회의록을 보면 직무유기 및 직권남용을 포함하자는 방안도 최종적으로 제시되었으나 반영되지는 아니하였다. 이후 다수 의원들의 개정안이 나오게 되는데 대부분 비위행위의 확대와 관련된 개정안이 나타나게 된다.

---

42) **특별감찰관법 시행령 제7조(감찰종료)** ① 특별감찰관은 제6조에 따라 감찰에 착수한 경우에는 신속하게 감찰조사를 진행하여 감찰을 종료하여야 한다.
② 특별감찰관은 신고등으로 접수된 사안이 법 제2조의 비위행위나 법 제5조의 감찰대상자에 해당하지 아니하고 다른 기관의 소관사항에 해당한다고 인정되는 경우에는 해당 기관에 신고등을 이첩하여 종료한다.
③ 특별감찰관은 비위행위에 대한 혐의를 인정하기 어려운 경우에는 감찰을 즉시 종료한다.
④ 특별감찰관은 감찰 결과 범죄혐의가 명백하여 형사처벌이 필요하다고 인정한 때에는 검찰총장에게 고발하여 종료하고, 범죄행위에 해당한다고 믿을 만한 상당한 이유가 있고 도주 또는 증거인멸 등을 방지하거나 증거확보를 위하여 필요하다고 인정한 때에는 검찰총장에게 수사의뢰하여 종료한다.
⑤ 특별감찰관은 감찰 종료 후 5일(공휴일과 토요일은 제외한다) 이내에 감찰 진행경과, 세부 감찰활동 내역, 감찰결과와 그 이유 등을 서면으로 대통령에게 보고한다.
⑥ 특별감찰관은 감찰 결과 「국가공무원법」이나 그 밖의 법령에 규정된 징계사유에 해당한다고 인정되는 경우에는 해당 소속기관의 장에게 관련 자료를 송부한다.

(1) 박형수 의원안

박형수 의원의 2021. 5. 18. 특별감찰관법 개정안(의안번호 2110204호)은 특별감찰관법 제2조에 제6호를 신설하여 "공직을 이용하여 사적 이익을 추구하거나 재직 중 취득한 정보를 부당하게 이용하는 행위"를 비위행위에 추가하는 내용을 주로 한다. 이는 2021년 당시 한국토지주택공사 직원의 부동산 투기사건으로부터 촉발된 공직자의 사전정보 이용 이윤추구 행위가 사회적 이슈가 되고 이에 특별감찰관이 감찰해야 할 비위행위의 유형에 공직을 이용하여 사적 이익을 추구하거나 재직 중 취득한 정보를 부당하게 이용하는 행위를 추가하여 특별감찰관이 청와대 공직자의 이해충돌 행위를 감찰할 수 있도록 하기 위한 목적[43]으로 확대된 비위행위이다.

현 행	개 정 안
제2조(비위행위) 이 법에서 사용하는 "비위행위"란 다음 각 호의 어느 하나에 해당하는 행위를 말한다. 1. ~ 5. (생 략) <신 설>	제2조(비위행위) －. 1. ~ 5. (현행과 같음) 6. 공직을 이용하여 사적 이익을 추구하거나 재직 중 취득한 정보를 부당하게 이용하는 행위

(2) 이완구 의원안

이완구 의원의 2015. 1. 19. 특별감찰관법 개정안은 "비위행위"의 범위와 관련하여 현행 특별감찰관법 제2조 제3호상의 "인사 관련 등 부정한 청탁을 하는 행위"에 직무에 대한 부분을 추가하여 "인사·직무 관련 등 부정한 청탁을 하는 행위"로 확대하는 방안(안 제2조 제3호)이다. 감찰대상자 중 대통령 비서실의 수석비서관 이상의 대상자들이 있다는 점, 인사에 대한 부정한 청탁은 비위행위이고 직무에 대한 부정한 청탁은 비위행위가 아니라고 보기는 어렵다는 점, 청탁금지법에 직무에 대한 부정한 행위도 금지행위에 포함되고 청탁금지법에서는 청탁금지법 제5조 제1호부터 제14호까지의 부

---

43) 법제사법위원회, "박형수 의원 특별감찰관법 일부개정법률안 검토보고", 제1면 참조.

정청탁의 대상이 되는 업무에 관하여 공직자등이 법령에 따라 부여받은 지위·권한을 벗어나 행사하거나 권한에 속하지 아니한 사항을 행사하도록 하는 행위 등에 대해서도 부정청탁의 범주에 포함시키고 있다는 점, 부패방지법에서 부패행위에 대해 공직자가 "직무와 관련하여 그 지위 또는 권한을 남용하거나 법령을 위반하여"라고 규정하면서 직무관련성을 그 요건으로 하고 있다는 점, 특별감찰관법 법안 성안과정에서 직권남용이나 직무의 유기 부분도 비위행위에 추가하기 위한 노력이 있었다는 점, 권력형 직무 비위행위에 대한 단속의 필요성이 있다는 점, 감찰대상자의 사전예방적 감찰이 필요하다는 점에서 비위행위에 직무에 대한 부분을 포함시키는 것은 긍정적이라고 생각한다.

현 행	개 정 안
제2조(비위행위) 이 법에서 사용하는 "비위행위"란 다음 각 호의 어느 하나에 해당하는 행위를 말한다. 1.·2. (생 략) 3. 인사 관련 등 부정한 청탁을 하는 행위 4.·5. (생 략)	제2조(비위행위) ― . 1.·2. (현행과 같음) 3. 인사·직무 ― ― ― ― ― ― ― ― ― ― ― ― ― ― ― ― ― ― ― 4.·5. (현행과 같음)

〈 부패방지법 〉

제2조 제4호 "부패행위"란 다음 각 목의 어느 하나에 해당하는 행위를 말한다.

가. 공직자가 **직무와 관련하여 그 지위 또는 권한을 남용하거나 법령을 위반하여** 자기 또는 제3자의 이익을 도모하는 행위

나. 공공기관의 예산사용, 공공기관 재산의 취득·관리·처분 또는 공공기관을 당사자로 하는 계약의 체결 및 그 이행에 있어서 법령에 위반하여 공공기관에 대하여 재산상 손해를 가하는 행위

다. 가목과 나목에 따른 행위나 그 은폐를 강요, 권고, 제의, 유인하는 행위

〈 부정청탁 및 금품등 수수의 금지에 관한 법률 〉

제5조(부정청탁의 금지) ① 누구든지 직접 또는 제3자를 통하여 직무를 수행하는 공직자등에게 다음 각 호의 어느 하나에 해당하는 부정청탁을 해서는 아니된다.

> 1~14호 생략
>
> 15. 제1호부터 제14호까지의 부정청탁의 대상이 되는 업무에 관하여 공직자등이 법령에 따라 부여받은 지위·권한을 벗어나 행사하거나 권한에 속하지 아니한 사항을 행사하도록 하는 행위

라. 소결

한정적인 비위행위 개념 열거로 인하여 감찰대상 행위가 편협해져 대부분의 경우 감찰착수가 곤란하고, 부패방지법상의 부패행위 및 청탁금지법 상의 부정청탁 행위 등의 타법상 개념과의 부정합성이 발생하는 것은 살펴본 것과 같다. 특별감찰관법은 대통령 친인척 및 측근들의 권력형 비리를 척결하기 위해 권력형 비리를 사전에 예방할 필요로 제정되었으며, 이러한 권력형 비리는 권력핵심층 고위공무원이 그 직무와 관련하여 공직을 이용하여 치부와 축재를 하거나, 최고통치자인 대통령의 친인척이나 측근이라는 신분을 악용하여 부정과 이권에 개입하는 것으로 현행법 규정상으로는 월권행위, 기타 권력형 비리를 감시하기 위한 제도의 목적에 부응하지 못할 가능성이 높다. 또한 살펴본 것처럼 특별감찰관법상의 비위행위와 부패방지법상 부패행위 및 청탁금지법(김영란법)상의 부정청탁 등의 개념이 모두 다르는 등 법개념의 부정합성도 발생하고 있다. 특별감찰관법상의 비위행위는 공무원행위를 대상으로 한정하는 부패방지법상의 부패행위나, 청탁금지법상의 부정청탁보다 더 **넓은 개념요소**임에도, 현행 특별감찰관법상 비위행위는 매우 협소한 일부 비위행위에만 한정되어 있어 **감찰대상행위가 매우 제한되는 결과**를 초래하게 되었다. 이에 최소한 부패방지법 및 청탁금지법상의 부정청탁 행위에 맞추어 아래 표와 같이 **비위행위의 개념을 확대하여 정리할 필요**가 있다.

〈개정필요안〉

〈현행〉

실명이 아닌 명의로 계약을 하거나 알선 · 중개 공기업이나 공직 유관 단체와 수의계약하거나 알선 · 중개
인사 관련 등 부정한 청탁
부당하게 금품 · 향응을 주고 받는 행위, 공금을 횡령 · 유용하는 행위

⇨

실명이 아닌 명의로 계약을 하거나 알선 · 중개 공기업이나 공직 유관 단체와 수의계약하거나 알선 · 중개
인사 관련 등 부정한 청탁
부당하게 금품 · 향응을 주고 받는 행위, 공금을 횡령 · 유용하는 행위
부정청탁의 대상이 되는 업무에 관하여 공직자등이 법령에 따라 부여받은 지위 · 권한을 벗어나 행사하거나 권한에 속하지 아니한 사항을 행사하도록 하는 행위

현 행(제2조)	개정필요안(제2조)
제2조(비위행위) 이 법에서 사용하는 "비위행위"란 다음 각 호의 어느 하나에 해당하는 행위를 말한다. 1. 실명(實名)이 아닌 명의로 계약을 하거나 알선 · 중개하는 등으로 개입하는 행위 2. 공기업이나 공직 유관 단체와 수의계약하거나 알선 · 중개하는 등으로 개입하는 행위 3. 인사 관련 등 부정한 청탁을 하는 행위 4. 부당하게 금품 · 향응을 주고 받는 행위 5. 공금을 횡령 · 유용하는 행위	제2조(정의) 이 법에서 사용하는 "비위행위"란 다음 각 호의 어느 하나에 해당하는 행위를 말한다. 1. 실명(實名)이 아닌 명의로 계약을 하거나 알선 · 중개하는 등으로 개입하는 행위 2. 공기업이나 공직 유관 단체와 수의계약하거나 알선 · 중개하는 등으로 개입하는 행위 3. 인사 관련 등 부정한 청탁을 하는 행위 4. 부당하게 금품 · 향응을 주고 받는 행위 5. 공금을 횡령 · 유용하는 행위
(신 설)	6. **부정청탁의 대상이 되는 업무에 관하여 공직자등이 법령에 따라 부여받은 지위 · 권한을 벗어나 행사하거나 권한에 속하지 아니한 사항을 행사하도록 하는 행위**

6. 비위행위의 시간적 범위

특별감찰관법 제5조(감찰대상자) 이 법에 따른 특별감찰관의 감찰대상자는 다음 각 호에 해당하는 사람으로 한다.

> 1. 대통령의 배우자 및 4촌 이내 친족
> 2. 대통령비서실의 수석비서관 이상의 공무원
>
> **특별감찰관법 제6조(감찰개시)** ① 특별감찰관은 제5조에서 규정한 사람의 제2조의 비위행위를 조사하는 방법으로 감찰을 행한다.
> ② 특별감찰관은 제5조에서 규정한 사람의 비위행위에 관한 정보가 신빙성이 있고 구체적으로 특정되는 경우 감찰에 착수한다. <u>다만, 그 비위행위는 제5조에 규정한 신분관계가 발생한 이후의 것에 한정한다.</u>

가. 검토의 필요성

특별감찰관법 제5조에서는 감찰대상자를 규정하면서 특별감찰관의 감찰대상자는 ① 대통령의 배우자 및 4촌 이내 친족, ② 대통령비서실의 수석비서관 이상의 공무원으로 규정하고 있다. 문제는 특별감찰관법 제6조 부분인데 특별감찰관은 법 제5조에서 규정한 사람의 비위행위에 관한 정보가 신빙성이 있고 구체적으로 특정되는 경우 감찰에 착수할 수 있지만 다만, 그 비위행위는 제5조에 규정한 신분관계가 발생한 이후의 것에 한정한다라고 하는 시간적 제한을 두고 있다는 것이다. 이에 이 법 제6조 제2항 단서에 해당하는 비위행위의 시간적 범위에 대해 살펴볼 필요가 있다. 이를 여러 경우의 수를 나누어 사례를 통해 살펴보도록 하겠다.

나. 비위행위의 시간적 범위

(1) 대통령 취임 이후 특별감찰법 시행 전 비위행위

현직이 아닌 법 시행 전 전직 수석의 비위행위에 대한 감찰이 가능한지의 이슈이다. 우선 대통령 취임 이후 특별감찰관법 시행 전 비위행위에 대해서도 적용된다는 견해에 의하면 감찰대상자는 행위 당시에는 예상하지 못했던 특별감찰관법의 소급적용으로 인해 감찰을 받게 되며, 형사처벌 대상이 아닌 (예컨대, 차명계약 등) 비위행위의 경우 행위 당시에는 어떠한 법률에 의해서도 제재받지 않을 것임을 행위자가 기대했고 이는 보호가치가 있는 기대임에도 이를 부당하게 침해하게 된다고 생각한다. 또한 형사처벌이 되는 비위행위라 하더라도 행위자는 행위 당시에는 형벌에 의해서만 제재받을 것이라고 기대하였을 것이나, 전혀 예상치 못한 특별감찰관법 법률에 의해 감찰을 당하는 불이익을 받게 되므로 이는 부당한 소급입법에 의한 제한이라고 할 수 있다. 또한 특별감찰관법의 부칙을 보면 별도의 경과규정은 존재하지 아니하는 바, 경과 규정이 없는 경우, 원칙적으로 행위 당시의 법률 적용을 받는다고 보는 것이 상당하고 특히, 행위자에게 불이익한 효과를 가져오는 규정의 경우 이 원칙을 엄격하게 적용해야 할 것으로 해석할 수 있다(부정설). 이 견해에 의하면 감찰대상자가 되었을 때 사퇴하여 감찰을 피해가는 탈법을 방지하기 위해 필요하다고 볼 수 있지만 비위행위가 특별감찰관법 제5조에 규정한 신분관계가 발생(친인척의 경우 대통령 취임시, 대통령 수석비서관급 이상은 법 시행 전 임명시 이후) 이후의 것에 한정한다고 명시적으로 규정하고 있는 점에 비추어 그 대상 행위를 법 시행 전까지 확장하기는 곤란하다는 것이다.

반면 법 시행 전 비위행위에 대해 포함하자는 견해에 의하면 행정감찰의 대상이 아니었다가 대상이 되었다는 사실은 보호가치가 있는 기대를 부당하게 침해한 것이라 보기 어려우며, 어떠한 불이익이라 보기 곤란하고 소급입법금지는 실체적 내용에 제한되는 것으로 이미 성립한 비위행위에 대해 절차적으로 감찰할 기구(특별감찰관)가 생기는 것은 절차규정일 뿐으로 소급개념이 성립하지 아니하며, 특별감찰관법 제6조 제2항에서 "비위행위는 제5조에 규정한 신분관계가 발생한 이후의 것"에 한정한다는 규정의 문언적 해석은 퇴직한 수석비서관은 임명시 신분관계가 발생하는데 그 수석비서관의 임명 이전에 수석비서관이 다른 공무원의 직위나 아니면 민간인 상황에서 저지른 비위행위의 경우에는 감찰대상에서 제외된다는 의미이지 수석비서관으로 임명된 이후의 행위라면 법시행일 이후의 것으로 한정하는 규정이 없다고 보이는 측면이 있다는 견해가 있을 수 있다. 이에 경과 규정은 법이 변경된 경우에 어떠한 사실이 신법의 적용을 받는가 구법의 적용을 받는가에 대하여 설정해 두는 체계는 기본적으로 명문의 규정으로 구법이 적용되는 시기 혹은 별도의 규정이 없는 시기에 비위행위가 발생하여 신법의 적용시기에까지 비위행위가 계속 진행하고 있는 사항에 대하여는 신법에 의할 것인지 또는 구법에 의할 것인지에 관하여 명문으로 이를 규정하는 것이지 **실체적 내용인 비위행위를 한정하는 의미는 없어 포함될 수 있다는 견해**(긍정설)로 나눌 수 있다.

특히 특별감찰관법에서 "이 법에 따른 대통령"은 현 대통령을 의미하므로, 퇴직한 수석비서관은 감찰대상 신분관계가 발생하였다가 소멸한 자에 해당하는데, 특별감찰관법 제6조 제2항 단서는, 제5조에서 규정한 신분관계가 발생한 이후의 것에 한정한다고 규정하였을 뿐, 계속하여 그 신분이 유지될 것을 감찰요건으로 하지 아니하므로 감찰활동 당시 퇴직하여 신분관계가 소멸하더라도 재직 중 비위행위는 감찰대상으로 보는 것이 적정하다고 볼 수 있다. 또한 일반적으로 행정기관이 퇴직한 공무원에 대하여 감찰(감사)권 및 징계권을 행사하지 못하는 이유는, 감사권한의 근거인 관리감독권의 경우 소속공무원을 대상으로만 행사할 수 있기 때문인 바, 퇴직하면 관리감독권이 소멸하여 더 이상 감찰을 할 수 없는 것 뿐이기 때문이며 이것이 감찰을 제한하는 근거로 작용한다고 볼 수는 없다.

(2) 특별감찰관법 시행 전 전직 대통령의 친인척 혹은 수석비서관이 감찰대상인지

특별감찰관법(본문과 부칙)에 특별한 규정이 없는 이상, **시행 당시를 기준으로 적용범위를 결정하는 것**이 일반적인 법의 해석원칙이다. 만약 특별감찰관법에서 전직 대통령을 포함하고자 한 것이라면, 법 제5조 제1호의 '대통령'을 **'대통령이거나 이었던 자'**라고 규정하거나, 부칙에서 **'적용특례' 등의 규정을 두었을 것**이라고 생각된다. 이에 특별감찰관법 제5조 제1호의 대통령은 이 법의 적용을 받는 대통령, 즉 법이 시행되어 그 **효력을 발생할 당시에 대통령 신분을 보유한 자**를 말하는 것인바, 전직 대통령은 이 법 시행 당시의 대통령이 아니므로 전직 대통령의 친인척, 그 전직 대통령 당시에 임명되었던 수석비서관 등은 감찰대상에 해당하지 아니한다고 볼 수 있다.

(3) 차기 대통령 하에서 전직 대통령의 친인척 및 수석비서관 등이 감찰대상인지 여부

대통령 퇴임 여부와 상관없이 특별감찰관은 그 임기 중 권한을 행사하는 것이므로, 대통령이 퇴임한 이후에도 해당 대통령이 임명한 특별감찰관은 그 임명한 대통령의 친인척 또는 그 임명한 대통령의 수석비서관 등의 재임중 비위행위에 대하여 감찰을 실시할 수 있다. 다만 대통령이 퇴임하여 새로운 대통령이 새로운 특별감찰관을 임명하는 경우에는 특별감찰관법 제5조에서 감찰대상자를 이 법에 따른 특별감찰관의 감찰대상자는 다음 각 호에 해당하는 사람으로 한다라고 하면서 대통령의 배우자 및 4촌 이내 친족, 대통령비서실의 수석비서관 이상의 공무원으로 규정하고 있지 전직 대통령이라는 표현이 없고, 전술한 것처럼 특별감찰관법(본문과 부칙)에 특별한 규정이 없는 이상, 시행 당시를 기준으로 적용범위를 결정하는 것이 일반적인 법의 해석원칙으로 특별감찰관법에서 전직대통령을 포함하고자 한 것이라면, 법 제5조 제1호의 '대통령'을 '대통령이거나 이었던 자'라고 규정하였을 것이므로 **차기 대통령 하에서 전직 대통령의 친인척 및 수석비서관 등이 감찰대상에 해당하지 아니한다고 볼 것**이다.

다. 개정안

(1) 김관영 의원안

현　행	개 정 안
제6조(감찰개시) ① (생　략) ② 특별감찰관은 제5조⁴⁴⁾에서 규정한 사람의 비위행위에 관한 정보가 신빙성이 있고 구체적으로 특정되는 경우 감찰에 착수한다. 다만, 그 비위행위는 제5조에 규정한 신분관계가 <u>발생한 이후의 것에 한정한다.</u> ③·④ (생　략)	제6조(감찰개시) ① (현행과 같음) ② ---------------------- ------------------------- ------------------------- ------------------------- ------------------------- ------------------------- --------------. ---------- ------------------------- ------------------------- - -<u>발생하기 직전 10년의 기간을 포함한다.</u> ③·④ (현행과 같음)

　특별감찰관의 감찰대상 기간을 신분관계 발생 이후의 비위행위로 한정할 경우, 신분관계 발생 이전의 행위에 기초하여 이어져 온 비위행위에 대하여는 감찰이 용이하지 않고,⁴⁵⁾ 사실상 수사대상이 되기 어려운 대통령 측근의 신분관계 발생 이전 비위행위는 감시의 사각지대에 놓이게 된다는 지적이 제기되어, 이에 개정안은 신분관계 발생 이전의 비위행위에 대하여도 특별감찰관이 감찰할 수 있도록 하려는 것으로, 대통령 측근에 대한 감찰의 실효성을 제고하려는 목적이다. 다만, 특별감찰관법의 제정이유가

---

44) **특별감찰관법 제5조(감찰대상자)** 이 법에 따른 특별감찰관의 감찰대상자는 다음 각 호에 해당하는 사람으로 한다.
　1. 대통령의 배우자 및 4촌 이내 친족
　2. 대통령비서실의 수석비서관 이상의 공무원
45) 현직에서 다수의 차명재산을 보유한 경우 차명계약을 신분관계 발생 이전에 체결하게 되면 감찰이 용이하지 않은 측면이 있다.

대통령 측근의 행위를 감시하고 향후 발생할 수 있는 비리행위를 방지하려는 데에 있는 점을 감안해 볼 때, 감찰범위를 '신분관계 발생 전 10년 동안의 비위행위'로 넓게 규정하는 개정안이다.

특별감찰관법 제6조 제2항 단서로 "다만, 그 비위행위는 제5조에 규정된 신분관계가 발생한 이후의 것에 한정한다"라고 규정한 것은, 대통령과 특수한 신분관계가 발생한 이후의 비위행위에 대해서만 특별감찰의 대상이 된다는 점을 분명히 한 것으로, 감찰의 적용범위에 관한 중요한 기준이 되는 조문이다. 이에 현재 대통령과 4촌 이내의 친족이라고 하더라도, 그러한 친족관계가 발생하기 전, 즉 대통령 당선 이전이라든지, 대통령 일가와 친족관계가 생기기 이전에 활동의 경우에는 비위행위 대상범위에서 제외됨은 물론이고, 친족관계가 발생한 이후의 활동이라 하더라도 '자연인' 아닌 '대통령'과의 관계가 발생하기 전의 활동, 즉 대통령으로 취임하기 전의 활동들은 특별감찰관법의 취지상 당연히 대상에서 제외된다고 할 것이다. 이는 대통령비서실의 수석비서관 이상 공무원의 경우에도 마찬가지로 적용되는 것으로 대통령 비서실장이나 대통령 수석비서관으로 취임하기 전의 다른 공직에서 활동하던 부분이나 민간부분에서 활동하던 부분의 경우에는 특별감찰관법 제6조 제2항 단서의 해석상 대상에서 제외된다고 할 것이다. 대통령과 특수한 관계에 있는 사람들이 그러한 지위에 있는 동안 저지를 수 있는 비위행위에 대해 이를 전문적으로 감찰하는 기구를 설치함으로써 대통령 친인척과 측근의 비리를 미연에 방지하고자 하는 제도 취지상 대통령과의 그러한 특수한 관계가 발생한 이후의 활동에 대해서만 법이 적용된다는 점을 선언한 것이 특별감찰관제도의 취지이기 때문이다.

감찰기간을 현직에 근무하는 기간 외에 신분관계 발생 전의 기간도 감찰대상에 포함시키는 것은 감찰 실효성을 높일 수 있다고 생각하며 기본적으로 법 개정의 취지는 타당하다. 특별감찰관법 제정문에서 "특별감찰관이 상시적으로 대통령의 친인척 및 측근들의 비위를 감찰하도록 함으로써 권력형 비리를 사전에 예방"하도록 규정하고 있는 바, 측근은 현직에 한정되지 아니하는 점, 권력형 비리의 대부분은 현직기간 이전부터 지속적인 연결관계를 맺은 집단 사이에서 발생하며, 현직에서 다수의 차명재산을 보유한 경우에 차명계약 등 계약체결이 현직 이전에 이루어진 경우에는 감찰이 용이하지 아니한 점, 통상 감찰은 재직 공무원의 징계사항을 적발하기 위한 것이나, 특별감찰관법상 감찰대상자인 수석 비서관등은 정무직 공무원으로서 징계가 적용되지 아니하므로, 비위행위의 검찰 고발·수사의뢰에 법의 방점이 있다고 보여 반드시 "재직 중 행위"요건을 전제로 하지 아니한다는 점 등을 고려하여 타당해 보인다. 다만 이와 는 별도로 신분관계가 대통령 취임시부터 발생하는 친인척과 임명시부터 발생하는 수 석비서관 사이의 비위행위 감찰권 행사의 형평성의 문제가 발생하므로 입법론적으로 는 대상자를 분리하여 문구를 조정할 필요는 있다.

　또한 감찰기간의 사전확대와 관련하여서는 국가공무원법상 결격기간(5년)을 참고할 필요가 있다. 금고 이상의 실형을 선고받고 그 집행이 종료되거나 집행을 받지 아니하 기로 확정된 후 5년이 지나지 아니한 자를 국가공무원법상 결격기간으로 보고 있고 징계로 파면처분을 받은 때로부터 5년이 지나지 아니한 자는 공무원으로 임용될 수 없다는 규정(국가공무원법 제33조[46]) 등을 고려할 때 대통령 수석비서관 등의 공무원의 경우에는 그 기간을 합리적으로 조정할 필요도 있다고 생각한다. 이에 기본적으로 '신 분관계 발생 이전의 행위에 기초하여 이어져 온 비위행위'로 한정하여 규정할 필요가 있다고 판단[47])되며, 발생하기 일정 기간 이전으로 법을 개정한다고 하더라도 특별감

---

46) **국가공무원법 제33조(결격사유)** 다음 각 호의 어느 하나에 해당하는 자는 공무원으로 임용될 수 없다. <개정 2010. 3. 22., 2013. 8. 6., 2015. 12. 24., 2018. 10. 16., 2021. 1. 12.>
　1. 피성년후견인
　2. 파산선고를 받고 복권되지 아니한 자
　3. 금고 이상의 실형을 선고받고 그 집행이 종료되거나 집행을 받지 아니하기로 확정된 후 5 년이 지나지 아니한 자
　4. 금고 이상의 형을 선고받고 그 집행유예 기간이 끝난 날부터 2년이 지나지 아니한 자
　5. 금고 이상의 형의 선고유예를 받은 경우에 그 선고유예 기간 중에 있는 자
　6. 법원의 판결 또는 다른 법률에 따라 자격이 상실되거나 정지된 자
　6의2. 공무원으로 재직기간 중 직무와 관련하여 「형법」 제355조 및 제356조에 규정된 죄를 범한 자로서 300만원 이상의 벌금형을 선고받고 그 형이 확정된 후 2년이 지나지 아니 한 자
　6의3. 「성폭력범죄의 처벌 등에 관한 특례법」 제2조에 규정된 죄를 범한 사람으로서 100만원 이상의 벌금형을 선고받고 그 형이 확정된 후 3년이 지나지 아니한 사람
　6의4. 미성년자에 대한 다음 각 목의 어느 하나에 해당하는 죄를 저질러 파면·해임되거나 형 또는 치료감호를 선고받아 그 형 또는 치료감호가 확정된 사람(집행유예를 선고받은 후 그 집행유예기간이 경과한 사람을 포함한다)
　　가. 「성폭력범죄의 처벌 등에 관한 특례법」 제2조에 따른 성폭력범죄
　　나. 「아동·청소년의 성보호에 관한 법률」 제2조 제2호에 따른 아동·청소년대상 성범죄
　7. 징계로 파면처분을 받은 때부터 5년이 지나지 아니한 자
　8. 징계로 해임처분을 받은 때부터 3년이 지나지 아니한 자
47) 법제사법위원회, "김관영 의원 특별감찰관법 일부개정법률안 검토보고", 제3면 참조.

찰관법 제6조는 제5조에서 발생한 관계에 종속되므로 특별감찰관법에서 전직대통령을 포함하고자 한 것이라면, 법 제5조 제1호의 '대통령'은 '대통령이거나 이었던 자'가 아니어서 10년의 범위 안에 들어간다고 하더라도 차기 대통령 하에서 전직 또는 전전직 대통령의 친인척 및 수석비서관 등이 감찰대상에 해당하지 아니한다는 점은 여전히 유효하며 이 특정기간 이전의 비위행위는 **해당 현직 대통령의 친인척 및 해당 현직 대통령 임명 수석비서관의 비위행위의 소급기간**으로 보아야 할 것이다.

〈김관영 의원 개정안〉

구 분	전전직 대통령	전직 대통령	현직 대통령
대통령 친인척	×	×	신분관계발생 이후
대통령 수석비서관 등	×	×	신분관계 발생 전 5년

(2) 윤상직 의원안

현 행	개 정 안
제6조(감찰개시) ① (생　략)	제6조(감찰개시) ① (현행과 같음)
② 특별감찰관은 제5조에서 규정한 사람의 비위행위에 관한 정보가 신빙성이 있고 구체적으로 특정되는 경우 감찰에 착수한다. 다만, 그 비위행위는 <u>제5조에 규정한 신분관계가 발생한 이후의 것</u>에 한정한다.	② ─── .──────── <u>다음 각 호에</u>────── ───────────────────.
<신　설>	1. <u>제5조 제1호·제2호의 사람: 제5조 제1호·제2호에 규정한 신분관계가 발생한 이후의 비위행위</u>
<신　설>	2. <u>제5조 제3호의 사람: 대통령 임기 시작</u>

현 행	개 정 안
③·④ (생 략)	<u>일 이후의 비위행위</u> ③·④ (현행과 같음)

윤상직 의원의 2017. 9. 개정안은 특별감찰관의 감찰대상자를 대통령비서실의 경우 행정관 이상으로 확대하면서 특히 특별감찰관법 제5조 제3호에 대통령과의 친분을 과시하여 사익을 추구하거나 이권에 개입한 사실이 포착된 민간인을 추가하여 특별감찰관법 제5조 제1호·제2호의 사람, 즉 대통령의 배우자 및 4촌 이내 친족과 대통령비서실의 수석비서관 이상의 공무원(개정안에 의하면 행정관 이상)의 경우에는 신분관계가 발생한 이후의 비위행위로, 대통령과의 친분을 과시하여 사익을 추구하거나 이권에 개입하는 사실이 포착된 사람의 경우에는 대통령 임기 시작일 이후의 비위행위로 시간적 범주를 한정하였다.

라. 비위행위에 가담하거나 공모한 자의 경우

특별감찰관법 제5조는 대통령의 배우자 및 4촌 이내 친족, 대통령비서실의 수석비서관 이상의 공무원에 한하여 감찰대상자로 규정하고 있어 대통령 친인척 비위행위에 가담하거나 공모하였다고 하더라도 특별감찰관법 제5조의 감찰대상자가 아니라면 감찰대상에 해당하지 않는 것은 문언해석상 당연하다. 다만 감찰대상자를 고발·수사의뢰하는 경우 공범에 대한 자료가 첨부되기 때문에 이에 대한 처벌누수의 방지는 어느 정도 가능하다. 근원적으로는 대통령과의 특별한 신분관계가 없더라도 대통령과의 친분을 과시하여 사익을 추구하거나 이권에 개입하는 사실이 포착된 모든 사람의 경우 감찰대상자로 포함하는 개정안(윤상직 의원 2017. 9. 6. 발의)도 고려해 볼 만하다고 할 것이다.

현 행	개 정 안
제5조(감찰대상자) 이 법에 따른 특별감찰관의 감찰대상자는 다음 각 호에 해당하는 사람으로 한다.	제5조(감찰대상자) ------------ ------------------- ------------------- ------------------.

현 행	개 정 안
1. (생 략)	1. (현행과 같음)
2. 대통령비서실의 <u>수석비서관</u> 이상의 공무원	2. ‒‒‒‒‒‒‒‒‒‒‒‒‒‒‒<u>행정관</u> ‒‒‒‒‒‒‒‒‒‒‒‒‒‒‒
<u><신 설></u>	<u>3. 대통령과의 친분을 과시하여 사익을 추구 하거나 이권에 개입하는 사실이 포착된 사람</u>

　　감찰대상자의 비위행위에 관련된 자에 대해서는 특별감찰관이 직접 조치를 취할 권한이나 의무는 없지만 감찰대상자의 비위행위에 대하여 조치를 취함에 있어서 그와 관련된 자에게 처벌사유나 징계사유가 인정된다면 관련기관에 이첩은 현행규정에서도 가능하다. 즉 특별감찰관법 시행령 제7조에서는 특별감찰관은 신고등으로 접수된 사안이 법 제2조의 비위행위나 법 제5조의 감찰대상자에 해당하지 아니하고 다른 기관의 소관사항에 해당한다고 인정되는 경우에는 해당기관에 신고 등을 이첩하여 종료한다고 규정하고 있고 또한 특별감찰관법 시행령 제7조 제6항에서는 특별감찰관은 감찰결과 「국가공무원법」이나 그 밖의 법령에 규정된 징계사유에 해당한다고 인정되는 경우에는 해당 소속기관의 장에게 관련 자료를 송부한다고 규정하고 있어 이러한 직접 감찰대상자가 아닌 기타 대상자에 대해서도 관계기관 이첩이나 징계자료 송부 등을 적극적으로 활용할 수 있다. 또한 근원적으로는 형사소송법 제234조에서 누구든지 범죄가 있다고 사료하는 때에는 고발할 수 있다고 규정하고 있고 공무원인 특별감찰관은 그 직무를 행함에 있어 범죄가 있다고 사료하는 때에는 수사기관에 고발하여야 한다고 규정하고 있으므로 공무원의 수사기관 고발의무 조항을 활용하여도 된다고 생각한다. 한편 고위공직자범죄수사처 설치 및 운영에 관한 법률 제2조 제4호 가목에서는 고위공직자와 「형법」 제30조부터 제32조까지의 관계에 있는 자가 범한 제3호 각 목의 어느 하나에 해당하는 죄라고 규정하고 있어 일정 범주의 공범, 교사범, 방조범을 같이 인지하여 수사할 수 있도록 규정하고 있는 점도 참고할 만하다.[48]

---

48) **고위공직자범죄수사처 설치 및 운영에 관한 법률 제2조(정의)** 이 법에서 사용하는 용어의 정의는 다음과 같다. <개정 2020. 12. 15.>
　　4. "관련범죄"란 다음 각 목의 어느 하나에 해당하는 죄를 말한다.

제2절 **특별감찰관의 지위와 보고제도**

Ⅰ. 특별감찰관의 지위

> **특별감찰관법 제3조(지위)** ① 특별감찰관은 대통령 소속으로 하되, 직무에 관하여는 독립의 지위를 가진다.
> ② 특별감찰관은 감찰의 개시와 종료 즉시 그 결과를 대통령에게 보고한다.
> **특별감찰관법 제4조(정치적 중립)** 특별감찰관은 직무를 수행함에 있어 정치적 중립을 지킨다.

> **특별감찰관법 시행령 제2조(감찰의 준칙)** 특별감찰관과 감찰담당자[특별감찰관의 지휘를 받아 감찰업무를 수행하는 특별감찰관보 및 감찰담당관과 「특별감찰관법」(이하 "법"이라 한다) 제10조 제1항에 따라 파견받은 공무원 중 감찰업무를 직접 수행하는 사람을 말한다. 이하 같다]가 감찰을 수행할 때에는 다음 각 호의 사항을 준수하여야 한다.
>   1. 특별감찰관의 정치적 중립성이 훼손되지 아니하도록 공정하게 직무를 수행할 것
>   2. 적법절차를 준수하고 관계인에게 의견을 진술할 기회를 충분히 제공할 것
>   3. 감찰업무 중 알게 된 사항을 누설하거나 다른 목적으로 사용하지 아니할 것

1. 의의

특별감찰관법 제3조 제1항에서는 특별감찰관은 대통령 소속으로 하되, 직무에 관하여는 독립의 지위를 가진다고 규정하고, 법 제4조에서는 특별감찰관은 직무를 수행함에 있어 정치적 중립을 지킨다고 규정하여 특별감찰관의 소속을 명백히 하면서 직무

    가. 고위공직자와 「형법」 제30조부터 제32조까지의 관계에 있는 자가 범한 제3호 각 목의 어느 하나에 해당하는 죄
    나. 고위공직자를 상대로 한 자의 「형법」 제133조, 제357조 제2항의 죄
    다. 고위공직자범죄와 관련된 「형법」 제151조 제1항, 제152조, 제154조부터 제156조까지의 죄 및 「국회에서의 증언·감정 등에 관한 법률」 제14조 제1항의 죄
    라. 고위공직자범죄 수사 과정에서 인지한 그 고위공직자범죄와 직접 관련성이 있는 죄로서 해당 고위공직자가 범한 죄
  5. "고위공직자범죄등"이란 제3호와 제4호의 죄를 말한다.

상 독립성을 보장하고 있다. 기본적으로 특별감찰관은 대통령 소속이기는 하지만 감찰행정이라는 연유로 인하여 직무에 관하여 독립성을 유지할 필요가 있어 직무 독립성을 규정하고 있다. 다만 이러한 직무 독립성은 어느 정도 절차적 제한이 있는 바, 특별감찰관법 제3조 제2항에서 감찰의 개시와 종료 시 결과를 대통령에게 보고하도록 함으로써 대통령 소속인 특별감찰관에게 절차상 제한을 부과하고 있다. 형식적으로는 특별감찰관법 제3조 제1항의 직무상 독립규정과 특별감찰관법 제3조 제2항상의 개시 및 종료결과 보고의무는 상호 배치되는 것처럼 보일 수 있는데 이에 대해서는 후술하기로 한다.

특별감찰관의 소속에 대해서 박범계 의원안은 소속에 관하여 아무런 규정을 두지 아니하였지만 이에 반해 김도읍 의원안은 대통령 소속임을 규정하되 직무상 독립한다는 규정을 두었는데 이와 관련하여, 사법개혁특위에서 국회의원을 감찰대상자로 한 법안의 타당성과 관련하여 특별감찰관은 성격상 행정부 소속이라고 본다면 국회의원을 감찰하는 것은 삼권분립에 위배되고, 이렇게 되면 사법부 소속공무원까지도 감찰할 수 있다는 논의와 헌법의 근거없이 독립기구로 하는 것은 부당하다는 견해 등이 있었다. 특별감찰관의 경우 감찰이라는 그 성격상 행정작용으로 대통령 직속으로 결정되었는 바, 다만 특별감찰관 소속을 대통령으로 하면서 직무상 독립한다는 내용을 특별감찰관법 제3조 제1항에 동시에 규정하고, 독립성과 함께 정치적 중립성도 중요하므로 이에 대한 내용을 특별감찰관법 제4조에 규정하였다. 세부적인 내용은 특별감찰관법 시행령에 추가로 기술되어 있는데 특별감찰관법 시행령 제2조 제1호에서는 "특별감찰관의 정치적 중립성이 훼손되지 아니하도록 공정하게 직무를 수행할 것"이라고 규정하는 바, 법 제4조가 "특별감찰관은 직무를 수행함에 있어 정치적 중립을 지킨다"라고 규정한 것과 같이 대통령 친인척 및 측근인 고위공직자에 대한 감찰을 수행함에 따라 정치적 중립을 준수하고 불편부당한 자세를 견지해야 한다는 점을 규정하고 있다.

2. 소속

특별감찰관은 대통령 소속이다. 대통령 소속이기는 하지만 업무의 독립성 때문에 이에 현재 특별감찰관실의 물리적 위치 자체는 대통령실 내에 존재하지는 아니한다. 이에 독립청사를 현재 서울 종로구 소재 별도의 사무실에 입주하여 업무를 처리하고 있다. 다른 기구의 경우를 보면 헌법상 기구인 감사원도 헌법상 대통령 소속으로 규정되어 있고(헌법 제97조[49]), 이에 따라 감사원법 제24조 제3항에 의하여 '국회·법원·헌법재판소'를 제외하고 각종 행정기관, 지방자치단체 소속 공무원 등을 대상으로 감사 및 직무감찰을 실시할 수 있다.[50] 사견으로는 만약 특별감찰관이 대통령 소속도 아닌 독립 감찰기구로 규정한다고 해도 이것이 입법·사법·행정 모두를 감찰할 수 있는 기구가 되는 결과가 되는 것은 논리비약이라고 생각한다.

　감찰대상자에 명시적으로 대상자를 ① 대통령의 배우자 및 4촌 이내 친족, ② 대통령비서실의 수석비서관 이상의 공무원이라고 규정하고 있는데, 그 소속을 독립으로 한다고 해서 입법, 사법기구를 감찰할 수 있다는 것은 문언을 벗어난 해석이다. 이는 신법으로 입법된 고위공직자범죄수사처의 사례를 보아도 알 수가 있는 바, 고위공직자범죄수사처는 어느 기관에도 소속되지 아니한 독립기구로 설정[51]되어 입법, 행정, 사법

---

49) **헌법 제97조** 국가의 세입·세출의 결산, 국가 및 법률이 정한 단체의 회계검사와 행정기관 및 공무원의 직무에 관한 감찰을 하기 위하여 대통령 소속하에 감사원을 둔다.
50) **감사원법 제24조(감찰 사항)** ① 감사원은 다음 각 호의 사항을 감찰한다.
　　1. 「정부조직법」 및 그 밖의 법률에 따라 설치된 행정기관의 사무와 그에 소속한 공무원의 직무
　　2. 지방자치단체의 사무와 그에 소속한 지방공무원의 직무
　　3. 제22조 제1항 제3호 및 제23조 제7호에 규정된 자의 사무와 그에 소속한 임원 및 감사원의 검사대상이 되는 회계사무와 직접 또는 간접으로 관련이 있는 직원의 직무
　　4. 법령에 따라 국가 또는 지방자치단체가 위탁하거나 대행하게 한 사무와 그 밖의 법령에 따라 공무원의 신분을 가지거나 공무원에 준하는 자의 직무
　　② 제1항 제1호의 행정기관에는 군기관과 교육기관을 포함한다. 다만, 군기관에는 소장급 이하의 장교가 지휘하는 전투를 주된 임무로 하는 부대 및 중령급 이하의 장교가 지휘하는 부대는 제외한다.
　　③ 제1항의 공무원에는 국회·법원 및 헌법재판소에 소속한 공무원은 제외한다.
　　④ 제1항에 따라 감찰을 하려는 경우 다음 각 호의 어느 하나에 해당하는 사항은 감찰할 수 없다.
　　1. 국무총리로부터 국가기밀에 속한다는 소명이 있는 사항
　　2. 국방부장관으로부터 군기밀이거나 작전상 지장이 있다는 소명이 있는 사항
　　[전문개정 2009. 1. 30.]
51) **고위공직자범죄수사처 설치 및 운영에 관한 법률 제3조(고위공직자범죄수사처의 설치와 독립성)** ① 고위공직자범죄등에 관하여 다음 각 호에 필요한 직무를 수행하기 위하여 고위공직자범죄수사처(이하 "수사처"라 한다)를 둔다.
　　1. 고위공직자범죄등에 관한 수사
　　2. 제2조 제1호다목, 카목, 파목, 하목에 해당하는 고위공직자로 재직 중에 본인 또는 본인의 가족이 범한 고위공직자범죄 및 관련범죄의 공소제기와 그 유지

부에 대한 수사 및 기소업무를 담당하고 있으며 헌법재판소는 고위공직자범죄수사처의 설치근거법에 대해 합헌이라고 판시한 바 있다. 구체적으로 헌법재판소는 「수사처가 중앙행정기관임에도 불구하고 기존의 행정조직에 소속되지 않고 대통령과 기존행정조직으로부터 구체적인 지휘·감독을 받지 않는 형태로 설치된 것은 수사처 업무의 특수성에서 기인한 것인 바, 수사처의 설치 취지가 고위공직자 등의 범죄를 척결하여 국가의 투명성과 공직사회의 신뢰성을 높이는 한편 검찰의 기소독점주의 및 기소편의주의에 대한 제도적 견제장치를 마련하려는 데에 있는 점, 수사처가 행정부 소속 공무원도 그 수사대상으로 하여 기존의 행정조직의 위계질서에 포함시켜서는 객관성이나 신뢰성을 담보하기 쉽지 않은 점, 수사처가 대부분의 고위공직자들을 대상으로 수사 등을 담당하므로 정치적 중립성과 직무의 독립성이 매우 중요한 점 등을 고려한 것이다. (중략) 공수처법이 수사처의 소속을 명시적으로 규정하지 않은 것은 수사처의 업무의 특성을 고려하여 정치적 중립성과 직무상 독립성을 보장하기 위한 것이고, 수사처에 대하여는 행정부 내부에서 뿐만 아니라 외부에서도 다양한 방법으로 통제를 하고 있으며, 수사처가 다른 국가기관에 대하여 일방적 우위를 점하고 있다고 보기도 어려우므로, 구 공수처법 제2조 및 공수처법 제3조 제1항은 권력분립원칙에 반하여 청구인들의 평등권, 신체의 자유 등을 침해하지 않는다」고 판시하여 독립기구의 설치도 가능한 것으로 판시하고 있다.[52]

---

② 수사처는 그 권한에 속하는 직무를 독립하여 수행한다.

③ 대통령, 대통령비서실의 공무원은 수사처의 사무에 관하여 업무보고나 자료제출 요구, 지시, 의견제시, 협의, 그 밖에 직무수행에 관여하는 일체의 행위를 하여서는 아니 된다.

52) 헌법재판소 2021. 1. 28. 선고 2020헌마264, 681(병합) 전원재판부 결정 [고위공직자범죄수사처 설치 및 운영에 관한 법률 위헌확인] [헌공292, 233] 판시사항 나. (1) 헌법 제66조 제4항은 "행정권은 대통령을 수반으로 하는 정부에 속한다."고 규정하고 있는데, 여기서의 '정부'란 입법부와 사법부에 대응하는 넓은 개념으로서의 집행부를 일컫는다 할 것이다. 그리고 헌법 제86조 제2항은 대통령의 명을 받은 국무총리가 행정각부를 통할하도록 규정하고 있는데, 대통령과 행정부, 국무총리에 관한 헌법 규정의 해석상 국무총리의 통할을 받는 '행정각부'에 모든 행정기관이 포함된다고 볼 수 없다. 즉 정부의 구성단위로서 그 권한에 속하는 사항을 집행하는 중앙행정기관을 반드시 국무총리의 통할을 받는 '행정각부'의 형태로 설치하거나 '행정각부'에 속하는 기관으로 두어야 하는 것이 헌법상 강제되는 것은 아니므로, 법률로써 '행정각부'에 속하지 않는 독립된 형태의 행정기관을 설치하는 것이 헌법상 금지된다고 할 수 없다. 수사처가 수행하는 수사와 공소제기 및 유지는 우리 헌법상 본질적으로 행정에 속하는 사무에 해당하는 점, 수사처의 구성에 대통령의 실질적인 인사권이 인정되고, 수사처장은 소관 사무와 관련된 안건이 상정될 경우 국무회의에 출석하여 발언할 수 있으며 그 소관 사무에 관하여 독자적으로 의안을 제출할 권한이 있는 것이 아니라 법무부장관에게 의안의 제출을 건

3. 직무상 독립 규정

전술한 것처럼 특별감찰관은 비록 소속이 대통령으로 되어 있지만, 직무상 독립하여 감찰업무를 수행하도록 함으로써, 감찰업무 수행과정에서 대통령의 구체적인 지시 등을 받지 아니한다는 점을 명시적으로 하고 있다. 이에 현실적으로 특별감찰관실이 후술하여 보는 것처럼 예산이나 조직 인력 등에서 제한을 받게 되어 어려움을 겪게 되거

의할 수 있는 점 등을 종합하면, 수사처는 직제상 대통령 또는 국무총리 직속기관 내지 국무총리의 통할을 받는 행정각부에 속하지 않는다고 하더라도 대통령을 수반으로 하는 행정부에 소속되고 그 관할권의 범위가 전국에 미치는 중앙행정기관으로 보는 것이 타당하다.

(2) 수사처가 중앙행정기관임에도 불구하고 기존의 행정조직에 소속되지 않고 대통령과 기존 행정조직으로부터 구체적인 지휘·감독을 받지 않는 형태로 설치된 것은 수사처 업무의 특수성에서 기인한 것인바, 수사처의 설치 취지가 고위공직자 등의 범죄를 척결하여 국가의 투명성과 공직사회의 신뢰성을 높이는 한편 검찰의 기소독점주의 및 기소편의주의에 대한 제도적 견제장치를 마련하려는 데에 있는 점, 수사처가 행정부 소속 공무원도 그 수사대상으로 하여 기존의 행정조직의 위계질서에 포함시켜서는 객관성이나 신뢰성을 담보하기 쉽지 않은 점, 수사처가 대부분의 고위공직자들을 대상으로 수사 등을 담당하므로 정치적 중립성과 직무의 독립성이 매우 중요한 점 등을 고려한 것이다.

(3) 수사처의 권한 행사에 대해서는 여러 기관으로부터의 통제가 이루어질 수 있으므로, 단순히 수사처가 독립된 형태로 설치되었다는 이유만으로 권력분립원칙에 위반된다고 볼 수 없다. 수사처는 '고위공직자범죄수사처 설치 및 운영에 관한 법률'이라는 입법을 통해 도입되었으므로 의회는 법률의 개폐를 통하여 수사처에 대한 시원적인 통제권을 가지고, 수사처 구성에 있어 입법부, 행정부, 사법부를 비롯한 다양한 기관이 그 권한을 나누어 가지므로 기관 간 견제와 균형이 이루어질 수 있으며, 국회, 법원, 헌법재판소에 의한 통제가 가능할 뿐 아니라 행정부 내부적 통제를 위한 여러 장치도 마련되어 있다.

(4) 법률에 근거하여 수사처라는 행정기관을 설치하는 것이 헌법상 금지되지 않는바, 검찰의 기소독점주의 및 기소편의주의를 견제할 별도의 수사기관을 설치할지 여부는 국민을 대표하는 국회가 검찰 기소독점주의의 적절성, 검찰권 행사의 통제 필요성, 별도의 수사기관 설치의 장단점, 고위공직자범죄 수사 등에 대한 국민적 관심과 요구 등 제반 사정을 고려하여 결정할 문제로서, 그 판단에는 본질적으로 국회의 폭넓은 재량이 인정된다. 또한 수사처의 설치로 말미암아 수사처와 기존의 다른 수사기관과의 관계가 문제된다 하더라도 동일하게 행정부 소속인 수사처와 다른 수사기관 사이의 권한 배분의 문제는 헌법상 권력분립원칙의 문제라고 볼 수 없다.

(5) 이상과 같이 공수처법이 수사처의 소속을 명시적으로 규정하지 않은 것은 수사처의 업무의 특성을 고려하여 정치적 중립성과 직무상 독립성을 보장하기 위한 것이고, 수사처에 대하여는 행정부 내부에서뿐만 아니라 외부에서도 다양한 방법으로 통제를 하고 있으며, 수사처가 다른 국가기관에 대하여 일방적 우위를 점하고 있다고 보기도 어려우므로, 구 공수처법 제2조 및 공수처법 제3조 제1항은 권력분립원칙에 반하여 청구인들의 평등권, 신체의 자유 등을 침해하지 않는다.

나 감찰과정 중에 조직이 붕괴되어 유명무실하게 되는 경우 등이 발생할 수 있지만 법과 원칙에 따라 대통령의 친인척 및 측근을 대상으로 감찰을 실시하여야 하는 것은 법에 규정된 원칙이고 의당 대통령의 지휘권이 개입될 수는 없는 것이며 그러한 경우 감찰의 공정성과 중립성은 훼손될 수 있다.

Ⅱ. 감찰개시 및 종료 보고의무

> **특별감찰관법 제3조(지위)** ② 특별감찰관은 감찰의 개시와 종료 즉시 그 결과를 대통령에게 보고한다.
> **특별감찰관법 제6조(감찰개시)** ③ 제1항에 따른 감찰에 착수하는 경우 1개월 이내에 감찰을 종료하여야 한다. 다만, 감찰을 계속할 필요가 있는 경우 대통령의 허가를 받아 1개월 단위로 감찰기간을 연장할 수 있다.
> **특별감찰관법 제7조(감찰종료)** ⑤ 특별감찰관은 감찰 종료 후 5일(공휴일과 토요일은 제외한다) 이내에 감찰 진행경과, 세부 감찰활동 내역, 감찰결과와 그 이유 등을 서면으로 대통령에게 보고한다.

> **특별감찰관법 시행령 제6조(감찰개시)** ④ 특별감찰관은 감찰개시 후 5일(공휴일과 토요일은 제외한다) 이내에 감찰대상자, 감찰대상 비위행위의 내용 및 감찰착수 경위 등을 서면으로 대통령에게 보고한다.
> **특별감찰관법 시행령 제8조(감찰기간 연장 허가)** 법 제6조 제3항 단서에 따른 감찰기간 연장허가 신청은 기간 만료 3일(공휴일과 토요일은 제외한다) 전까지 그 사유를 기재한 서면으로 하여야 한다.

1. 의의

특별감찰관은 감찰의 개시와 종료 즉시 그 결과를 대통령에게 보고하여야 한다. 이는 감찰이 인권침해적 요소가 있을 수 있음을 고려하여 무분별한 감찰의 진행을 제도적으로 견제하는 역할을 담당케 한 것으로 직무상 독립하여 업무를 수행하도록 하는 것이다. 이와 같이 보고의무를 규정한 유사한 예로는 「특임검사 운영에 관한 지침(대검찰청 훈령)」을 들 수 있는 바, 위 지침 제4조 제1항은 특임검사는 그 직무에 관하여 검찰총장 등 상급자의 지휘·감독을 받지 아니하고 수사결과만을 검찰총장에게 보고한다[53]라고 규정하고 있는데 특임검사의 경우 특별감찰관과 달리 수사 개시는 이미 검찰총장의 지시에 의하여 이루어진 것이므로 수사 결과에 대한 보고의무만 존재하고 있다.

이와 비슷한 형태의 입법례는 다수의 특별검사법에서도 볼 수 있으며 소위 상설특검법(특별검사의 임명 등에 관한 법률 2014. 3. 18.제정 제12423호)에서도 상설특검법 제12조[54]에서 사건의 처리보고를 규정하면서 특별검사는 담당사건에 대하여 공소를 제기하지 아니하는 결정을 하였을 경우, 공소를 제기하였을 경우 및 해당 사건의 판결이 확정되었을 경우에는 각각 10일 이내에 대통령과 국회에 서면으로 보고하고 법무부장관에게 서면으로 통지하여야 한다고 규정하고 있고 동법 제10조 제2항에서 특별검사는 준비기간이 만료된 날의 다음 날부터 60일 이내에 담당사건에 대한 수사를 완료하고 공소제기 여부를 결정하여야 하며 기간 내에 수사를 완료하지 못하거나 공소제기 여부를 결정하기 어려운 경우에는 대통령에게 그 사유를 보고하고 대통령의 승인을 받아 수사기간을 한 차례만 30일까지 연장할 수 있다고 규정하고 있는 등 다수의 절차적 통제 조항을 설정하고 있는 것을 볼 수 있다.[55]

---

53) **특임검사 운영에 관한 지침제4조 (직무의 독립)** ① 특임검사는 그 직무에 관하여 검찰총장 등 상급자의 지휘·감독을 받지 아니하고 수사결과만을 검찰총장에게 보고한다.
② 검찰총장은 특임검사의 조치가 현저히 부당하거나 직무의 범위를 벗어난 때에 한하여 그 직무수행을 중단시킬 수 있다.
③ 특임검사는 감찰위원회에 수사상황을 보고하고, 감찰위원회는 이를 검토한 후 특임검사에게 필요한 조치를 권고할 수 있다.
54) **특별검사의 임명 등에 관한 법률 제12조(사건의 처리보고)** 특별검사는 담당사건에 대하여 공소를 제기하지 아니하는 결정을 하였을 경우, 공소를 제기하였을 경우 및 해당 사건의 판결이 확정되었을 경우에는 각각 10일 이내에 **대통령과 국회에 서면으로 보고**하고 법무부장관에게 서면으로 통지하여야 한다.
55) **특별검사의 임명 등에 관한 법률 제10조(수사기간 등)** ① 특별검사는 임명된 날부터 20일 동안 수사에 필요한 시설의 확보, 특별검사보의 임명 요청 등 직무수행에 필요한 준비를 할 수 있다. 이 경우 준비기간 중에는 담당사건에 대하여 수사를 하여서는 아니 된다.
② 특별검사는 제1항의 준비기간이 만료된 날의 다음 날부터 60일 이내에 담당사건에 대한 수사를 완료하고 공소제기 여부를 결정하여야 한다.
③ 특별검사가 제2항의 기간 내에 수사를 완료하지 못하거나 공소제기 여부를 결정하기 어려운 경우에는 대통령에게 그 사유를 보고하고 대통령의 승인을 받아 수사기간을 한 차례만 30일까지 연장할 수 있다.
④ 제3항에 따른 보고 및 승인요청은 수사기간 만료 3일 전에 행하여져야 하고, 대통령은 수사기간 만료 전에 승인 여부를 특별검사에게 통지하여야 한다.

또한 다른 유사 입법례들도 해당기관장 통보조항을 다수 두고 있는 것을 알 수 있는데 특별감찰관법에서 감찰대상자인 대통령의 4촌 이내 친인척의 책임자와 대통령 비서실의 수석비서관 이상 직원들의 소속기관장은 대통령 본인이라고 해석할 수 있고 일반적으로 다른 법령에서도 소속직원 또는 피용인이 조사를 받게되는 경우 해당 기관장 또는 사용인에게 관련 사항을 통보하여 징계 등 후속 조치를 취할 수 있도록 규정하고 있는 것을 보아도 이를 이해할 수 있다. 이에 사립학교법,[56] 지방공무원법[57] 등에 의하면 수사기관 등이 **수사에 착수**하는 경우 해당기관장에게 통보토록 규정하도록 하고 있는 바, 수사 이전 단계인 감사원, 그 밖의 수사기관이 **조사에 착수**하는 경우에도 해당기관장에게 통보토록 규정하고 있다. 이에 감찰착수 개시 통보도 책임자인 해당기관장(대통령)에 향후 소속 직원의 조사절차가 개시됨을 통보하는 것으로 해석함이 타당하다.

군인징계령 제8조(징계등 절차의 중지) ① 감사원이나 군검찰, 헌병, 그 밖의 수사기관이 군인의 비행사실에 대한 조사나 수사를 개시하거나 마친 때에는 10일 이내에 그 군인의 소속 또는 감독 부대나 기관의 장에게 그 사실을 통보하여야 한다.

의무소방대법 시행령 제33조(감사원에서의 조사와의 관계 등) ③ 감사원과 검찰·경찰 그 밖의 수사기관은 의무소방원과 관련된 조사나 수사를 개시한 때와 이를 종료한 때에는

---

⑤ 특별검사는 수사기간 내에 수사를 완료하지 못하거나 공소제기 여부를 결정하지 못한 경우 수사기간 만료일부터 3일 이내에 사건을 관할 지방검찰청 검사장에게 인계하여야 한다. 이 경우 비용지출 및 활동내역 등에 대한 보고에 관하여는 제17조를 준용하되, 그 보고기간의 기산일은 사건인계일로 한다.

56) **사립학교법 제66조의3(감사원 조사와의 관계 등)** ① 감사원, 검찰·경찰, 그 밖의 수사기관은 사립학교 교원에 대한 조사나 수사를 시작하였을 때와 마쳤을 때에는 10일 이내에 해당 교원의 임용권자에게 그 사실을 통보하여야 한다.
② 감사원에서 조사 중인 사건에 대해서는 제1항에 따른 조사 개시 통보를 받은 날부터 징계의결의 요구나 그 밖의 징계 절차를 진행할 수 없다.
③ 검찰·경찰, 그 밖의 수사기관에서 수사 중인 사건에 대해서는 제1항에 따른 수사 개시 통보를 받은 날부터 징계의결의 요구나 그 밖의 징계 절차를 진행하지 아니할 수 있다.

57) **지방공무원법 제73조(징계의 관리)** ① 감사원에서 조사 중인 사건이나 각 행정기관에서 대통령령으로 정하는 바에 따라 조사 중인 사건에 대하여는 제3항에 따른 조사개시 통보를 받은 날부터 징계의결 요구나 그 밖의 징계절차를 진행하지 못한다. <개정 2010. 3. 22.>
② 검찰·경찰, 그 밖의 수사기관에서 수사 중인 사건에 대하여는 제3항에 따른 수사개시 통보를 받은 날부터 징계의결 요구나 그 밖의 징계절차를 진행하지 아니할 수 있다.
③ 감사원과 검찰·경찰, 그 밖의 수사기관 및 제1항에 따른 행정기관은 조사나 수사를 시작하였을 때와 마쳤을 때에는 10일 이내에 소속 기관의 장에게 해당 사실을 알려야 한다.

10일 이내에 의무소방원 소속기관의 장에게 당해 사실을 통보하여야 한다.

2. 내용

가. 감찰개시보고

특별감찰관법 시행령 제6조 제4항에서는 특별감찰관은 감찰개시 후 5일(공휴일과 토요일은 제외한다) 이내에 감찰대상자, 감찰대상 비위행위의 내용 및 감찰착수 경위 등을 서면으로 대통령에게 보고한다고 규정하면서 감찰개시보고를 규정하고 있다. 문언 그대로 승인을 받거나 추인을 받는 것이 아니라 단순히 통보를 하는 형식이다. 또한 감찰개시 전이 아닌 감찰개시 후 5일 이내에 감찰개시를 보고한다는데 주목할 필요가 있는 데 이는 결국 감찰의 사후 통보형식이 될 것이기 때문에 대통령의 사전 지휘나 통제를 받을 가능성이 높지 않다는 것이다. 방식은 서면으로 의한다고 법문에서는 규정하고 있는데 그 방식은 인편 전달이나 공문 등 다양한 방식이 가능할 것이다.

나. 감찰종료보고

특별감찰관법 시행령 제6조 제5항에서는 특별감찰관은 감찰 종료 후 5일(공휴일과 토요일은 제외한다)이내에 감찰 진행경과, 세부 감찰활동 내역, 감찰결과와 그 이유 등을 서면으로 대통령에게 보고한다고 규정하고 있다. 물론 감찰개시보고 규정과 마찬가지로 감찰이 종료하고 나서 보고하는 것이기 때문에 사전에 대통령으로부터 감찰결과에 대해 승인을 받거나 지휘를 받는 것이 아님은 법문상 분명하다. 이에 감찰개시보고와 마찬가지로 감찰종료보고가 가령 감찰개시 이전이나 감찰종료 이전에 사전에 이루어진다면 이는 설사 그 상대가 결국 감찰개시보고나 감찰종료보고를 받는 대통령이라고 하더라도 분명 법문상 각 감찰개시사실 및 감찰종료사실 후의 5일 이내라고 규정되어 있기 때문에 사전에 보고를 하는 경우에는 직무상 독립성 조항에 위배될 소지가 있으며 궁극적으로는 특별감찰관법상 보고조항에 위배될 소지가 있고 이는 단순히 절차적인 조항 위반에만 해당하는 것이 아니라 감찰사실 누설[58]에 해당할 소지가 있다

[58) **특별감찰관법 제22조(감찰착수 사실 등 누설 금지)** 특별감찰관 등과 파견공무원은 감찰착수 및 종료 사실, 감찰 내용을 공표하거나 누설하여서는 아니 된다.

는 점도 유의할 필요가 있다.

다. 감찰연장허가

특별감찰관법 시행령 제8조에서는 감찰기간 연장허가를 규정하면서 특별감찰관법 제6조 제3항 단서에 따른 감찰기간 연장허가 신청은 기간 만료 3일(공휴일과 토요일은 제외한다) 전까지 그 사유를 기재한 서면으로 하여야 한다고 규정하고 있다. 물론 감찰은 원칙적으로는 감찰에 착수한 경우 1개월 이내에 감찰을 종료하여야 하나 감찰을 계속할 필요가 있는 경우가 생길 수 있다. 이 경우에는 대통령의 허가를 받아 기간만료 3일전까지 1개월 단위로 감찰기간 연장이 가능하다. 이러한 연장 신청은 1개월 단위로 연장이 가능하므로 수회 신청이 가능하다고 해석할 수 있다.

라. 보고의 방식

규정상으로는 서면에 의한다고 되어 있지만 현실적으로는 감찰개시의 경우에는 감찰대상자, 감찰대상 비위행위의 내용, 감찰착수 경위 등을 담은 서면보고서 제출 또는 서면을 가지고 대면보고를 하거나 서면을 첨부한 공문을 보내게 되는 방식에 의하게 될 것이다. 마찬가지로 감찰종료의 경우에도 감찰 진행경과, 세부 감찰활동 내역, 감찰 결과와 그 이유 등을 서면으로, 감찰연장허가서를 제출하는 경우에도 그 사유를 기재한 서면으로 하게 될 것이다. 특히 이 경우 대면으로 서면을 제출하거나 서면을 공문으로 보고시 최대한 보안이 유지될 수 있도록 감찰대상자가 있는 수석비서관실 등을 거치지 아니하고 총무 또는 부속비서관실을 통하여 보고함이 적정하다. 특히 서면보고서만을 제출하는 경우 해당내용을 모두 첨부하여서 전자문서, 우편·팩스 등의 방법에 의하는 경우 감찰내용 누설 등 보안 문제가 발생할 수 있어 적절치 아니하다. 행정 효율과 협업 촉진에 관한 규정에서 문서는 정보통신망을 이용하여 발신하는 것을 원칙으로 하지만, 업무의 성질상 공문에 따른 발신방법이 적절하지 아니하거나 그 밖의 특별한 사정이 있으면 우편·팩스 등의 방법으로 문서를 발신할 수 있으며, 내용이 중요한 문서는 등기우편이나 그 밖에 발신 사실을 증명할 수 있는 특수한 방법으로 발신하여야 한다고 규정하고 있다. 특히 결재권자는 비밀사항이거나 누설되면 국가안전보장, 질서유지, 경제안정, 그 밖의 국가이익을 해칠 우려가 있는 내용의 문서를 결재할 때에는 그 문서 내용의 암호화 등 보안 유지가 가능한 발신방법을 지정하여야 하므로 이러한 규정 등을 종합[59]하여 본다면 사견으로는 공문으로 감찰개시 및 종료보고를 한다고 통지하고 첨부문서는 봉인된 감찰보고서를 인편으로 전달하는 방법이 적정해 보인다. 다만 감찰보고 사실을 증명할 수 있는 접수확인증(접수자명, 접수일시, 접수자의 서명 등을 기재) 등 확보[60]는 그 입증을 위해서 필요하다. 다수의 특별검사법에서도 대통

---

[59] **행정 효율과 협업 촉진에 관한 규정 제16조(문서의 발신방법 등)** ① 문서는 정보통신망을 이용하여 발신하는 것을 원칙으로 한다.

② 제1항에도 불구하고 업무의 성질상 제1항에 따른 발신방법이 적절하지 아니하거나 그 밖의 특별한 사정이 있으면 우편·팩스 등의 방법으로 문서를 발신할 수 있으며, 내용이 중요한 문서는 등기우편이나 그 밖에 발신 사실을 증명할 수 있는 특수한 방법으로 발신하여야 한다.

③ 행정기관이 아닌 자에게는 행정기관의 홈페이지나 행정기관이 공무원에게 부여한 전자우편주소를 이용하여 문서를 발신할 수 있다.

④ 행정기관의 장은 문서를 수신·발신하는 경우에 문서의 보안 유지와 위조, 변조, 분실, 훼손 및 도난 방지를 위한 적절한 조치를 마련하여야 한다.

⑤ 결재권자는 비밀사항이거나 누설되면 국가안전보장, 질서유지, 경제안정, 그 밖의 국가이익을 해칠 우려가 있는 내용의 문서를 결재할 때에는 그 문서 내용의 암호화 등 보안 유지가 가능한 발신방법을 지정하여야 한다.

[60] **행정 효율과 협업 촉진에 관한 규정 제18조(문서의 접수·처리)** ① 문서는 처리과에서 접수하여야 하며, 접수한 문서에는 접수일시와 「공공기록물 관리에 관한 법률 시행령」 제20조에 따른 접수등록번호(이하 "접수등록번호"라 한다)를 전자적으로 표시하되, 종이문서인 경우에는 행정안전부령으로 정하는 접수인을 찍고 접수일시와 접수등록번호를 적는다. <개정 2013. 3. 23., 2014. 11. 19., 2017. 7. 26.>

② 제1항에도 불구하고 문서과에서 받은 문서는 문서과에서 접수일시를 전자적으로 표시하거나 적고 지체없이 처리과에 배부하여야 한다. 이 경우 처리과는 배부받은 문서에 접수등록번호를 표시하거나 적는다.

③ 행정기관은 문서의 접수 및 배부 경로에 관한 정보를 「공공기록물 관리에 관한 법률 시행령」 제20조에 따른 등록정보로 관리하여야 한다.

④ 처리과에서 문서 수신·발신 업무를 담당하는 사람은 접수한 문서를 처리담당자에게 인계하여야 하고, 처리담당자는 행정안전부령으로 정하는 문서인 경우에는 공람할 자의 범위를 정하여 그 문서를 공람하게 할 수 있다. 이 경우 전자문서를 공람하였다는 기록이 업무관리시스템 또는 전자문서시스템 상에서 자동으로 표시되도록 하여야 한다. <개정 2013. 3. 23., 2014. 11. 19., 2017. 7. 26.>

⑤ 제4항에 따라 공람을 하는 결재권자는 문서의 처리기한과 처리방법을 지시할 수 있으며, 필요하면 조직 관계 법령 또는 제60조에 따라 업무분장된 담당자 외에 그 문서의 처리담당자를 따로 지정할 수 있다.

⑥ 행정기관의 홈페이지나 행정기관이 부여한 공무원의 전자우편주소 등 정보통신망을 이용하여 행정기관이 아닌 자로부터 받은 문서는 제1항부터 제5항까지의 규정에 따라 처리한다. 이 경우 해당 문서에 대한 위조·변조 방지 조치 등으로 인하여 접수일시와 접수등록번호를 표시할 수 없으면 그 문서에 표시하지 아니할 수 있고 발신자의 주소와 성명 등이 불분명할 때에는 접수하지 아니할 수 있다.

령 및 국회에 사건처리 관련 서면보고를 규정하고 있다. 공문서는 수신자에게 도달됨
으로써 효력을 발생하므로,[61] 총무 또는 부속비서관실 직원에 해당 봉인문서를 전달
시 보고가 완료된 것으로 봄이 적정한 것으로 사료된다. 한편 이러한 대통령에 대한
감찰개시 및 감찰종료에 대한 서면보고제도는 특별감찰관의 독립성을 훼손하는 취지
라는 지적이 있을 수 있는 바, 이후 특히 정치적 중립성과 직무 독립성을 위해 대통령
이 아닌 국회에 보고하여야 한다는 지적과 감찰의 독립성을 위해 대통령에 대한 감찰
보고의무를 삭제하는 내용의 법개정안 등이 발의된 바 있다.

3. 개정안

가. 최교일 의원안(2017. 2. 22.)

최교일 의원 개정안에 의하면 특별감찰관이 감찰개시의 경우에 대통령 보고를 제외
하게 되는 안으로(안 제3조 제2항), 이렇게 개정이 되면 결국 감찰종료 보고만이 존치하
게 된다.

현 행	개 정 안
제3조(지위) ① (생 략) ② 특별감찰관은 감찰의 <u>개시와 종료</u> 즉시 그 결과를 대통령에게 보고한다.	제3조(지위) ① (현행과 같음) ② ＿＿＿＿＿＿＿＿＿＿＿＿＿＿＿＿＿ ＿＿<u>종료</u>＿＿＿＿＿＿＿＿＿＿＿＿＿＿ ＿＿＿＿＿＿＿＿＿＿＿＿＿＿＿＿＿.

국회 법제사법위원회의 검토보고서[62]에 의하면 현행법에서는 대통령의 친인척 등
대통령과 특수한 관계에 있는 사람에 대해 감찰을 실시하는 경우 그 개시와 종료 후

---

61) **행정 효율과 협업 촉진에 관한 규정 제6조(문서의 성립 및 효력 발생)** ① 문서는 결재권자가
해당 문서에 서명(전자이미지서명, 전자문자서명 및 행정전자서명을 포함한다. 이하 같다)의
방식으로 결재함으로써 성립한다.
② 문서는 수신자에게 도달(전자문서의 경우는 수신자가 관리하거나 지정한 전자적 시스템
등에 입력되는 것을 말한다)됨으로써 효력을 발생한다.
③ 제2항에도 불구하고 공고문서는 그 문서에서 효력발생 시기를 구체적으로 밝히고 있지 않
으면 그 고시 또는 공고 등이 있은 날부터 5일이 경과한 때에 효력이 발생한다.
62) 2017. 8. 법제사법위원회 검토보고서 참조.

결과를 대통령에게 보고⁶³⁾하도록 하고 있는데, 특별감찰관의 감찰 대상이 원칙적으로 대통령과 밀접한 관련이 있는 자라는 점을 고려하면 대통령에게 감찰개시를 보고할 경우 감찰과 관련된 정보들이 감찰대상자 등에게 사전에 유출될 수 있다는 문제의식이 있으므로, 감찰개시 보고를 금지하도록 하려는 개정안은 특별감찰의 독립성과 실효성을 제고하기 위하여 필요한 측면이 있다고 검토하였다. 다만 한편, 개정안과 관련해서 개시·종료 보고제도는 감찰이 인권침해적 요소가 있을 수 있음을 고려하여 투망식 감찰이 되는 것을 방지하기 위한 절차상 장치라는 의견⁶⁴⁾이 있고, 감사원법⁶⁵⁾에서 감사원이 특정 사건 조사의 개시 및 종료시 10일 이내에 소속 기관의 장에게 해당 사실을 통보하도록 하는 규정을 두고 있는 바, 감찰개시 보고 제외 문제는 특별감찰의 독립성과 실효성 확보 측면과 감찰 실시에 미치는 영향 등을 종합적으로 고려하여 입법 정책적으로 결정할 사항이라고 판단된다고 지적하였다.

나. 김정재 의원 개정안(2019. 9. 30.)

특별감찰관의 직무 독립성 확보를 위하여 특별감찰관의 감찰개시시 대통령에 대한 보고를 삭제하고, 감찰 종료시 결과보고 대상에 국회를 포함한 안(안 제3조 제2항)이다.

현 행	개 정 안
제1조(목적) 이 법은 대통령의 친인척 등 대통령과 특수한 관계에 있는 <u>사람</u>의 비위행위에 대한 감찰을 담당하는 특별감찰관의 임명과 직무 등에 관하여 필요한 사항을 규정함을 목적으로 한다.	제1조(목적) ─────────── ──────────────── ──────────────── ────<u>사람 등의</u>──────── ────────────────

63) **특별감찰관법 시행령 제6조(감찰개시)** ④ 특별감찰관은 감찰개시 후 5일(공휴일과 토요일은 제외한다) 이내에 감찰대상자, 감찰대상 비위행위의 내용 및 감찰착수 경위 등을 서면으로 대통령에게 보고한다.
  특별감찰관법 시행령 제7조(감찰종료) ⑤ 특별감찰관은 감찰 종료 후 5일(공휴일과 토요일은 제외한다) 이내에 감찰 진행경과, 세부 감찰활동 내역, 감찰결과와 그 이유 등을 서면으로 대통령에게 보고한다.
64) 특별감찰관 제출 의견(2017. 7. 1)
65) **감사원법 제32조의2(징계·문책 사유의 시효 정지 등)** ① 감사원이 조사 중인 특정 사건에 대하여는 제2항에 따른 조사 개시의 통보를 받은 날부터 징계 또는 문책 절차를 진행하지 못한다.
  ② **감사원은 특정 사건의 조사를 시작한 때와 마친 때에는 10일 이내에 소속 기관의 장에게 해당 사실을 통보하여야 한다.**

현 행	개 정 안
제3조(지위) ① (생 략) ② 특별감찰관은 감찰의 <u>개시와 종료</u> 즉시 그 결과를 <u>대통령에게</u> 보고한다.	− − − − − − − − − − − − −. 제3조(지위) ① (현행과 같음) ② − − − − − − − − − − − − − − − − − −<u>종료</u>− − − − − − − − − − − − − −<u>대통령과 국회에</u>− − − − − − − −.

다. 최교일 의원 개정안(2017. 2.)

현재 기본 1개월 이내인 감찰기간을 2개월 이내로 연장하는 안(안 제6조 제3항)이다.

현 행	개 정 안
제6조(감찰개시) ①·② (생 략) ③ 제1항에 따른 감찰에 착수하는 경우 <u>1개월</u> 이내에 감찰을 종료하여야 한다. 다만, 감찰을 계속할 필요가 있는 경우 대통령의 허가를 받아 1개월 단위로 감찰기간을 연장할 수 있다. ④ (생 략)	제6조(감찰개시) ①·② (현행과 같음) ③ − <u>2개월</u> −. −. ④ (현행과 같음)

국회 법제사법위원회 검토보고서[66]에 의하면 현행법은 특별감찰관이 감찰에 착수하는 경우 1개월 이내에 감찰을 종료하여야 하되 감찰을 계속할 필요가 있는 경우 대통령의 허가를 받아 1개월 단위로 감찰기간을 연장할 수 있도록 하고 있는데, 개정안과 같이 감찰기간을 2개월 이내로 연장하는 경우 안정적 감찰기간을 확보하여 감찰의 실효성을 제고할 수 있는 측면이 있다고 검토한 바 있다.

---

66) 2017. 8. 법제사법위원회 검토보고서 참조.

4. 개선방안

일단 현행 감찰개시 및 종료 보고제도는 감찰의 적법성 확보수단으로 타당하다고 생각한다. 특별감찰관은 대상자의 비위행위를 조사하는 방법으로 감찰을 행하고, 정보가 신빙성이 있고 구체적으로 특정되는 경우에만 감찰에 착수개시 보고제도를 통해 감찰의 신중함을 더하여 감찰대상자에 대한 무분별한 감찰개시를 막아 정치적으로 악용될 소지를 방지하고, 또한 감찰 대상자의 입장에서는 감찰 대상이 되었다는 것 자체만으로 낙인효과가 있기 때문에 감찰대상 비위행위의 내용 및 감찰착수경위 등의 구체적 적시가 없이는 감찰이 개시되지 아니하게 하여 투망식 감찰을 사전통제할 수 있다는 장점이 있다.

또한 감찰을 다 마치고 나서는 감찰종료보고를 통해 감찰의 전과정에서의 투명성을 확보하고, 조사 수단의 적법성을 사후 모니터링 할 수도 있다. 감찰종료시에 감찰진행 결과, 세부 감찰활동 내역 및 감찰결과와 이유 등을 문서로 확인할 수 있기 때문이다.

뿐만 아니라 현행 감찰개시 및 종료 보고제도는 대통령의 승인이 필요한 것이 아닌 단순 행정적 사후 통보의 취지가 강하다. 특별감찰관법상 특별감찰관은 감찰의 개시와 종료 즉시 그 결과를 대통령에게 보고하도록 규정하고 있으나(특별감찰관법 제3조 제2항), 동 조항은 사전보고제도가 아닌 사후통보제도로서 법상은 "즉시"라고 규정하고 있고, 전술한 것처럼 특별감찰관법 시행령에서는 즉시의 개념을 동시나 사전적 즉시가 아닌 사후적 즉시(5일 이내) 보고로 규정하고 있는 점, 특별감찰관법 시행령에서는 대통령은 감찰개시 및 종료결정이 이미 내려진 이후 5일 이내에 서면으로 단순통보를 받는 것으로서 보고는 감찰활동 진행상황에 관한 사실을 보고하는 것일 뿐, 감찰활동 진행방향에 관한 지침을 받기 위한 보고는 아니라는 것을 알 수 있다.

한편 현재 규정 해석상 그리고 현실적으로 대통령이 감찰개시결정을 보고받고 대통령이 영향력을 행사하는 것에 대한 방지방안에 대한 부분은 어떻게 마련할 것인지는 가장 중요한 부분이라고 할 수 있는데 일단 규정상 대통령이 감찰개시결정 및 종료결정 자체에는 영향력을 행사하기 어렵다고 보인다. 다만 문제는 대통령이 감찰개시보고를 받은 이후 감찰기간동안 영향력을 행사하는 것에 대한 부분이다. 이 부분에 대해서는, 감찰개시보고는 대면보고가 아닌 사후서면통보로서 제3자의 영향력이 개입될 여지가 적고, 만약 그 누구든지 위계 또는 위력으로 적극적으로 감찰행위를 방해하는 경우에는 감찰행위방해죄로 의율할 수 있다는 규정을 적극 활용하여야 할 것이다(특별감찰관법 제25조 제1항). 이에 감찰개시보고는 형식적인 절차로서 서면보고에 대해 대통령이 결재할 수 없으며, 기타 행사할 수 있는 영향력이 없다고 보이고 이런 방향으로 운용되어야 제대로 된 특별감찰관의 기능이 발휘될 것이라고 생각한다. 또한 비위행위 정보자체가 감찰단서를 입수하는 경우는 신고, 이첩정보, 각종 언론이나 인터넷, 공개된 자료를 통해 확인되는 정보가 대다수로서, 이미 비위행위의 의혹이 언론에 드러난 경우, 각종 문헌이나 인터넷 등을 통해 비위행위 의혹이 공개될 확률이 높다. 이에 이미 감찰개시가 내려진 경우 이는 이미 언론 및 국민의 중대관심사안으로서 외부영향력이 개입될 여지가 현실적으로 불가능한 측면도 존재한다.

사견으로는 현실적 운용의 측면에서 대통령에게만 감찰의 개시 및 종료의 보고를 하는 것은 편향적인 측면이 있다. 반드시 절차적인 통제를 대통령만 할 수 있는 것은 아니고 국회 등 타 국가기관도 할 수 있는 것이라고 할 수 있다. 특히 감찰의 개시 및 종료 보고에 대해 외부의 영향력 등이 우려될 소지가 없다고 하기는 어려울 것이므로 현재 감찰개시 및 종료사실, 감찰내용을 공표 또는 누설할 수 없다고 보이므로 기본적으로 감찰개시 및 종료사실 등은 언론에 공개하기 어려우나, **대통령에 보고했다는 사실, 검찰에 고발 또는 수사의뢰했다는 사실 등**의 제한적인 언론 브리핑을 실시하는 방안은 가능하다고 사료된다.

또한 대통령뿐만 아니라 국민의 대의기구인 국회에 감찰개시, 종료보고를 병행하는 방안도 생각해 볼 수 있다. 현행 특별감찰관법(법 제22조 및 제25조)은 특별감찰관 등은 감찰착수 및 종료 사실, 감찰내용을 공표하거나 누설하지 못하도록 하면서 위반시 형사 처벌 대상으로 규정하고 있다. 반면 특별감찰관은 법제사법위원회의 감사대상 기관이므로 의당 일반적인 운영현황이나 업무보고는 국회법에 따라 진술해야 한다. 다만 이 경우에도 구체적인 감찰사건에 대한 사항은 진술이 제한될 수밖에 없다. 이에 국회 등의 질의에는 제한적인 언론브리핑과 마찬가지로 현재 감찰개시 및 종료사실, 감찰내용을 공표 또는 누설할 수 없어, 감찰개시 및 종료사실 등은 언론에 공개하기 어려우나, 대통령에 보고했다는 사실, 검찰에 고발 또는 수사의뢰했다는 사실 등의 제한적인 언론 브리핑을 실시하는 방안은 감찰의 구체적인 내용에 대한 부분이 아니므로 허용된다고 생각된다.

또한 현행 특별감찰관법에 의해서도 법 제21조에서는 특별감찰관의 국회 출석 및 의견진술조항을 두면서 특별감찰관이 법 제20조에 따라 항고한 사건에 대하여 다시 불기소처분이 이루어져 법제사법위원회 의결로 특별감찰관의 출석을 요구하는 경우 특별감찰관은 법제사법위원회에 출석하여 의견을 진술하여야 한다고 규정하고 있는 점, 대상자가 대통령의 친인척과 수석비서관 등 국민의 알권리도 중요하다는 점 등을 고려하면 더더욱 그러하다. 이에 특별감찰관은 국회에도 일정한 경우 감찰내용을 누설하지 아니하는 범위 내에서의 보고의무가 있으며 이러한 구체적인 감찰 내용 외의 현황보고는 객관적 통제를 유지한다는 측면에서 타당하다고 하겠다.

제3절 감찰대상자

> **특별감찰관법 제5조(감찰대상자)** 이 법에 따른 특별감찰관의 감찰대상자는 다음 각 호에 해당하는 사람으로 한다.
> 1. 대통령의 배우자 및 4촌 이내 친족
> 2. 대통령비서실의 수석비서관 이상의 공무원

Ⅰ. 감찰대상자의 의의

특별감찰관법의 목적은 '대통령의 친인척 등 대통령과 특수한 관계에 있는 사람'의 비위행위에 대한 감찰을 하는 특별감찰관의 임명 등에 관한 사항을 규정하는데 있는 바, 특별감찰관법 제5조에서는 대통령의 친인척 등 대통령과 특수한 관계에 있는 사람의 범위를 명확히 규정하고 있다. 원래 박범계 의원안에서는 의원안 제3조에서 ① 대통령의 배우자, ② 대통령의 직계존비속, ③ 대통령의 4촌 이내의 친족, ④ 대통령 비서실의 1급 이상의 공무원, ⑤ 국무총리, 국무위원, 국회의원, 감사원장, 국가정보원장, 검찰총장, 공정거래위원장, 금융위원장, 국세청장, 경찰청장, 그리고 포괄규정으로 ⑥ 그 밖의 고위공직자로서 대통령령으로 정하는 사람을 규정하고 있었다.

그에 반해 김도읍 의원안에서는 의원안 제5조에서 ① 대통령의 배우자 및 4촌 이내의 친족, ② 대통령 비서실의 1급 이상의 공무원, ③ 국무총리, 감사원장, 국가정보원장, 국무위원, 국회의원, 검찰총장, 경찰청장, 국세청장, 공정거래위원장, 금융위원장으로 규정하였는데 법사위 논의 이후에 현행처럼 **1. 대통령의 배우자 및 4촌 이내 친족, 2. 대통령비서실의 수석비서관 이상의 공무원**으로 가장 협소한 형태로 규정되게 되었다. 감찰대상자의 최협의 규정은 지속적으로 다수 의원들의 개정안의 출현을 불러오게 되고 특별감찰제도의 감찰대상자가 너무 협소하고 실효성이 높지 않으며 예산이 낭비되는 사례가 아닌가에 대한 지속적인 논쟁의 대상이 되게 된다.

Ⅱ. 감찰대상자

1. 대통령의 배우자 및 4촌 이내의 친족

특별감찰관법 제5조 제1호에서는 대통령의 배우자 및 4촌 이내 친족을 그 대상으로 규정하고 있다. 우선 대통령의 배우자가 감찰대상자에 포함된다. 배우자는 법률상 배우자를 뜻하는 것이다. 다음으로 민법은 친족의 정의를 "배우자, 혈족 및 인척을 친족으로 한다"[67]라고 규정하는 바, 대통령의 배우자도 "4촌 이내 친족"에 당연히 포함되므로 특별감찰관법 제5조 제1호의 배우자에도, 4촌 이내의 친족에도 모두 포함되게 된다. 한편 민법은 친족의 범위에 대해 "친족관계로 인한 법률상 효력은 이 법 또는 다른 법률에 특별한 규정이 없는 한 다음 각 호에 해당하는 자에 미친다"라고 하면서 친족의 범위에 대해 규정하고 있다. 구체적으로 민법상 친족은 ① 8촌 이내의 혈족, ② 4촌 이내의 인척, ③ 배우자라고 설시하고 있는데,[68] 만약 특별감찰관법상 감찰대상자가 현행 전체 친족으로 규정하지는 않고 민법 제777조에 의하여 대통령의 8촌 이내 혈족, 4촌 이내의 인척이 모두 특별감찰관법의 적용대상이 되었을 것인바, 명문으로 "4촌 이내 친족"이라고 규정함으로써 특별감찰관법은 그 범위가 민법상 친족에 비해 좁다.

민법상 친족은 배우자, 혈족 및 인척(민법 제767조)을 모두 포함하는 개념이고 혈족

---

67) **민법 제767조(친족의 정의)** 배우자, 혈족 및 인척을 친족으로 한다.
　　민법 제768조(혈족의 정의) 자기의 직계존속과 직계비속을 직계혈족이라 하고 자기의 형제자매와 형제자매의 직계비속, 직계존속의 형제자매 및 그 형제자매의 직계비속을 방계혈족이라 한다.
　　민법 제769조(인척의 계원) 혈족의 배우자, 배우자의 혈족, 배우자의 혈족의 배우자를 인척으로 한다.
　　민법 제770조(혈족의 촌수의 계산) ① 직계혈족은 자기로부터 직계존속에 이르고 자기로부터 직계비속에 이르러 그 세수를 정한다.
　　② 방계혈족은 자기로부터 동원의 직계존속에 이르는 세수와 그 동원의 직계존속으로부터 그 직계비속에 이르는 세수를 통산하여 그 촌수를 정한다.
　　민법 제771조(인척의 촌수의 계산) 인척은 배우자의 혈족에 대하여는 배우자의 그 혈족에 대한 촌수에 따르고, 혈족의 배우자에 대하여는 그 혈족에 대한 촌수에 따른다.
68) **민법 제777조(친족의 범위)** 친족관계로 인한 법률상 효력은 이 법 또는 다른 법률에 특별한 규정이 없는 한 다음 각호에 해당하는 자에 미친다.
　　1. 8촌 이내의 혈족
　　2. 4촌 이내의 인척
　　3. 배우자

은 자기의 직계존비속, 자기의 형제자매와 형제자매의 직계비속, 직계존속의 형제자매 및 그 형제자매의 직계비속(민법 제768조)을, 인척은 혈족의 배우자, 배우자의 혈족, 배우자의 혈족의 배우자(민법 제769조)를 가리킨다. 이에 기본적으로 4촌 이내의 친족의 범위는 각 대통령의 결혼 여부와 그 친족 수에 따라 그 범위가 유동적이라고 할 수 있다. 만약 대통령의 재혼, 4촌 이내의 친족의 재혼 등에 의해 감찰대상자들은 변할 수밖에 없으며 대상자의 사망 여부에 따라 매번 그 인원은 유동적일 수밖에 없다.

실무적으로 대상자의 정확한 현황 파악이 중요한데 이는 가족관계등록부, 제적등본, 경찰 주민조회, 출입국조회 등을 통해 가능하다고 할 것이다. 이러한 가족관계등록부 등 조회 요청의 근거는 특별감찰관은 감찰대상자의 비위행위 여부를 확인하기 위하여 필요한 경우 국가 또는 지방자치단체, 그 밖의 공공기관의 장에게 협조와 지원 요구가 가능한데(특별감찰관법 제16조), 이러한 공공기관 장에 대한 협조요구권을 통해 자료를 확보할 수 있을 것이다. 특히 국가, 지방자치단체, 그 밖의 공공기관의 장에게 협조와 지원, 자료 등의 제출이나 사실조회를 요구할 때에는 협조등요구서(정보통신망 이용촉진 및 정보보호 등에 관한 법률에 따른 전자문서를 포함)를 교부 또는 우편 등의 방법으로 송달하며(특별감찰관법 시행령 제9조 제1항), 협조등요구서에는 협조등을 요구하는 구체적 내용, 협조 등의 실시기한 등을 기재하고(특별감찰관법 시행령 제9조 제2항), 요구를 받은 국가, 지방자치단체, 그 밖의 공공기관의 장은 특별한 사유가 없으면 이에 협조하여야 한다(특별감찰관법 시행령 제9조 제3항).

① 가족관계등록부: 등록기준지, 배우자 및 부모, 자녀의 인적사항 확인 가능

국가 또는 지방자치단체가 직무상 필요에 따라 문서로 신청하는 경우 발급이 가능한 바(가족관계의 등록 등에 관한 법률 제14조 제1항[69]), 가족관계등록부 신청서에는 대법원 예규가 특별히 규정하고 있는 경우를 제외하고는 대상자의 성명과 등록기준지를 정확하게 반드시 기재하여야 하고 그 근거법령과 사유를 기재한 신청기관의 공문 및

---

69) **가족관계등록법 제14조(증명서의 교부 등)** ① 본인 또는 배우자, 직계혈족(이하 "본인등"이라 한다)은 제15조에 규정된 등록부등의 기록사항에 관하여 발급할 수 있는 증명서(이하 "등록사항별 증명서"라 한다)의 교부를 청구할 수 있고, 본인등의 대리인이 청구하는 경우에는 본인등의 위임을 받아야 한다. 다만, 다음 각 호의 어느 하나에 해당하는 경우에는 본인등이 아닌 경우에도 교부를 신청할 수 있다. <개정 2017. 10. 31., 2021. 12. 28.>
  1. 국가 또는 지방자치단체가 직무상 필요에 따라 문서로 신청하는 경우
  2. 소송·비송·민사집행의 각 절차에서 필요한 경우
  3. 다른 법령에서 본인등에 관한 증명서를 제출하도록 요구하는 경우
  4. 그 밖에 대법원규칙으로 정하는 정당한 이해관계가 있는 사람이 신청하는 경우

관계공무원의 신분증명서를 제출하여야 한다(가족관계의 등록 등에 관한 규칙 제19조 제3
항 제1호). 등록사항별 증명서의 교부를 청구하는 경우에는 대상자의 성명과 등록기준
지를 정확하게 기재하여야 하고, 다만 본인, 배우자, 직계혈족과 그 대리인의 경우에는
대상자의 성명과 주민등록번호로도 교부 청구가 가능하다(등록사항별 증명서의 발급 등
에 관한 사무처리지침 제2조 제4항).

② **제적등본: 부모의 형제자매, 그 형제자매의 배우자 확인**

제적부(2008. 1. 1. 전에 제적된 전산호적 및 호적용지로 작성된 제적) 및 부책 등의 열람
및 등·초본의 교부 청구는 위 등록사항별 증명서의 교부청구 규정을 준용한다(등록사
항별 증명서의 발급 등에 관한 사무처리지침 제14조).

③ **기타 관련 조회**

조회대상자 관련 신분서류 중 일부의 사항만 특정되는 경우에는 사용 목적, 근거법
령(특별감찰관법 제16조 및 동법 시행령 제9조 등)을 적시하여 각 경찰서 민원실에 정식
공문으로 주민조회요청을 할 필요가 있으며, 대상자 중 외국에 체류하고 있는 대상자
가 있을 수 있기 때문에 해외체류자 및 출입국사항 확인을 위한 출입국조회 등도 공문
을 통해 사용 목적, 근거법령(특별감찰관법 제16조 및 동법 시행령 제9조 등)을 적시하여
법무부에 요청할 필요가 있다. 이는 철저히 대상자의 현황 파악을 위한 것이므로 필요
최소한도의 범위로 요청하고 사전에 관계기관간 협의도 필요할 수 있을 것이다. 한편
대상자 중 나이가 많아 일제 강점기 시대의 제적부가 멸실되거나 오래 전에 사망하였
거나 해외출국한 사람들은 간혹 행정전산망에 누락되기도 하여 확인이 어려운 경우도
있을 수 있다. 이러한 경우에는 본적지 관할 행정관서 등에 대한 등본 협조 및 열람을
통해 감찰대상자를 특정할 필요가 있다.

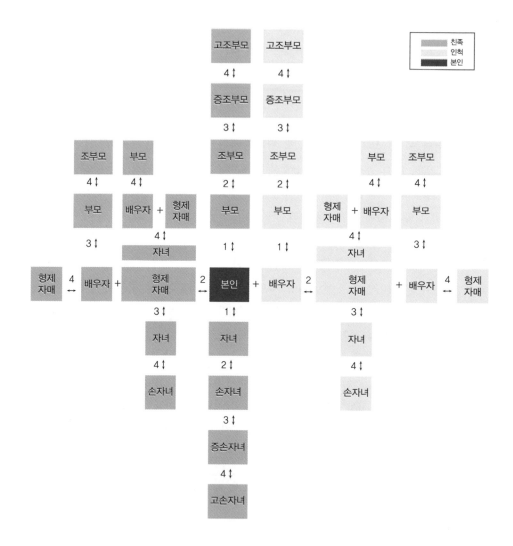

2. 대통령비서실의 수석비서관 이상의 공무원

가. 의의

특별감찰관법 제5조 제2호에서는 대통령비서실의 수석비서관 이상의 공무원을 감찰 대상자로 규정하고 있다. 구체적으로는 대통령 비서실장 및 대통령 비서실의 수석비서관이 그 대상에 포함될 것이다. 특별감찰관법 시행 이후 특별감찰관 기구 출범 당시

(2015. 7. 1.)에는 대통령 비서실장(장관급), 수석비서관(차관급; 정책조정, 정무, 민정, 외교
안보, 홍보, 경제, 미래전략, 교육문화, 고용복지, 인사)이 그 대상이 되었다. 다만 대통령
비서실의 수석비서관은 항시 직제가 신설되거나 폐지될 수 있기 때문에 대상자는 계
속 변동될 수 있다. 현행 대통령 비서실 직제에 의하면 대통령의 직무를 보좌하는 기
구로 대통령 비서실을 두는바, 대통령비서실에는 장관급인 대통령 비서실장[70]과 정책
실장, 차관급인 수석비서관, 비서관,[71] 기획관, 상황실장, 선임행정관, 행정관 등이 근
무하고 있다. 특별감찰관법상 대상자가 대통령 비서실의 수석비서관 이상의 공무원이
므로 위 **대상자 중 비서실장, 정책실장,[72] 각 수석비서관 등이 이에 해당**할 것이다.

한편 이에 대해서는 다음과 같은 현실적인 문제가 발생한다. 만약 **명칭이 수석비서
관이 아닌데 그 직급이 수석비서관과 같거나 그 이상인 경우에는 감찰대상자의 범위에
포함될 것인지**에 대해서 살펴볼 필요가 있다. 법제정당시 수석비서관 이상의 공무원이
라는 의미가 수석비서관이라는 명칭에 국한된 것이 아니라 그러한 영향력이 있는 직
급이상이라는 표현이 동법의 취지이므로 명칭의 변화와 관계없이 그 직급에 따라 감
찰대상자의 범위를 정하여야 할 것이고 법제정당시에 수석비서관은 차관급이므로 이
기준을 적용하면 될 것이다. 이에 대통령비서실의 수석비서관 이상의 공무원은 **대통령
비서실의 차관급 이상의 공무원 및 수석비서관으로 해석**하면 타당하다. 이에 두 가지
의 경우가 발생할 수 있는 바, 명칭이 수석비서관이 아니더라도 대통령 비서실 소속의
차관급, 장관급, 부총리급 공직자의 경우에는 특별감찰관법 제5조 제2호상의 감찰대상
자에 포함이 될 것이다. 이에 현재 만약 대통령 비서실의 부속실장, 국정상황실장 등
이 장관 또는 차관급으로 되어 있는 경우 그 대상에 포함될 수 있다.

그 다음 생각해 볼 수 있는 것이 **만약 수석비서관이 차관급의 공직자가 아닌 고위공
무원단의 가급, 소위 1급 공무원을 임명하는 경우** 등을 생각해 볼 수가 있다. 이 경우
에는 현재 법문이 대통령 비서실의 수석비서관 이상의 공무원이라고 되어 있으므로

---

70) **대통령비서실 직제 제3조(대통령비서실장)** 대통령비서실장은 대통령의 명을 받아 대통령비서
   실의 사무를 처리하고, 소속 공무원을 지휘·감독한다.
71) **대통령비서실 직제 제4조(보좌관 및 수석비서관)** ① 대통령비서실에 보좌관 및 수석비서관을
   둔다.
   ② 보좌관 및 수석비서관은 정무직으로 한다.
72) **대통령비서실 직제 제3조의2(정책실)** ① 대통령의 국가정책(통일외교안보에 관한 사항은 제
   외한다)에 관한 사항을 보좌하게 하기 위하여 대통령비서실에 정책실을 둔다.
   ② 정책실에 실장 1명을 두되, 실장은 정무직으로 한다.

당연해석상 이 경우도 그 대상에 포함될 것이다. 다만 기타 수석비서관이 아닌 고위공무원단에 속하는 공무원이거나 3급부터 5급까지의 공무원의 경우에는 특별감찰관의 감찰대상자에 포함되지 아니한다.[73]

■ 대통령비서실 직제 [별표] <개정 2018. 8. 1.>

대통령비서실 공무원 정원표(제10조 제1항 관련)	
총계	443

---

73) **대통령비서실 직제 제5조(기획관 · 비서관 · 상황실장 · 선임행정관 및 행정관)** ① 대통령비서실장 밑에 기획관 · 비서관 · 상황실장 · 선임행정관 및 행정관을 둔다.
② 기획관 · 비서관 · 상황실장 및 선임행정관은 고위공무원단에 속하는 일반직공무원 또는 별정직공무원으로, 행정관은 3급부터 5급까지의 일반직공무원 또는 3급 상당부터 5급 상당까지의 별정직공무원으로 보한다. 다만, 비서관에 보할 수 있는 고위공무원단에 속하는 일반직공무원 또는 별정직공무원은 특별한 사유가 있는 경우 고위공무원단에 속하는 외무공무원으로 대체할 수 있다.

정무직 계	12
대통령비서실장(장관급)	1
정책실장(장관급)	1
보좌관 또는 수석비서관(차관급)	10
일반직 계	431
고위공무원단에 속하는 일반직 또는 별정직	79
부이사관 · 서기관 · 기술서기관 또는 별정직 3급 상당, 4급 상당	108
서기관 · 기술서기관 · 행정사무관 · 시설사무관 · 임업사무관 · 방송통신사무관 · 공업사무관 · 보건사무관 · 사회복지사무관 · 기록연구관 또는 별정직 4급 상당, 5급 상당	89
행정주사 · 전산주사 · 시설주사 · 세무주사 · 행정주사보 · 행정서기 · 행정서기보 또는 별정직 6급 상당, 7급 상당, 8급 상당, 9급 상당	66
공업주사 · 임업주사 · 시설주사 · 방송통신주사 · 운전주사 · 위생주사 · 조리주사 또는 별정직 6급 상당	13
공업주사보 · 임업주사보 · 시설주사보 · 방송통신주사보 · 운전주사보 · 위생주사보 · 조리주사보 또는 별정직 7급 상당	16
공업서기 · 임업서기 · 시설서기 · 방송통신서기 · 운전서기 · 위생서기 · 조리서기 또는 별정직 8급 상당	20
공업서기보 · 임업서기보 · 시설서기보 · 방송통신서기보 · 운전서기보 · 위생서기보 · 조리서기보 또는 별정직 9급 상당	27
기계운영주사 · 열관리운영주사 · 농림운영주사 또는 사무운영주사	2
기계운영주사보 · 열관리운영주사보 · 농림운영주사보 또는 사무운영주사보	6
기계운영서기 · 열관리운영서기 · 농림운영서기 또는 사무운영서기	2
기계운영서기보 · 열관리운영서기보 · 농림운영서기보 또는 사무운영서기보	3

<법 시행 당시·현재 적용시 감찰대상자>

2015년 법 시행 당시 감찰대상자	2023년 법적용당시 가능한 감찰대상자
비서실장	비서실장
정책조정수석	정책실장, 국정기획수석
정무수석	정무수석
민정수석	
외교안보수석	
홍보수석	홍보수석
경제수석	경제수석
미래전략수석	사회수석
교육문화수석	시민사회수석
고용복지수석	기타 차관급 이상의 대통령비서실 공직자
인사수석	

나. 국가안보실

한편 대통령 비서실 외에 국가안보실 및 대통령 경호실의 경우, 대통령비서실과 별개의 조직으로 구성되어 있는바 이들 대상자들에 대해서도 감찰대상자로 포함시켜야 하는지 문제가 될 수 있다.

국가안보실은 국가안보에 관한 대통령의 직무를 보좌하는 중앙행정기관으로 원래는 대통령실 내에 존재하였다. 이후 종래의 대통령실에서 분리되어 2013년 3월 23일 독립적으로 운영되게 되며 그 역할로 국가안보실은 대통령을 직접 보좌하면서 중장기적 안보전략을 수립하는 한편 국가 위기상황에 신속하게 대응하기 위한 위기관리 기능을 수행한다. 조직은 실장 1인과 차장 1인 그리고 2인의 비서관, 위기관리센터로 구성되어 있다. 직급상으로는 국가안보실장은 장관급으로, 국가안보실 차장은 차관급으로 임명되게 되어 있지만 대통령 비서실과는 독립된 곳으로 특별감찰관법 제5조 제2항에서는 대통령비서실 수석비서관급 이상이라고 규정되어 있는 만큼 국가안보실의 차관급 이상의 공직자는 감찰대상에 포함되지는 아니한다고 할 것이다. 한편 국가안보실의 3급 이상의 공무원의 경우 고위공직자범죄수사처의 수사대상 고위공직자에는 포함이 된다.[74]

국가안보실 공무원 정원표(제7조 제1항 관련)

총계	43
정무직 계	3
국가안보실장(장관급)	1
국가안보실 차장(차관급)	2
일반직 계	40
고위공무원단에 속하는 일반직 또는 별정직	15
부이사관 · 서기관 · 기술서기관 또는 별정직(3급 상당 또는 4급 상당)	13
서기관 · 기술서기관 · 행정사무관 · 시설사무관 · 방송통신사무관 · 공업사무관 또는 별정직(4급 상당 또는 5급 상당)	6

---

74) **고위공직자범죄수사처 설치 및 운영에 관한 법률 제2조(정의)** 이 법에서 사용하는 용어의 정의는 다음과 같다. <개정 2020. 12. 15.>
　1. "고위공직자"란 다음 각 목의 어느 하나의 직(職)에 재직 중인 사람 또는 그 직에서 퇴직한 사람을 말한다. 다만, 장성급 장교는 현역을 면한 이후도 포함된다.
　　가. 대통령
　　나. 국회의장 및 국회의원
　　다. 대법원장 및 대법관
　　라. 헌법재판소장 및 헌법재판관
　　마. 국무총리와 국무총리비서실 소속의 정무직공무원
　　바. 중앙선거관리위원회의 정무직공무원
　　사. 「공공감사에 관한 법률」 제2조 제2호에 따른 중앙행정기관의 정무직공무원
　　아. 대통령비서실 · 국가안보실 · 대통령경호처 · 국가정보원 소속의 3급 이상 공무원
　　자. 국회사무처, 국회도서관, 국회예산정책처, 국회입법조사처의 정무직공무원
　　차. 대법원장비서실, 사법정책연구원, 법원공무원교육원, 헌법재판소사무처의 정무직공무원
　　카. 검찰총장
　　타. 특별시장 · 광역시장 · 특별자치시장 · 도지사 · 특별자치도지사 및 교육감
　　파. 판사 및 검사
　　하. 경무관 이상 경찰공무원
　　거. 장성급 장교
　　너. 금융감독원 원장 · 부원장 · 감사
　　더. 감사원 · 국세청 · 공정거래위원회 · 금융위원회 소속의 3급 이상 공무원

행정주사 · 시설주사 · 공업주사 · 전산주사 · 행정주사보 · 행정서기 · 행정서기보 · 별정직(6급 상당, 7급 상당, 8급 상당 또는 9급 상당) 또는 기록연구사	5
운전주사 · 운전주사보 · 운전서기 · 운전서기보 또는 별정직(6급 상당, 7급 상당, 8급 상당 또는 9급 상당)	1

다. 대통령 경호처

대통령과 그 가족, 대통령 당선인과 그 가족, 본인의 의사에 반하지 아니하는 경우에 한정하여 퇴임 후 10년 이내의 전직 대통령과 그 배우자(다만, 대통령이 임기 만료 전에 퇴임한 경우와 재직 중 사망한 경우의 경호기간은 그로부터 5년으로 하고, 퇴임 후 사망한 경우의 경호기간은 퇴임일부터 기산(起算)하여 10년을 넘지 아니하는 범위에서 사망 후 5년), 대통령권한대행과 그 배우자, 대한민국을 방문하는 외국의 국가 원수 또는 행정수반 (行政首班)과 그 배우자, 그 밖에 처장이 경호가 필요하다고 인정하는 국내외 요인(要人)의 경우 경호를 효율적으로 하기 위해 대통령 경호처를 두고 있다. 대통령 경호처의 경우 처장은 차관급으로 차장은 1급 경호공무원 또는 고위공무원단에 속하는 별정직 공무원으로 보하고 있다.[75]

대통령경호처의 경우에도 국가안보실과 마찬가지로 특별감찰관법 제5조 제2호에서 그 대상을 대통령비서실의 수석비서관 이상이라고 규정하고 있으므로, 특별감찰관법의 적용대상이 되지 않는다고 할 것이다. 한편 전술한 것처럼 대통령 경호처의 3급 이상 공무원의 경우 고위공직자범죄수사처의 수사대상 고위공직자에 포함된다.[76]

대통령경호처 공무원 정원표(제7조 본문 관련)

총계	646
정무직 계	1

---

[75] 대통령 등의 경호에 관한 법률 제3조(대통령경호처장 등) ① 대통령경호처장(이하 "처장"이라 한다)은 대통령이 임명하고, 경호처의 업무를 총괄하며 소속공무원을 지휘·감독한다. <개정 2017. 7. 26.>
② 경호처에 차장 1명을 둔다. <개정 2017. 7. 26.>
③ 차장은 1급 경호공무원 또는 고위공무원단에 속하는 별정직 국가공무원으로 보하며, 처장을 보좌한다.
[76] 고위공직자범죄수사처 설치 및 운영에 관한 법률 제2조(정의) 제1호 아목.

처장(차관급)	1
특정직 계	438
관리관 또는 고위공무원단에 속하는 별정직	1
이사관	4
이사관 또는 부이사관	2
부이사관	17
부이사관 또는 고위공무원단에 속하는 별정직	2
부이사관 또는 경호서기관	7
경호서기관	53
경호서기관 또는 별정직 4급 상당	3
경호서기관 또는 경호사무관	13
경호사무관	137
경호사무관 또는 별정직 5급 상당	9
경호주사	108
경호주사 · 기록연구사 또는 별정직 6급 상당	2
경호주사보	51
경호주사보 또는 별정직 7급 상당	2
경호서기 · 행정서기 · 공업서기 · 농업서기 · 임업서기 · 시설서기 · 전산서기 · 방송통신서기 · 운전서기 또는 위생서기	14
경호서기 · 행정서기 · 공업서기 · 농업서기 · 임업서기 · 시설서기 · 전산서기 · 방송통신서기 · 운전서기 · 위생서기 또는 별정직 8급 상당	1
경호서기보 · 행정서기보 · 공업서기보 · 농업서기보 · 임업서기보 · 시설서기보 · 전산서기보 · 방송통신서기보 · 운전서기보 또는 위생서기보	12
일반직 계	207
행정주사 · 공업주사 · 농업주사 · 임업주사 · 시설주사 · 전산주사 · 방송통신주사 · 운전주사 또는 위생주사	48
방호주사	10

행정주사보 · 공업주사보 · 농업주사보 · 임업주사보 · 시설주사보 · 전산주사보 · 방송통신주사보 · 운전주사보 또는 위생주사보	30
방호주사보	36
행정서기 · 공업서기 · 농업서기 · 임업서기 · 시설서기 · 전산서기 · 방송통신서기 · 운전서기 또는 위생서기	5
방호서기	39
방호서기보	31
건축운영주사 · 전기운영주사 · 기계운영주사 · 열관리운영주사 · 농림운영주사 또는 사무운영주사	2
건축운영주사보 · 전기운영주사보 · 기계운영주사보 · 열관리운영주사보 · 농림운영주사보 또는 사무운영주사보	4
전기운영서기 · 기계운영서기 · 열관리운영서기 또는 농림운영서기	1
사무운영서기보	1

3. 감찰대상자의 변동

감찰대상자의 경우 대통령의 친인척의 경우에는 출생 및 결혼 등으로 4촌 이내의 친족관계가 새로 성립하는 경우 감찰대상자에 포함될 수 있다. 반면 감찰대상자에 포함이 되었다고 하더라고 대통령 친인척의 사망 등으로 감찰대상자에서 제외될 수 있다. 대통령 비서실의 수석비서관 이상의 공무원의 경우에도 새로 수석비서관 등으로 임명되는 경우 감찰대상자에 포함될 수 있으므로 주기적으로 감찰대상자의 범위를 조정함으로써 정확한 대상자에 대한 감찰범위 특정이 될 수 있도록 하는 것이 중요하다.

Ⅲ. 감찰대상자의 확대

1. 문제점: 지나치게 협소한 감찰대상자의 범위

현행 특별감찰관법은 너무 한정적인 감찰대상자의 열거로 인하여 **감찰대상자가 편**

協하고, 당초의 입법취지와는 다르게 장관급 국무위원 및 국회, 사법부의 **권력형 비리를 제대로 방지하지 못할 가능성**이 농후하여 향후에도 고위공직자 비리 이슈가 발생할 때마다 특별검사의 설치 여부가 논의될 수밖에 없다. 이에 그 대상자를 넓혀서 규정하여 특별감찰관제도를 효율적으로 운용할 필요가 있다. 이러한 반증은 이후 나타나는 여러 특별감찰관법의 개정안에서도 살펴볼 수가 있다.

※ **기존 특별검사 사례**

　① 통치자 혹은 측근의 축재비리(최순실 특검 등)

　② 고위공직자의 품위 관련(옷로비, 스폰서 검사 특검 등)

　③ 직무 강요 등 월권행위(한국조폐공사 노동조합 파업 유도사건 등)

　④ 정관계 로비 관련(삼성비자금, 이용호 게이트)

　⑤ 특정 사업, 정책 관련 외압, 부정행위 개입조사(러시아 유전, 대북송금)

　⑥ 선거 등 정치문제 개입 관련(디도스 특검 등)

---

2. 개정법상 감찰대상자의 확대

특별감찰관법에 따른 감찰대상은 대통령의 배우자 및 4촌 이내 친족, 대통령비서실의 수석비서관 이상의 공무원으로 한정되어 있다. 이에 다수 의원의 개정안은 대통령의 친인척 및 측근들의 권력형 비리와 부정부패를 척결하기 위해 도입한 특별감찰관법의 근본적 취지와 목적을 살리고자, 특별감찰관의 감찰대상을 충분히 확대할 필요가 있다는 생각에 여러 형태의 감찰대상자를 추가하는 개정안이 발의되게 된다. 이하에서는 그동안 발의되었던 의원 개정안에 대해 살펴보도록 하겠다.

가. 권성동 의원안(2017. 2. 7. 발의)

최순실 국정농단 사건에서 확인된 바와 같이, 국정농단을 실질적으로 수행한 인물들이 대통령비서실의 행정관급 이상이고, 대통령의 지시에 따라 행정부의 장관 등 고위공직자들이 국정농단에 관여하였다는 점에서 감찰대상자의 범위를 대통령비서실의 수석비서관 이상의 공무원에서 대통령비서실의 행정관 이상의 공무원으로 확대하고, 감찰대상자에 헌법기관의 장, 국무위원, 권력기관의 장을 포함시키는 개정안이다. 구체적으로는 개정안은 특별감찰관의 감찰대상자를 대통령비서실의 경우 행정관 이상으로 확대하면서 국무총리·감사원장·국가정보원장·국무위원·검찰총장·경찰청장·국세청장·공정거래위원장·금융위원장 등의 공무원을 추가하며, 나아가 대통령과의 개인적 친분관계를 이용하여 부정부패를 일삼는 민간인도 그 대상에 추가할 수 있도록 하려는 개정안이다(안 제5조 제2호, 제5조 제3호 및 제4호 신설).

현 행	개 정 안
제5조(감찰대상자) 이 법에 따른 특별감찰관의 감찰대상자는 다음 각 호에 해당하는 사람으로 한다.	제5조(감찰대상자) ─.
1. (생 략) 2. 대통령비서실의 <u>수석비서관</u> 이상의 공무원	1. (현행과 같음) 2. ─ ─ ─ ─ ─ ─ ─ ─ ─ ─ ─ ─ <u>행정관</u> ─ ─ ─ ─ ─ ─ ─ ─ ─ ─
<u><신 설></u>	<u>3. 국무총리, 감사원장, 국가정보원장, 국무위원, 검찰총장, 경찰청장, 국세청장, 공정거래위원장, 금융위원장</u>
<u><신 설></u>	<u>4. 제1호부터 제3호까지에 따른 대상자의 비위 행위에 대한 「형법」 제30조부터 제34조까지에 해당하는 자</u>

한편 위 개정안에 대해서 국회검토보고서[77])에 의하면 특별감찰관의 감찰대상에 국무위원 등을 포함할 경우 특별감찰과 감사원의 직무감찰[78])의 기능이 중복될 수 있으며, 감사원장을 감찰대상자에 포함하는 것은 헌법기관인 감사원의 직무상 독립성을 훼손할 우려가 있다는 감사원 의견에 대해 검토할 필요가 있고,[79]) 개정안과 같이 감찰대

───────────────

77) 2017. 8. 국회 법제사법위원회 검토보고서 참조.
78) **감사원법 제24조(감찰 사항)** ① 감사원은 다음 각 호의 사항을 감찰한다.
   1. **「정부조직법」 및 그 밖의 법률에 따라 설치된 행정기관의 사무와 그에 소속한 공무원의 직무**
79) 감사원은 ① 감사원장을 감찰대상에 추가하는 것은 「특별감찰관법」의 입법 목적에 맞지 않고, ② 헌법기관이자 직무상 독립이 보장되어 있는 감사원장을 감찰대상자에 포함하는 것은 직무상 독립성 훼손 우려가 있으며, ③ 국무위원 등은 「헌법」 제97조에 따른 감사의 감찰대상

상자의 비위행위의 공범을 감찰대상에 포함하도록 하면 감찰누수 방지를 가능하게 한다는 점에서 긍정적이지만, 민간인에 대한 국가기관의 사찰 논란이 발생할 여지가 없는지 문제점에 대해 살펴볼 필요가 있다고 지적하고 있다.

사견으로는 대통령 친인척과 대통령실 수석비서관 이상의 대상자에 대해 적극적으로 가담한 행위자들을 제외하고 비위행위 조사를 시작하는 것은 현실적으로 불가능하다고 생각한다. 초기에 바로 감찰대상자에 대한 신고정보나 제보정보가 들어오기는 어렵기 때문이다. 대부분 이러한 가담 공범자에 대한 정보가 많을 것이고 이에 대한 초기 단계의 조사가 중요할 것이라고 생각된다. 또한 적극적으로 가담한 공범자에 대해서 결국 검찰에 감찰기록을 보내게 된다면 실질적으로 수사의뢰 및 고발이 되는 효과가 이루어질 것이고 검찰 등 수사기관에서는 이에 대한 수사를 행하여야 할 것이다. 이에 굳이 이를 분리하기 보다는 모두 감찰대상자로 규정하여 비위행위를 조사하는 것이 효율적이고 이와 유사한 입법례로 고위공직자범죄수사처법에서도 적극 가담 공범들에 대해서는 관련범죄로 수사할 수 있도록 규정[80]하고 있다는 점도 참고할 만하다.

나. 전해철 의원안(2015. 4. 14. 발의)

대통령의 친인척 및 측근들의 권력형 비리와 부정부패를 척결하기 위해 도입한 특별감찰관법의 근본적 취지와 목적을 살리고자 감찰대상자의 범위를 대통령비서실의 수석비서관 이상의 공무원에서 대통령비서실의 비서관 이상의 공무원으로 확대하고, 국가안보실의 비서관 및 위기관리센터장 이상의 공무원, 대통령경호실의 차장 이상의

이므로, 감사원의 직무감찰과 중복되고 감사원의 감찰권한을 제약할 우려가 있고, ④ 감사원의 감찰을 받는 특별감찰관 및 그 소속 공무원이 감사원장을 감찰하는 것은 법체계상 적절하지 않다는 의견임.
80) **고위공직자범죄수사처 설치 및 운영에 관한 법률 제2조** 4. "관련범죄"란 다음 각 목의 어느 하나에 해당하는 죄를 말한다.
　가. 고위공직자와 「형법」 제30조부터 제32조까지의 관계에 있는 자가 범한 제3호 각 목의 어느 하나에 해당하는 죄
　나. 고위공직자를 상대로 한 자의 「형법」 제133조, 제357조 제2항의 죄
　다. 고위공직자범죄와 관련된 「형법」 제151조 제1항, 제152조, 제154조부터 제156조까지의 죄 및 「국회에서의 증언·감정 등에 관한 법률」 제14조 제1항의 죄
　라. 고위공직자범죄 수사 과정에서 인지한 그 고위공직자범죄와 직접 관련성이 있는 죄로서 해당 고위공직자가 범한 죄
　5. "고위공직자범죄등"이란 제3호와 제4호의 죄를 말한다.

공무원을 추가하는 내용이다(안 제5조 제3호 및 제4호 신설).

현 행	개 정 안
제5조(감찰대상자) 이 법에 따른 특별감찰관의 감찰대상자는 다음 각 호에 해당하는 사람으로 한다. 　1. (생　략) 　2. 대통령비서실의 <u>수석비서관</u> 이상의 공무원	제5조(감찰대상자) ---------- ---------------------- ---------------------- ---------------------. 　1. (현행과 같음) 　2. -------------<u>비서관</u>-------------
＜신　설＞	3. 국가안보실의 비서관 및 위기관리센터장 이상의 공무원
＜신　설＞	4. 대통령경호실의 차장 이상의 공무원

다. 노철래 의원안(2014. 4. 4. 발의)

　고위공직자 대부분이 감찰대상에서 제외되어 있기 때문에 새로 도입된 특별감찰관 제도가 본래의 목적을 달성하기 어렵다는 지적에 개정안은 국회의원, 판사 및 검사, 국무총리 등 고위공직자와 공기업의 임원 등을 감찰대상으로 추가하려는 것이다.

현 행	개 정 안
제5조(감찰대상자) 이 법에 따른 특별감찰관의 감찰대상자는 다음 각 호에 해당하는 사람으로 한다.	제5조(감찰대상자) ---------- ---------------------- ---------------------- -----------------.
1.·2. (생　략)	1.·2. (현행과 같음)
＜신　설＞	3. 국회의원
＜신　설＞	4. 국무총리, 국무위원, 감사원장, 국가정보원장, 공정거래위원장, 금융위원장, 국세청장, 검찰총장, 경찰청장 및 행정기관의 차관

<신 설>	5. 판사 및 검사
<신 설>	6. 「공공기관의 운영에 관한 법률」 제5조[81] 에 따른 공기업의 임원

한편 위 개정안에 대한 국회검토보고서[82]에 의하면 첫째, 개정안에는 감찰대상자의 수가 대폭 증가하게 되는데,[83] 현재 규정된 특별감찰관 조직의 규모[84]로 원활하게 감찰 업무의 수행이 가능할지 여부에 대한 검토가 필요하고, 개정안은 국무위원과 행정기관의 차관만을 감찰대상으로 규정하고 있는데 차관급 고위공직자와 국무위원이 아

---

81) **공공기관의 운영에 관한 법률 제5조(공공기관의 구분)** ① 기획재정부장관은 공공기관을 공기업·준정부기관과 기타공공기관으로 구분하여 지정하되, 공기업과 준정부기관은 직원 정원이 50인 이상인 공공기관 중에서 지정한다.
② 기획재정부장관은 제1항의 규정에 따라 공기업과 준정부기관을 지정하는 경우 공기업은 자체수입액이 총수입액의 2분의 1 이상인 기관 중에서 지정하고, 준정부기관은 공기업이 아닌 공공기관 중에서 지정한다.
③ 기획재정부장관은 제1항 및 제2항의 규정에 따른 공기업과 준정부기관을 다음 각 호의 구분에 따라 세분하여 지정한다.
1. 공기업
   가. 시장형 공기업 : 자산규모가 2조원 이상이고, 총수입액 중 자체수입액이 대통령령이 정하는 기준 이상인 공기업
   나. 준시장형 공기업 : 시장형 공기업이 아닌 공기업
2. 준정부기관
   가. 기금관리형 준정부기관 :「국가재정법」에 따라 기금을 관리하거나 기금의 관리를 위탁받은 준정부기관
   나. 위탁집행형 준정부기관 : 기금관리형 준정부기관이 아닌 준정부기관
④ 기획재정부장관은 공공기관 중 제2항의 규정에 따른 공기업과 준정부기관을 제외한 기관을 기타공공기관으로 지정한다.
⑤ 제2항 및 제3항의 규정에 따른 자체수입액 및 총수입액의 구체적인 산정 기준과 방법은 대통령령으로 정한다.
82) 2014. 7. 국회 법제사법위원회 검토보고서 참조.
83) 국회의원 정원 300명, 판사 정원 2,858명, 검사 정원 2,012명, 시장형공기업 14개, 준시장형공기업 16개 등.
84) **특별감찰관법 제9조(특별감찰관보와 감찰담당관)** 특별감찰관은 그 직무수행에 필요한 범위에서 1명의 특별감찰관보와 10명 이내의 감찰담당관을 임명할 수 있다.
특별감찰관법 제10조(공무원 파견요청 등) ① 특별감찰관은 그 직무수행을 위하여 필요한 때에는 감사원, 대검찰청, 경찰청, 국세청 등 관계 기관의 장에게 소속 공무원의 파견 근무와 이에 관련되는 지원을 요청할 수 있다. 다만, 파견공무원의 수는 20명 이내로 한다.
② 파견공무원의 파견 기간은 3년을 초과할 수 없고, 소속 기관으로 복귀한 사람은 다시 파견할 수 없다.

닌 장관급 고위공직자를 감찰대상으로 추가할 것인지에 대하여 논의할 필요가 있다고 지적하고 있다.

사견으로는 **조직이 작다고 감찰대상자를 추가할 수 없다는 것은 모순적 순환논법이라고 생각**한다. 의당 법이 개정되면 시행일까지 조직이 확대되어 개편될 것이고 현행 감찰담당관이 5명으로 운영되더라도 법에 의하면 10명 이내의 감찰담당관을 둘 수 있기 때문에 특별감찰관 직제의 추가개정으로 이를 충분히 대응할 수 있을 것이라고 생각한다. 두 번째 지적사항인 차관급 대상자를 범주로 하지 말고 장관급 대상자 이상을 그 대상으로 하자는 견해에 대해서는 현행 대통령실의 수석비서관 이상은 차관급 이상의 직급을 의미한다는 점 등에 장관급 이상으로 한정할 이유는 법상 논리근거가 부족하다고 생각한다.

라. 김정재 의원안(2019. 9. 발의)

현 행	개 정 안
제5조(감찰대상자) 이 법에 따른 특별감찰관의 감찰대상자는 다음 각 호에 해당하는 사람으로 한다.	제5조(감찰대상자) ––––––––– ––––––––––––––––––– ––––––––––––––––––– ––––––––––––––––––– –––––––––.
1. (생　략)	1. (현행과 같음)
2. 대통령비서실의 <u>수석비서관 이상의 공무원</u>	2. ––––––––––––––<u>3급 이상의 공무원 및 행정관(이에 상당하는 공무원 및 고위공무원단에 속하는 일반직·별정직 공무원을 포함한다)</u>
<신　설>	<u>3. 국가안보실 및 대통령경호처의 3급 이상의 공무원(이에 상당하는 공무원 및 고위공무원단에 속하는 일반직·별정직 공무원을 포함한다)</u>
<신　설>	<u>4. 국무총리 및 국무총리비서실장</u>

김정재 의원의 개정안은 감찰대상자를 대통령 친인척과 대통령 비서실 수석비서관

이상의 공무원뿐만 아니라 대통령과 대통령 비서실, 안보실 및 대통령 경호처의 3급 이상 공무원과 국무총리, 국무총리 비서실장까지 확대하는 내용이다.

마. 박형수 의원안(2021. 5. 18.)

현 행	개 정 안
제5조(감찰대상자) 이 법에 따른 특별감찰관의 감찰대상자는 다음 각 호에 해당하는 사람으로 한다.	제5조(감찰대상자) ─.
1. 대통령의 <u>배우자 및 4촌 이내 친족</u>	1. ─ ─ ─ ─ ─ ─ ─ ─배우자, 8촌 이내의 혈족 및 4촌 이내의 인척
2. 대통령비서실의 <u>수석비서관</u> 이상의 공무원	2. ─ ─ ─ ─ ─ ─ ─ ─ ─ ─ ─ ─ ─비서관 ─ ─ ─ ─ ─ ─ ─ ─ ─ ─ ─

개정안은 특별감찰관의 감찰대상인 감찰대상자를 제5조 제1호에서 감찰대상이 되는 대통령의 친인척 범위를 현행 "배우자 및 **4촌 이내 혈족**"에서 "배우자, **8촌 이내의 혈족 및 4촌 이내의 인척**"으로 확대하여 민법 제777조[85])의 친족의 범위와 동일하게 확대하고 대통령비서실의 비서관을 추가하는 것이다. 위 개정안에 대해서 국회검토보고서[86])에서는 안 제5조 제2호에서 감찰대상인 대통령비서실 소속 공무원의 범위를 "수석비서관 이상"에서 "비서관 이상"으로 확대하는 것 등은 현행 「대통령비서실 직제」에 따르면, 대통령비서실은 ① 비서실장 등 수석비서관 이상의 정무직공무원, ② 고위공무원단에 속하는 기획관·비서관·상황실장·선임행정관, ③ 3~5급 상당인 행정관으로 구성되는 바,[87]) 2021. 7. 기준시점으로 수석비서관 이상인 공무원의 정원은 12

---

85) **민법 제777조(친족의 범위)** 친족관계로 인한 법률상 효력은 이 법 또는 다른 법률에 특별한 규정이 없는 한 다음 각호에 해당하는 자에 미친다.
   1. 8촌 이내의 혈족
   2. 4촌 이내의 인척
   3. 배우자
86) 2021. 7. 국회 법제사법위원회 검토보고서 참조.
87) **대통령비서실 직제 제4조(보좌관 및 수석비서관)** ① 대통령비서실에 보좌관 및 **수석비서관**을

명이나, 개정안처럼 확대하면 고위공무원단에 속하는 일반직 또는 별정직 공무원 정원인 79명이 추가된다고 서술하고 있다. 사견으로 이에 대해서는 전술한 것처럼 특별감찰관제 직제의 개정으로 특별감찰관 조직의 확대로 충분히 대응할 수 있다고 생각한다.

바. 윤상직 의원안(2017. 9.)

감찰대상자를 대통령비서실의 행정관 이상으로 확대하고, 대통령과의 친분을 과시하여 사익을 추구하거나 이권에 개입한 사실이 포착된 사람을 감찰대상에 포함(안 제5조 제2호 및 제3호)하는 개정안이다.

현 행	개 정 안
제5조(감찰대상자) 이 법에 따른 특별감찰관의 감찰대상자는 다음 각 호에 해당하는 사람으로 한다.	제5조(감찰대상자) －.
1. (생 략)	1. (현행과 같음)
2. 대통령비서실의 <u>수석비서관</u> 이상의 공무원	2. － － － － － － － － － － － － －<u>행정관</u>－ － － － － － － － － － －
<신 설>	<u>3. 대통령과의 친분을 과시하여 사익을 추구하거나 이권에 개입하는 사실이 포착된 사람</u>

둔다.
② 보좌관 및 수석비서관은 정무직으로 한다.
대통령비서실 직제 제5조(기획관·비서관·상황실장·선임행정관 및 행정관) ① 대통령비서실장 밑에 기획관·비서관·상황실장·선임행정관 및 행정관을 둔다.
② 기획관·**비서관**·상황실장 및 선임행정관은 고위공무원단에 속하는 일반직공무원 또는 별정직공무원으로, **행정관**은 3급부터 5급까지의 일반직공무원 또는 3급 상당부터 5급 상당까지의 별정직공무원으로 보한다. 다만, 비서관에 보할 수 있는 고위공무원단에 속하는 일반직공무원 또는 별정직공무원은 특별한 사유가 있는 경우 고위공무원단에 속하는 외무공무원으로 대체할 수 있다.

한편 위 개정안에 대해서 국회검토보고서[88]는 특별감찰관법은 대통령 친인척 및 측근 등의 권력형 비리를 근절하고 공직사회의 청렴성을 확보하기 위하여 특별감찰관제를 도입하고 있는데, 특별감찰관의 감찰대상자가 현재 대통령 배우자 및 4촌 이내 친족과 수석비서관 이상으로 범위가 다소 협소하여 대통령비서실 행정관이 관여된 최순실 국정농단 사례에서와 같이 감찰의 공백이 발생하였다는 지적이 있고 이에 특별감찰관의 감찰대상자를 대통령비서실의 경우 행정관 이상으로 확대하는 한편, 대통령과의 친분을 과시하여 사익을 추구하거나 이권에 개입한 사실이 포착된 민간인을 추가하려는 개정안은 감찰의 실효성을 확보하여 공직사회의 부정부패를 방지함으로써 청렴한 사회를 조성하여 국민의 신뢰를 회복하는데 기여할 것으로 판단된다고 긍정적 효과를 서술하고 있다.

다만, 개정안과 같이 대통령과의 친분을 과시하여 사익을 추구하거나 이권에 개입한 사실이 포착된 민간인을 포함하도록 하면 감찰누수 방지를 가능하게 한다는 점에서 긍정적이지만, 민간인에 대한 국가기관의 사찰 논란이 발생할 여지가 없는지는 점검할 필요가 있다고 생각된다고 하면서 앞서 본 권성동 의원의 개정안과 동일한 문제점을 서술하고 있다.

개인적으로는 감찰대상자와 분리가 불가능한 적극적으로 가담한 공범자에 대해서도 감찰을 할 필요가 있으며 검찰 등 수사기관에서는 이에 대한 수사를 행하여야 할 것이므로 전술한 것처럼 고위공직자범죄수사처법에서 공수처가 고위공직자의 관련범죄에도 수사가 가능한 것으로 규정한 조항과 마찬가지로 해석할 필요가 있다고 생각한다.

사. 이완구 의원안(2015. 1. 19.)

대통령의 친인척 및 측근들의 권력형 비리와 부정부패를 척결하기 위해 도입한 특별감찰관법의 근본적 취지와 목적을 살리고자 법 적용대상을 확대하여 권력형 비리를 보다 근원적이고 강력하게 예방하고자 하여 현행법에 의한 감찰대상자 외에 국무총리, 국무위원을 포함한 장관급 이상 공무원, 감사원장, 국가정보원장, 검찰총장, 공정거래위원장, 금융위원장, 국세청장, 경찰청장 등도 포함하는 내용으로 하는 개정안이다(안 제5조 제3호 신설).

---

88) 2018. 2. 국회 법제사법위원회 검토보고서 참조.

현 행	개 정 안
제5조(감찰대상자) 이 법에 따른 특별감찰관의 감찰대상자는 다음 각 호에 해당하는 사람으로 한다. 1.·2. (생 략) <u>＜신 설＞</u>	제5조(감찰대상자) －. 1.·2. (현행과 같음) <u>3. 국무총리, 국무위원을 포함한 장관급 이상 공무원, 감사원장, 국가정보원장, 검찰총장, 공정거래위원장, 금융위원장, 국세청장, 경찰청장</u>

위 개정안에 대해서 국회검토보고서[89])에서는 그 취지는 공직사회의 청렴성을 확보하여 국민의 신뢰를 회복하는데 기여할 것으로 판단되나 개정안은 "국무위원을 포함한 장관급 이상 공무원"을 특별감찰관의 감찰대상으로 하고 있는 바, "장관급 이상 공무원"의 개념이 명확하지 않아 감찰대상 범위에 대하여 혼선을 초래할 수 있으므로 구체적으로 대상자를 설시할 필요가 있고,[90]) 또한, 장관급 이상 공무원의 범위에 행정부 소속 외에 입법부, 사법부 또는 헌법기관 소속 공무원[91])도 포함된다고 해석할 경우 감찰이 행정작용이라는 점을 고려해 볼 때 삼권분립의 원칙 또는 헌법기관의 독립성에 위배될 우려가 있으므로 이에 대한 논의가 필요할 것으로 보고 있으며, 둘째, 개정안은 "감사원장"을 특별감찰관의 감찰대상에 포함시키고 있는데, 헌법기관이자 직무상 독립성이 보장[92])되어 있는 감사원장이 감찰대상이 될 경우 감사원의 직무상 독립성이 훼손될 우려가 있다는 지적[93])이 있었다.

---

89) 2015. 4. 국회 법제사법위원회 검토보고서 참조.
90) 현행 「공무원보수규정」 제35조 및 별표32에 따르면 장관급 이상의 보수를 받는 공무원으로 대통령, 국무총리, 부총리 및 감사원장이 규정되어 있음. 따라서 개정안과 같이 장관급 이상의 공무원을 감찰대상으로 할 경우 대통령도 감찰대상에 포함되는 것으로 해석될 소지가 있음.
91) 국회 사무총장, 헌법재판소 사무처장, 중앙선거관리위원회 상임위원 및 사무총장 등이 이에 해당함.
92) **감사원법 제2조(지위)** ① 감사원은 대통령에 소속하되, 직무에 관하여는 독립의 지위를 가진다. ② 감사원 소속 공무원의 임면(任免), 조직 및 예산의 편성에 있어서는 감사원의 독립성이 최대한 존중되어야 한다.
93) 감사원도 같은 취지의 의견임. 또한, 감사원은 대통령과 엄격한 직무상 독립이 보장되어 있는 감사원장을 추가하는 것은 당초의 입법 목적에 부합하지 않고, 개정안의 추가 감찰대상자 중 국무총리, 국무위원 등은 감사원의 직무감찰 대상과 중복되어 「헌법」 제97조에 따른 감사원

아. 최교일 의원안(2017. 2. 22.)

개정안은 특별감찰관의 감찰대상자를 대통령비서실의 경우 행정관 이상으로 확대하면서 대통령과의 친분을 과시하여 사익을 추구하거나 이권에 개입한 사실이 포착된 민간인을 추가하려는 것이다(안 제5조).

현 행	개 정 안
제5조(감찰대상자) 이 법에 따른 특별감찰관의 감찰대상자는 다음 각 호에 해당하는 사람으로 한다. 1. (생 략) 2. 대통령비서실의 <u>수석비서관</u> 이상의 공무원 <신 설>	제5조(감찰대상자) ─. 1. (현행과 같음) 2. ─ ─ ─ ─ ─ ─ ─ ─ ─ ─ ─ ─<u>행정관</u> ─ ─ ─ ─ ─ ─ ─ ─ ─ ─ ─ 3. <u>대통령과의 친분을 과시하여 사익을 추구하거나, 이권에 개입한 사실이 포착된 민간인</u>

위 개정안에 대해서 국회검토보고서[94]는 대통령비서실의 경우 행정관 이상으로 확대하는 한편, 대통령과의 친분을 과시하여 사익을 추구하거나 이권에 개입한 사실이 포착된 민간인을 추가하려는 개정안은 감찰의 실효성을 확보하여 공직사회의 부정부패를 방지함으로써 청렴한 사회를 조성하여 국민의 신뢰를 회복하는데 기여할 것으로 판단되나, 특별감찰관의 감찰대상자를 확대하는 경우 특별감찰관의 임무를 "대통령의 친인척 등 대통령과 특수한 관계에 있는 사람의 비위행위에 대한 감찰"로 규정하고 있는 이 법의 목적규정도 함께 정리할 필요가 있고, 개정안과 같이 대통령과의 친분을

─────────────

의 직무감찰권 활동을 제약할 우려가 있으며, 특별감찰관 및 소속 공무원은 감사원의 직무감찰대상으로 감사원으로부터 직무감찰을 받아야 하는데도 「헌법」에 따라 자신들에 대하여 직무감찰을 수행하는 기관의 장인 감사원장을 감찰함으로써 법체계상의 모순을 초래한다는 입장임.

94) 2017. 8. 국회 법제사법위원회 검토보고서 참조.

과시하여 사익을 추구하거나 이권에 개입한 사실이 포착된 민간인을 포함하도록 하면 감찰누수 방지를 가능하게 한다는 점에서 긍정적이지만, 민간인에 대한 국가기관의 사찰 논란이 발생할 여지가 없는지는 점검할 필요가 있다고 평가하고 있다.

사견으로는 목적조항의 경우 동시 개정을 통해 정리하면 될 것이며, 특별감찰관법의 목적은 이 법은 대통령의 친인척 등 대통령과 특수한 관계에 있는 사람의 비위행위에 대한 감찰을 담당하는 특별감찰관의 임명과 직무 등에 관하여 필요한 사항을 규정함을 목적으로 하는 것은 맞지만 제정이유서를 보면 대통령의 친인척 및 **측근들의 권력형 비리를 척결**하기 위해 직무상 독립성이 보장되는 특별감찰관이 상시적으로 대통령의 친인척 및 측근들의 비위를 감찰하도록 함으로써 권력형 비리를 사전에 예방할 필요가 있는바, 대통령 **측근 등의 권력형 비리를 근절하고 공직사회의 청렴성을 확보**하기 위하여 특별감찰관제를 도입하여 대통령의 친인척 등의 행위를 감시하고 향후 발생할 수 있는 비리행위를 방지하려는 것이 제도의 핵심이라고 생각한다. 즉 대통령의 친인척 등 특수한 관계에 있지 않더라도 제정이유에서는 측근 등의 권력형 비리를 근절하고 또한 측근 등이 아니라고 하더라도 공직사회의 청렴성을 확보하기 위해 특별감찰관 제도를 도입하였다는 것에 방점이 있다고 하겠다. 이에 특별감찰관법 목적을 규정한 제1조는 제정이유를 축약하다가 이를 단순하게 적다보니 특수한 관계 부분에 그 방점을 둔 것 뿐이고 본래 법의 제정 목적에 중점을 두어 해석을 한다면 이러한 특별감찰관법의 감찰대상자 확대 개정안도 별다른 문제는 없다고 생각한다.

자. 주호영 의원안(2017. 11. 2.)

주호영 의원의 개정안은 특별감찰관의 감찰대상자를 대통령비서실의 경우 비서관 이상으로 확대하려는 것이다(안 제5조).

현 행	개 정 안
제5조(감찰대상자) 이 법에 따른 특별감찰관의 감찰대상자는 다음 각 호에 해당하는 사람으로 한다.	제5조(감찰대상자) － － － － － － － － － － －.

현 행	개 정 안
1. (생 략) 2. 대통령비서실의 <u>수석비서관</u> 이상의 공무원	1. (현행과 같음) 2. ─ ─ ─ ─ ─ ─ ─ ─ ─ ─ ─ ─ ─ <u>비서관</u> ─ ─ ─ ─ ─ ─ ─ ─ ─ ─ ─

한편 위 개정안에 대해서 국회검토보고서[95])에서는 이 법의 제정 당시 제안이유에서 대통령 친인척 및 측근 등의 권력형 비리를 근절하고 공직사회의 청렴성을 확보하기 위하여 특별감찰관제를 도입함을 밝히고 있는데, 특별감찰관의 감찰대상자가 현재 대통령 배우자 및 4촌 이내 친족과 수석비서관 이상으로 범위가 다소 협소하여 대통령비서실 비서관 등이 관여된 최순실 국정농단 사례에서와 같이 감찰의 공백이 발생하였다는 지적이 있는 바, 특별감찰관의 감찰대상자를 대통령비서실의 경우 비서관 이상으로 확대하려는 개정안은 감찰의 실효성을 확보하여 공직사회의 부정부패를 방지함으로써 청렴한 사회를 조성하여 국민의 신뢰를 회복하는데 기여할 것으로 판단된다고 긍정적인 평가를 하고 있다.

3. 소결

가. 입법부 및 사법부 고위공직자 부분

우선 국회의원 및 판사 혹은 검사를 감찰대상자로 포함하면 대통령 소속의 행정부처가 입법부와 사법부를 감찰함으로써 **삼권분립의 원칙에 위배**될 소지가 높다. 물론 국회의원 등을 포함하는 방안에 대해서 '13. 9. 제4차 사개특위, '13. 12. 법사위 전체회의, '14. 2. 법사위 소위 등에서 삼권분립원칙이 언급되며 제외된 사실이 있어 국회의원이나 사법부를 대상으로 감찰대상자를 확대하는 것은 지나친 측면이 없지 않다. 또한 현재 운용되고 있는 고위공직자범죄수사처에서 위 국회의원[96]) 및 대법원장, 대법관,[97]) 헌법재판소장, 헌법재판관,[98]) 검찰총장,[99]) 검사, 판사[100])에 대해 모두 그 수

---

95) 2018. 5. 국회 법제사법위원회 검토보고서 참조.
96) 고위공직자범죄수사처 설치 및 운영에 관한 법률 제2조 제1호 나목.

사대상자로 포함하고 있는 상황이다.

　뿐만 아니라 고위공직자범죄수사처에서는 국회사무처, 국회도서관, 국회예산정책처, 국회입법조사처의 정무직공무원,[101] 대법원장비서실, 사법정책연구원, 법원공무원교육원, 헌법재판소사무처의 정무직공무원[102])도 그 수사대상자로 포함하고 있어 굳이 특별감찰관법에서 그 감찰대상자로 이를 포함할 실익은 없다고 할 것이다.

나. 고위공무원단 이상의 행정부 공무원 등

　사견으로는 권력형 **비리를 저지를 가능성이 있는 공무원을 망라**하여 특별감찰관제도의 **실효성을 확보할** 필요가 있다고 생각한다. 이에 국무총리, 국무위원을 포함한 고위공무원단 이상 공무원과 국가정보원장, 공정거래위원장, 금융위원장, 국세청장, 경찰청장 등의 정무직 공무원도 일정 부분은 이를 포함할 필요가 있다고 생각한다. 이에 대해 **소위 정무직 공무원에 대한 특별감찰관이 감찰을 할 수 있는 것인지에 대한 부분**을 생각해 볼 필요가 있다. 정무직 공무원은 선거에 의하여 취임하거나 임명에 있어서 국회 또는 지방의회의 동의를 요하는 공무원과 국무위원, 차관 등 정치적인 직종에 속하는 공무원[103])으로 현행 특별감찰관법상 감찰대상자 중 대통령비서실장, 대통령비서

---

　97) 고위공직자범죄수사처 설치 및 운영에 관한 법률 제2조 제1호 다목.
　98) 고위공직자범죄수사처 설치 및 운영에 관한 법률 제2조 제1호 라목.
　99) 고위공직자범죄수사처 설치 및 운영에 관한 법률 제2조 제1호 카목.
100) 고위공직자범죄수사처 설치 및 운영에 관한 법률 제2조 제1호 다목, 파목.
101) 고위공직자범죄수사처 설치 및 운영에 관한 법률 제2조 제1호 자목.
102) 고위공직자범죄수사처 설치 및 운영에 관한 법률 제2조 제1호 차목.
103) **국가공무원법 제2조(공무원의 구분)** ① 국가공무원(이하 "공무원"이라 한다)은 경력직공무원과 특수경력직공무원으로 구분한다.
　② "경력직공무원"이란 실적과 자격에 따라 임용되고 그 신분이 보장되며 평생 동안(근무기간을 정하여 임용하는 공무원의 경우에는 그 기간 동안을 말한다) 공무원으로 근무할 것이 예정되는 공무원을 말하며, 그 종류는 다음 각 호와 같다. <개정 2012. 12. 11., 2020. 1. 29.>
　1. 일반직공무원: 기술·연구 또는 행정 일반에 대한 업무를 담당하는 공무원
　2. 특정직공무원: 법관, 검사, 외무공무원, 경찰공무원, 소방공무원, 교육공무원, 군인, 군무원, 헌법재판소 헌법연구관, 국가정보원의 직원, 경호공무원과 특수 분야의 업무를 담당하는 공무원으로서 다른 법률에서 특정직공무원으로 지정하는 공무원
　3. 삭제 <2012. 12. 11.>
　③ "특수경력직공무원"이란 경력직공무원 외의 공무원을 말하며, 그 종류는 다음 각 호와 같다. <개정 2012. 12. 11., 2013. 3. 23.>
　1. 정무직공무원
　가. 선거로 취임하거나 임명할 때 국회의 동의가 필요한 공무원

실 수석비서관이 정무직 공무원에 속한다. 정무직 공무원은 원칙적으로 국가·지방공무원법상의 적용을 받지 아니하나,[104] 국가공무원법 제3조상 정무직공무원에 대하여 공무원의 의무조항 및 징계관련 조항이 적용되며 이러한 정무직 공무원도 당연히 공직자윤리법상 규율대상이 되어 공직자 및 공직후보자의 재산등록, 등록재산 공개 및 재산형성과정 소명과 공직을 이용한 재산취득의 규제, 공직자의 선물신고 및 주식백지신탁, 퇴직공직자의 취업제한 및 행위제한 등의 규정을 적용받고 있으며, 부정청탁금지법상의 적용대상[105]이 된다. 이에 특별감찰관은 특별감찰관법상 감찰대상자의 비위

　　나. 고도의 정책결정 업무를 담당하거나 이러한 업무를 보조하는 공무원으로서 법률이나 대통령령(대통령비서실 및 국가안보실의 조직에 관한 대통령령만 해당한다)에서 정무직으로 지정하는 공무원

104) **국가공무원법 제3조(적용 범위)** ① 특수경력직공무원에 대하여는 이 법 또는 다른 법률에 특별한 규정이 없으면 제33조, 제43조 제1항, 제44조, 제45조, 제45조의2, 제45조의3, 제46조부터 제50조까지, 제50조의2, 제51조부터 제59조까지, 제59조의2, 제60조부터 제67조까지, 제69조, 제84조 및 제84조의2에 한정하여 이 법을 적용한다. <개정 2015. 5. 18., 2021. 6. 8.>
② 제1항에도 불구하고 제2조 제3항 제1호의 정무직공무원에 대하여는 제33조와 제69조를 적용하지 아니하고, 대통령령으로 정하는 특수경력직공무원에 대하여는 제65조와 제66조를 적용하지 아니한다.
③ 제26조의2와 제26조의3은 대통령령등으로 정하는 공무원에게만 적용한다. <개정 2015. 5. 18.>
④ 제26조의5에 따라 근무기간을 정하여 임용하는 공무원에 대하여는 이 법 또는 다른 법률에 특별한 규정이 없으면 제28조의2, 제28조의3, 제32조의2, 제32조의4, 제40조, 제40조의2부터 제40조의4까지, 제41조, 제73조의4, 제74조 및 제74조의2를 적용하지 아니한다.

105) **청탁금지법 제2조(정의)** 이 법에서 사용하는 용어의 뜻은 다음과 같다. <개정 2021. 1. 5.>
　1. "공공기관"이란 다음 각 목의 어느 하나에 해당하는 기관·단체를 말한다.
　　가. 국회, 법원, 헌법재판소, 선거관리위원회, 감사원, 국가인권위원회, 고위공직자범죄수사처, 중앙행정기관(대통령 소속 기관과 국무총리 소속 기관을 포함한다)과 그 소속 기관 및 지방자치단체
　　나. 「공직자윤리법」 제3조의2에 따른 공직유관단체
　　다. 「공공기관의 운영에 관한 법률」 제4조에 따른 기관
　　라. 「초·중등교육법」, 「고등교육법」, 「유아교육법」 및 그 밖의 다른 법령에 따라 설치된 각급 학교 및 「사립학교법」에 따른 학교법인
　　마. 「언론중재 및 피해구제 등에 관한 법률」 제2조 제12호에 따른 언론사
　2. "공직자등"이란 다음 각 목의 어느 하나에 해당하는 공직자 또는 공적 업무 종사자를 말한다.
　　가. 「국가공무원법」 또는 「지방공무원법」에 따른 공무원과 그 밖에 다른 법률에 따라 그 자격·임용·교육훈련·복무·보수·신분보장 등에 있어서 공무원으로 인정된 사람
　　나. 제1호나목 및 다목에 따른 공직유관단체 및 기관의 장과 그 임직원
　　다. 제1호라목에 따른 각급 학교의 장과 교직원 및 학교법인의 임직원
　　라. 제1호마목에 따른 언론사의 대표자와 그 임직원

행위를 조사하는 것이므로 일정한 범위의 비위행위에 대해서는 감찰이 가능할 것으로 사료된다.

다. 대통령 비서실에서의 대상자 확대

현행 특별감찰관법상 대통령 비서실의 수석비서관 이상 직급 이외에도 각 실장, 비서관, 일반 비서관 등이 수석비서관보다 권력형 비리를 범할 가능성이 적다고 볼 수 없다. 이들 역시 권력형 비리를 저지를 가능성이 있는 공무원에 포함되므로 이를 망라하여 특별감찰관제도의 실효성 확보가 필요하다. 사견으로는 우선 대통령비서실의 비서관 이상의 공무원, 일정 직급 이상의 행정관, 국가안보실의 비서관 및 위기관리센터장 이상의 공무원, 대통령경호실의 차장 이상의 공무원을 선도입하고 운영해보는 것도 그 방안이 될 수 있다고 생각한다.

라. 공기업 임원

특별감찰관법상 감찰대상자를 확대하는 방안 중 고려해볼 수 있는 부분은 권력형 **비리를 저지를 가능성이 있는 공기업의 임원을 감찰대상자로 망라**하여 특별감찰관제도의 **실효성을 확보할** 필요도 있다. 특히 현행 특별감찰관법상 비위행위 중 실명이 아닌 명의로 계약을 하거나 알선·중개하는 방식으로 개입하는 행위, 공기업이나 공직유관 단체와 수의계약하거나 알선·중개하는 행위 등은 공기업 임원에게 빈번하게 발생하는 영역이다. 이에 **공기업 임원 등을 감찰대상자 범위에 포함**시켜 동 법의 실효성을 제고할 필요가 있다. 이완구 의원의 개정안, 노철래 의원의 개정안 등에서는 공기업 임원 등을 대상자로 포함시키려는 개정안이 발의되기도 했었다.

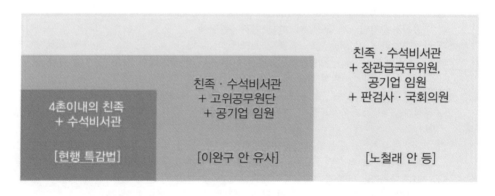

제4절 감찰개시

특별감찰관법 제6조(감찰개시) ① 특별감찰관은 제5조에서 규정한 사람의 제2조의 비위행위를 조사하는 방법으로 감찰을 행한다.

② 특별감찰관은 제5조에서 규정한 사람의 비위행위에 관한 정보가 신빙성이 있고 구체적으로 특정되는 경우 감찰에 착수한다. 다만, 그 비위행위는 제5조에 규정한 신분관계가 발생한 이후의 것에 한정한다.

③ 제1항에 따른 감찰에 착수하는 경우 1개월 이내에 감찰을 종료하여야 한다. 다만, 감찰을 계속할 필요가 있는 경우 대통령의 허가를 받아 1개월 단위로 감찰기간을 연장할 수 있다.

④ 제1항에 따른 감찰을 하려는 경우 다음 각 호의 어느 하나에 해당하는 사항은 감찰할 수 없다.

1. 국무총리로부터 국가기밀에 속한다는 소명이 있는 사항
2. 국방부장관으로부터 군기밀이거나 작전상 지장이 있다는 소명이 있는 사항

특별감찰관법 시행령 제6조(감찰개시) ① 감찰담당자는 법 제5조에 따른 감찰대상자의 비위행위에 관한 다음 각 호의 정보를 지체 없이 특별감찰관에게 보고하여야 한다.

1. 신고·제보 또는 진정(이하 "신고등"이라 한다)을 받은 정보
2. 법령에 위반되지 아니하는 방법으로 수집한 정보
3. 다른 기관으로부터 이첩받은 정보

② 특별감찰관은 제1항에 따라 보고받은 정보 및 공개된 자료의 내용, 신고자·제보자 또는 진정인(이하 "정보제공자"라 한다)과의 면담이나 전화 등을 통하여 청취한 진술의 내용을 검토한 결과, 비위행위에 관한 정보가 신빙성이 있고, 구체적으로 특정된다고 인정되는 경우 감찰에 착수한다.

③ 특별감찰관은 제2항에 따라 비위행위에 관한 정보가 신빙성이 있고 구체적으로 특정되는지 여부를 판단하기 위하여 다음 각 호의 사항을 고려한다.

1. 해당 정보 내용의 합리성 및 객관적 상당성
2. 신고등이 실명으로 제기된 것인지 여부
3. 해당 정보의 출처
4. 정보제공자와 감찰대상자의 관계

5. 정보제공자 진술의 일관성
6. 해당 정보의 발생 시기
7. 정보제공자가 동일한 신고등을 다른 기관에 하였는지 여부

④ 특별감찰관은 감찰개시 후 5일(공휴일과 토요일은 제외한다) 이내에 감찰대상자, 감찰대상 비위행위의 내용 및 감찰착수 경위 등을 서면으로 대통령에게 보고한다.

특별감찰관법 시행령 제8조(감찰기간 연장 허가) 법 제6조 제3항 단서에 따른 감찰기간 연장허가 신청은 기간 만료 3일(공휴일과 토요일은 제외한다) 전까지 그 사유를 기재한 서면으로 하여야 한다.

감찰업무처리절차

진행순서	내용	관련 서식
감찰정보 접수	진정, 신고, 첩보, 인지	감찰대상자의 비위행위에 관한 정보는 지체없이 특별감찰관에게 서면, 구두 등으로 보고
접수전 팀별배당	감찰정보 확인	
감찰정보의 사전보고	정보활동보고 1. 신고 등이 실명으로 제기된 것인지 여부 2. 해당정보의 출처 3. 정보제공자와 감찰대상자의 관계 4. 해당정보의 발생시기 5. 신고의 경위, 취지 및 이유 6. 신고내용이 비위행위에 해당하는지 여부 7. 신고내용을 입증할 수 있는 참고인 또는 증거자료 등의 확보 8. 동일한 내용의 신고 등을 다른기관에 하였는지 여부 등을	감찰정보확인서작성

	종합하여 해당정보 내용의 합리성 및 객관적 상당성을 확인	
착수의 보고	감찰개시 후 5일(공휴일과 토요일은 제외) 이내에 감찰대상자, 감찰대상 비위행위의 내용 및 감찰착수 경위, 감찰이 필요한 이유 등을 서면으로 보고	감찰착수보고서
감찰계획의 수립		감찰계획서
감찰의 진행	1. 관계기관에의 협조등 요구 2. 출석, 답변 요구 3. 자료제출 요구등 4. 확인서의 징구 5. 문답서의 작성	감찰활동사항보고
감찰기간 및 책임	1. 1개월을 초과하는 경우 감찰상황보고서를 작성하여 특별감찰관에게 보고 2. 특별감찰관은 상황보고서를 검토한 후 감찰을 계속할 필요가 있는 경우 감찰기간연장보고서를 작성하여 대통령의 허가를 받아 1개월 단위로 감찰기간을 연장	감찰진행상황보고 감찰연장필요성보고
감찰의 종결		
자체종결	감찰활동 사항을 종합검토하여 비위행위에 관한 정보가 신빙성이 없고 증거도 부족하며 구체적으로 특정되지 아니하여 혐의를 인정하기 어려운 때	감찰종결보고서

이첩, 통보	신고 등으로 접수된 사안이 비위행위나 감찰대상자에 해당하지 아니하고 다른 기관의 소관사항에 해당한다고 인정되는 경우에는 해당 기관에 신고등을 이첩하여 종료	이첩 통보서
고발	범죄혐의가 명백하여 형사처벌이 필요한 때	고발서
수사의뢰	범죄행위에 해당한다고 믿을만한 상당한 이유가 있고 도주 또는 증거인멸 등을 방지하거나 증거확보를 위하여 필요하다고 인정한때	수사요청서
기관통보	감찰결과 국가공무원법이나 그밖의 법령에 규정된 징계사유에 해당한다고 인정되는 경우	처분요구서

결과의 보고	감찰종료 후 5일(공휴일과 토요일은 제외) 이내에 감찰진행경과, 세부감찰활동내역, 감찰결과와 그 이유 등을 서면으로 보고	감찰결과보고

감찰사건기록의 보존 및 폐기	1. 관계기관 이첩 또는 고발, 수사의뢰 외의 사유로 종료된 경우 해당 감찰사건기록은 감찰이 종료된 때부터 3년간 보존 2. 보존기간이 만료된 기록은 특별감찰관의 허가를 받아 폐기

Ⅰ. 감찰개시

1. 의의

감찰개시 규정은 특별감찰관의 감찰개시에 대한 내용을 규정하여 법률적 제한을 통한 감찰남용을 제한하기 위한 규정이다. 감찰개시는 감찰정보의 접수부터 시작하여 감찰계획 수립, 감찰개시, 감찰종결, 보고 및 기록보존 등의 절차로 이루어진다.

특별감찰관법 제6조 제1항에서는 "특별감찰관은 제5조에서 규정한 사람의 제2조의 비위행위를 조사하는 방법으로 감찰을 행한다"라고 규정하는 바, 방법은 비위행위를 조사하는 방법으로 감찰을 행한다고 특정하고 있다. 이에 특별감찰관은 비위행위가 존재하는 여부에 대해 확인하기 위해 공개정보가 아닌 비공개정보인 탐문이나 미행, 사찰 등과 같이 무분별하게 정보를 수집하는 등의 방식으로 감찰활동을 저인망식으로 하는 것은 제한된다고 할 것이며, 비위행위 의혹에 대해 공개자료에 대한 이중검증, 제보자에 대한 조사, 이첩정보 등의 경우 관계기관과의 협조자료 요구 등으로 조사하는 방식으로 감찰을 행하는 것임을 규정한 것이다.

특별감찰관법 제6조 제2항에서는 "특별감찰관은 제5조에서 규정한 사람의 비위행위에 관한 정보가 신빙성이 있고 구체적으로 특정되는 경우 감찰에 착수한다. 다만, 그 비위행위는 제5조에서 규정한 신분관계가 발생한 이후의 것에 한정한다"라고 규정하고 있다. 제2항 본문은 감찰개시의 요건을 규정한 것이다. 이에 감찰은 비위행위를 조사하는 방법으로 이루어지는데, 감찰조사를 하기 위해서는 대상이 되는 비위행위에 관한 정보가 존재하여야 할 것이다.

정보는 3가지 트랙에서 입수된다. 크게는 ① 신고·제보 또는 진정(이하 "신고등"이라 한다)을 받은 정보, ② 법령에 위반되지 아니하는 방법으로 수집한 정보, ③ 다른 기관으로부터 이첩받은 정보 등을 비위행위 정보로 특별감찰관법 시행령에서는 규정하고 있다. 위 정보들을 받아 감찰조사를 하기 위해 전제되는 비위행위에 관한 정보가 신빙성이 없거나 특정되지 아니한 경우, 단지 그러한 정보만을 단서로 삼아 감찰을 개시한다면 정보가 접수되었다는 이유로 전건을 감찰입건하여 형식적 매개체로 삼아 감찰을 개시하는 결과가 될 수 있고 감찰 대상자의 입장에서는 감찰대상이 되었다는 것 자체가 큰 인권침해의 소지가 될 수 있는 것이다. 이와 같이 특별감찰관의 감찰개시 자체가 가지고 오는 파급효과 등을 고려할 때 비위행위에 관한 정보가 신빙성이 있고 구체적으로 특정되는 경우에 한하여 감찰에 착수하도록 함으로써 무분별한 감찰개시로 인한 감찰남용을 방지하고자 제한을 설정한 것인데 이를 **비위행위의 확인과정**으로 칭할 수 있다.

2. 감찰계획의 마련

감찰계획 마련은 일반적으로 감찰개시 이전에 전반적인 감찰계획을 마련하는 과정이 있을 수가 있고 구체적으로 ① 신고·제보 또는 진정을 받은 정보, ② 법령에 위반되지 아니하는 방법으로 수집한 정보, ③ 다른 기관으로부터 이첩받은 정보 등의 비위행위 정보를 확인하기 위해 감찰계획을 세우는 구체적 감찰계획 수립의 과정이 있을 수 있다.

우선 전반적인 감찰계획의 경우 매년 초 종합감찰계획을 세우는 행정적인 개념으로 체계적이고 실질적인 감찰이 될 수 있도록 감찰대상자 현황 파악을 기초로 대통령 친인척과 전현직 수석비서관들의 비위행위 발생방지를 위해 감찰대상자에 대한 예방감찰 계획 등을 마련하는 과정 등이 있을 수 있다. 특히 이러한 일반감찰계획 이외에 특정 이벤트(각종 선거 등) 등이 발생가능한 경우에는 각종 부조리와 선거개입 등 대통령 친인척과 수석비서관 등의 위법·부당행위 발생소지 가능성에 대한 철저한 사전예방이 필요하다. 특히 총선(4월 전후) 및 명절(2월, 9월), 인사철 및 개별 사안발생시 주요 감찰대상자 및 주변인물에 대한 집중 예방감찰이 필요하다고 보인다. 이를 위해 총선 출마예정 감찰대상자, 선거관여자에 대한 집중 사전예방감찰을 강화하고 비위행위 중 선거자금 모집 명목의 부당 금품수수등에 대한 집중예방감찰을 할 필요가 있다.

〈 (예시) 종합감찰 〉

감 찰		주요 내용	기 간
상시	상시감찰	◦ 감찰대상자에 대한 상시 모니터링 및 동향 파악	상 시

집중	시기별	◦ 총선기간(4월전후) 및 명절기간 (구정 및 추석) 등 집중예방감찰	수 시
	대상자별	◦ 총선출마예정자 및 주요 감찰대상자 에 대한 집중감찰	수 시
	비위행위별	◦ 부당 금품 및 향응 수수행위 ◦ 인사청탁 관련	수 시

〈 (예시) 연간 감찰계획 〉

월	1월	2월	3월	4월	5월	6월
감 찰	설명절 대비 집중예방 감찰	설명절 대비 집중예방 감찰	선거가 있 는 경우 예방감찰	선거가 있 는 경우 예방감찰	상시	상시
대 상	수석 비서관 친인척	수석 비서관 친인척	선거 관여자 등	선거 관여자 등	모든 감찰 대상자	모든 감찰 대상자

월	7월	8월	9월	10월	11월	12월
감 찰	상시	상시	추석대비 예방감찰	상시	상시	연말 연시 예방감찰
대 상	모든 감찰 대상자	모든 감찰 대상자	모든 감찰 대상자	모든 감찰 대상자	모든 감찰 대상자	수석 비서관 친인척

또한 사견으로는 일정한 경우에 감찰대상자의 경우 국내 이외에 국외에도 존재할 수 있어 이에 대한 예방적 감찰도 필요하다고 보이며 감찰대상자 및 대상자에게 비위행위에 포함될 수 있는 금품 등을 제공하려고 하는 부당한 주변인물에 대한 상시 예방

감찰도 필요하다고 생각한다. 구체적으로 국외 감찰대상자 현황 파악을 위해 외교부와의 업무협조가 강화될 필요가 있으며 이러한 국외 감찰대상자에 대해서는 관련기관 자료협조 등으로 먼저 현황을 파악한 이후 직접 현지 확인출장 방안 등도 적극적으로 고려되어야 할 필요가 있다. 물론 국내 감찰대상자에 대한 현황 업데이트 및 정기점검도 필요하며 이를 세분화하여 분기별 감찰대상자 정기 현황의 확인도 필요하다. 감찰대상자에게 자주 접근하는 언론에 자주 등장하는 주변인물 및 친인척의 경우도 유의하여 관련 자료를 사전에 확보하여야 할 필요가 있다고 생각한다. 전술한 것처럼 선거 등이 있는 경우에는 선거 관련 웹오픈자료, 신문 등 방송자료, 중앙선거관리위원회 자료 등 유관기관 공개정보 등을 통해 다양한 자료와 정보를 분석할 필요가 있다. 명절이나 연말연시 등 기간 동안의 고가의 선물 수수행위 및 연말 인사청탁 등의 비위행위에 대한 철저한 사전예방은 필수적이다. 이에 비위행위를 유형별로 분석하여 예방감찰의 효율성을 증대하고 특히 감찰대상자의 불법채용, 입학과 관련한 공개되는 언론 등의 오픈소스 정보를 살펴보고 이에 대한 자료분석이 필요하다.

종합 연간감찰계획이 마련된 이후에는 각 특정단위 시기별 세부점검안의 마련이 필요하다. 이에 월, 분기·반기별 감찰계획의 수립을 통해 파악된 자료를 분석·반영하여 감찰대상자의 비위행위 위험등급도 설정하고 이를 재조정하면서 관련 정보를 최신화할 필요가 있디. 국내외 감찰대상자 등에 대한 자료를 수시로 업데이트하고 특별감찰관에 접수되는 각종 민원과 신고사항 정리 및 통계작성이 필요하며, 취약시기별 내용점검이 필요하다. 이후 일정 분기별로 수집된 자료의 심층분석을 통해 빈발하는 비위행위 유형을 파악하고 이에 대한 대응책 수립이 필요하며 효율적인 신고정보의 접수를 위해 특별감찰관 홈페이지 및 신고센터의 적극적인 활용과 감찰대상자가 운영하는 관련법인들의 재무제표 파악 및 변동사항 분석이 필요하다. 이를 통해 감찰활동 실적 통계작성 및 이에 대한 집중 분석이 필요하다고 생각한다.

비위행위 정보분석을 위한 정보는 ① 신고·제보 또는 진정을 받은 정보, ② 법령에 위반되지 아니하는 방법으로 수집한 정보, ③ 다른 기관으로부터 이첩받은 정보 등의 비위행위 정보로 특별감찰관법 시행령 제6조 제1항에서 규정하고 있으므로 특별감찰관은 다른기관과의 협력정보도 중요하다. 이에 유관기관 전담정보관리 강화가 필요하며 특히 국회, 언론, 정부기관 등 유관기관 정보수집·관리가 필요하다고 보인다. 관련 정보 통보·이첩을 위한 관계기관(예시: 검찰(기획조정부, 반부패부), 경찰(정보국), 감사원(공직기강감찰본부), 권익위원회(부패방지국), 중앙선관위(조사국), 국세청(조사국) 등)회의가 정기적으로 이루어져야 할 것이다.

3. 감찰정보의 수집

특별감찰관과 감찰담당자[106]의 경우에는 특별감찰관의 정치적 중립성이 훼손되지 아니하도록 공정하게 직무를 수행하고, 적법절차를 준수하고 관계인에게 의견을 진술할 기회를 충분히 제공하여야 하며, 감찰업무 중 알게 된 사항을 누설하거나 다른 목적으로 사용하지 아니할 필요가 있다. 이에 감찰정보의 수집도 위 제한 하에서 이루어져야 할 것이다. 감찰정보의 수집도 당연히 법령에 기초한 합법적인 활동에 한하여 이루어져야 한다. 특별감찰관은 보고받은 정보 및 공개된 자료의 내용, 신고자·제보자 또는 진정인("정보제공자")과의 면담이나 전화 등을 통하여 청취한 진술의 내용을 검토한 결과, 비위행위에 관한 정보가 신빙성이 있고, 구체적으로 특정된다고 인정되는 경우 감찰에 착수하며, 비위행위에 관한 정보가 신빙성이 있고 구체적으로 특정되는지 여부를 판단하기 위하여 ① **해당 정보 내용의 합리성 및 객관적 상당성, ② 신고등이 실명으로 제기된 것인지 여부, ③ 해당 정보의 출처, ④ 정보제공자와 감찰대상자의 관계, ⑤ 정보제공자 진술의 일관성, ⑥ 해당 정보의 발생 시기, ⑦ 정보제공자가 동일한 신고등을 다른 기관에 하였는지 여부** 등을 함께 고려하여 판단하여야 한다.[107] 이에 감찰대상자의 특별감찰관법 제2조 "비위행위"에 대하여 알고 있거나 해당 업무와 직·간접적으로 밀접한 연관성이 있는 자의 신고 및 진정이 있는 경우 신고자·제보자 또는 진정인 등 대상자의 "비위행위"에 관한 정보가 신빙성이 있고 구체적으로 특정되는지 판단하기 위하여 해당 신고자 등에 대한 면담이 필요할 수 있다.

가. 공개정보 수집기준

기본적으로 모든 감찰기구나 수사기구는 언론이나 오픈웹소스에서 공개된 정보나 자료를 기초로 정보활동이 이루어져야 한다고 생각하며 이하에서도 그러한 기준으로

---

106) 특별감찰관의 지휘를 받아 감찰업무를 수행하는 특별감찰관보 및 감찰담당관과 「특별감찰관법」(이하 "법"이라 한다) 제10조 제1항에 따라 파견받은 공무원 중 감찰업무를 직접 수행하는 사람.
107) 특별감찰관법 시행령 제6조 제2항·제3항.

서술해 나가기로 한다. 우선 정보활동에 임하는 정보요원이 준수하여야 할 기본적인 자세 및 준칙은 목적외 용도를 위한 정보수집은 금지되고, 정보수집활동의 착수 및 내용, 정보제공자 등을 비공개하여야 하며, 수집한 정보의 공유 및 누설은 당연히 금지되어야 한다. 공개정보분석을 통해 필요시 관계기관 협조를 통한 정보제공자에 대한 보호조치도 이루어져야 할 것이다.

나. 공개정보 수집활동

감찰담당자가 구체적 비위행위를 대상으로 대외 수집활동을 개시하는 경우에는 다른 국가기관의 정보제공 및 이첩담당자와 접촉을 하는 경우, 정보수집의 일환으로 이첩한 관계기관 직원을 대면하는 경우 사전에 사전서면보고(정보수집활동계획서 작성)를 요한다고 할 것이고 이는 신고·제보·진정·이첩등 정보에 따른 추가적 정보수집의 경우에도 마찬가지이다. 이에 구체적 정보를 신고한 사람과 대면접촉하는 경우, 정보를 입수한 후에 추가적 정보를 수집하는 경우에도 모두 정보수집활동계획서의 작성이 필요하다고 생각한다. 기타 일상적인 정보활동의 범주를 넘어서는 정보수집활동은 제한된다.

다. 공개정보 결과보고

공개정보수집담당자는 활동시간, 장소, 대면자 등을 기재한 일일보고서를 제출할 필요가 있으며, 특히 공개정보수집활동 결과 비위사실에 대한 정보를 입수하면 즉시 정보보고서를 작성할 필요가 있다. 이에 수집된 정보가 설사 비위사실이 아니더라도 정보보고서의 작성은 필요하다고 보인다. 물론 타기관 이첩·관계기관 송부가 필요한 경우, 추가사실 확인이 필요하다고 인정되는 경우에도 명시적인 서면보고서의 작성 및 보존이 필요하다. 공개정보수집담당자는 수집한 모든 정보와 자료를 이를 정리할 정보처리 담당자에게 인계하여 정리하는 것이 효율적이며, 일체의 정보·자료를 보관하는 것은 금지된다. 정보수집담당자는 보고서 작성이 완료된 이후에는 일체의 정보 및 관련자료를 보고 후 폐기하여야 할 것이며, 특히 객관적 근거가 없는 정보이거나, 사실이 왜곡되거나 허위인 경우, 음해·비방목적의 정보제공 등 위법·부당한 정보제공인 경우, 특별감찰관법의 목적·취지에 현저히 반하는 정보인 경우 공개정보 수집 활동을 즉시 중지하고 해당내용을 보고서화하여 보고 후 관련자료는 폐기하여야 할 것이다. 공개정보수집 활동 중 타기관의 정보이첩담당자로부터 정보수집·감찰활동을 청탁받

은 경우, 음해, 사적감정 등 의도를 가진 자로부터 정보제공을 받은 경우, 감찰대상자
·관련자로부터 정보수집활동에 대해 이의제기가 있는 경우, 공개정보수집활동에 우선
하는 긴급한 사정이 있다고 판단한 경우에도 즉시 비위행위 정보확인을 중단하고 해
당 내용을 서면화하여야 할 필요가 있다.

라. 공개정보 수집범위

언론 등 인터넷 포탈사이트를 통하여 정보검색을 통한 수집에 제한되어야 하며, 같
은 정보도 여러 개 이상의 검색엔진을 활용, 폭넓은 자료를 수집, 비교·분석할 필요가
있다. 특히 지역신문 등 다양한 언론매체 등을 통해 동향 수집이 필요하다. 신고나 진
정을 낸 민원인을 통한 정보수집도 일정부분내에서는 가능하며 국가, 지방자치단체,
기타 공공기관 등 관계기관에서 이첩한 정보의 경우 보관하고 있는 대상자에 대한 자
료 협조 등 요구를 통해 수집할 수도 있다.

Ⅱ. 비위행위의 확인

1. 의의

특별감찰관법 및 같은 법 시행령에 따라 특별감찰관이 실시하는 감찰사무에 필요한
세부사항을 규정하기 위해 특별감찰관 사무처리규정이 제정되어 시행중이다. 해당 규
정은 국회 등에 제공되었으며 그 형태는 일반적인 타 국가기관의 사무처리규정과 대
동소이한 절차규정으로 이루어져 있다. 해당규정에서 비위행위의 확인의 구체적인 절
차들이 기술되어 있다. 우선 법령상 감찰대상자에 대하여 비위행위와 관련된 정보를
접수·수집·확인·조사·평가하여 고발·수사의뢰 등 필요한 조치를 취하는 과정에서
전술한 것처럼 신고등을 받은 정보(**신고등 정보**), 법령에 위반되지 아니하는 방법으로
수집한 공개정보(**수집정보**), 다른 기관으로부터 이첩받은 정보(**이첩정보**)를 감찰정보로
보고 이러한 감찰정보가 신빙성이 있고 구체적으로 특정되는지 여부를 확인·조사하
는 감찰개시 이전의 일련의 활동이 필요한 바 이를 **비위행위의 확인**이라고 한다.
비위행위의 확인결과 감찰개시결정 이후 감찰대상자에 대한 비위행위를 조사하여

고발·수사의뢰 등 필요한 조치를 취하기 위한 일련의 활동인 감찰활동이 이루어지게 된다. 감찰실무를 담당하는 감찰담당자(특별감찰관보, 감찰담당관, 파견받은 공무원 중 감찰 업무를 수행하는 자)가 취득한 일정한 위와 같은 정보는 지체없이 특별감찰관에게 보고하도록 하는 정보의 종류를 한정하고 있으며 3가지 유형의 정보가 아닌 탐문 등을 통해 정보를 수집하는 것은 수집되는 정보의 범위에서 제외되는 것이라고 해석할 수 있다.

가. 신고·제보 또는 진정을 받은 정보(신고정보)

특별감찰관실은 자체 홈페이지를 운영하고 있고 각종 우편, 메일 등의 방법으로 신고정보, 제보정보, 진정정보를 접수하고 있다. 이는 수사기관으로 치면 일종의 고소·고발, 진정 등에 해당하는 것이라고 할 수 있다.

나. 법령에 위반되지 아니하는 방법으로 수집한 정보(수집정보)

법령에 위반되지 아니하는 방법으로는 각종 언론이나 인터넷 공간된 자료 등을 통해 확인되는 정보가 대표적인 예라고 할 것이다. 이에 법령에 위반되는 미행을 하거나 저인망식 탐문 등을 통해 수집한 정보는 위법하며 특별감찰관법상 위반된 정보의 수집에 해당할 수 있다. 다만 감찰대상자와 관련한 비위행위 의혹이 언론에 드러난 경우, 각종 문헌이나 인터넷 등을 비롯한 공개된 자료 등을 종합할 때 감찰대상자가 비위행위를 한 의혹이 드러나는 경우 등은 공개된 합법정보에 해당한다고 할 것이다.

다. 다른 기관으로부터 이첩받은 정보(이첩정보)

특별감찰관은 타 국가기관으로부터 이첩정보를 접수할 수도 있다. 역으로 특별감찰관은 신고정보나 수집정보, 이첩정보를 분석하여 특별감찰관은 신고등으로 접수된 사안이 법 제2조의 비위행위나 법 제5조의 감찰대상자에 해당하지 아니하고 다른 기관의 소관사항에 해당한다고 인정되는 경우에는 해당 기관에 신고등을 이첩하여 종료하고, 특별감찰관은 감찰결과 국가공무원법이나 그 밖의 법령에 규정된 징계사유에 해당한다고 인정되는 경우에는 해당 소속기관의 장에게 관련자료를 송부하도록 규정하고 있기도 하다.

2. 비위행위의 확인절차

가. 의의

특별감찰관은 신고등정보·이첩정보가 접수되는 경우 접수 및 검토업무를 담당할 감찰정보담당자를 지정할 수 있다. 이에 감찰정보담당자는 정보의 내용과 공개된 자료를 토대로 조사필요성 유무를 검토하게 될 것이다. 전술한 것처럼 감찰정보는 감찰의 목적과 취지에 따라 수행되어야 하고, 다른 목적을 위한 정보의 수집·이용이 금지된다. 물론 감찰정보수집자는 비위행위에 관한 구체적인 정보를 수집하는 경우 이를 즉시 보고하고, 조사의 필요성이 있는 경우 감찰정보담당자에게 인계하며 비위행위의 확인을 위해 감찰정보담당자는 정보제공자에 대한 면담이나 전화, 공개된 정보 등을 통한 조사와 함께 특별감찰관법 제16조의 규정에 의한 관계기관 협조등 자료제출의 요구도 가능하다고 보인다. 비위행위의 확인결과 감찰정보가 신빙성이 있고 구체적 특정되는 경우 전부 또는 일부의 감찰개시 필요를 보고할 수 있다. 비위행위 확인결과 「**감찰개시**」, 「**이첩**」, 「**관련자료 송부**」, 「**확인종료**」의 처분이 가능할 것이다.

(例示) 공개정보접수보고서

접수번호		감찰정보담당자	
접수일자		대상자	
정보유형			
제보자 (이첩기관)			
정보내용			

나. 확인절차

(1) 1단계의 확인: 특별감찰관법 시행령 제6조 제2항의 확인(접수정보의 확인)

비위행위의 확인을 위해 감찰정보담당자는 신고등정보·이첩정보에 대하여 조사의 필요성이 있는지 여부를 우선 자체적으로 검토하여야 한다. 다만 이 검토를 위해서 정보의 내용과 공개된 자료를 확인하는 절차가 선행되어야 할 것이다. 가장 쉽게 할 수 있는 방법으로 정보제공자와의 면담이나 전화 등을 통하여 관련 진술을 청취할 수 있다고 생각한다. 또한 감찰정보담당자는 추가적인 정보수집이나 사실확인이 있어야만 신고등정보의 내용을 특정할 수 있거나 조사의 필요 여부를 결정할 수 있는 경우에는 추가정보수집의 필요를 보고한 연후에 공개정보를 위주로 해당 신고등정보·이첩정보에 대한 조사가 필요 있는지를 검토하여야 할 것이다.

이 과정에서 감찰정보담당자는 비위행위에 관한 구체적인 정보를 수집하게 될 수 있는 바, 이 경우 이를 즉시 보고하여야 한다. 또한 감찰정보담당자는 조사의 필요성이 인정된다고 인정되는 경우 해당 내용에 대한 보고서를 작성하여야 할 것이다. 기본적으로 감찰정보의 신빙성을 확인하는 과정이므로 일반 형사사건의 고소 고발이나, 진정사건과는 그 취급이 달라야 할 필요가 있다. 이에 신고등정보·이첩정보에 대한 처리결과는 회신하지 아니하는 것을 원칙으로 하며 진정 또는 민원인에게 감찰정보담당자는 신고등정보·이첩정보 접수시 회신하지 아니한다는 사실을 미리 고지하는 것도 한 방법이 될 수 있다. 물론 사전고지가 곤란한 경우 처리 중 적당한 방법으로 고지하여 처리결과에 대한 회신은 보안을 유지하는 방법도 가능하다. 이처럼 일반 형사사건과는 다르게 감찰사건의 경우에는 풍문이나 낭설에 의한 진정이나 민원이 더 많을 수 있고 또한 대상자가 대통령의 친인척이나 수석비서관이기 때문에 더욱 악성 반복민원이 발생가능하다는 점 등을 고려할 필요가 있는 것이라고 생각한다.

(2) 2단계의 확인: 특별감찰관법 시행령 제6조 제3항의 확인(비위행위의 확인)

특별감찰관법 시행령 제6조의 제2항 및 제3항에서는 ① 신고·제보 또는 진정(이하 "신고등"이라 한다)을 받은 정보, ② 법령에 위반되지 아니하는 방법으로 수집한 정보, ③ 다른 기관으로부터 이첩받은 정보(이하 위 신고등정보, 수집정보, 이첩정보를 "접수정보"라고 한다)와 같이 접수된 정보에 대해서 전술한 것처럼 보고받은 정보 및 공개된 자료의 내용, 신고자·제보자 또는 진정인(이하 "정보제공자"라 한다)과의 면담이나 전화 등을 통하여 청취한 진술의 내용을 검토한 결과, 비위행위에 관한 정보가 신빙성이 있고, 구체적으로 특정된다고 인정되는지를 먼저 파악하는 1단계의 확인이 이루어진 연후에 2단계의 확인이 필요한 바 이를 비위행위의 확인이라고 한다.

즉 감찰담당자가 입수한 감찰단서에 대해 보고를 받은 특별감찰관은 그러한 정보가 감찰을 착수할 정도로 신빙성 있고 특정된 것인지를 검토하는 단계를 거쳐야 하는 바, 이를 비위행위의 확인단계라고 한다. 만약 이러한 절차를 거치지 아니한다면 감찰의 단서가 확보되는 대로 무조건 감찰에 착수하게 되어 감찰남용에 따른 개인의 명예훼손, 사회적 혼선 등이 발생하게 되어 자칫 정치적 공작에 의한 악의적 제보 등이 이루어질 가능성이 존재하기 때문이다. 감찰의 단서에 대한 신빙성 등 확인단계에서는 감찰 이후에 가능한 감찰조사 활동을 할 수는 없는 것이 당연한 원칙이다. 그렇지 않다면 감찰착수 이전에 비위행위의 확인이라는 명목하에 대통령 보고 및 일정한 기간 내 종료 등과 같은 제한규정을 잠탈한 채 무기한적으로 내사 형태의 감찰을 실시할 우려가 있기 때문이다. 이에 무분별한 감찰착수로 인한 폐해를 방지하고 내사형식의 감찰을 막기 위해 특별감찰관은 보고받은 정보 및 공개된 자료의 내용, 신고자 등과의 면담이나 전화 등을 통하여 청취한 진술의 내용을 검토하여 신빙성 등이 존재하는 경우 감찰에 착수하도록 규정하고 있다.

특히 ① 공개된 자료를 통한 확인, ② 신고자 등의 면담이나 전화 등을 통한 진술 청취 등의 방법으로 비위행위를 확인하도록 규정하고 있기 때문에 원칙적으로는 제3자를 상대로 신고내용의 진위를 확인하는 참고인 조사 등은 자제하여야 한다. 이에 감찰대상자에 대한 비위행위 정보가 입수된 경우 특별감찰관은 공개된 자료(각종 언론, 문헌, 인터넷 공간자료 등)를 통해 확인하거나 제보자를 상대로 확인하는 방법을 통해 신빙성 등을 확인한 후 감찰착수 여부에 대한 판단을 내려야 하는 것이며 다만 이를 통해서 대상을 특정할 수 없거나 신빙성을 파악할 수 없는 경우에는 비위행위 확인을 종료하거나, 대상자 특정을 위한 일부의 경우에는 제한적인 범위 이내에서의 관계기관 협조 정도가 허용된다고 할 수 있다. 비위행위 확인을 통해 감찰착수의 필요성이 인정되면 감찰을 개시하며 물론 이 경우에는 대통령에게 보고한 후 법령이 정한 바에 따라 각종 감찰조사방법 등을 실시할 수 있는 것이다.

(신빙성 판단) 비위행위의 확인은 감찰정보에 관한 특별감찰관법 시행령 제6조 제3항

각호의 사항을 확인하여 감찰개시 여부를 판단하는 것을 목적으로 한다. 이러한 판단 요소들을 종합적으로 고려하여 해당 정보의 신빙성 등을 판단하여야 하는 것인바, 해당 정보가 익명이나 무기명으로 되었다든지, 그 발생시기가 오래 전의 것이고, 여러 기관에 무차별적으로 신고한 것이라든지 등은 해당정보의 신빙성 등을 판단하는데 참고할 수 있다. 구체적으로는

① **해당 정보 내용의 합리성 및 객관적 상당성,**
② **신고등이 실명으로 제기된 것인지 여부,**
③ **해당 정보의 출처,**
④ **정보제공자와 감찰대상자의 관계,**
⑤ **정보제공자 진술의 일관성,**
⑥ **해당 정보의 발생 시기,**
⑦ **정보제공자가 동일한 신고등을 다른 기관에 하였는지 여부 등**을 고려하여 비위행위에 관한 정보가 신빙성이 있고 구체적으로 특정되는지 여부를 판단하여야 할 것이다. 감찰정보담당자는 비위행위의 확인대상 정보와 관련한 공개된 자료 등을 조사하고 정보제공자와의 면담이나 전화 등을 통하여 관련 사실의 진술을 청취할 수 있으며 필요한 경우 정보제공자의 동의를 얻어 진술한 내용을 녹취·영상녹화할 수 있다. 비위행위의 확인을 위한 협조등요구서 송부도 가능한바, 감찰정보담당자는 특별감찰관법 제16조의 규정에 의하여 국가기관, 지방자치단체, 그 밖의 공공기관의 장에게 비위행위의 확인을 위한 사실조회 및 자료제출을 요구할 수 있다. 물론 이러한 경우 공문에 의한 정식 협조등요구서 등을 활용하여야 할 것이다.

(소위 음해성 정보의 규제) 비위행위확인 과정에서 가장 검토가 이루어져야 하는 부분은 찌라시와 같은 허구나 음해성 정보를 걸러낼 수 있는 제도적 장치의 부분이다. 기본적으로 특별감찰관은 음해성 정보유입을 사전에 방지함으로써 감찰대상자의 사생활 및 인격권을 보호하는 합법적 감찰시스템 구축이 매우 중요한 부분이라고 하겠다. 이에 비위행위 정보에 대하여 사전에 엄밀한 심사후 감찰착수 요건에 충족하는 경우 사실과 증거에 따라 감찰개시를 할 필요가 있다. 특별감찰관법 시행령 제6조 제2항에서는 비위행위에 관한 정보가 신빙성이 있고, 구체적으로 특정된다고 인정되는 경우 감찰에 착수하도록 규정하고 있기 때문이다. 또한 중요한 부분은 감찰착수 및 종료사실, 감찰내용 등이 누설되거나 알려지지 않도록 하는 것이 중요하다. 이는 특별감찰관법

제22조에서도 감찰착수 사실 등 누설금지를 규정하면서 특별감찰관 등과 파견공무원은 감찰착수 및 종료 사실, 감찰 내용을 공표하거나 누설하여서는 아니 된다고 규정하고 있고 이를 형사처벌의 대상으로 정하고 있는 것[108])과도 그 궤를 같이한다. 마지막으로 특별감찰관법 시행령에서도 규정하고 있듯이 특별감찰관법 시행령 제16조에서 특별감찰관은 감찰대상자로 하여금 형사처벌이나 징계처분을 받게 할 목적으로 허위사실을 신고함으로써 무고의 범죄혐의가 있다고 인정되는 자에 대해서는 검찰에 고발하는 등의 조치를 하도록 규정하고 있기 때문에 이 규정도 적극적으로 활용될 필요가 있다.

(例示) 협조등요구서

귀 하

　1. 「특별감찰관법」 제16조, 동법 시행령 제10조에 따라 감찰중인 사건의 처리를 위하여 귀 기관에서 취급(또는 보관)하는 서류(또는 물품)의 사실조회 혹은 제출이 필요하니 다음과 같이 협조하여 주시기 바랍니다.

　가. 일시
　나. 장소
　다. 협조서류(또는 물품)

　2. 이 협조등요구서와 관련하여 궁금하신 점이 있으면, 특별감찰관실에 연락하여 궁금하신 사항을 문의하시기 바랍니다.

2023.　　.　　.

담당자 :
(연락전화 :　　　　　)

---

108) **특별감찰관법 제25조(벌칙)** ① 위계 또는 위력으로써 특별감찰관 등 또는 파견공무원의 직무수행을 방해한 사람은 5년 이하의 징역에 처한다.
　② 제22조를 위반한 사람은 5년 이하의 징역 또는 5년 이하의 자격정지에 처한다.
　③ 제23조를 위반하여 법령에 위반되거나 강제처분에 의하는 방법으로 감찰을 행하거나 다른 기관·단체 또는 사람으로 하여금 의무 없는 일을 하게 하거나 사람의 권리 행사를 방해한 사람은 5년 이하의 징역과 5년 이하의 자격정지에 처한다.

다. 비위행위 확인 결과의 처리

(1) 감찰개시 필요보고

비위행위의 확인결과 감찰정보가 신빙성이 있고 구체적으로 특정된다고 판단되는 경우 감찰개시의 필요를 보고한다. 물론 감찰정보중 일부에 대하여만 감찰개시가 필요한 경우 일부 감찰개시의 필요를 보고할 수 있다.

(2) 감찰불개시 보고

감찰정보 검토결과 또는 비위행위의 확인결과 ① 특별감찰관법 제5조의 감찰대상자 또는 특별감찰관법 제2조의 비위행위에 해당하지 아니한 경우, ② 객관적 근거나 사실이 현저히 부족하여 그 신빙성을 인정하기 어려운 경우, ③ 기타 감찰의 목적이나 취지에 현저히 반하는 경우에는 감찰을 개시하지 않고 즉시 종료한다.

(3) 이첩 또는 자료송부결정

신고등 정보가 특별감찰관법 제5조의 감찰대상자 또는 특별감찰관법 제2조의 비위행위에 해당하지 아니하더라도 다른 기관의 소관에 해당한다고 인정되는 경우 해당기관에 이첩하고, 감찰정보 검토결과 또는 비위행위의 확인결과 「국가공무원법」이나 그 밖의 법령에 규정된 징계사유에 해당한다고 인정되는 경우에는 해당 소속기관의 장에게 관련 자료를 송부한다.

Ⅲ. 감찰조사

1. 의의

비위행위의 확인이 끝나고 감찰개시가 필요하다고 결정되는 경우에는 감찰이 개시된다. 우선 특별감찰관은 감찰조사를 위하여 **감찰조사담당자**를 지정한다. 감찰조사담당자는 감찰대상 및 범위, 감찰방식 및 기간 등을 기재한 감찰계획을 수립하여 보고하고 일일감찰상황을 보고한다. 본격적으로 감찰조사에 필요한 경우 특별감찰관법 제

16조의 규정에 의한 관계기관에 대한 협조등 요구도 가능하다. 이에 원본자료 이외에 정리된 자료의 제출이 가능하며, 관계기관의 사정상 자료를 제출하는 것이 곤란한 경우 등에는 자료열람·확인출장을 통해 해당 자료의 존재여부 및 진위여부확인 등이 가능할 수도 있다고 생각된다.

감찰대상자 등 조사를 위해 특별감찰관법에 규정된 출석답변요구, 증명서·소명서 등 자료제출, 확인서 요구, 문답서 작성, 질문서의 송부 등 여러 조사방법이 가능하며 문답서를 작성하거나 기타 답변을 청취하는 경우 진술자의 동의하에 영상녹화가 가능하다고 보인다. 물론 감찰대상자 등의 동의하에 근무시간외의 조사, 여성 감찰조사담당자의 참여, 신뢰관계자 혹은 변호인의 동석도 일정조건 하에서 가능하다. 이 감찰조사방법의 구체적인 내용 및 그 방법에 대해서는 절을 나누어 후술하도록 하겠다.

2. 감찰조사담당자의 지정

특별감찰관은 감찰조사를 위하여 감찰담당관과 파견 공무원 중에서 감찰조사담당자를 지정한다. 자체소속인 감찰담당관의 수가 많지 않고 파견 공무원도 특별감찰관법 시행령 제2조에서 감찰담당자가 될 수 있도록 규정하고 있는 바, 즉 특별감찰관의 지휘를 받아 감찰업무를 수행하는 특별감찰관보 및 감찰담당관과 특별감찰관법 제10조 제1항에 따라 파견받은 공무원 중 감찰업무를 직접 수행하는 사람을 모두 감찰담당자가 될 수 있도록 규정하고 있기 때문이다.

3. 감찰개시보고

감찰조사담당자는 감찰대상 및 범위, 감찰방식 및 기간 등을 정한 감찰계획을 수립하여 보고하며 이렇게 감찰계획에 대한 특별감찰관의 승인이 나오는 경우에는 실질적으로 감찰이 개시된 것으로 볼 수 있다. 다만 감찰개시결정의 경우 이러한 내부적인 승인 이외에도 특별감찰관법 시행령 제6조 제4항에 따라 서면으로 대통령에 대한 감찰개시보고가 필요하다. 즉 특별감찰관이 감찰조사담당자에 대해 감찰개시 승인을 하는 순간 감찰이 개시된다고 볼 것인데 이를 대통령에 감찰개시보고를 할 필요가 있기 때문이다. 이에 특별감찰관은 감찰개시 후 5일(공휴일과 토요일은 제외한다) 이내에 감찰대상자, 감찰대상 비위행위의 내용 및 감찰착수 경위 등을 서면으로 대통령에게 보고하며 공문서에 의한 감찰개시보고서 양식에 의해 보고할 필요가 있다.

감찰조사담당자는 감찰계획을 보고한 이후 감찰계획의 중요부분을 변경하거나 기간의 연장이 필요할 때에는 그 사유를 즉시 보고하여야 할 것이며, 감찰과정에 들어간 경우 전체적인 감찰기간이 30일에 한정되는 것이기 때문에 매일 활동사항의 보고 및 이에 대한 통제가 필수적이다. 흔히 수사기관에서도 중요한 사건의 수사에 들어가는 인지부서의 경우 등에는 수사보고서가 일단위로 들어가는 경우가 다반사이며 감찰의 경우에는 이러한 과정이 더 공식적으로 통제되고 기재될 필요가 있기 때문에 이러한 절차통제 과정이 더 중요하다고 보인다. 이에 감찰조사담당자는 일일감찰상황을 보고하여야 하는 것을 원칙으로 하는데 다만 조사일정상 필요한 경우 일보고가 어려울 수도 있고 조사가 단기간에 종료되는 경우도 있을 수 있으므로 특별감찰관에게 그 사유를 보고하고 일정한 조사활동이 종료한 시점에 일괄보고 할 수도 있을 것이다. 특별감찰관법 시행령에서는 감찰단서가 어느정도 신빙성이 있고 구체적으로 특정된 것이라고 판단되어 감찰에 착수한 경우 특별감찰관은 5일 이내에 감찰대상자, 감찰대상 비위행위내용 및 감찰착수 경위 등을 서면으로 대통령에게 보고하여야 한다[109]고 규정되어 있으며 예시적으로 아래와 같은 양식 등을 활용할 수 있다.

(例示) 감찰개시보고서

「특별감찰관법」 제3조 제2항, 동법 시행령 제6조 제4항에 따라 아래와 같이 감찰개시를 보고드립니다.

　가. 감찰대상자

　나. 감찰대상 비위행위의 내용

　다. 감찰착수 경위

---

109) 특별감찰관법 시행령 제6조 제4항 참조.

라. 참고사항

2023.   .   .

Ⅳ. 감찰조사결과

감찰조사 이후 감찰진행경과, 세부감찰내역, 감찰결과와 이유 등을 담은 **감찰결과보고서**를 작성하여 특별감찰관에게 보고한다. 감찰결과보고서에서는 특별감찰관법 시행령에서 규정한 것처럼 「**수사의뢰**」, 「**고발**」, 「**이첩**」, 「**관련자료송부**」, 「**감찰종료**」(증거자료 불충분, 범죄행위 해당하지 아니함 등)」의 처분주문이 가능할 것이다.

특별감찰관법 시행령 제7조에서는 감찰종료에 대해서 규정하면서 특별감찰관이 감찰에 착수한 경우에는 신속하게 감찰조사를 진행하여 감찰을 종료하여야 하며, 특별감찰관은 신고등으로 접수된 사안이 특별감찰관법 제2조의 비위행위나 특별감찰관법 제5조의 감찰대상자에 해당하지 아니하고 다른 기관의 소관사항에 해당한다고 인정되는 경우에는 해당 기관에 신고등을 **이첩하여 종료**하고, 특별감찰관은 비위행위에 대한 혐의를 인정하기 어려운 경우에는 **감찰을 즉시 종료**한다.

증거자료 불충분, 범죄행위 해당하지 아니함 등의 사유로 **감찰이 즉시 종료**되는 경우는 실질적으로 수사업무에서 범죄혐의없음(증거불충분, 범죄인정안됨)의 경우에 해당하는 경우라고 할 것이어서, ① 수집된 증거만으로는 법 제2조의 비위행위에 대한 혐의를 인정하기 어려운 경우, ② 특별감찰관법 제2조의 비위행위는 인정되나 범죄행위에 해당하지 아니하는 경우, ③ 기타 법에 규정된 감찰활동의 목적과 취지에 비추어 감찰조사의 실익이 없거나 형사처벌이 불가능한 경우 등이다.

특별감찰관은 감찰결과 범죄혐의가 명백하여 형사처벌이 필요하다고 인정한 때에는 검찰총장에게 **고발하여 종료**하고, 범죄행위에 해당한다고 믿을 만한 상당한 이유가 있고 도주 또는 증거인멸 등을 방지하거나 증거확보를 위하여 필요하다고 인정한 때에는 검찰총장에게 **수사의뢰하여 종료**한다고 규정하고 있다.[110]

---

110) 특별감찰관법 시행령 제7조 제1항 내지 제4항 참조.

 또한 특별감찰관은 감찰결과 「국가공무원법」이나 그 밖의 법령에 규정된 징계사유에 해당한다고 인정되는 경우에는 해당 소속기관의 장에게 **관련 자료를 송부**한다고 규정되어 있다. 이에 따라 각 감찰결과보고서를 작성하여 내부결재도 받아야 하며 외부적으로는 이 감찰결과보고서를 기초로 특별감찰관은 감찰종료 후 5일(공휴일과 토요일은 제외한다) 이내에 감찰 진행경과, 세부 감찰활동 내역, 감찰결과와 그 이유 등을 서면으로 대통령에게 보고하여야 한다.[111] 감찰결과보고서는 해당 감찰조사담당자가 작성하며 감찰조사가 종료하면 익일 혹은 2일 정도 이내에 감찰진행경과, 세부감찰 내역, 감찰결과와 그 이유 등을 기재한 내용의 감찰결과보고서를 작성하여 특별감찰관에 보고한다. 감찰종료보고가 이루어지면 감찰사건처리부에 감찰착수 경위, 감찰 경과, 중요자료 및 증거, 감찰결과의 요지 등을 기재하여 보관한다.

(例示) 감찰결과보고서

사건번호		감찰조사담당자	
작성일자		대상자	
감찰요지			
감찰경과			
감찰결과			
향후조치			
※ 첨부서류			

---

111) 특별감찰관법 시행령 제7조 제5항 참조.

(例示) 감찰종료보고서

「특별감찰관법」 제3조 제2항, 동법 시행령 제7조 제5항에 따라 아래와 같이 감찰종료를 보고드립니다.

　가. 감찰대상자

　나. 감찰진행경과

　다. 세부 감찰활동 내역

　라. 감찰결과와 이유

　　　　　　　　　　　　2023.　　　．　　　．

V. 감찰연장허가

　감찰조사는 감찰개시결정 후 1개월 이내에 종료하여야 하며 다만 특별감찰관법 제6조 제3항 단서의 규정에 의하여 기간연장이 된 경우는 그 기간 내에 종료하여야 한다. 감찰기간에 대한 제한을 두되 연장에 대한 대통령의 허가를 받도록 함으로써 무분별하게 특별감찰관의 감찰기간이 장기화되는 일이 없도록 제도적으로 견제장치를 두고 있다. 특별감찰관의 감찰대상이 되는 사람들의 지위 등을 고려할 때, 이들이 감찰대상이 된다는 점이 알려지는 것만으로도 사실상 정상적인 업무수행이 어려워지고 언론 등의 관심의 대상이 될 가능성이 높다. 이에 감찰에 착수한 이상 1개월 이내에 종료하는 것을 원칙으로 하고 연장 시 대통령의 허가를 받도록 함으로써 대통령 소속인 특별감찰관이 대통령에 의하여 '실체적'인 측면이 아니라 '절차적'인 측면에서 최소한의 감독을 받도록 함에 취지가 있다. 감찰기간에 제한을 둔 취지는, 감찰에 착수한 이상 최대한 신속하게 감찰을 실시하여 종료함으로써 불필요한 논쟁이 더 이상 벌어지지 아니하도록 하고, 감찰대상자의 인권보호에도 작용하는 측면이 있다. 이에 대해 개별적 사안에 대해 발동된 특별검사 제도가 처음부터 일정한 기간을 정하고 그 기간 내에 종료하도록 하되 필요시 일정한 절차에 따라 연장을 할 수 있도록 허용한 것과도 같은 맥락이라는 견해가 있는 바, 특별검사는 수사 및 기소를 하는 수사기관이라는 점 등에 비추어 특별감찰관은 신속한 감찰 및 예방적 감찰로 더 큰 부패행위로 번지는 것을 막고 신속히 검찰이나 고위공직자범죄수사처와 같은 수사기구에 수사의뢰 및 고발을 하라는 취지로 해석하는 것이 타당하다.

1개월 이내에 감찰을 종료하지 못한 경우 대통령의 허가를 받도록 규정하고 있으나, 중요한 것은 연장이 가능하다고 되어 있고 연장의 기간은 1개월 단위로 감찰을 연장할 수 있다는 것으로 이 연장의 횟수는 제한이 없다. 이에 당해 비위행위의 내용, 비위 정도, 감찰조사의 진행 상황 등을 종합하여 대통령이 연장 허가 여부 및 그 허가 횟수 등을 결정할 수 있다. 예를 들면 반드시 연장 횟수는 1회로 한정된다고 할 수는 없다고 할 것이다. 만약 10여일 정도의 연장기일이 필요한 경우도 연장은 월단위로 이루어지므로 1개월 연장 신청을 하여 이에 대한 허가를 받고 10여일 정도만 감찰을 진행하다가 조기에 종료하는 것도 가능할 것이다. 다만 되도록 감찰 대상자의 인권보호 등을 위하여 조기에 감찰을 종료하는 것이 타당하다. 만약 특별감찰관이 연장허가가 필요하다고 판단하여 연장허가를 신청하였으나 대통령이 허가하지 아니한 경우 특별감찰관은 즉시 감찰을 종료하고 그 결과를 대통령에게 보고하여야 할 것임은 물론이다.

실무적으로 물론 이 부분은 특별감찰관실 자체적으로 결정할 수 있는 부분은 아니고, 1개월 이내에 감찰을 종료하여야 하며 감찰을 계속할 필요가 있는 경우 대통령의 허가를 받아 1개월 단위로 감찰기간을 연장할 수 있는 외부적 허가가 필요한 부분이기도 하다. 이에 직접 업무를 담당하는 감찰조사담당자는 감찰조사 기간의 연장이 필요한 경우 기간 종료 7일 전에 그 사유를 보고하여야 하며, 감찰기간 연장허가신청을 하는 경우에는 감찰기간연장허가신청서를 작성하여 내부적 결재 후에 대통령의 연장

허가를 얻어야 할 것이다. 연장 허가서는 기간 만료 3일 전 필요한 사유 등을 적어서 서면으로 신청한다.

(例示) 감찰기간연장신청서

「특별감찰관법」 제6조 제3항 단서, 동법 시행령 제8조에 따라 아래와 같이 감찰 기간의 연장을 신청하오니 허가하여 주시기 바랍니다.

　가. 감찰대상자

　나. 감찰개시일시 및 종료예정일시

　다. 연장기간

　라. 연장사유

2023.　　.　　.

Ⅵ. 감찰 제한

특별감찰관법 제6조 제4항에서는 감찰제한에 대해 규정을 하고 있다. 이에 감찰을 하려는 경우 다음 각 호의 어느 하나에 해당하는 사람은 감찰할 수 없다라고 규정하면서 ① 국무총리로부터 국가기밀에 속한다는 소명이 있는 사항, ② 국방부장관으로부터 군기밀이거나 작전상 지장이 있다는 소명이 있는 경우를 규정하고 있다. 특별감찰관이 감찰을 함에 있어서 비록 강제수사를 할 수는 없지만, 그 외 상대방의 동의를 얻어서 소환조사 등을 비롯한 여러 가지 권한을 행사할 수 있다. 이에 국가기밀 혹은 군기밀 등에 해당하는 경우 감찰을 할 수 없도록 규정한 것은 감사원법 제24조 제4항에서 존재하는 감사원의 직무감찰 제한사유와 동일하다.[112] 국가기밀 혹은 군기밀 등에 해당한다는 이유로 감찰이 제한되는 경우는 현실적으로 특별감찰관이 대통령에게 감찰착수에 관한 보고를 할 경우, 감찰내용을 보고받은 대통령이 특별감찰관법 제6조 제2항에 해당한다고 판단하여 국무총리 등을 통해 국가기밀에 해당한다는 점을 소명하게 하는 경우라든가, 아니면 구체적 감찰활동과 관련하여 관계기관에 자료 협조요청을 하였으나 해당 관계기관이 국무총리를 통해 국가기밀에 해당한다는 소명을 한 경우, 대통령 비서실의 외교안보수석 등의 비위행위에 대한 감찰을 하려고 할 때 국방부장관으로부터 군기밀이거나 작전상 지장이 있다는 소명이 있는 사항 등을 상정할 수 있다고 할 것이다. 다만 이러한 경우 부당한 감찰방해 등으로 보일 우려가 있으므로 감찰을 그대로 중지한다기 보다 해당 부처에 관련자료를 송부하여 자체적으로 내부 감찰이나 감사를 진행할 수 있도록 진행하는 것이 타당하다고 보인다.

Ⅶ. 예방감찰[113]

1. 의의

예방감찰이란 감찰대상자 전반에 대한 행위동향 등을 점검하여 위험요인을 사전 제

---

112) **감사원법 제24조(감찰 사항)** ① 감사원은 다음 각 호의 사항을 감찰한다.
  1. 「정부조직법」 및 그 밖의 법률에 따라 설치된 행정기관의 사무와 그에 소속한 공무원의 직무
  2. 지방자치단체의 사무와 그에 소속한 지방공무원의 직무
  3. 제22조 제1항 제3호 및 제23조 제7호에 규정된 자의 사무와 그에 소속한 임원 및 감사원의 검사대상이 되는 회계사무와 직접 또는 간접으로 관련이 있는 직원의 직무
  4. 법령에 따라 국가 또는 지방자치단체가 위탁하거나 대행하게 한 사무와 그 밖의 법령에 따라 공무원의 신분을 가지거나 공무원에 준하는 자의 직무
  ② 제1항 제1호의 행정기관에는 군기관과 교육기관을 포함한다. 다만, 군기관에는 소장급 이하의 장교가 지휘하는 전투를 주된 임무로 하는 부대 및 중령급 이하의 장교가 지휘하는 부대는 제외한다.
  ③ 제1항의 공무원에는 국회·법원 및 헌법재판소에 소속한 공무원은 제외한다.
  ④ 제1항에 따라 감찰을 하려는 경우 다음 각 호의 어느 하나에 해당하는 사항은 감찰할 수 없다.
  1. 국무총리로부터 국가기밀에 속한다는 소명이 있는 사항
  2. 국방부장관으로부터 군기밀이거나 작전상 지장이 있다는 소명이 있는 사항
113) 감찰단계에 따르는 예방감찰의 구체적인 내용에 대해서는 감찰방법 부분에서 다시 후술한다.

거하는 감찰활동을 말한다. 물론 예방감찰로 인해 감찰대상자의 관리 혹은 동향파악 및 사찰로 오인될 우려가 있는데 예방감찰은 당연히 이러한 개념과는 구분되는 개념이다. 특별감찰관의 예방감찰은 ① 신고등 정보와 자체수집정보 등을 세밀하게 분석하여 제보정보를 분석하여 비위행위 개연성이 높은 행위유형 및 행위자 조기파악·집중감찰, ② 특이 비위행위유형을 정리하여 사전예방활동 시스템 준비, ③ 신속한 비위행위의 적발을 통하여 더 큰 부패행위로 발전하는 것을 사전에 방지하는 활동을 위주로 예방감찰이 이루어져야 한다.

〈 예방감찰 및 대상자관리, 내사·사찰과의 비교 〉

구 분	예방감찰	대상자관리	내사·사찰
의의	중요 비위행위의 선별 및 위험 행동요인의 사전 분석	감찰대상자에게 사전고지 후 행동요령 및 가이드라인 설정 및 문제해결	감찰대상자에 미고지 후 동향파악 및 미행
비위행위 여부	비위행위여야 함	비위행위여부 무관	비위행위여부 무관
감찰대상자와 사전 접촉	×	○	×
비고	위험도를 기반으로 하는 맞춤형 감찰	감찰대상자와 유착 우려	저인망식 탐문 등으로 인권침해우려

2. 내용

예방감찰은 감찰대상자 전반에 대한 행위동향 등을 점검하여 위험요인을 사전에 제거하는 적극적 예방감찰활동을 전개하는 것을 의미한다. 비위행위 대상자가 의심스러운 행동을 할 때 범죄행위로 나아가기 전에 신속히 점검하고 확인하는 예방감찰과 함께 대상자에 대한 부당한 접근이 있는지를 상시 공개된 정보 등을 통해 점검하고 비위행위자 등 로비스트 등으로부터 방어하는 적극적 예방감찰이 중요한 대목이다. 뿐만 아니라 신속한 비위행위의 적발절차를 통해 더 큰 부패행위로 발전하는 것을 사전에 방지할 필요가 있다. 이에 신고등 정보·자체수집정보 등을 세밀하게 분석한 결과 긴급하게 대상자의 비위행위 예방을 요하거나, 대상자의 비위 개연성이 매우 높다고 판단되는 경우 별도의 출석·답변, 자료제출요구 절차없이 신속한 감찰개시 및 감찰종료 등으로 이어져야 한다.

예방감찰	주요 내용	구체적 조치
적극 예방 감찰	◦ 부당한 접근자에 대한 모니터링 및 사전방어	◦ 대상자에 대해 제도안내자료 및 특별교양 책자 주기적 송부 ◦ 대상자에게 부정한 목적으로 접근하는 자들에 대한 신고접수 실시 ◦ 부정한 접근자에 대한 신고등정보를 신속하게 해당기관에 이첩
신속 감찰	◦ 긴급을 요하거나 비위행위가 확실한 경우 감찰조사의 조기 종료	◦ 비위행위 확인이후 조기 감찰개시 필요보고 ◦ 대상자의 출석·답변요구, 자료제출요구 없이 조기감찰종료 ◦ 신속한 고발·수사의뢰

3. 구체적 감찰방법(私見)

감찰대상자에 대해 특별교양자료를 송부하고, 대상자에게 부정한 목적으로 접근하는 자들에 대한 신고접수를 실시하는 방안이나, 대상자에 대해 제도안내자료 및 특별교양책자를 주기적으로 송부하는 계도적인 방법도 가능하다고 사료되며 사전등록자나 동의자 및 신청자에 한하여 특별감찰관제도에 대한 안내자료와 비위행위의 유형 및 부당한 접근자에 대한 신고 및 응대요령 등을 기재한 책자를 친인척 대상자를 위주로 송부하는 것도 가능하다고 보인다. 또한 감찰대상자에게 부정한 목적으로 접근하는 자들에 대한 신고접수를 적극적으로 실시하여 홈페이지를 통한 일반인으로부터의 신고접수, 감찰대상자를 통한 직접 신고접수를 모두 실시하고 부정한 접근자에 대해서는 신고등 정보를 신속하게 검찰·경찰 등에 이첩하여 조사·수사 등의 조치가 이루어질 수 있도록 자료협조가 필요하다고 보인다. 또한 비위행위 개연성이 매우 높은 경우 대상자의 출석·답변요구, 자료제출요구 없이 조기 감찰종료하는 방안도 시행할 수 있다고 생각된다. 즉 비위행위가 확실히 확인되는 경우 신속한 감찰개시 보고하고 대상자의 출석·답변요구나 대상자에 대한 확인서, 질문서 송부 및 자료제출 요구절차 없이 조기에 감찰결과를 처리한다. 이후 신고등 정보내용과 함께 관계기관 자료 및 정보제공자·참고인 면담·전화조사 등을 통해 감찰결과보고서를 작성함과 동시에 조사된 감찰결과에 따라 신속한 고발·수사의뢰 및 징계자료 송부, 신고등 정보의 해당기관 이첩절차의 실시가 필요하다.

| 제5절 | 특별감찰관 조직 |

제2장 임명과 신분보장

특별감찰관법 제7조(특별감찰관의 임명) ① 국회는 15년 이상 「법원조직법」 제42조 제1항 제1호의 직에 있던 변호사 중에서 3명의 특별감찰관 후보자를 대통령에게 서면으로 추천한다.

② 대통령은 제1항에 따른 특별감찰관 후보자 추천서를 받은 때에는 추천서를 받은 날부터 3일 이내에 추천후보자 중에서 1명을 특별감찰관으로 지명하고, 국회의 인사청문을 거쳐 임명하여야 한다.

특별감찰관법 제8조(특별감찰관의 임기) ① 특별감찰관의 임기는 3년으로 하고, 중임할 수 없다.

② 특별감찰관이 결원된 때에는 결원된 날부터 30일 이내에 후임자를 임명하여야 한다.

Ⅰ. 특별감찰관

1. 의의

특별감찰관은 감찰의 총책임자로서 실무를 담당하는 감찰담당관 등을 지도하고 지시하는 역할을 수행하며, 감찰착수 여부 및 종료 여부 등을 최종 결정하고 대통령에게 보고하는 최종 책임자이다. 특별감찰관은 감찰사무를 통할하고 자신을 보좌하는 특별감찰관보를 지휘·감독하는 역할을 수행한다. 특별감찰관은 정무직 공무원인바, 특별감찰관 직제 제7조 별표에 의하면 차관급 대우를 받도록 규정하고 있다. 특별감찰관법 제12조 제3항은 "특별감찰관, 특별감찰관보와 감찰담당관의 보수와 대우에 대하여는 대통령령으로 정한다"라고 규정하는 바, 특별감찰관의 보수와 대우에 관하여 위와 같이 "차관급"으로 한다는 것은 이와 같이 법률의 위임을 받은 것에 근거한다.

2. 추천과정

특별감찰관법 제7조에서는 특별감찰관의 자격요건과 임명절차를 명문화하여 중립성 및 독립성을 제고하고 있다. 특별감찰관은 대통령의 친인척 및 측근인 고위공직자를 상대로 감찰을 실시하는바, 대통령으로부터 독립하여 직무를 수행하고 업무수행 과정에서 중립성을 인정받기 위해서는 임명 과정에서부터 객관적이고 중립적인 절차 준수가 필요하다. 이에 법에서는 특별감찰관의 자격요건과 임명절차를 명문화하여 정치적 중립성 및 독립성을 보장하기 위한 데에 취지가 있다. 당초 박범계 의원안은 국회가 10년 이상 법조경력의 변호사 1명을 대통령에게 단수로 추천하면 대통령은 이를 임명하도록 하는 방안(단수추천방안)인 반면 김도읍 의원안은 현행 법률 규정과 같이 국회가 15년 이상 법조경력의 변호사 3명을 대통령에게 추천하면 대통령이 그중 1명을 지명하고 인사청문을 거쳐 임명하도록 규정(복수추천방안)한 것인바, 결국 복수추천방안이 채택되어 입법화되게 된다.

3. 인사청문회

특별감찰관법에서 대통령은 특별감찰관 후보자 추천서를 받은 때에는 추천서를 받은 날부터 3일 이내에 추천후보자 중에서 1명을 특별감찰관으로 지명하고, 국회의 인사청문을 거쳐 임명하여야 한다고 규정하여 인사청문회를 거치도록 규정하고 있다.

원래 국회법 제46조의3제1항의 규정에 의하여 임명을 위하여 동의요청된 자, 선출을 위하여 추천된 자, 대통령 당선인으로부터 국무총리 후보자로 인사청문이 요청된 자와 동법 제65조의2제2항의 규정에 의하여 다른 법률에서 대통령·대통령당선인 또는 대법원장으로부터 국회에 인사청문이 요청된 자를 공직후보자라고 규정하면서 인사청문회의 대상자가 되도록 규정하고 있다.[114] 이에 국회가 추천하고 인사청문을 하

---

114) **인사청문회법 제2조(정의)** 이 법에서 사용하는 용어의 정의는 다음과 같다. < 개정 2005. 7. 29., 2007. 12. 14.>

　1. "공직후보자"라 함은 국회법 제46조의3제1항의 규정에 의하여 임명을 위하여 동의요청된 자, 선출을 위하여 추천된 자, 대통령당선인으로부터 국무총리후보자로 인사청문이 요청된 자와 동법 제65조의2제2항의 규정에 의하여 다른 법률에서 대통령·대통령당선인 또는 대법원장으로부터 국회에 인사청문이 요청된 자를 말한다.

　2. "임명동의안등"이라 함은 국회법 제46조의3제1항의 규정에 의한 임명동의안, 선출안, 대통령당선인으로부터 요청된 국무총리후보자에 대한 인사청문요청안과 동법 제65조의2제2항의 규정에 의하여 다른 법률에서 국회의 인사청문을 거치도록 한 공직후보자에 대한 인사청문요청안을 말한다.

는 것이 되어 절차가 중복되는지 여부가 문제된다. 국회가 추천하는 사람에 대해 국회가 인사청문을 실시하는 방안 자체의 적정성 자체는 논쟁이 있지만 기본적으로 3인을 국회에서 추천하기 때문에 대통령이 지명한 1인에 대해 국회에서 재검증을 하는 것은 큰 문제가 없다고 생각되며, 대통령 지명 이후 공론화된 여러 문제점과 검증사항에 대해 살펴보는 것은 당연히 있을 수 있다고 생각되기 때문에 긍정적이라고 생각된다. 또한 비교법적으로도 국회에서 선출하는 헌법재판관이나 중앙선거관리위 위원에 대해서도 국회가 인사청문을 실시하므로 특별감찰관의 인사청문회 실시는 큰 문제가 되지 않는다고 생각된다. 한편 특별수사기구의 가장 최신화된 입법인 고위공직자범죄수사처법에서도 처장115)의 경우 국회에 설치된 고위공직자범죄수사처장후보추천위원회가 2명을 추천하고, 대통령이 그중 1명을 지명한 후 인사청문회를 거쳐 임명한다. 물론 처장 후보추천위원회가 모두 국회의원으로 구성되는 것은 아니지만 국회에 설치된 기구라는 점에서 특별감찰관 추천과정과 유사하며 역시 인사청문회를 거치고 있다는 점을 참고하여 살펴볼 수 있다.116)

---

115) **고위공직자범죄수사처 설치 및 운영에 관한 법률 제5조(처장의 자격과 임명)** ① 처장은 다음 각 호의 직에 15년 이상 있던 사람 중에서 제6조에 따른 고위공직자범죄수사처장후보추천위원회가 2명을 추천하고, 대통령이 그 중 1명을 지명한 후 인사청문회를 거쳐 임명한다.
1. 판사, 검사 또는 변호사
2. 변호사 자격이 있는 사람으로서 국가기관, 지방자치단체, 「공공기관의 운영에 관한 법률」 제4조에 따른 공공기관 또는 그 밖의 법인에서 법률에 관한 사무에 종사한 사람
3. 변호사 자격이 있는 사람으로서 대학의 법률학 조교수 이상으로 재직하였던 사람
② 제1항 각 호에 규정된 둘 이상의 직에 재직한 사람에 대해서는 그 연수를 합산한다.
③ 처장의 임기는 3년으로 하고 중임할 수 없으며, 정년은 65세로 한다.
④ 처장이 궐위된 때에는 제1항에 따른 절차를 거쳐 60일 이내에 후임자를 임명하여야 한다. 이 경우 새로 임명된 처장의 임기는 새로이 개시된다.

116) **고위공직자범죄수사처 설치 및 운영에 관한 법률 제6조(고위공직자범죄수사처장후보추천위원회)** ① 처장후보자의 추천을 위하여 국회에 고위공직자범죄수사처장후보추천위원회(이하 "추천위원회"라 한다)를 둔다.
② 추천위원회는 위원장 1명을 포함하여 7명의 위원으로 구성한다.
③ 위원장은 위원 중에서 호선한다. <개정 2020. 12. 15.>
④ 국회의장은 다음 각 호의 사람을 위원으로 임명하거나 위촉한다.
1. 법무부장관
2. 법원행정처장
3. 대한변호사협회장
4. 대통령이 소속되거나 소속되었던 정당의 교섭단체가 추천한 2명
5. 제4호의 교섭단체 외의 교섭단체가 추천한 2명

4. 특별감찰관의 자격요건

특별감찰관법 제7조 제1항은 국회는 15년 이상 「법원조직법」 제42조 제1항 제1호[117])의 직에 있던 변호사를 특별감찰관의 자격요건으로 하는 바, 법원조직법 제42조 제1항 제1호는 "판사, 검사, 변호사"로 규정되어 있으므로, 판사나 검사, 변호사 경력을 모두 포함하여 법조경력 15년 이상을 충족한 변호사라면 이에 해당한다고 할 것이다.

---

⑤ 국회의장은 제4항 제4호 및 제5호에 따른 교섭단체에 10일 이내의 기한을 정하여 위원의 추천을 서면으로 요청할 수 있고, 각 교섭단체는 요청받은 기한 내에 위원을 추천하여야 한다. <신설 2020. 12. 15.>
⑥ 제5항에도 불구하고 요청받은 기한 내에 위원을 추천하지 아니한 교섭단체가 있는 경우, 국회의장은 해당 교섭단체의 추천에 갈음하여 다음 각 호의 사람을 위원으로 위촉한다. <신설 2020. 12. 15.>
1. 사단법인 한국법학교수회 회장
2. 사단법인 법학전문대학원협의회 이사장
⑦ 추천위원회는 국회의장의 요청 또는 위원 3분의 1 이상의 요청이 있거나 위원장이 필요하다고 인정할 때 위원장이 소집하고, 재적위원 3분의 2 이상의 찬성으로 의결한다. <개정 2020. 12. 15.>
⑧ 추천위원회 위원은 정치적으로 중립을 지키고 독립하여 그 직무를 수행한다. <개정 2020. 12. 15.>
⑨ 추천위원회가 제5조 제1항에 따라 처장후보자를 추천하면 해당 추천위원회는 해산된 것으로 본다. <개정 2020. 12. 15.>
⑩ 그 밖에 추천위원회의 운영 등에 필요한 사항은 국회규칙으로 정한다. <개정 2020. 12. 15.>
117) **법원조직법 제42조(임용자격)** ① 대법원장과 대법관은 20년 이상 다음 각 호의 직(職)에 있던 45세 이상의 사람 중에서 임용한다.
1. 판사 · 검사 · 변호사
2. 변호사 자격이 있는 사람으로서 국가기관, 지방자치단체, 「공공기관의 운영에 관한 법률」 제4조에 따른 공공기관, 그 밖의 법인에서 법률에 관한 사무에 종사한 사람
3. 변호사 자격이 있는 사람으로서 공인된 대학의 법률학 조교수 이상으로 재직한 사람
② 판사는 10년 이상 제1항 각 호의 직에 있던 사람 중에서 임용한다. 판사의 임용에는 성별, 연령, 법조경력의 종류 및 기간, 전문분야 등 국민의 다양한 기대와 요청에 부응하기 위한 사항을 적극 반영하여야 한다. <개정 2021. 12. 21.>
③ **제1항 각 호에 규정된 둘 이상의 직에 재직한 사람에 대해서는 그 연수를 합산한다.**
④ 법원행정처는 제2항에 따른 판사 임용 과정과 결과 및 임용제도 개선 상황을 매년 국회 소관 상임위원회에 보고하여야 한다. <신설 2021. 12. 21.>

5. 특별감찰관 임명

국회가 3명의 후보자를 대통령에게 서면으로 추천하면 대통령은 그중 1명을 지명하고 국회의 인사청문을 거쳐 임명하도록 규정하고 있다.

6. 특별감찰관의 임기

특별감찰관의 임기를 3년으로 하는 정무직 공무원이고 중임할 수는 없다.

Ⅱ. 특별감찰관보, 감찰담당관

특별감찰관법 제9조(특별감찰관보와 감찰담당관) 특별감찰관은 그 직무수행에 필요한 범위에서 1명의 특별감찰관보와 10명 이내의 감찰담당관을 임명할 수 있다.
시행령 제3조(특별감찰관보의 자격 등) ① 특별감찰관보는 10년 이상 「법원조직법」 제42조 제1항 각 호의 직에 있던 사람 중에서 특별감찰관이 임명한다. 다만, 「법원조직법」 제42조 제1항 각 호 중 2개 이상의 직에 재직한 경우 그 연수를 합산한다.
② 특별감찰관보는 특별감찰관을 보좌하여 소관 사무를 처리하고 감찰담당관 및 법 제10조 제1항에 따라 파견받은 공무원을 지휘·감독한다.
③ 감찰담당관은 특별감찰관과 특별감찰관보의 지휘를 받아 감찰업무를 담당한다.
④ 특별감찰관보와 감찰담당관은 임용 당시 특별감찰관의 임기만료와 함께 퇴직한다. 다만, 특별감찰관은 업무 인수인계를 위하여 특히 필요하다고 인정하는 경우 1개월 이내의 기간 동안 특별감찰관보와 감찰담당관의 근무기간을 연장할 수 있다.

특별감찰관 직제
제1조(목적) 이 영은 「특별감찰관법」 제24조에 따라 특별감찰관의 조직과 직무범위, 그 밖에 필요한 사항을 규정함을 목적으로 한다.
제2조(직무) 특별감찰관은 「특별감찰관법」(이하 "법"이라 한다) 제5조 각 호에 해당하는 사람의 법 제2조에 따른 비위행위에 대한 감찰 및 그에 필요한 사무를 관장한다.

제3조(특별감찰관) ① 특별감찰관은 감찰사무를 통할하고 특별감찰관보를 지휘·감독한다.
② 특별감찰관은 정무직으로 한다.
제4조(특별감찰관보) ① 특별감찰관보는 특별감찰관을 보좌하여 소관 사무를 처리하고 감찰담당관, 법 제10조에 따라 파견받은 공무원을 지휘·감독한다.
② 특별감찰관보는 고위공무원단에 속하는 별정직공무원으로 보하되, 그 직위의 직무등급은 가등급으로 한다.
제5조(하부조직) 특별감찰관에 특별감찰과를 둔다.
제6조(특별감찰과) ① 특별감찰과장은 별정직 3급 상당 또는 4급 상당의 감찰담당관으로 보한다.
② 특별감찰과장은 감찰사무와 그 밖에 특별감찰관이 지시한 사무 및 운영지원에 관한 사무를 처리한다.
③ 특별감찰과장은 별정직 5급 상당의 감찰담당관과 법 제10조에 따라 파견받은 공무원을 지휘·감독한다.
제7조(특별감찰관에 두는 공무원의 정원) 특별감찰관에 두는 공무원의 정원은 별표와 같다.

1. 의의

특별감찰관법 제9조는 특별감찰관은 그 직무수행에 필요한 범위에서 1명의 특별감찰관보를 임명할 수 있다고 규정하고 있다. 특별감찰관보는 특별감찰관을 보좌하여 소관 사무처리, 감찰담당관과 파견받은 공무원에 대한 지휘 감독하는 것을 그 주요 업무로 한다. 임기제 고위공무원의 경우 신규 채용시 직무 수행요건을 설정하여 공고에 따른 경쟁 방법으로 채용하고 채용 전 역량평가를 실시하여야 하는 것이 원칙이나, 인사혁신처 관련부서와 신속한 결원 보충의 필요성을 협의하는 등 간소한 절차에 의해 임용할 수 있도록 업무협조를 받아, 특별감찰관보의 경우 채용공고 및 채용시험은 고위공무원단 인사규정 제14조의5 제2항 제2호[118] 및 제15조 단서에 따라 생략하고, 역량

---

118) **고위공무원단 인사규정 제14조의5(임기제 고위공무원의 경력경쟁채용시험등의 방법)** ① 임기제 고위공무원의 경력경쟁채용등은 소속 장관이 서류전형과 면접시험의 방법으로 실시하되, 법 제23조에 따라 배정된 직무등급이 가장 높은 등급의 직위에 임기제 고위공무원을 채용하는 경우에는 서류전형의 방법으로 한다.
② 임기제 고위공무원은 채용 예정 직위의 업무 수행에 필요한 구체적인 직무 수행 요건을

평가는 고위공무원단 인사규정 제9조 제1항 제2호 내지 제4호의 규정119)에 의하여 실시하지 아니하고도 선발할 수 있다.

설정하여 공고에 따른 경쟁의 방법으로 채용하는 것을 원칙으로 한다. 다만, 다음 각 호의 어느 하나에 해당하는 경우에는 그러하지 아니할 수 있다. <개정 2014. 11. 19.>
1. 법 제23조에 따라 배정된 직무등급이 가장 높은 등급의 직위에 채용하는 경우
2. 신속한 결원 보충의 필요성, 채용시험 비용의 과다(過多) 등 특별한 사유가 있는 경우로서 소속 장관이 인사혁신처장과 협의하는 경우
③ 임기제 고위공무원 시험위원회의 구성·운영, 채용시험의 위탁, 사전협의, 자체 위원회의 구성·운영 및 결과의 통보에 관하여는 제14조의2부터 제14조의4까지의 규정을 준용한다.
④ 제1항부터 제3항까지의 규정에도 불구하고 개방형 직위의 임기제 고위공무원의 경력경쟁채용등은 개방형및공모직위규정 제5조에 따른다.
제15조(별정직 고위공무원의 채용) 별정직 고위공무원의 채용방법에 관하여는 제14조의5제1항부터 제3항까지의 규정을 준용한다. 다만, 비서관, 정책보좌관 및 이에 상응하는 직위에 별정직 고위공무원으로 채용하는 경우에는 채용시험 등의 절차를 생략할 수 있다. <개정 2017. 7. 26.> [전문개정 2013. 12. 11.]
119) **고위공무원단 인사규정 제9조(역량평가)** ① 법 제2조의2제3항에 따른 평가(이하 "역량평가"라 한다)는 고위공무원으로 신규채용되려는 사람 또는 4급 이상 공무원(수석전문관을 포함한다. 이하 같다)이 고위공무원단 직위로 승진임용되거나 전보(고위공무원이 아닌 연구관·지도관을 고위공무원단 직위로 전보하는 경우만 해당한다)되려는 사람을 대상으로 신규채용, 승진임용 또는 전보 전에 실시하여야 한다. 다만, 다음 각 호의 어느 하나에 해당하는 경우에는 역량평가를 실시하지 아니할 수 있다. <개정 2010. 6. 15., 2013. 3. 23., 2013. 12. 11., 2014. 11. 19., 2017. 1. 10., 2017. 7. 26.>
1. 지방공무원이나 민간인을 법 제2조의2제2항 제3호의 직위에 신규채용하는 경우(지방자치단체의 장이나 지방교육행정기관의 장이 역량평가를 거쳐 임용하는 것을 요청하는 경우는 제외한다)
2. 다음 각 목의 어느 하나에 해당하는 고위공무원단 직위에 임기제공무원 또는 별정직공무원으로 임용하는 경우
  가. 비서관
  나. 「정책보좌관의 설치 및 운영에 관한 규정」에 따른 정책보좌관(이하 "정책보좌관"이라 한다)
  다. 비상안전기획관
  라. 대통령경호처의 경호업무 관련 직위
  마. 그 밖에 가목부터 라목까지의 직위에 상응하는 직위
3. 고위공무원단 직위 또는 그에 상응하는 직위(법 제2조의2제2항 제3호 및 이 항 제2호의 직위는 제외한다)에 국가공무원으로 재직하였던 사람을 임용하는 경우
4. 그 밖에 고위공무원으로서 역량을 이미 갖추고 있다고 볼 만한 특별한 사유가 있어 소속 장관이 인사혁신처장과 협의하는 경우

2. 내용

특별감찰관법 제9조 및 특별감찰관법 시행령 제3조, 하위규정인 특별감찰관 직제규정에서는 특별감찰관 보조기구의 명칭과 규모를 특정하고 있다. 이에 법상 특별감찰을 실시하는 주체는 특별감찰관이지만 현실적으로 특별감찰관 1명이 감찰업무를 수행할 수 없음은 명백한바, 특별감찰관의 업무를 보조하는 기구로 특별감찰관보와 감찰담당관을 설치하도록 규정하고 있다. 또한 특별감찰관보와 감찰담당관의 규모를 명확히 하고, 이들에 대한 임명권을 특별감찰관에게 부여하고 있다. 특별감찰관보와 감찰담당관은 특별감찰관 업무를 보좌하는 기구로 특별감찰관보와 감찰담당관을 두도록 하였는바, 특별감찰관을 보조하는 기구로 법률에 명시된 직위이다. 이 보조기구들은 특별감찰관에 임명권을 부여하고 있으며, 특별감찰관은 대통령이 임명하는 대신, 특별감찰관을 보좌하는 특별감찰관보와 감찰담당관은 특별감찰관이 스스로 임명할 수 있도록 하는 바, 이는 특별감찰관이 대통령 소속이긴 하지만, 인사의 독립성을 보장하기 위한 취지이다.

특별감찰관법 제12조 제1항은 특별감찰관보와 감찰담당관은 별정직 공무원으로 한다라고 규정하면서 특별감찰관법 제7조 제1항은 특별감찰관의 경우 법조경력 15년 이상의 변호사라는 요건을 자격요건으로 명시한 반면, 특별감찰관보와 감찰담당관에 대해서는 특별한 요건을 규정하지 아니하고 있다. 이에 대해 특별감찰관법 시행령 제3조 제1항을 통해 법조경력 10년 이상의 법조인 중에서 특별감찰관보를 선발하도록 규정하고 있다. 이에 10년 이상 법원조직법 제42조 제1항 각 호의 직에 있던 사람이라고 함에 따라 판사, 검사, 변호사 외에 교수 등으로 재직한 사람들 중 법조인들은 위 자격요건을 충족하고, 반드시 현재 변호사이어야 하는 것은 아니다.[120] 감찰담당관에 대해

---

[120] **특별감찰관법 시행령 제3조(특별감찰관보의 자격 등)** ① 특별감찰관보는 10년 이상 「법원조직법」 제42조 제1항 각 호의 직에 있던 사람 중에서 특별감찰관이 임명한다. 다만, 「법원조직법」 제42조 제1항 각 호 중 2개 이상의 직에 재직한 경우 그 연수를 합산한다.
② 특별감찰관보는 특별감찰관을 보좌하여 소관 사무를 처리하고 감찰담당관 및 법 제10조 제1항에 따라 파견받은 공무원을 지휘·감독한다.
③ 감찰담당관은 특별감찰관과 특별감찰관보의 지휘를 받아 감찰업무를 담당한다.
④ 특별감찰관보와 감찰담당관은 임용 당시 특별감찰관의 임기만료와 함께 퇴직한다. 다만, 특별감찰관은 업무 인수인계를 위하여 특히 필요하다고 인정하는 경우 1개월 이내의 기간 동안 특별감찰관보와 감찰담당관의 근무기간을 연장할 수 있다.

서는 별도의 자격요건을 규정하지 아니함에 따라 특별한 요건없이 특별감찰관이 임용할 수 있다. 이에 반드시 변호사의 자격이 필요한 것도 아니다.

3. 역할

가. 특별감찰관보

특별감찰관보는 특별감찰관을 보좌하여 소관사무를 처리하고 감찰담당관 및 파견공무원을 지휘·감독하는 역할을 수행하며 감찰담당관은 특별감찰관과 특별감찰관보의 지휘를 받아 감찰업무를 담당하는 실무역할을 수행한다. 특별감찰관은 특별감찰관보를 통해 감찰담당관 등 실무자들을 지휘, 감독하는 것이므로 특별감찰관보가 특별감찰관과 감찰담당관 등 실무자들 사이의 가교역할을 충실히 해야 할 필요가 있다. 특별감찰관보는 고위공무원단에 속하는 별정직 공무원으로 하고, 직무등급을 가등급으로 한다고 규정하고 있다.

나. 특별감찰과장

특별감찰과장은 별정적 3급 상당 또는 4급 상당의 감찰담당관으로 하며, 특별감찰관법 제12조 제3항은 "특별감찰관, 특별감찰관보와 감찰담당관의 보수와 대우에 대하여는 대통령령으로 정한다"라고 규정하고 있다. 특별감찰관에 특별감찰과를 두는 데 특별감찰과장은 감찰사무와 함께 특별감찰관이 지시하는 사무, 운영지원에 관한 사무 등을 담당하고 특히 특별감찰관 내 유일한 '과'를 운영함에 따라 각종 공문수발, 운영지원 등 행정 업무를 수행하는 주체가 된다. 특별감찰과장은 별정직 5급 상당의 감찰담당관과 법 제10조에 따라 파견받은 공무원을 지휘·감독한다.

다. 감찰담당관

특별감찰관법 제9조는 특별감찰관은 그 직무수행에 필요한 범위에서 10명 이내의 감찰담당관을 임명할 수 있다고 규정하고 있으며, 특별감찰관 직제 제7조 및 별표는 감찰담당관 정원을 감찰담당관(3급 상당 또는 4급 상당) 1명 및 감찰담당관(5급 상당) 5명으로 규정[121]하고 있다. 별정직 3급 상당 또는 4급 상당의 감찰담당관으로 보하는 특별감찰과장은 감찰사무와 그 밖에 특별감찰관이 지시한 사무 및 운영에 관한 사무를 처리하며, 별정직 5급 상당의 감찰담당관은 특별감찰관과 특별감찰관보의 지휘를 받아 감찰업무를 담당한다.

4. 별정직 공무원

특별감찰관은 정무직 공무원이고, 특별감찰관보와 감찰담당관은 별정직 공무원인 바, 별정직으로 규정된 것은 특별감찰관의 임기와 함께 연동될 수 있도록 함으로써 특별감찰관보 등의 신분변동을 탄력적으로 할 수 있도록 함에 취지가 있다고는 하지만 영구적인 조직에 전체 구성원을 정무직과 별정직 공무원으로만 구성한 것은 일반적으로 보기는 어렵다고 생각된다. 별정직 공무원의 경우에도 일부 일정 임기를 규정한 공무원(진실·화해를 위한 과거사정리위원회)[122]도 있고, 대통령령 등에 당연퇴직·면직 규

---

121) 2015. 4. 23. 별정직공무원 인사규정 제3조의5 제1항에 의하여 인사혁신처(인력기획과)와 감찰담당관 채용시험에 대하여 사전협의 후 2015. 4. 27. 인사혁신처 나라일터 홈페이지에 감찰담당관(별정직공무원) 경력경쟁채용시험을 공고하고 2015. 4. 29.부터 5. 7.까지 응시원서를 접수하였다.

※ 응시자격 요건(별정직공무원 인사규칙 제2조 제1항)

채용계급	응시자격 요건
감찰과장	1. 관련분야 박사학위 취득후 7년이상 관련분야 실무경력이 있는 자 2. 관련분야 석사학위 취득후 10년이상 관련분야 실무경력이 있는 자 3. 관련분야 학사학위 취득후 12년이상 관련분야 실무경력이 있는 자 4. 학사학위 취득후 14년이상 관련분야 실무경력이 있는 자 5. 4급상당이상의 공무원으로 2년이상 관련분야 실무경력이 있는 자 **6. 변호사 자격 소지자로서 8년이상 관련분야 실무경력이 있는 자**
감찰담당관	1. 관련분야 박사학위 취득후 1년이상 관련분야 실무경력이 있는 자 2. 관련분야 석사학위 취득후 3년이상 관련분야 실무경력이 있는 자 3. 관련분야 학사학위 취득후 5년이상 관련분야 실무경력이 있는 자 **4. 학사학위 취득후 7년이상 관련분야 실무경력이 있는 자** 5. 6급상당이상의 공무원으로 2년이상 관련분야 실무경력이 있는 자 **6. 변호사 자격 소지자로서 2년이상 관련분야 실무경력이 있는 자**

※ 관련분야: 법률사무·감사·감찰·수사 등

122) 진실·화해를 위한 과거사정리 기본법 제16조(직원의 신분보장) ① 위원회 직원은 형의 확

정을 두는 유형(장관 정책보좌관[123])도 있으며, 국회의원 보좌관, 비서관, 비서의 경우에도 별정직으로 규정되어 있다. 국가공무원법에서는 별정직공무원을 비서관·비서 등 보좌업무 등을 수행하거나 특정한 업무수행을 위하여 법령에서 별정직으로 지정하는 공무원을 대상으로 하고 있는데 각 개별법령상의 별정직 공무원 인사규정에 의하고 있다. 현재 신분이 불안정한 별정직 공무원으로 보좌기구를 구성한 점이 영속성 있는 기구를 만들 의사가 없거나 한시적으로 약한 형태의 특별감찰관제도를 설계한 맹점이 있다고 생각한다.

이러한 **제도적 맹점은 특별감찰관법 시행령 제3조 제4항조항과 함께 결부되어 그 조직의 임시성과 연약함이 극대화**된다. 특별감찰관보와 감찰담당관은 임용 당시 특별감찰관의 임기만료와 함께 퇴직한다. 다만, 특별감찰관은 업무 인수인계를 위하여 특히 필요하다고 인정하는 경우 1개월 이내의 기간 동안 특별감찰관보와 감찰담당관의 근무기간을 연장할 수 있다는 조항을 통해 임기 형식을 두는 방식이 아니라 임용 당시 특별감찰관의 임기만료와 함께 퇴직하는 방식으로 규정함으로써 **특별감찰관 임기 만료시마다 전직원이 새로 임용되어야 되는 한시적 기구가 되고 말았고 특히 특별감찰관이 퇴임하면서 특별감찰관보와 감찰담당관이 모두 퇴직할 경우 업무인수인계가 제대로 이루어지지 아니할 수 있는 문제점이 발생**한다. 특별감찰관법 시행령 제3조 제4항 조항의 단서로 "다만, 특별감찰관은 업무 인수 인계를 위하여 특히 필요하다고 인정하는 경우 1개월 이내의 기간동안 특별감찰관보와 감찰담당관의 근무기간을 연장할 수 있다"라고 규정한 부분은 30일 정도 업무연장만 할 수 있는 규정이며 후임 특별감찰관의 경우 국회에서 3인이 추천되지 아니하면 임명될 수 없기 때문에 근원적 해결책이 되지 못한다고 생각한다.

정, 징계처분에 의하지 아니하고는 그 의사에 반하여 퇴직·휴직·강임 또는 면직을 당하지 아니한다.

② 위원회 직원 중 파견공무원을 제외한 소속 직원은 위원회가 활동을 존속하는 기간 동안 「국가공무원법」상 별정직공무원으로서의 권한과 책임을 진다.

123) **정책보좌관의 설치 및 운영에 관한 규정 제4조(면직)** 제2조 제2항에 따라 별정직공무원으로 임용된 정책보좌관은 임용 당시 기관장의 임기만료와 함께 면직된다. <개정 2013. 12. 11., 2017. 7. 26.>

(참고) 특별감찰관 공무원 정원표(제7조 관련)

총계	8
정무직 계	1
특별감찰관(차관급)	1
별정직 계	7
고위공무원단(특별감찰관보)	1
감찰담당관(3급 상당 또는 4급 상당)	1
감찰담당관(5급 상당)	5

Ⅲ. 파견공무원

특별감찰관법 제10조(공무원 파견요청 등) ① 특별감찰관은 그 직무수행을 위하여 필요한 때에는 감사원, 대검찰청, 경찰청, 국세청 등 관계 기관의 장에게 소속 공무원의 파견 근무와 이에 관련되는 지원을 요청할 수 있다. 다만, 파견공무원의 수는 20명 이내로 한다.
② 파견공무원의 파견 기간은 3년을 초과할 수 없고, 소속 기관으로 복귀한 사람은 다시 파견할 수 없다.

특별감찰관법 시행령 제4조(공무원 파견 요청 등) ① 특별감찰관은 법 제10조 제1항에 따라 관계 기관의 장에게 소속 공무원의 파견 근무와 이에 관련되는 지원을 요청할 때에는 그 필요성을 소명하는 서면으로 하여야 한다.
② 제1항에 따른 요청을 받은 관계 기관의 장은 해당 기관의 인력 사정 등을 고려하여 최대한 협조하여야 한다.

특별감찰관법 제10조 제1항은 특별감찰관은 그 직무수행을 위하여 필요한 때에는 감사원, 대검찰청, 경찰청, 국세청 등 관계기관의 장에게 소속 공무원의 파견 근무와 이에 관련되는 지원을 요청할 수 있다고 규정하고 있는바, 특별감찰관실 측은 실제 관련기관과의 협의를 거쳐 총 다수의 공무원을 파견받았었다. 관계기관의 공무원 파견요청 절차 등에 대해 특별감찰관은 관계기관의 장에게 소속 공무원의 파견근무와 이에 관련되는 지원을 요청할 수 있도록 규정하고 있는 바, 이와 같은 요청을 함에 있어 필요성을 소명하는 서면에 의하도록 하되 이러한 요청을 받은 관계기관의 장은 해당기관의 인력 사정 등을 고려하여 최대한 협조하도록 규정되어 있다. 필요성을 소명하는 서면에 의하도록 함으로써 관계기관의 장에 대한 공무원 파견요청에 대한 근거를 명백히 남기고, 신중을 기하도록 하며 이러한 요청을 받은 관계기관으로 하여금 적극적인 협조를 할 수 있도록 하였다. 협조요청을 받은 관계기관의 장은 해당기관의 인력 사정 등을 고려하여 최대한 협조할 의무를 규정하였지만 이는 강제력이 없으며 각 기관의 인력사정 등을 고려한다는 점을 전제로 한 것이므로 구체적인 인력 운영사정 등을 고려하여 인력파견의 협조 범위가 결정된다. 이에 파견공무원의 범위도 해마다 특정되지 아니하고 매해 상황에 따라 협의를 하여야 하는 것이어서 조직의 안정성을 저해한다고 볼 수 있다.

특별감찰관실 파견공무원은 별도 정원과 비별도 정원의 혼합적 형태로 이루어지고 있어 감찰관실의 안정적 조직 운영을 위해서 파견공무원의 근거규율의 검토와 발전적인 방법 모색이 필요하다. 이에 행정안전부 장관과 협의하에 별도정원을 직제에 반영(행정기관의 조직과 정원에 관한 통칙 24조의2 제2항[124])하는 방안, 중기인력계획수립 등

---

124) 행정기관의 조직과 정원에 관한 통칙 제24조의2(파견 등으로 인한 별도정원의 관리) ① 중앙행정기관(합의제 행정기관을 포함한다)의 장은 다음 각 호의 어느 하나에 해당하는 사유가 발생하여 별도 정원(파견자의 정원이 따로 있는 것으로 보고 결원을 보충할 수 있는 정원을 말한다. 이하 같다)을 운용할 필요가 있다고 인정되는 경우에는 기관별·계급별 또는 고위공무원단에 속하는 공무원의 경우에는 공무원의 종류별 별도 정원에 대하여 미리 행정안전부장관과 협의해야 한다. 이 경우 인사혁신처장은 다음 각 호의 구분에 따른 시기에 별도 정원 및 그 기간의 연장 등에 관하여 행정안전부장관에게 협의를 요청해야 한다. <개정 2014. 11. 19., 2016. 2. 3., 2017. 7. 26., 2020. 4. 14.>
  1. 「국가공무원법」 제32조의4 및 제43조 제2항에 따른 1년 이상의 파견근무 및 그 기간의 연장(1년 미만으로 연장하는 경우를 포함한다): 「공무원임용령」 제41조 제3항 본문에 따른 파견의 협의 시
  2. 「공무원 인재개발법」 제13조 제1항 및 「공무원 인재개발법 시행령」 제31조 제1항 및 제37조 제1항에 따른 6월 이상의 교육훈련: 위탁교육훈련계획의 협의 시
  3. 「공무원 인재개발법」 제13조 제2항에 따라 수립되는 위탁교육훈련계획에 의한 6월 이상의 교육훈련: 위탁교육훈련계획의 수립 시

소요정원 설명을 통한 증원(행정기관의 조직과 정원에 관한 통칙 10조,[125] 제30조[126])을 하는 방안, 비별도파견을 유지하면서 특별감찰관법에 '별도 정원'을 신설하는 방안 등이 동시에 필요하다. 행정안전부와의 협의가 쉽지 않은 측면이 있어 명확히는 특별감찰관법을 개정하는 방안이 간명하지만 이 역시 국회를 통과하여야 하기 때문에 쉽지 않다.

Ⅳ. 직무대행

> **특별감찰관법 제11조(특별감찰관의 직무권한)** ① 특별감찰관은 감찰사무를 통할하고 특별감찰관보를 지휘·감독한다.
>
> ② 특별감찰관보는 특별감찰관을 보좌하여 소관 사무를 처리하고 감찰담당관, 제10조에 따라 파견받은 공무원을 지휘·감독하며 특별감찰관이 사고로 직무를 수행할 수 없으면 대통령령으로 정하는 순서에 따라 그 직무를 대행한다.

> **특별감찰관법 시행령 제3조(특별감찰관보의 자격 등)** ④ 특별감찰관보와 감찰담당관은 임용 당시 특별감찰관의 **임기만료와 함께 퇴직**한다. 다만, 특별감찰관은 업무 인수인계

---

② 행정안전부장관은 제1항 제1호의 사유로 인한 별도정원이 장기적·지속적으로 필요하다고 인정되는 경우에는 이를 당해 중앙행정기관의 직제상 정원에 포함하여 운용할 수 있다.

125) **행정기관의 조직과 정원에 관한 통칙 제10조(직제 등의 개정요구 등)** 중앙행정기관의 장은 해당 기관과 그 소속기관의 기구의 개편과 정원의 조정을 위하여 직제 등을 제정 또는 개정하려는 경우에는 다음 각 호의 서류를 행정안전부장관에게 제출해야 한다.
1. 직제 등의 안
2. 직제 등 개정요구서
3. 기관 일반현황 및 하부조직별 정원과 그 현황
4. 재배치 추진계획

126) **행정기관의 조직과 정원에 관한 통칙 제30조(중기인력운영계획의 수립)** ① 중앙행정기관의 장은 그 기관의 업무량 증감과 그에 따른 인력수요의 변화 등을 고려하여 부처별 중기인력운영계획을 수립하여 매년 4월 말까지 행정안전부장관에게 제출해야 한다. <개정 2013. 3. 23., 2014. 11. 19., 2017. 7. 26., 2021. 1. 5.>

② 행정안전부장관은 제1항에 따라 제출받은 부처별 중기인력운영계획을 종합하여 매년 9월 말까지 각 중앙행정기관별 또는 주요 기능별로 정부 중기인력운영계획을 수립해야 한다. <개정 2013. 3. 23., 2014. 11. 19., 2017. 7. 26., 2018. 3. 30., 2022. 5. 31.>

③ 제1항 및 제2항에 따른 중기인력운영계획의 수립에 관하여 필요한 세부사항은 행정안전부장관이 정한다.

를 위하여 특히 필요하다고 인정하는 경우 1개월 이내의 기간 동안 특별감찰관보와 감찰담당관의 근무기간을 연장할 수 있다.

특별감찰관법 시행령 제5조(특별감찰관의 직무대행) 특별감찰관이 사고로 직무를 수행할 수 없으면 특별감찰관보가 그 직무를 대행하고, 특별감찰관과 특별감찰관보가 모두 사고로 직무를 수행할 수 없으면 특별감찰과장이 그 직무를 대행한다.

1. 특별감찰관 직무대행 규정

특별감찰관법 제11조 제2항은 "특별감찰관보는 특별감찰관을 보좌하여 소관사무를 처리하고 감찰담당관, 제10조에 따라 파견받은 공무원을 지휘·감독하며 특별감찰관이 사고로 직무를 수행할 수 없으면 대통령령이 정하는 순서에 따라 그 직무를 대행한다"라고 규정하고 있는 바, 특별감찰관의 유고 등이 발생한 경우 직무를 대행하는 순서를 규정하고 있다. 이에 특별감찰관보, 특별감찰과장 순서로 유고 발생 시 특별감찰관의 직무를 대행한다. 그렇다면 특별감찰관이 임기만료 前 사직하는 경우에 「임기만료 퇴직」에 「임기만료 前 사직」이 포함되는지 살펴볼 필요가 있다.

당시 2016년도 인사혁신처는 공문에서 "특별감찰관보 및 감찰담당관의 퇴직 여부와 관련해 **사회적 혼란이 야기**되고 있다"면서 "특별감찰관법 시행령 제3조 제4항의 '임기만료'는 면직을 포함하는 것으로 해석되므로, 이 규정에 따라 특별감찰관의 면직 전에 별도의 근무기간 연장조치가 없었다면 **특별감찰관의 면직과 함께 특별감찰관보와 감찰담당관도 당연퇴직 하는 것으로 보아야 할 것**"이라고 밝혔다. 이러한 견해에 의하면 장관정책보좌관 등 일부 별정직 공무원이 임명권자와 동반퇴직하는 경우, '임기만료'라는 규정을 임용권자가 임기만료 前 사직할 때에도 적용하고 있다는 견해가 있으며, 지방별정직 공무원 인사규정(제12조)에서 사임·사직의 경우를 임기만료도 포함하고 있다는 견해도 제시되었다. 즉 지방별정직공무원인사규정 제12조에서는 지방자치단체의 장 또는 지방의회 의장을 보좌하기 위하여 지방별정직공무원으로 비서관 또는 비서에 임용된 경우에는 임용 당시의 지방자치단체의 장 또는 지방의회의 의장이 임기만료(지방자치단체의 장이 임기중에 사임 또는 퇴직하거나 지방의회의 의장이 사직, 퇴직 또는 자격상실하는 경우를 포함한다)로 퇴직할 때 함께 면직된다고 하여 입법적으로 임기중 퇴직의 경우를 포함하고 있는데 특별감찰관법 시행령에서는 이러한 부분이 규정되어 있지 아니하므로 이에 대한 규정해석을 살펴볼 필요가 있다.

특별감찰관법 시행령 제3조 제4항의 "임기만료"의 의미에는 **임기만료 퇴직에 임기 만료 前 사직이 포함되지 않는다.** 이에 국가공무원법, 특별감찰관법에서는 퇴직과 면직을 구분하고 있어서 국가공무원법에서는 공무원관계의 소멸사유로 당연퇴직(제69조)과 직권면직(제70조 제1항)을 규정하고 있고, 임기만료 퇴직은 국가공무원법 제69조상의 당연퇴직이며, 임기만료 前 사직은 의원면직에 해당하는 개념을 들 수 있다. 당연퇴직에는 임기만료, 사망, 정년퇴직 등이 있으며, 면직에는 직권면직(제70조 제1항)과 의원면직이 있고, 의원면직에 대해서는 법에 별도로 규정하고 있지는 아니하다. 특별감찰관법은 면직과 퇴직을 구분하여 규정하고 있음에 비추어 보면 '퇴직'은 임기만료로 인한 퇴직으로 국한하여 해석하고, '면직'은 임기만료 前 사직을 의미하는 것으로 해석함이 타당한 것이다. 또한 임기만료에 의원면직을 포함하여 해석하면 특별감찰관의 사임시 모든 소속공무원이 당연퇴직되어 기관이 유지될 수 없다는 현실적 문제점도 있다. 조직의 영속성을 위해 특별감찰관법 시행령 제5조에서 특별감찰관의 직무대행권자를 규정한 취지를 고려할 때 임기만료로 인한 퇴직에 임기만료 前 사직을 포함시킬 수 없다고 해석함이 타당하다고 사료된다.

〈 특별감찰관법 〉
제15조(공직 등 임명 제한) 특별감찰관은 면직, 해임 또는 퇴직 후 그 특별감찰관을 임명한 대통령의 임기 중에는 제5조 제2호에서 정하는 특정 공직자, 차관급 이상 공직자 및 「공직자윤리법」 제3조의2에 따른 공직유관단체의 임원에 임명될 수 없다.

〈 특별감찰관법 시행령 〉
제3조(특별감찰관보의 자격 등) ④ 특별감찰관보와 감찰담당관은 임용 당시 특별감찰관의 임기만료와 함께 퇴직한다. 다만, 특별감찰관은 업무 인수인계를 위하여 특히 필요하다고 인정하는 경우 1개월 이내의 기간 동안 특별감찰관보와 감찰담당관의 근무기간을 연장할 수 있다.
제5조(특별감찰관의 직무대행) 특별감찰관이 사고로 직무를 수행할 수 없으면 특별감찰관보가 그 직무를 대행하고, 특별감찰관과 특별감찰관보가 모두 사고로 직무를 수행할 수 없으면 특별감찰과장이 그 직무를 대행한다.

2. 특별감찰관의 사직이 특별감찰관법 시행령 제5조상의 사고사유에 해당하여 직무대행의 사유가 되는지

〈 특별감찰관법 〉

제15조(공직 등 임명 제한) 특별감찰관은 **면직, 해임 또는 퇴직** 후 그 특별감찰관을 임명한 대통령의 임기 중에는 제5조 제2호에서 정하는 특정 공직자, 차관급 이상 공직자 및 「공직자윤리법」 제3조의2에 따른 공직유관단체의 임원에 임명될 수 없다.

〈 특별감찰관법 시행령 〉

제3조(특별감찰관보의 자격 등) ④ 특별감찰관보와 감찰담당관은 임용 당시 특별감찰관의 **임기만료와 함께 퇴직**한다. 다만, 특별감찰관은 업무 인수인계를 위하여 특히 필요하다고 인정하는 경우 1개월 이내의 기간 동안 특별감찰관보와 감찰담당관의 근무기간을 연장할 수 있다.

제5조(특별감찰관의 직무대행) 특별감찰관이 **사고로 직무를 수행할 수 없으면 특별감찰관보**가 그 **직무를 대행**하고, 특별감찰관과 특별감찰관보가 모두 사고로 직무를 수행할 수 없으면 특별감찰과장이 그 직무를 대행한다.

〈 직무대리규정 (대통령령) 〉

제2조(정의) 이 영에서 사용하는 용어의 뜻은 다음과 같다.

  1. "직무대리"란 기관장, 부기관장이나 그 밖의 공무원에게 **사고가 발생한 경우**에 직무상 공백이 생기지 아니하도록 해당 공무원의 직무를 대신 수행하는 것을 말한다.

  4. "사고"란 다음 각 목의 어느 하나에 해당하는 경우를 말한다.

   가. 전보, **퇴직**, 해임 또는 임기 만료 등으로 후임자가 임명될 때까지 **해당 직위가 공석인 경우**

   나. 휴가, 출장 또는 결원 보충이 없는 휴직 등으로 일시적으로 직무를 수행할 수 없는 경우

가. 논의의 쟁점

특별감찰관은 대통령의 친인척, 대통령실의 수석비서관급 이상을 감찰하는 역할을

맡고 있어 상시적으로 그 직을 걸고 감찰을 수행하여야 할 경우가 많고 이에 특별감찰관의 조직 영속성 측면상 특별감찰관의 사직이 시행령 제5조상 사고사유에 해당하는지 여부를 검토할 필요가 있다. **직무대리규정 및 특별감찰관법 시행령 제5조를 보면** 직무대리규정은 "사고"를 "전보, **퇴직**, 해임 또는 임기만료 등으로 **후임자가 임명될 때까지 해당 직위가 공석**인 경우" 등으로 규정하고 있으며, 퇴직에는 의원 면직이 포함되는 것으로 규정하고 있다. 이에 퇴직은 당연퇴직(정년, 임기만료), 면직(의원, 징계, 직권 면직)을 포함하는 개념으로 이해할 수 있으며, 만약 특별감찰관 사임의 경우가 사고에 해당하지 아니한다고 본다면 시행령 제5조 직무대행규정은 사실상 실제 적용가능한 사례가 없는 무용한 조문이 될 것이기 때문이다. 또한 **특별감찰관 소속 별정직 공무원은 별도 임기가 없는 타 별정직 공무원과 달리 임기가 특별감찰관의 임기만료까지로 규정되어 있고** 특별감찰관의 임명일(2015. 3. 26.)을 고려하여, 채용시 감찰담당관의 퇴직일을 3년 후인 2018. 3. 26.로 규정하여 채용공고를 하였으며, 위 공고내용은 인사혁신처와 협의한 내용이기도 하다.

나. 2016년 말 당시 정부(소송수행처)의 주장

특별감찰관의 감찰담당관처럼 특정한 업무수행을 한 별정직의 경우 업무수행 기간인 '활동을 존속하는 기간 동안'만 별정직 공무원으로서 권한과 책임을 가지도록 규정되어 있는 것이고, 특별감찰법 제정 당시 국회 논의과정을 살펴보면, 특별감찰보나 감찰담당관에 정년을 두고 특정직 공무원으로 하려고 했으나, 이들의 임기를 보장하거나 정년을 보장하는 것은 '특별감찰관의 인사권을 침해'하는 것이 되므로 부당하여 별정직으로 규정한 것으로 특별감찰관은 그 직무수행에 필요한 범위에서 1명의 특별감찰보와 10명 이내의 감찰담당관을 임명할 수 있다고 규정하고 있고, 동법 제11조 제2항과 동법 시행령 제3조 제2항, 특별감찰직제 제4조 제1항은 감찰담당관의 상급자인 특별감찰관보가 "특별감찰관을 보좌하여 사무를 처리하고 감찰담당관과, 제10조에 따라 파견받은 공무원을 지휘·감독"한다고 규정함으로써 특별감찰관보와 감찰담당관이 기본으로 특별감찰관의 보좌기관이어서 특별감찰관과 임기를 같이하므로, 특별감찰관법령에는 '특별감찰관의 신분보장 규정'만을 두었을 뿐이고, 특별감찰관보나 감찰담당관의 신분보장 규정은 두지 않고 있다는 주장이다. 이에 임면권자의 임기만료시 당연퇴직이 규정된 별정직공무원인 국회의원 보좌관·비서관·비서, 지방별정직공무원인 비서, 장관 정책보좌관은 모두 정무직인 장이나 국회의원 등의 업무를 보좌하는 성격을 가지기 때문에 임면권자인 정무직과 함께 그 진퇴를 같이 한다고 주장하였다.

다. 특별감찰과장 및 감찰담당관(신청인 측)의 주장

(1) 다른 별정직 공무원과 달리 특별감찰관제는 상설기구로서 다른 한시적 기구들과 그 성격이 다르며 '감찰담당관은 정무직인 특별감찰관의 업무를 보좌하기 위한 성격을 가지므로 특별감찰관과 함께 진퇴를 같이한다'고 주장하고 있으나, 이는 특별감찰관법의 구조와 업무의 성격, 그리고 법 문언에 반한다고 볼 수 있다.

〈 진실 · 화해를 위한 과거사정리 기본법 〉

제25조(조사기간) ① 위원회는 위원회가 구성되어 <u>최초의 진실규명 조사개시 결정일 이후 4년간 진실규명활동을 한다.</u>

② 위원회는 제1항의 규정에 의한 기간 이내에 진실규명활동을 완료하기 어려운 경우에는 기간 만료일 3월 전에 대통령 및 국회에 보고하고 2년 이내의 범위에서 그 기간을 연장할 수 있다.

③ 위원회는 제1항 및 제2항의 규정에 의한 조사기간 만료 이전에도 조사의 필요성이 없다고 판단할 경우에는 위원회 의결로서 조사기간을 만료할 수 있다.

〈 4 · 16세월호참사 진상규명 및 안전사회 건설 등을 위한 특별법 〉

제7조(위원회의 활동기간) ① 위원회는 <u>그 구성을 마친 날부터 1년 이내에 활동을 완료하여야 한다.</u> 다만, 이 기간 이내에 활동을 완료하기 어려운 경우에는 위원회의 의결로 한 차례만 활동기간을 6개월 이내에서 연장할 수 있다.

② 위원회는 제1항 단서에도 불구하고 조사활동 완료 후 제47조에 따른 종합보고서와 백서의 작성 및 발간을 위하여 필요한 경우 위원회의 의결로 한 차례만 활동기간을 추가로 3개월 이내에서 연장할 수 있다.

가령 진실 · 화해를 위한 과거사정리위원회(이하 '과거사정리위원회')와 4 · 16세월호참사 진상규명 및 안전사회 건설 등을 위한 특별법에 따른 위원회(이하 '세월호특별조사위원회')의 경우, '위원회가 활동을 존속하는 기간 동안 별정직 공무원의 권한과 책임을 지도록 규정'하고 있는바, 과거사정리위원회의 경우 "최초의 진실규명 조사개시 결정

일 이후 4년간 진실규명활동을 한다."고 규정되어 있고, 세월호특별조사위원회의 경우에도 "그 구성을 마친 날부터 1년 이내에 활동을 완료하여야 한다."고 규정되어 있다. 즉, 두 위원회의 경우에는 각 위원회의 존속·활동기한이 법에 규정되어 있는 한시적인 기구인데 반해, 특별감찰관은 대통령의 친인척 등 대통령과 특수한 관계에 있는 사람의 비위행위를 감찰하기 위한 상시기구로서, 위와 같은 특별위원회와 같이 법에 활동기한이 정하여진 한시기구가 아니며, 이러한 점은 특별감찰관법 제정문에서도 명확하게 규정하고 있다. 특별감찰관법 제정문에서는 "대통령의 친인척 및 측근들의 권력형 비리를 척결하기 위해 직무상 독립성이 보장되는 특별감찰관이 상시적으로 대통령의 친인척 및 측근들의 비위를 감찰하도록 함으로써 권력형 비리를 사전에 예방할 필요가 있는바, 대통령 측근 등의 권력형 비리를 근절하고 공직사회의 청렴성을 확보하기 위하여 특별감찰관제를 도입하여 대통령의 친인척 등의 행위를 감시하고 향후 발생할 수 있는 비리행위를 방지하려는 것"이 그 기구 설립의 취지라고 설시하고 있으며 (특별감찰관법 제정문). 이에 다른 법률의 별정직 공무원 관련 조항 및 감찰담당관의 업무 등을 살펴볼 때, 특별감찰관의 임기만료 전 사직의 경우 감찰담당관이 무조건 같이 퇴직하여야 한다고 볼 수 없다고 주장하였다.

〈 **법원조직법** 〉

제24조(재판연구관) ① 대법원에 재판연구관을 둔다.

② 재판연구관은 **대법원장의 명을 받아** 대법원에서 **사건의 심리 및 재판에 관한 조사·연구 업무를 담당한다.**

③ 재판연구관은 판사로 보하거나 3년 이내의 기간을 정하여 판사가 아닌 사람 중에서 임명할 수 있다.

④ 판사가 아닌 재판연구관은 2급 또는 3급 상당의 **별정직공무원**이나 「국가공무원법」 제26조의5에 따른 임기제공무원으로 하고, 그 직제(職制) 및 자격 등에 관하여는 대법원규칙으로 정한다.

〈 **헌법재판소법** 〉

제19조(헌법연구관) ③ 헌법연구관은 **헌법재판소장의 명을 받아 사건의 심리(審理) 및 심판에 관한 조사·연구에 종사한다.**

제19조의2(헌법연구관보) ① 헌법연구관을 신규임용하는 경우에는 3년간 헌법연구관보 (憲法研究官補)로 임용하여 근무하게 한 후 그 근무성적을 고려하여 헌법연구관으로 임용한다. 다만, 경력 및 업무능력 등을 고려하여 헌법재판소규칙으로 정하는 바에 따라 헌법연구관보 임용을 면제하거나 그 기간을 단축할 수 있다.

② 헌법연구관보는 **헌법재판소장이** 재판관회의의 의결을 거쳐 **임용한다.**

③ 헌법연구관보는 **별정직국가공무원**으로 하고, 그 보수와 승급기준은 헌법연구관의 예에 따른다.

④ 헌법연구관보가 근무성적이 불량한 경우에는 재판관회의의 의결을 거쳐 면직시킬 수 있다.

⑤ 헌법연구관보의 근무기간은 이 법 및 다른 법령에 규정된 헌법연구관의 재직기간에 산입한다.

〈 특별감찰관법 시행령 〉

제3조(특별감찰관보의 자격 등) ③ 감찰담당관은 **특별감찰관과 특별감찰관보의 지휘를 받아 감찰업무를 담당한다.**

---

(2) 또한 다른 별정직 공무원은 ① 비서관·비서 등 보좌업무 등을 수행하거나, ② 특정한 업무수행을 위하여 법령에서 별정직으로 지정하는 공무원이지만 특별감찰관실의 감찰담당관은 국회의원 비서관·비서나 장관정책보좌관과는 다르게 **감찰업무 담당이라는 특정한 업무수행을 위하여 채용된 별정직 공무원**으로 특별감찰관법 시행령 제3조 제3항에서는 "감찰담당관은 특별감찰관과 특별감찰관보의 지휘를 받아 감찰업무를 담당한다."고 규정하고 있으며, 특별감찰관 직제 제6조 제2항에서도 "특별감찰과장은 감찰사무와 특별감찰관이 지시한 사무 및 운영지원에 관한 사무를 처리한다."고 규정하고 있고, 특히 다수의 법령에서 특정한 업무수행을 위한 별정직 공무원을 규정하고 있는데, 가령 대법원 재판연구관의 경우 대법원장의 명을 받아 사건의 심리 및 재판에 관한 조사·연구 업무를 담당하고, 헌법연구관보의 경우에는 헌법재판소장의 명을 받아 사건의 심리 및 심판에 관한 조사·연구에 종사하는 바, 위 각 경우와 특별감찰관의 지휘를 받아 감찰업무를 담당하는 감찰담당관은 같은 구조 및 성격을 갖는다고 할 것이고 이는 국회의원 비서관·비서나 장관정책보좌관과는 분명히 다른 사유라고 주장하였다.

〈별정직 공무원의 분류〉

별정직	특정한 업무 수행	법원	사건 심리재판 조사·연구	법원조직법 제24조 제4항
		헌법재판소	사건 심리심판 조사·연구	헌법재판소법 제19조 제3항
		특별감찰관	감찰업무	특별감찰관법시행령 제3조 제3항
	비서 등 보좌업무 수행	장관보좌관	보좌	정책보좌관 설치운영규정 제2조 제1항[127]
		국회의원비서관	비서	국회별정직공무원 인사규정 제4조[128]

(3) 이에 당연히 상설기구인 헌법재판소의 경우 헌법재판소장의 사임이 기관 내 별정직 공무원인 모든 헌법연구관보의 당연퇴직 및 신규임용의 결과를 의미하는 것이 아니며, 이는 대법원이나 다른 행정부처의 기관장 사임시 별정직 공무원의 경우도 마찬가지일 것이고 특별감찰관의 지휘를 받아 감찰업무를 담당하는 감찰담당관의 경우도 마찬가지라 할 것이며 특별감찰관법 문언 및 구조상으로도 특별감찰관의 '임기만료 전 사임'의 경우와 '임기만료로 인한 퇴직'의 경우를 명백히 구분하여 규정하고 있다.

---

127) **정책보좌관의 설치 및 운영에 관한 규정 제2조(설치)** ① 국무위원이 장(長)인 각 부처에 장관의 정책에 관한 사항을 보좌하는 담당관(이하 "장관정책보좌관"이라 한다)을 둘 수 있다. ② 장관정책보좌관은 별정직공무원으로 보(補)한다. 다만, 특별한 사유가 있는 경우에는 4급 이상 일반직공무원, 고위공무원단에 속하는 일반직공무원 또는 특정직공무원으로 대체할 수 있다.

128) **국회별정직공무원인사규정 제4조(임용절차)** 별정직공무원의 임용절차는 일반직공무원의 예에 의한다. 다만, 의원 또는 위원장을 보조하는 보좌관·비서관·비서 또는 행정보조요원과 교섭단체에 근무하는 교섭단체행정보조요원을 임면하고자 할 때에는 당해 의원·위원장 또는 교섭단체대표의원은 별지 제1호서식의 임명요청서 또는 별지 제2호서식의 면직요청서를 사무총장에게 제출하여야 한다.

〈 특별감찰관법 〉

제11조(특별감찰관의 직무권한) ① 특별감찰관은 감찰사무를 통할하고 특별감찰관보를 지휘·감독한다.

② 특별감찰관보는 특별감찰관을 보좌하여 소관 사무를 처리하고 감찰담당관, 제10조에 따라 파견받은 공무원을 지휘·감독하며 **특별감찰관이 사고로 직무를 수행할 수 없으면 대통령령으로 정하는 순서에 따라 그 직무를 대행한다.**

제8조(특별감찰관의 임기) ① 특별감찰관의 임기는 3년으로 하고, 중임할 수 없다.

② 특별감찰관이 결원된 때에는 결원된 날부터 30일 이내에 후임자를 임명하여야 한다.

〈 특별감찰관법 시행령 〉

제5조(특별감찰관의 직무대행) 특별감찰관이 <u>사고로 직무를 수행할 수 없으면 특별감찰관보가 그 직무를 대행하고, 특별감찰관과 특별감찰관보가 모두 사고로 직무를 수행할 수 없으면 특별감찰과장이 그 직무를 대행한다.</u>

제3조(특별감찰관보의 자격 등) ④ 특별감찰관보와 감찰담당관은 임용 당시 특별감찰관의 임기만료와 함께 퇴직한다. 다만, 특별감찰관은 업무 인수인계를 위하여 특히 필요하다고 인정하는 경우 1개월 이내의 기간 동안 특별감찰관보와 감찰담당관의 근무기간을 연장할 수 있다.

특별감찰관은 상설기구로서, 기구의 영속성을 위해서 각 상황별 기구의 운영방안에 대해 법령에서 규정하고 있는 바 임기만료 전 사직의 경우에는 특별감찰관법 제11조 제2항에 따라 특별감찰관이 사고로 직무를 수행할 수 없는 경우에 해당하며, 특별감찰관법 시행령 제5조에 의해 특별감찰관 → 특별감찰관보 → 특별감찰과장의 순으로 직무대행이 이루어지면서 기관의 영속성이 유지되고, 반면 특별감찰관 3년의 임기가 정상적으로 만료된 경우에는 특별감찰관보와 감찰담당관은 특별감찰관법 시행령 제3조 제4항에 따라 같이 퇴직하지만, 특별감찰관은 업무 인계인수를 위하여 1개월 이내의 기간 동안 특별감찰관보와 감찰담당관의 근무기간을 연장할 수 있는 바, 즉 상설기구인 특별감찰관이라는 제도의 안정성·연속성을 위해 특별감찰관이 ① 임기만료 전 사임하는 경우는 직무대행체제를, ② 임기만료로 인해 퇴직하는 경우에는 업무의 원활한 인수인계를 위한 1개월 근무기간 연장이 가능하도록 규정함으로써, 기구의 상시적·안정적 운영을 위한 법령이 구성되어 있는 셈이라고 주장하였다.

감찰관이 임기만료 전 사임한 경우	감찰관이 임기만료로 인해 퇴직한 경우
직무대행사유 발생 (특별감찰관법 제11조 제2항)	임기만료퇴직 (특별감찰관법 시행령 제3조 제4항본문)
↓	↓
대행순서대로 운영 (특별감찰관법 시행령 제5조)	인계인수를 위해 30일 연장조치가능 (특별감찰관법 시행령 제3조 제4항단서)

〈 국가공무원법 〉

제69조(당연퇴직) 공무원이 다음 각 호의 어느 하나에 해당할 때에는 당연히 퇴직한다.

1. 제33조 각 호의 어느 하나에 해당하는 경우. 다만, 제33조 제2호는 파산선고를 받은 사람으로서 「채무자 회생 및 파산에 관한 법률」에 따라 신청기한 내에 면책신청을 하지 아니하였거나 면책불허가 결정 또는 면책 취소가 확정된 경우만 해당하고, 제33조 제5호는 「형법」 제129조부터 제132조까지 및 직무와 관련하여 같은 법 제355조 또는 제356조에 규정된 죄를 범한 사람으로서 금고 이상의 형의 선고유예를 받은 경우만 해당한다.

2. 임기제공무원의 근무기간이 만료된 경우

제70조(직권면직) ①임용권자는 공무원이 다음 각 호의 어느 하나에 해당하면 직권으로 면직시킬 수 있다.

1. 삭제

2. 삭제

3. 직제와 정원의 개폐 또는 예산의 감소 등에 따라 폐직(廢職) 또는 과원(過員)이 되었을 때

4. 휴직 기간이 끝나거나 휴직 사유가 소멸된 후에도 직무에 복귀하지 아니하거나 직무를 감당할 수 없을 때

5. 제73조의3제3항에 따라 대기 명령을 받은 자가 그 기간에 능력 또는 근무성적의 향상을 기대하기 어렵다고 인정된 때

6. 전직시험에서 세 번 이상 불합격한 자로서 직무수행 능력이 부족하다고 인정된 때

7. 징병검사·입영 또는 소집의 명령을 받고 정당한 사유 없이 이를 기피하거나 군복무를 위하여 휴직 중에 있는 자가 군복무 중 군무(軍務)를 이탈하였을 때

8. 해당 직급·직위에서 직무를 수행하는데 필요한 자격증의 효력이 없어지거나 면허가 취소되어 담당 직무를 수행할 수 없게 된 때

9. 고위공무원단에 속하는 공무원이 제70조의2에 따른 적격심사 결과 부적격 결정을 받은 때

〈 **특별감찰관법** 〉

제15조(공직 등 임명 제한) 특별감찰관은 **면직, 해임 또는 퇴직** 후 그 특별감찰관을 임명한 대통령의 임기 중에는 제5조 제2호에서 정하는 특정 공직자, 차관급 이상 공직자 및 「공직자윤리법」 제3조의2에 따른 공직유관단체의 임원에 임명될 수 없다.

〈 **특별감찰관법 시행령** 〉

제3조(특별감찰관보의 자격 등) ① 특별감찰관보는 10년 이상 「법원조직법」 제42조 제1항 각 호의 직에 있던 사람 중에서 특별감찰관이 임명한다. 다만, 「법원조직법」 제42조 제1항 각 호 중 2개 이상의 직에 재직한 경우 그 연수를 합산한다.

② 특별감찰관보는 특별감찰관을 보좌하여 소관 사무를 처리하고 감찰담당관 및 법 제10조 제1항에 따라 파견받은 공무원을 지휘·감독한다.

③ 감찰담당관은 특별감찰관과 특별감찰관보의 지휘를 받아 감찰업무를 담당한다.

④ 특별감찰관보와 감찰담당관은 임용 당시 특별감찰관의 **임기만료와 함께 퇴직**한다. 다만, 특별감찰관은 업무 인수인계를 위하여 특히 필요하다고 인정하는 경우 1개월 이내의 기간 동안 특별감찰관보와 감찰담당관의 근무기간을 연장할 수 있다.

제5조(특별감찰관의 직무대행) 특별감찰관이 **사고**로 직무를 수행할 수 없으면 특별감찰관보가 그 직무를 대행하고, 특별감찰관과 특별감찰관보가 모두 사고로 직무를 수행할 수 없으면 특별감찰과장이 그 직무를 대행한다.

라. 특별감찰관 직무대행 행정소송

(1) 직무대행 소송의 청구

(가) 당시 이러한 의견의 대립하에 특별감찰관과 특별감찰관보의 사직 이후 특별감찰과장등은 당시 2016년 12월 피고 대한민국(법률상 대표자 법무부장관)을 상대로 직무대행가처분 소송을 제기하게 된다. 해당 소송에서 신청인은 "법해석의 목표는 어디까지나 법적 안정성을 저해하지 않는 범위 내에서 구체적 타당성을 찾는 데 두어야 하며 나아가 그러기 위해서는 가능한 한 법률에 사용된 문언의 통상적인 의미에 충실하게 해석하는 것을 원칙으로 하면서, 법률의 입법 취지와 목적, 그 제·개정 연혁, 법질서 전체와의 조화, 다른 법령과의 관계 등을 고려하는 체계적·논리적 해석방법을 추가적으로 동원함으로써, 위와 같은 법해석의 요청에 부응하는 타당한 해석을 하여야 할 것인바(대법원 2013. 1. 17. 선고 2011다83431 전원합의체 판결[129] 등 참고), 이러한 점을 고려할 때, 특별감찰관법 시행령 제3조 제4항의 '특별감찰관의 임기만료와 함께 퇴직'의 해석과 관련하여, 국가공무원법과 특별감찰관법령 등을 종합적으로 고려하면, 위 '임기만료'에는 '임기만료 前 사직이 포함되지 않는다'고 보아 신청인들의 직무대행권을 인정하는 것이 위와 같은 법해석의 요청에 부응하는 타당한 해석이라고 할 것이고 나아가 이러한 해석을 함으로써 특별감찰관이라는 제도가 안정적으로 유지될 수 있으며 기 발생한 행정행위들의 유효성 문제와 현재 특별감찰관실이 당면한 문제를 당장 해결할 수 있기도 하다"라고 주장하였다.

우선, 국가공무원법, 특별감찰관법 제15조에서는 당연퇴직과 면직을 구분하고 있는

---

129) 대법원 2013. 1. 17. 선고 2011다83431 전원합의체 판결 [이득금반환] [공2013상,329] 법은 원칙적으로 불특정 다수인에 대하여 동일한 구속력을 갖는 사회의 보편타당한 규범이므로 이를 해석함에 있어서는 법의 표준적 의미를 밝혀 객관적 타당성이 있도록 하여야 하고, 가급적 모든 사람이 수긍할 수 있는 일관성을 유지함으로써 법적 안정성이 손상되지 않도록 하여야 한다. 한편 실정법은 보편적이고 전형적인 사안을 염두에 두고 규정되기 마련이므로 사회현실에서 일어나는 다양한 사안에서 그 법을 적용함에 있어서는 구체적 사안에 맞는 가장 타당한 해결이 될 수 있도록 해석할 것도 또한 요구된다. 요컨대 법해석의 목표는 어디까지나 법적 안정성을 저해하지 않는 범위 내에서 구체적 타당성을 찾는 데 두어야 한다. 나아가 그러기 위해서는 가능한 한 법률에 사용된 문언의 통상적인 의미에 충실하게 해석하는 것을 원칙으로 하면서, 법률의 입법 취지와 목적, 그 제·개정 연혁, 법질서 전체와의 조화, 다른 법령과의 관계 등을 고려하는 체계적·논리적 해석방법을 추가적으로 동원함으로써, 위와 같은 법해석의 요청에 부응하는 타당한 해석을 하여야 한다.

바, 즉, 국가공무원법에서는 공무원관계의 소멸사유로 당연퇴직(제69조)과 직권면직(제70조 제1항)을 규정하고 있는데, 임기만료로 인한 퇴직은 국가공무원법 제69조상의 당연퇴직이며, 임기만료 前 사직은 의원면직에 해당한다.[130] 또한 특별감찰관법이 면직과 당연퇴직을 구분하여 규정하고 있음에 비추어 보면, '당연퇴직'은 임기만료로 인한 퇴직으로 국한하여 해석하고, '면직'은 임기만료 前 사직을 의미하는 것으로 해석함이 타당하며 위 법 조문들의 문언에 비추어 볼 때, 임기만료로 인한 당연퇴직과 임기만료 전 사직은 엄연히 다른 개념으로 파악된다고 주장하였다.

〈국가공무원법상 퇴직의 분류〉

퇴직	당연퇴직	정년만료
		임기만료
		사망
	면직	직권면직
		의원면직 (임기만료 전 사직)
		징계면직

　(나) 한편, 국회의원 보좌관·비서관·비서는 소속의원이 임기만료 등에 의하여 의원직을 상실한 경우 의원직을 상실한 날에 당연히 퇴직하고(국회 별정직공무원 인사규정 제8조 제2항), 지방자치단체의 장 또는 지방의회의 의장을 보좌하기 위하여 지방별정직공무원으로 비서관 또는 비서에 임용된 경우에는 임용 당시의 지방자치단체의 장 또는 지방의회의 의장이 임기만료(「지방자치법」 제77조부터 제80조까지, 제98조 및 제99조에 따라 지방자치단체의 장이 임기 중에 사임 또는 퇴직하거나 지방의회의 의장이 사직, 퇴직 또는 자격상실하는 경우를 포함한다)로 퇴직할 때 함께 면직되는바(지방별정직공무원 인사규정 제12조), 만약 피신청인의 주장과 같이 '특별감찰관의 임기만료 전 사직의 경우도 임기

---

130) 당연퇴직에는 임기만료, 사망, 정년퇴직 등이 있고, 면직에는 직권면직(제70조 제1항)과 의원면직이 있으며, 의원면직에 대해서는 법에 별도로 규정하고 있지는 않다.

만료로 보아 신청인들이 함께 퇴직하여야 한다'고 보기 위해서는, 특별감찰관법 시행령 제3조 제4항은 현재처럼 '특별감찰관보와 감찰담당관은 임용 당시 특별감찰관의 임기만료와 함께 퇴직한다.'로 규정되어서는 안 되고, 위 국회 별정직공무원 인사규정이나 지방별정직공무원 인사규정과 같이 이러한 점을 명확히 하는 문구가 포함되어 규정되었어야 할 것이며, 특별감찰관법령상 그러한 문구나 내용이 없음에도 불구하고 피신청인의 주장과 같은 해석은 해당 문언의 의미를 지나치게 벗어난 무리한 해석이라고 할 것이어서 공무원의 신분관계의 종료와 관련하여서는 엄격한 해석이 필요하다고 할 것이라고 주장하였다.

(다) 직무대리규정상 직무대리에 관한 조항(제4조)[131]이 이미 존재함에도 불구하고 특별감찰관법 시행령에서 별도로 "직무대행 규정(제5조)[132]"을 둔 것은, 특별감찰관제도의 취지 및 특수성을 감안하여(임기만료 전 사직과 같은) 사고 시의 직무대행에 관하여 보다 확실하게 규정하려는 취지로 볼 수 있고, 대통령의 공약이자 여·야 합의에 의해 출범한 특별감찰관이라는 중요한 제도가 상시기구로서 존재하는 이상, 특별감찰관의 사고 시 직무대행권자가 부존재하여 기관운영이 정상적으로 이루어지지 않아 **직무상 공백이 생기는 상황을 방지하며 상시기구인 특별감찰관이라는 제도가 안정적으**

---

131) **직무대리규정 제3조(적용 범위)** 중앙행정기관등 및 그 소속기관에서의 직무대리에 관하여는 다른 법령에서 따로 정하는 경우를 제외하고는 이 영에 따른다.
  제4조(기관장과 부기관장의 직무대리) ① 기관장에게 사고가 발생한 경우에는 부기관장이 기관장의 직무대리를 한다.
  ② 부기관장에게 사고가 발생한 경우에는 실·국을 설치하는 법령에 규정된 실·국의 순위에 따른 실장·국장(본부장·단장·부장, 그 밖에 이에 준하는 직위에 재직 중인 공무원을 포함하며, 실·국이 설치되어 있지 아니한 기관에서는 과장이나 이에 준하는 보조기관을 말한다. 이하 같다)이 부기관장의 직무대리를 한다. 다만, 실장·국장보다 상위 직위가 설치되어 있는 경우에는 그 직위를 설치하는 법령에 규정된 순위에 따라 그 상위 직위에 재직 중인 공무원이 실장·국장에 우선하여 부기관장의 직무대리를 한다.
  ③ 기관장은 대리하게 할 업무가 특수하거나 그 밖의 부득이한 사유로 제2항의 순위에 따른 직무대리가 적당하지 아니하다고 인정되는 경우에는 제2항에도 불구하고 직무대리의 취지에 맞게 부기관장 직무대리의 순위를 미리 정하여 운영하여야 한다.
  ④ 기관장과 부기관장 모두에게 사고가 발생한 경우에는 제2항의 순위(제3항에 따라 미리 정해진 직무대리 순위가 있는 경우에는 그 순위를 말한다)에 따른 직위에 재직 중인 공무원이 순차적으로 각각 기관장, 부기관장의 직무대리를 한다.
132) **특별감찰관법 시행령 제5조(특별감찰관의 직무대행)** 특별감찰관이 <u>사고로 직무를 수행할 수 없으면</u> 특별감찰관보가 그 직무를 대행하고, 특별감찰관과 특별감찰관보가 모두 사고로 직무를 수행할 수 없으면 특별감찰과장이 그 직무를 대행한다.

로 유지·존속할 수 있도록 하기 위하여 위와 같은 직무대행 규정을 별도로 마련한 것이라고 볼 수 있다. 특별감찰관법 시행령에 '사고'의 정의가 별도로 없는 이상, 같은 취지·같은 체계의 규정인 직무대리규정 제2조 중 '사고'의 정의를 동일하게 사용하는 것이 합리적이고 체계적·논리적인 해석이라고 볼 수 있고, 이렇게 **특별감찰관의 임기 만료 전 사직의 경우를 사고에 포함하여 차순위자들의 직무대행권을 인정하여야, 특별 감찰관법 시행령상의 직무대행 규정**(제5조)**이 존재 의미**가 있게 된다. 그렇지 않고 피신청인의 주장과 같이 해석한다면 위 규정은 전혀 무의미하고 무가치한 조항이 되며, 특별감찰관이라는 제도가 일순간에 정지, 무기한 방치 및 사실상 해체되는 결과가 초래하게 된다고 주장하였다.

(라) 또한, 특별감찰관법 시행령 제3조 제4항 단서의 '1개월 이내의 근무기간 연장' 은, 특별감찰관이 정상적으로 임기를 다 마치고 퇴직하였을 경우 원래는 특별감찰관보 및 감찰담당관들이 같이 퇴직하여야 하나 후임 특별감찰관의 업무 인수인계를 위해서 특별히 근무기간을 연장할 수 있다는 취지의 조항으로, 결국 이 조항도 특별감찰관이 라는 제도의 안정성·연속성을 위해 만들어진 조문인 것이고 이 조항을 근거로 특별감 찰관의 사표 수리 전 신청인들의 근무기간을 연장하지 않은 특별감찰관실 내부적인 잘못이 있다고 주장하는 것은 위 조항의 취지 및 문언을 감안할 때 타당하지 않다고 할 것이며 한편, 현행 법령상 다수의 법령에서 별정직 공무원에 관한 규정이 있으나, 비서관·비서, 장관정책보좌관의 경우에는 그 특성을 감안하여 다른 별정직 공무원과 다소 차이를 두어 규정하고 있다. 가령 별정직공무원 인사규정에서도 채용절차(제3조 의4),133) 근무상한연령(제6조)134)에서 비서관·비서, 장관정책보좌관을 다른 별정직 공

---

133) **별정직 공무원 인사규정 제3조의4(채용 절차)** ① 채용시험을 실시하는 소속 장관 또는 각 기 관의 장(제3조의3제2항에 따라 채용시험의 실시를 위탁받은 기관의 장 또는 민간기관을 포 함하며, 이하 이 조 및 제3조의5에서 "시험실시기관의 장"이라 한다)은 일반직 3급 이하에 상당하는 보수를 받는 별정직공무원을 채용하려는 경우에는 일간신문·관보 또는 정보통신 망, 그 밖의 효과적인 방법으로 공고하여야 한다. 다만, 다음 각 호의 어느 하나에 해당하는 경우에는 공고하지 아니할 수 있다.
　1. **비서관, 비서, 장관정책보좌관** 및 그 밖에 이에 준하는 직위
134) **별정직 공무원 인사규정 제6조(근무상한연령)** ① 별정직공무원의 근무상한연령은 60세로 한 다. 다만, 「대통령 등의 경호에 관한 법률」 제6조에 따른 별정직공무원에 대해서는 임용권자 나 임용제청권자가 근무상한연령을 따로 정할 수 있다.
　② 제1항에도 불구하고 별정직공무원 중 **비서, 비서관**(「전직대통령 예우에 관한 법률」 제6 조 제1항에 따른 비서관을 포함한다) 및 **장관정책보좌관**에 대해서는 근무상한연령을 두지

무원과 차이를 두어 규정하고 있음을 발견할 수 있고 따라서 같은 별정직 공무원이라
고 하더라도 서로 성격이 다른 특별감찰관의 감찰담당관과 비서관·비서, 장관정책보
좌관을 동일 평면상에 놓고 단순 비교를 하여 무조건 같이 취급하고 동일한 결론을 내
리는 것은 타당하지 않다고 할 것이다. 특히 공무원의 신분에 관한 사항은 해당 조항
문언의 합리적인 해석의 범위를 벗어나지 않도록 엄격히 해석하여야 할 것임에도 불
구하고, 특별감찰관법령의 문언 및 그 취지에 반할 뿐만 아니라, 현재 및 향후 발생하
는 문제점들을 도외시한 채 다른 별정직 공무원 관련 조항 중 **일부 유사해 보이는 조
항과 단순 비교하거나 그 조항의 내용 또는 적용 여부**[135]**를 임의로 해석하여 신청인들
의 신분관계를 무조건 종료시키려는 피신청인의 주장은 매우 부당하고 위험한 태도**라
고 할 것이라고 피력하였다.

(마) 후임 특별감찰관 임명시 감찰담당관의 근무관계 역시 특별감찰관법상 관련 조
문을 통해 확인할 수 있고 특별감찰관의 임기는 3년으로 임기 중 1명의 특별감찰관보
와 10명 이내의 감찰담당관을 임명할 수 있으며(특별감찰관법 제9조), 임기만료 전 사임
의 경우에는 대행권자에 의해 직무대행체제로 운영되다가(특별감찰관법 시행령 제5조),
신임 특별감찰관이 임명되는 경우 특별감찰관은 특별감찰관보나 감찰담당관을 해임할
수가 있다(특별감찰관법 제14조 제3항).[136]

아니한다.
135) 피신청인은 특별감찰관법령에 관하여 직무대리규정 전체가 적용될 여지가 없다고 주장하였다.
136) 별정직 공무원의 직권면직과 관련하여, "임용권자가 국가공무원 중 별정직공무원을 직권면
직하는 경우 자의는 허용되지 않고 객관적이고도 합리적인 근거를 갖추어야 하지만, 별정직
공무원은 특정한 업무를 담당하기 위하여 별도의 자격 기준에 따라 임용되는 공무원으로서
법령에서 별정직으로 지정하는 공무원인 점, 국가공무원법상 보수, 복무 등에 관한 일부 규
정만 적용될 뿐 제70조(직권면직)의 규정이 적용되지 않는 점 등에 비추어 보면, 별정직공무
원을 직권면직할 때 객관적이고도 합리적인 근거를 갖추었는지의 여부는 **당해 직무를 별정
직공무원에게 담당하게 한 제도의 취지, 직무의 내용과 성격, 당해 별정직 공무원을 임용하
게 된 임용조건과 임용과정, 직권면직에 이르게 된 사정 등을 종합적으로 고려해서 판단**하여
야 한다."는 대법원 판례에 비추어 볼 때(대법원 2010. 6. 24. 선고 2010두3770 판결 등),
**새로이 임명된 특별감찰관이 구체적인 제반 사정에 따라 기존 감찰담당관을 해임하는 것은
충분히 가능**하며, 그러한 범위 내에서는 후임 특별감찰관의 임명권이 크게 제한받지는 않을
것으로 보인다.

	전임 감찰관	사임	신임감찰관	임기 후
상설기구 특별감찰관	감찰담당관 임명 (법제9조)	직무대행 체제 (시행령 제5조)	감찰담당관 해임가능 (법제14조 제3항)	인계인수 30일 연장조치 (시행령제3 조 제4항)

2016년 국정종합감사 및 예산결산감사에서도 입법자들의 의사 또한 특별감찰관 제도 및 기구의 존속·유지를 희망[137]하고 있으며, 어렵사리 신설된 중요하고 소중한 특별감찰관 제도가 있을 수 없는 뜻하지 아니한 상황과 이유로 사실상 공중분해 되는 것을 원하지 않았고(2016년도 국정감사 법제사법위원회 회의록(2016. 10. 18.자), 제346회 국회 법제사법위원회회의록(예산결산기금심사소위원회)(2016. 10. 25.자), 특별감찰관법 제정 과정상 논의(법사위 의사록)를 살펴보더라도, 입법자들은 특별감찰관에게 감찰담당관의 임면과 관련하여 재량권을 부여하는 의도가 있었던 것으로 보이나, 그 재량에도 일정한 기준 및 한계가 있는 것이며 이는 현행법의 문언 및 체계, 타법과의 관계 등을 감안하여 합리적으로 해석하여야지, 특별감찰관 제도가 상설기구임에도 불구하고 특별감찰관과 감찰담당관을 어떤 상황에서든지 무조건 운명공동체로만 해석해서는 안 될 것이라고 주장하였다.

(바) 특히, 입법자들은 입법당시 특별감찰관이 임기만료 전 사직하는 경우에 감찰담당관들도 공동운명체로서 모두 퇴직하는 것을 의도하지는 않았던 것으로 보이며, 특별감찰관의 부재로 기존과 같은 활발한 감찰활동이 어렵다고 할지라도, 후임 특별감찰관의 부임시까지 기존 감찰자료 보관, 자료 송부 등 타 기관과의 업무협조, 대국회 업무, 파견 직원들의 복귀 등 조직을 유지·관리하며 업무 인수인계 준비를 하는 것도 감찰담당관으로서 필요하고 중요한 업무로 볼 수 있고 따라서 감찰 업무를 하지 않기 때문에 신청인들이 특별감찰관실에 전혀 필요가 없다는 주장도 타당하지 않으며, **특별감찰관이라는 제도와 기구가 살아있는 이상 감찰담당관의 존재는 필요하다**고 주장하였다.[138]

---

137) 신청인들이 2016. 10. 18. 국정감사 및 같은 달 25. 예산결산기금심사소위원회에 참석하였을 때, 법제사법위원회 소속 국회의원들은 여·야를 가리지 않고 신청인들의 기관 증인성 및 직무대행권을 인정하며 **조직을 잘 유지할 것을** 당부하였다.

(사) 결국, 특별감찰관의 임기만료 전 사직의 경우 신청인들이 함께 퇴직하지 않으며, 차순위자의 직무대행이 있다고 보는 것이 타당하고, 그렇게 해석할 근거도 충분하며 또한, 법 해석을 함에 있어서는 상설기구인 특별감찰관 제도가 안정적으로 유지·존속할 수 있는 방향으로 해석하는 것이 타당하고, 기존에 발생한 행정행위들의 유효성 및 현재 당면한 문제들을 해결할 수 있는 방향으로 해석하는 것이 타당할 것이다. 특히 2016. 9. 26. 이후 특별감찰관실에는 소속 직원이 아무도 없게 되어 일순간에 조직의 존립 자체가 문제될 뿐만 아니라 그간 수행되었던 국정감사, 각종 비용지출 등 여러 행정행위들이 권한 없는 자의 행위가 되어 그 유효성에 큰 문제가 발생하게 되고, 당면한 문제들도 전혀 해결할 수 없어 3개월 전의 문제 상황이 또다시 반복되는 상황이 발생하게 될 수 있음을 주장하였다.[139]

(2) 판례(서울행정법원 2017. 2. 17. 선고 2016아12660)[140]: 신청 전부인용

공무원 당연퇴직제도는 그 사유가 발생하는 것 자체에 의해 임용권자의 의사표시 없이 퇴직사유에 해당하게 된 시점에 법률상 당연히 퇴직하는 것이고, 공무원관계를 소멸시키기 위한 별도의 행정처분을 요하지 아니하므로, 당연퇴직사유의 존재는 객관적으로 명확하여야 한다(대법원 2016. 12. 29. 선고 2014두43806 판결 참조). 이에 특별감찰관의 '임기만료'에는 '특별감찰관의 임기만료 전 의원면직'의 경우가 포함되지 않는다고 해석함이 상당하다. 특별감찰관법 제3조 제1항은 특별감찰관의 임기를 3년으로 규정하고 있고, 이 사건 조항은 감찰담당관이 임용 당시 '특별감찰관의 임기만료'와 함께 퇴직하는 것으로 규정하고 있는바, 이 사건 조항의 '특별감찰관의 임기만료'는 이를 달리 보아야 할 특별한 사정이 없는 이상 문언 그대로 '특별감찰관이 특별감찰관법 제

---

138) 신청인들의 임기가 2018. 3.까지이고, 현재 남아있는 감찰담당관이 3명임을 감안할 때, 후임 특별감찰관의 인선에 따른 기존 감찰담당관 해임 및 신규 감찰담당관 임명 등과 관련하여 우려될만한 당장의 큰 문제는 발생하지 않을 것으로 보이며, 현재로서는 후술하는 당면 문제들의 해결이 시급하다고 주장하였다.

139) 만약 신청인들의 권리가 인정되지 않을 경우, (후임 특별감찰관이 그때까지 임명되지 않는다면) **당장 올해의 결산 국회, 국회 업무보고나 국정감사 수감 등 대국회업무가 불가능**해지는 바, 작년에 직무대행체제 및 기관증인성을 인정받아 국정감사를 정상적으로 수감하였고 특별감찰관이라는 기구가 여전히 존재함에도 불구하고, 작년의 인사혁신처 공문에 따른 신분관계 논란으로 인하여 올해부터 특별감찰관실의 대국회업무가 불가능해졌다고 한다면, 국회는 이러한 상황을 전혀 수긍하지 못하고 또다시 불필요한 논란과 이슈가 발생할 것이라고 주장하였다.

140) 당시 특별감찰과장 등 감찰담당관 청구 사건에 대한 지위인정가처분 인용판결.

3조 제1항에서 정한 임기를 다 마친 경우'로 해석하여야 하고, 특별감찰관이 지위를 상실한 모든 경우에 확대해서 적용하는 것은 타당하지 않다. **특별감찰관을 상설기구로 둔 취지, 특별감찰관의 직무대행 규정의 취지 등을 종합적으로 고려할 때, 특별감찰관이 임기만료 전 지위를 상실한 경우에는 새로운 특별감찰관이 임명될 때까지 특별감찰관법 제11조 제2항, 특별감찰관법 시행령 제5조의 직무대행 규정에 따라 직무대행체제로 운영**하고, 특별감찰관이 임기만료로 퇴직한 경우에는 이 사건 조항에 따라 퇴직하는 특별감찰관이 임명한 특별감찰관보와 감찰담당관이 함께 퇴직하는 것으로 하여 후임 특별감찰관이 필요에 따라 새로 특별감찰관보와 감찰담당관을 임명할 수 있는 것으로 해석하는 것이 타당하다고 전부 인용 선고하였다.

(3) 검토: 특별감찰관은 상설기구로서 임시적 기구로 해석될 수 없음

전술한 것처럼 국가공무원법에서는 공무원관계의 소멸사유로 당연퇴직(제69조)과 직권면직(제70조 제1항)을 규정하고 있고, 임기만료 퇴직은 국가공무원법 제69조상의 당연퇴직이며, 임기만료 前 사직은 의원면직에 해당한다. 특별감찰관법은 면직과 퇴직을 구분하여 규정하고 있음에 비추어 보면 '퇴직'은 임기만료로 인한 퇴직으로 국한하여 해석하고, '면직'은 임기만료 前 사직을 의미하는 것으로 해석함이 타당하다고 본다. 당시 특별감찰관실에서는 2016년 8월 29일 1대 특별감찰관이 인사혁신처에 사직서를 발송한 때로부터 특별감찰관실 조직운영방안에 대해 자체적인 대행체제를 준비하고 있었으며, 사표수리와 함께 직무대행 체제로 운영하고 있었고, 대통령령인 직무대리규정 제2조 제4호에서는 "사고"를 "전보, 퇴직, 해임 또는 임기만료 등으로 후임자가 임명될 때까지 해당 직위가 공석인 경우" 등으로 규정되어 있으며, 퇴직에는 의원 면직이 포함되어 해석함이 타당[141](대통령령 직무대리규정)하다고 하겠다.

이에 임기만료 前 사직으로 인해 특별감찰관 결원시에는 후임 특별감찰관 임명시까지 특별감찰관보 또는 특별감찰과장이 그 직무를 대행하는 것이 법률해석상 당연한 해석이며, 만약 감찰관 사임의 경우가 사고에 해당하지 아니한다고 본다면 시행령 제5조 직무대행규정은 사실상 실제 적용가능한 사례가 없는 무용한 조문이 된다고 볼 수 있다.[142]

---

141) 퇴직 = 당연퇴직(정년, 임기만료), 면직(의원, 징계, 직권 면직)
142) **특별감찰관법 시행령 제5조(특별감찰관의 직무대행)** 특별감찰관이 사고로 직무를 수행할 수 없으면 **특별감찰관보가 그 직무를 대행**하고, 특별감찰관과 특별감찰관보가 모두 사고로 직

특별감찰관 소속 별정직 공무원은 별도의 임기가 없는 타 별정직 공무원과 달리 임기가 특별감찰관의 임기만료까지로 규정되어 있다. 또한 특별감찰관법에서는 특별감찰관의 임기의 단위를 3년으로 규정하고 있다. 일반적으로 3년이라는 '기간'이란 행정행위의 부관으로서 그 시기와 종기가 정해진 이른바 '기한'에 해당하는데, 특별감찰관을 임명할 때에 그 '종기', 즉 2018년 3월 26일은 이미 정해져 있는 바, 이에 의원면직에 의해 '종기'의 도래 전에 근무가 종료되었다고 해서 그 '3년이라는 기간'이 '만료'되었다고는 해석할 수 없는 것이다. 임기가 만료되기 전에 의원면직이 발생한 경우 잔여임기만을 근무하는 자를 보궐하는 것도 바로 이 같은 이유이고 직무대행규정을 둔 이유도 이와 같을 것이다.[143] 이에 1대 특별감찰관의 임명일(2015. 3. 26.)을 고려하여, 4회에 걸친 6명의 감찰담당관 및 특별감찰과장의 채용시 **감찰담당관의 퇴직일을 3년후인 2018. 3. 26.로 명시적으로 규정하여 채용공고**를 한 바 있다.

2016년 정권 당시의 인사혁신처가 당연퇴직의 법적 근거로 든 정부조직법상 '정책보좌관의 설치 및 운영에 관한 규정' 시행령과 관련하여 정책보좌관의 설치 및 운영에 관한 규정'은 '별정직공무원으로 임용된 장관정책보좌관은 임용 당시 장관의 임기만료와 함께 면직된다'고 규정되어 있는 바, 인사혁신처는 이를 사유로 들어 "전 감찰관의 사직으로 인해 그가 채용한 다른 직원들도 함께 면직시키는 것이 맞다"는 의견이었다. 특별감찰관법 제24조에서는[144] 특별감찰관보의 보수와 대우에 관한 사항만을 대통령령에 위임하고 있다. 무리하게 확장하여 해석해도 여기에 '퇴직'이라는 신분의 소멸에 관한 사항까지도 위임한 것으로 해석할 수는 없다고 생각한다.[145] 장관보좌관의 경우 임기가 정하여지지 않았지만 감찰담당관은 분명히 법에 3년의 임기가 명시되어 있으며 이 점에서 임기가 없는 별정직 공무원 규정을 유추해서 적용할 수는 없다. 법령에 "임기중에 사임 또는 퇴직하는 경우는 임기만료에 포함한다."는 명시적인 문구가 없는 경우에는 여타의 별정직 공무원에 확대 적용할 수가 없기 때문이다. 별정직 공무원 인사의 기본이 되는 규정 역시 이와 같은 규정이 존재하지 아니하는 바(별정직 공무원 인사규정) 오로지 장관보좌관의 경우에만 적용되는 규정을 무리하여 다른 별정직 공무원

무를 수행할 수 없으면 **특별감찰과장이 그 직무를 대행**한다.
143) 국회 입법조사처, "특별감찰관법 시행령 제3조 제4항 및 당연퇴직에 관한 의견 검토서" 참조.
144) **특별감찰관법 제24조(위임)** 그 밖에 이 법률에 규정되지 아니한 특별감찰관의 조직, 운영, 감찰방법 및 절차 등 이 법 시행에 필요한 사항은 대통령령으로 정한다.
145) 국회 입법조사처, "특별감찰관법 시행령 제3조 제4항 및 당연퇴직에 관한 의견 검토서" 참조.

에 확대 유추적용한 것으로 불리한 해석의 확대적용인 측면이 있다고 볼 수 있다.

현실적으로 임기만료에 의원면직을 포함하여 해석하면 특별감찰관의 사임시 모든 소속공무원이 당연퇴직되어 기관이 유지될 수 없다. 조직의 영속성을 위해 특별감찰관법 시행령 제5조에서 특별감찰관의 직무대행권자를 규정한 취지를 고려할 때 임기만료로 인한 퇴직에 임기만료 前 사직을 포함시킬 수 없다고 해석함이 상당하며, 특별감찰관 사표수리와 동시에 전원이 퇴직에 이르게 된다면 법상 존재하여야 하는 상설기관이 사실상 자동해체되는 결과가 초래될 우려 등을 고려하면「임기만료 퇴직」에「임기만료 前 사직」이 포함되지 않는다고 해석함이 상당하고 특별감찰관법 시행령 제3조 제4항에서의「임기만료 퇴직」에「임기만료 前 사직」이 포함되지 아니하여 임기만료 前 사직으로 인해 특별감찰관 결원시에는 후임 특별감찰관 임명시까지 시행령에 따라 직무대행으로 유지되는 것이 타당하다고 하겠다. 정부기구에서는 이런 사례가 잘 발생하지 않지만 민간법인의 경우(判例: 96다45122, 95다40915등) 임기가 만료된 법인의 대표이사라도 후임 대표이사가 정식으로 취임할 때까지는 대표이사의 직무를 수행할 수 있는지 여부를 긍정적으로 판시하였으며(判例: 95다56866 등), 후임 이사 선임시까지 이사가 존재하지 않는다면 기관에 의하여 행위를 할 수밖에 없는 법인으로서는 당장 정상적인 활동을 중단하지 않을 수 없는 상태에 처하게 되고 이는 민법 제691조에 규정된 위임종료의 경우에 급박한 사정이 있는 때와 같이 볼 수 있으므로, 임기 만료되거나 사임한 이사라도 그 임무를 수행함이 부적당하다고 인정할 만한 특별한 사정이 없는 한 후임 이사가 선임될 때까지 이사의 직무를 계속 수행한다는 취지로 판시한 바 있다.

(4) 직무대행소송 승소 이후 현재 특별감찰관실 현황

특별감찰관실은 전술한 가처분이 신청인의 승소판결로 종결되자 특별감찰관(차관급), 관보(고위공무원 가급)가 각 공석으로 특별감찰과장 임시직무대행체제로 기관을 운영하게 된다. 2016. 9. 26.자로 전 특별감찰관이 사직하였으며, 특별감찰관법 시행령 제5조 직무대행규정에 따라 특별감찰과장 임시직무대행체제로 기관 운영되고 특별감찰관의 부재와 파견 직원들 대부분이 파견기간 만료로 원소속 기관에 복귀한 상황에서 조직의 유지·관리업무에 집중하게 되다가 직무대행권한자(특별감찰과장)의 임기만료(2018. 4.)로 임시대행기간이 종결되어 현재까지 전원이 공석인 채로 현상유지적 업무만을 수행중에 있다.

〈 특별감찰관 조직 및 인원 현황(2018. 4월 당시) 〉

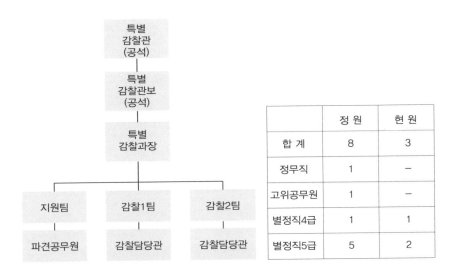

	정 원	현 원
합 계	8	3
정무직	1	-
고위공무원	1	-
별정직4급	1	1
별정직5급	5	2

〈 특별감찰관 조직 및 인원 현황(2023. 6월 현재) 〉

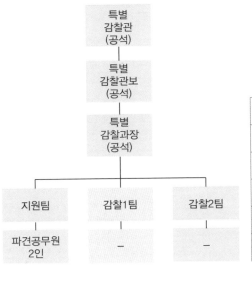

	정 원	현 원
합 계	8	0
정무직	1	-
고위공무원	1	-
별정직4급	1	-
별정직5급	5	-

3. 개정안

특별감찰관실의 후임자가 결정되지 아니한 채 특별감찰관 대행업무를 맡던 특별감찰과장이 임기만료로 나오고 공석이 되자 특별감찰관 업무를 영속성있게 처리하게 하기 위해서 다수의 법 개정안이 발의되었다. 또한 특별감찰관의 후임자 임명과 관련하여서도 임명방식에 대해 다수의 개정안이 발의되게 된다.

가. 주호영 의원 개정안(2017. 11. 2.)

동 개정안은 특별감찰관 후보자를 대통령이 소속되거나 소속되었던 정당의 교섭단체가 아닌 교섭단체에서 추천하여 본회의 의결을 거쳐 추천하도록 하려는 것이다(안 제7조).

현 행	개 정 안
제7조(특별감찰관의 임명) ① 국회는 15년 이상 「법원조직법」 제42조 제1항 제1호의 직에 있던 변호사 중에서 3명의 특별감찰관 후보자를 대통령에게 서면으로 추천한다. <u>＜후단 신설＞</u>	제7조(특별감찰관의 임명) ① －－－－ －－－－－－－－－－－－－－－－－ －－－－－－－－－－－－－－－－－ －－－－－－－－－－－－－－－－－ －－－－－－－－－－－－－－－－－ －－－－－－－－－－－－－－－－－ －－－－－－－－－－－－－－－－－ －－－－－－－－－－－－－－－－. <u>이 경우 국회는 대통령이 소속되거나 소속되었던 정당의 교섭단체가 아닌 교섭단체에서 3명의 특별감찰관 후보자를 추천받아 본회의 의결을 거쳐야 한다.</u>
② (생 략)	② (현행과 같음)

현재 특별감찰관은 국회가 15년 이상 「법원조직법」 제42조 제1항 제1호의 직146)에

---

146) **법원조직법 제42조(임용자격)** ① 대법원장과 대법관은 20년 이상 다음 각 호의 직(직)에 있던 45세 이상의 사람 중에서 임용한다.
  1. 판사 · 검사 · 변호사

있던 변호사 중에서 3명의 특별감찰관 후보자를 대통령에게 서면으로 추천하고, 대통령은 추천받은 날부터 3일 이내에 후보자 중에서 1명을 특별감찰관으로 지명하여 국회의 인사청문을 거쳐 임명하도록 규정하고 있는데, 대통령이 속한 교섭단체가 아닌 정당, 즉 야당 측 추천인사를 특별감찰관으로 임명하도록 하려는 취지의 개정안이다. 이 입법안에 대한 국회 법제사법위원회 검토보고서[147])에 의하면 개정안은 국회가 대통령에게 추천하는 3명의 특별감찰관 후보자를 대통령이 소속되거나 소속된 교섭단체가 아닌 교섭단체에서 추천하도록 하고 있는데, 이는 대통령의 친인척과 대통령비서실의 수석비서관 등 대통령과 특수한 관계에 있는 사람의 비위행위에 대한 감찰을 수행하는 기관인 특별감찰관의 특수성에 비추어 볼 때, 야당에서 특별감찰관 후보자를 추천하도록 하여 특별감찰의 독립성 및 공정성을 제고하려는 취지로 특별감찰관을 설치하고 있는 목적, 특별감찰관 후보자를 국회에서 본회의 의결로 합의하여 추천하고 있는 취지, 유사 사례[148]) 등을 고려하여 입법정책적으로 판단할 사안으로 보인다고 평가된다.

나. 김정재 의원 개정안(2019. 9. 30.)

국회가 특별감찰관 후보자를 추천하는 경우 대통령이 소속되거나 소속되었던 정당의 교섭단체는 그 추천에 관여할 수 없도록 하고(안 제7조 제1항 후단 신설), 특별감찰관이 결원된 경우 국회는 지체 없이 특별감찰관 후보자를 추천하도록 하는 방안(안 제8조 제3항 신설)이다.

---

2. 변호사 자격이 있는 사람으로서 국가기관, 지방자치단체, 「공공기관의 운영에 관한 법률」 제4조에 따른 공공기관, 그 밖의 법인에서 법률에 관한 사무에 종사한 사람
3. 변호사 자격이 있는 사람으로서 공인된 대학의 법률학 조교수 이상으로 재직한 사람
147) 2018. 5. 법제사법위원회 검토보고서 참조.
148) 특별검사의 경우 「이명박 정부의 내곡동 사저부지 매입의혹사건 진상규명을 위한 특별검사의 임명 등에 관한 법률」에서 당시 야당인 민주통합당에서 특별검사 후보자를 2인 추천하도록 하였고, 「박근혜 정부의 최순실 등 민간인에 의한 국정농단 의혹 사건 규명을 위한 특별검사의 임명 등에 관한 법률」에서도 당시 야당인 더불어민주당 및 국민의당에서 특별검사 후보자를 2인 추천하도록 한 바 있음.

현 행	개 정 안
제7조(특별감찰관의 임명) ① 국회는 15년 이상 「법원조직법」 제42조 제1항 제1호의 직에 있던 변호사 중에서 3명의 특별감찰관 후보자를 대통령에게 서면으로 추천한다. <후단 신설>	제7조(특별감찰관의 임명) ① ───. 이 경우 대통령이 소속되거나 소속되었던 정당의 교섭단체는 그 추천에 관여할 수 없다.
② (생 략)	② (현행과 같음)
제8조(특별감찰관의 임기) ①·② (생 략)	제8조(특별감찰관의 임기) ①·② (현행과 같음)
<신 설>	③ 국회는 특별감찰관이 결원된 때에는 지체 없이 제7조 제1항에 따라 특별감찰관 후보자를 추천하여야 한다.

다. 윤상직 의원 개정안(2017. 9. 6.)

개정안은 특별감찰관보를 10년 이상 「법원조직법」 제42조 제1항 각 호의 직[149)]에 있던 사람 중에서 특별감찰관이 임명하도록 하고(안 제9조 제2항), 특별감찰관보와 감찰담당관의 직무를 명확히 규정하며(안 제9조 제3항, 제4항), 특별감찰관의 임기 만료시 특별감찰관보와 감찰담당관도 당연퇴직하되 특별감찰관이 업무 인수인계를 위하여 특히 필요하다고 인정되는 경우와 특별감찰관이 임기 만료 전 의원면직하는 경우는 당연퇴직의 예외사유로 규정하려는 것이다(안 제9조 제5항, 제11조).

---

149) **법원조직법 제42조(임용자격)** ① 대법원장과 대법관은 20년 이상 다음 각 호의 직(職)에 있던 45세 이상의 사람 중에서 임용한다.
　1. 판사·검사·변호사
　2. 변호사 자격이 있는 사람으로서 국가기관, 지방자치단체, 「공공기관의 운영에 관한 법률」 제4조에 따른 공공기관, 그 밖의 법인에서 법률에 관한 사무에 종사한 사람
　3. 변호사 자격이 있는 사람으로서 공인된 대학의 법률학 조교수 이상으로 재직한 사람

현 행	개 정 안
제9조(특별감찰관보와 감찰담당관) (생 략)	제9조(특별감찰관보와 감찰담당관) ① (현행 제목 외의 부분과 같음)
<신 설>	② 특별감찰관보는 10년 이상 「법원조직법」 제42조 제1항 각 호의 직에 있던 사람 중에서 특별감찰관이 임명한다. 다만, 「법원조직법」 제42조 제1항 각 호 중 2개 이상의 직에 재직한 경우 그 연수를 합산한다.
<신 설>	③ 특별감찰관보는 특별감찰관을 보좌하여 소관 사무를 처리하고 감찰담당관 및 제10조 제1항에 따라 파견받은 공무원을 지휘·감독한다.
<신 설>	④ 감찰담당관은 특별감찰관과 특별감찰관보의 지휘를 받아 감찰업무를 담당한다.
<신 설>	⑤ 특별감찰관보와 감찰담당관은 임용 당시 특별감찰관의 임기만료와 함께 퇴직한다. 다만, 다음 각 호의 경우는 그러하지 아니하다. 1. 특별감찰관이 업무 인수인계를 위하여 특히 필요하다고 인정하는 경우로서 1개월 이내의 기간 동안 특별감찰관보와 감찰담당관의 근무기간을 연장하는 경우 2. 특별감찰관이 임기만료 전 본인의 의사에 따라 그 직을 면하는 경우로서 그 후임자를 임명할 때까지 제11조 제2항에 따라 직무대행을 하는 경우
제11조(특별감찰관의 직무권한) ① (생 략)	제11조(특별감찰관의 직무권한) ① (현행과 같음)
② 특별감찰관보는 특별감찰관을 보좌하여 소관 사무를 처리하고 감찰담당관, 제10조에 따라 파견받은 공무원을 지휘·감독하며 특	② 특별감찰관보는―――――――――― ――――――――――――――――――― ―――――――――――――――――――

현 행	개 정 안
별감찰관이 사고로 직무를 수행할 수 <u>없으면</u> 대통령령으로 정하는 순서에 따라 그 직무를 대행한다.	‒ <u>없는 경우와 특별감찰</u> <u>관이 제8조 제1항에 따른 임기만료 전 의원</u> <u>면직된 경우에는</u> ‒ ‒ ‒ ‒ ‒ ‒ ‒ ‒ ‒.

동 개정안에 대한 국회 법제사법위원회의 검토보고서[150]에 의하면 현행 특별감찰관법 시행령[151]에는 특별감찰관보의 자격과 직무, 그리고 특별감찰관 임기 만료 시 당연퇴직 규정을 두고 있는데, 개정안은 시행령에 있는 내용을 법률에 규정하면서, 특별감찰관이 임기만료 전 의원면직 된 경우에는 특별감찰관보와 감찰담당관이 당연퇴직하지 않고 직무를 대행할 수 있도록 명확하게 하고 있는데, 이는 2016년도에 초대 특별감찰관의 의원면직 시 인사혁신처에서 특별감찰관보와 감찰담당관도 당연퇴직되는 것으로 해석하여 특별감찰관 활동이 중단되었던 사례가 있었던 바, 특별감찰관의 의원면직이 있더라도 특별감찰관보 등이 직무를 대행할 수 있도록 명확하게 규정하여 특별감찰관 조직을 유지하고 감찰활동을 계속 수행하도록 하려는 취지이다. 다만, 안 제9조 제5항 제1호에서 특별감찰관 임기만료에 따른 특별감찰관보 등의 당연퇴직 예외사유로 특별감찰관이 업무 인수인계를 위하여 특히 필요하다고 인정하는 경우 1개월 이내의 기간 동안 당연퇴직하지 않도록 하고 있는데, 기간을 1개월로 한정한다면 특별감찰관 임기만료 후 1개월 이내 후임 특별감찰관이 임명되지 않는 경우가 발생할 수 있

---

150) 2018. 2. 법제사법위원회 검토보고서 참조.
151) **특별감찰관법 시행령 제3조(특별감찰관보의 자격 등)** ① 특별감찰관보는 10년 이상 「법원조직법」 제42조 제1항 각 호의 직에 있던 사람 중에서 특별감찰관이 임명한다. 다만, 「법원조직법」 제42조 제1항 각 호 중 2개 이상의 직에 재직한 경우 그 연수를 합산한다.
② 특별감찰관보는 특별감찰관을 보좌하여 소관 사무를 처리하고 감찰담당관 및 법 제10조 제1항에 따라 파견받은 공무원을 지휘·감독한다.
③ 감찰담당관은 특별감찰관과 특별감찰관보의 지휘를 받아 감찰업무를 담당한다.
④ 특별감찰관보와 감찰담당관은 임용 당시 특별감찰관의 임기만료와 함께 퇴직한다. 다만, 특별감찰관은 업무 인수인계를 위하여 특히 필요하다고 인정하는 경우 1개월 이내의 기간 동안 특별감찰관보와 감찰담당관의 근무기간을 연장할 수 있다.

다는 점과 함께, 특별감찰관이 해임된 경우[152]도 특별감찰관이 새로 임명될 때까지 특별감찰관 조직의 유지 및 최소한의 감찰활동 수행을 위하여 특별감찰관보 등의 직무대행이 필요한 경우가 있을 수 있다는 점 또한 추가로 검토할 여지가 있다고 판단된다고 검토하였다. 특별감찰관의 해임시 내지는 해임성 사의의 경우가 다수 있을 수 있으며, 이 경우 1개월의 기간은 국회에서 새로운 특별감찰관이 임명되기 까지는 매우 부족한 시간으로 후임 특별감찰관 임명시까지라는 법 문구가 더 법적 안정성이 있는 표현이라고 생각한다.

라. 최교일 의원 개정안(2017. 2.)

개정안은 국회가 특별감찰관 후보자로 추천할 자격을 「법원조직법」 제42조 제1항 제1호의 "판사·검사·변호사" 외에 같은 조 제2호·제3호[153]의 "변호사 자격이 있는 사람으로서 국가기관 등에 종사하거나 대학의 법률학 조교수 이상으로 재직한 사람"을 포함하여 확대하려는 것으로(안 제7조), 국회 법제사법위원회 검토보고서[154]에 의하면 개정안은 특별감찰관 추천 자격을 변호사 자격이 있는 사람으로서 국가기관 등에 종사하거나 대학의 법률학 조교수 이상으로 재직한 사람에까지 확대하고 있는데, 결과적으로 특별감찰관 임명 후보자가 넓혀져 보다 적정한 사람을 임명할 수 있다는 측면에서 별다른 문제가 없다는 찬성검토 의견이었다. 참고로, 「특별검사의 임명 등에 관한 법률」[155]에서는 특별검사의 임명자격으로 현행 이 법의 특별감찰관의 임명자격과

---

152) **특별감찰관법 제14조(해임 등)** ① 대통령은 다음 각 호의 어느 하나에 해당하는 경우를 제외하고는 특별감찰관을 해임할 수 없다.
    1. 제13조 각 호에 따른 결격사유가 발견된 경우
    2. 직무수행이 현저히 곤란한 신체적·정신적 질환이 있다고 인정되는 경우
153) **법원조직법 제42조(임용자격)** ① 대법원장과 대법관은 20년 이상 다음 각 호의 직(職)에 있던 45세 이상의 사람 중에서 임용한다.
    1. 판사·검사·변호사
    2. 변호사 자격이 있는 사람으로서 국가기관, 지방자치단체, 「공공기관의 운영에 관한 법률」 제4조에 따른 공공기관, 그 밖의 법인에서 법률에 관한 사무에 종사한 사람
    3. 변호사 자격이 있는 사람으로서 공인된 대학의 법률학 조교수 이상으로 재직한 사람
154) 2017. 8. 법제사법위원회 검토보고서 참조.
155) **특별검사의 임명 등에 관한 법률 제3조(특별검사 임명절차)** ① 제2조에 따라 특별검사의 수사가 결정된 경우 대통령은 제4조에 따라 구성된 특별검사후보추천위원회에 지체 없이 2명의 특별검사 후보자 추천을 의뢰하여야 한다.
    ② 특별검사후보추천위원회는 제1항의 의뢰를 받은 날부터 5일 내에 15년 이상 「법원조직

동일하게 규정하고 있고, 「검찰청법」에서는 검찰총장의 임명 자격을 개정안의 특별감찰관의 임명 자격과 동일하게 규정[156]하고 있다고도 지적하였다.

현 행	개 정 안
제7조(특별감찰관의 임명) ① 국회는 15년 이상 「법원조직법」 제42조 제1항 제1호의 직에 있던 변호사 중에서 3명의 특별감찰관 후보자를 대통령에게 서면으로 추천한다. ②·③ (생 략)	제7조(특별감찰관의 임명) ① ―――――――――――――――――――――제42조 제1항 제1호부터 제3호까지의―――――――――――――――――――――――――――――――――――――. ②·③ (현행과 같음)

V. 보 수 및 대 우

> **특별감찰관법 제12조(보수와 대우 등)** ① 특별감찰관은 정무직공무원으로 하고, 특별감찰관보와 감찰담당관은 별정직공무원으로 한다.
> ② 특별감찰관의 정년은 65세로 한다.
> ③ 특별감찰관, 특별감찰관보와 감찰담당관(이하 "특별감찰관 등"이라 한다)의 보수와 대우에 대하여는 대통령령으로 정한다.

법」 제42조 제1항 제1호의 직에 있던 변호사 중에서 재적위원 과반수의 찬성으로 2명의 후보자를 서면으로 대통령에게 추천하여야 한다.
156) **검찰청법 제27조(검찰총장의 임명자격)** 검찰총장은 15년 이상 다음 각 호의 직위에 재직하였던 사람 중에서 임명한다.
  1. 판사, 검사 또는 변호사
  2. 변호사 자격이 있는 사람으로서 국가기관, 지방자치단체, 국·공영기업체, 「공공기관의 운영에 관한 법률」 제4조에 따른 공공기관 또는 그 밖의 법인에서 법률에 관한 사무에 종사한 사람
  3. 변호사 자격이 있는 사람으로서 대학의 법률학 조교수 이상으로 재직하였던 사람

1. 의의

특별감찰관보와 감찰담당관이 별정직으로 되어 있음에 따라, 특별감찰관은 자신의 업무를 보조하는 특별감찰관보와 감찰담당관에 대해 탄력적으로 임면하는 것이 허용된다. 별정직 공무원의 경우 직권면직을 함에 있어서 자의는 허용되지 않고 객관적이고도 합리적인 근거가 필요하지만, 국가공무원법상의 신분보장 등의 규정이 적용되지 아니하는 측면이 있다(대법원 2007. 8. 24. 선고 2005두16598호 판결[157]). 특별감찰관보와 감찰담당관이 별정직으로 되어 있음에 따라, 특별감찰관보 등은 자신들이 보좌하는 특별감찰관의 임기 종료와 함께 신분변동이 가능하며 이와 같이 별정직 공무원으로 할 경우 특별감찰관의 임기종료와 함께 신분관계가 종료되는바, 다시 임용하는 것도 가능은 하다. 하지만 이러한 탄력적 운용이라는 것은 명분에 불과하고 상설 감찰기구로서 그 존립을 불안정하게 만드는 조문이라고 생각한다. 감사원의 경우 직무감찰기능을 유사하게 행사하는 기구인 점, 고위공직자범죄수사처의 검사, 수사관 역시 임기를 정하여 연임과 정년규정이 존재하는 점 등을 비교해 볼 때 특별감찰관 소속 직원들의 경우 **별정직의 운용은 탄력적인 운용이라기 보다는 조직을 최대한 불안정하게 만드는 요인이 될 뿐이고 불완전한 기구의 설립으로 연결될 수밖에 없는 조항이라는 것은 실증적으로 입증**되고 있다. 이에 따라 일반 검찰청 검사나 고위공직자범죄수사처 검사와 마찬가지로 특정직 공무원으로 하는 방안이 타당하다고 생각된다.

2. 내용

구체적으로 특별감찰관법 제12조 제1항에서는 특별감찰관의 정무직 공무원, 특별감

---

157) 대법원 2007. 8. 24. 선고 2005두16598 판결 [직권면직처분취소] [공2007.9.15.(282),1474] 임용권자가 별정직 공무원을 직권면직함에 있어서도 자의는 허용되지 않고 객관적이고도 합리적인 근거를 갖추어야 할 것이지만, 별정직 공무원은 특정한 업무를 담당하기 위하여 경력직 공무원과는 별도의 자격 기준에 의하여 임용되는 공무원으로 지방공무원법 제7장의 '신분보장', 제8장의 '권익의 보장'의 규정이 적용되지 아니하고, 지방자치단체의 지방별정직 공무원의 임용 등에 관한 조례에서 '임용권자가 필요하다고 인정할 때'를 직권면직사유로 정하여 임용권자에게 광범한 재량권이 부여되고 있는 점에 비추어 보면, 별정직 공무원을 직권면직함에 있어 객관적이고도 합리적인 근거를 갖추었는지의 여부는 당해 직무를 별정직 공무원에게 담당하게 한 제도의 취지, 직무의 내용과 성격, 당해 별정직 공무원을 임용하게 된 임용조건과 임용과정, 직권면직에 이르게 된 사정 등을 종합적으로 고려해서 판단하여야 한다.

찰관보와 감찰담당관의 별정직 공무원 직렬 규정을 두고 있다. 원래 국가공무원법상 국가공무원은 "경력직 공무원"과 "특수경력직 공무원"으로 구분되고, "경력직 공무원"은 "일반직 공무원"과 "특정직 공무원"으로 구분되며, "특수경력직 공무원"은 "정무직 공무원"과 "별정직 공무원"으로 구분된다. 특별감찰관에 해당하는 "정무직공무원"은 '고도의 정책결정 업무를 담당하거나 이러한 업무를 보조하는 공무원으로서 법률이나 대통령령에서 정무직으로 지정하는 공무원'을 의미(국가공무원법 제2조 제3항 제1호)한다.

반면 특별감찰관보와 감찰담당관에 해당하는 "별정직 공무원"은 '비서관·비서 등 보좌업무를 수행하거나 특정한 업무수행을 위하여 법령에서 별정직으로 지정하는 공무원'을 의미(국가공무원법 제2조 제3항 제2호)한다.[158] 이는 별정직 공무원이 속한 특수경력직 공무원의 경우 국가공무원법 제3조 제1항에 의하여 국가공무원법상 일정한 규

---

158) **국가공무원법 제2조(공무원의 구분)** ① 국가공무원(이하 "공무원"이라 한다)은 경력직공무원과 특수경력직공무원으로 구분한다.

② "경력직공무원"이란 실적과 자격에 따라 임용되고 그 신분이 보장되며 평생 동안(근무기간을 정하여 임용하는 공무원의 경우에는 그 기간 동안을 말한다) 공무원으로 근무할 것이 예정되는 공무원을 말하며, 그 종류는 다음 각 호와 같다. <개정 2012. 12. 11., 2020. 1. 29.>

1. 일반직공무원: 기술·연구 또는 행정 일반에 대한 업무를 담당하는 공무원
2. 특정직공무원: 법관, 검사, 외무공무원, 경찰공무원, 소방공무원, 교육공무원, 군인, 군무원, 헌법재판소 헌법연구관, 국가정보원의 직원, 경호공무원과 특수 분야의 업무를 담당하는 공무원으로서 다른 법률에서 특정직공무원으로 지정하는 공무원
3. 삭제 <2012. 12. 11.>

③ "특수경력직공무원"이란 경력직공무원 외의 공무원을 말하며, 그 종류는 다음 각 호와 같다. <개정 2012. 12. 11., 2013. 3. 23.>

1. 정무직공무원
  가. 선거로 취임하거나 임명할 때 국회의 동의가 필요한 공무원
  나. 고도의 정책결정 업무를 담당하거나 이러한 업무를 보조하는 공무원으로서 법률이나 대통령령(대통령비서실 및 국가안보실의 조직에 관한 대통령령만 해당한다)에서 정무직으로 지정하는 공무원
2. 별정직공무원: 비서관·비서 등 보좌업무 등을 수행하거나 특정한 업무 수행을 위하여 법령에서 별정직으로 지정하는 공무원
3. 삭제 <2012. 12. 11.>
4. 삭제 <2011. 5. 23.>

④ 제3항에 따른 별정직공무원의 채용조건·임용절차·근무상한연령, 그 밖에 필요한 사항은 국회규칙, 대법원규칙, 헌법재판소규칙, 중앙선거관리위원회규칙 또는 대통령령(이하 "대통령령등"이라 한다)으로 정한다. <개정 2011. 5. 23., 2012. 12. 11., 2015. 5. 18.> [전문개정 2008. 3. 28.]

정하에 한정하여 적용되므로 예를 들어 '의사에 반한 신분조치'를 금지한 국가공무원법 제68조, 직권면직 사유를 제한한 국가공무원법 제70조 등은 적용되지 않고 후술하는 바와 같이 특별감찰법 시행령에서는 임용 당시 특별감찰관의 임기만료로 퇴직시 함께 퇴직하는 것을 원칙으로 해석(특별감찰관법 제3조 제4항)된다.

현행 국가공무원법상의 정년은 60세이지만(국가공무원법 제74조 제1항), 정무직 공무원이나 별정직 공무원과 같은 "특수경력직 공무원"에 대해서는 이러한 정년 규정이 적용되지 아니한다(국가공무원법 제3조 제1항). 정무직 공무원의 경우 사실상 정년이라는 개념이 의미가 없지만, 특별감찰관의 경우는 특별히 65세를 규정한 것으로, 이는 특별감찰관 임용 요건에 대해 사실상 영향을 미치는 측면이 존재한다. 임기내에 65세에 달하는 경우에는 임용을 하지 않을 경우가 생길 수 있기 때문이다.

한편 「특별감찰관」 등의 보수와 대우에 관한 부분은 대통령령에 위임되어 있고, 이에 따라 후술하는 바와 같이 특별감찰관법 시행령에서 구체적 대우 등을 규정한다.

제6절 결격사유, 해임 등

Ⅰ. 결격사유

> **특별감찰관법 제13조(결격사유)** 다음 각 호의 어느 하나에 해당하는 사람은 특별감찰관
> 등이 될 수 없다.
>   1. 대한민국 국민이 아닌 사람
>   2. 「국가공무원법」 제33조 각 호의 어느 하나에 해당하는 사람
>   3. 금고 이상의 형의 선고를 받은 사람
>   4. 탄핵결정에 의하여 파면된 후 5년을 경과하지 아니한 사람

1. 의의

특별감찰관 등의 결격요건에 대해 명확하게 규정함으로써, 부적격자의 임용을 방지
하려는 취지이다. 당초 박범계 의원안은 현직 공무원 혹은 법 시행전 1년 이내에 공무
원이었던 자, 정당의 당적을 가진 자이거나 가졌던 자는 결격사유로 규정하였지만 해
당 내용은 포함되지 아니하였다.

2. 내용

가. 대한민국 국민이 아닌 사람

대한민국 국민이 아닌 사람의 경우 특별감찰관 등의 자격요건이 되지 아니한다.

나. 「국가공무원법」 제33조 각 호의 어느 하나에 해당하는 사람

국가공무원법상의 결격사유를 규정한 것인바, 이에 해당하여 국가공무원으로 임용
되지 못하는 사람은 특별감찰관 등의 자격요건이 되지 아니함을 규정한다. 이에 ① 미
성년후견인, ② 파산선고를 받고 복권되지 아니한 자, ③ 금고 이상의 실형을 선고받

고 그 집행이 종료되거나 집행을 받지 아니하기로 확정된 후 5년이 지나지 아니한 자, ④ 금고 이상의 형을 선고받고 그 집행유예 기간이 끝난 날부터 2년이 지나지 아니한 자, ⑤ 금고 이상의 형의 선고유예를 받은 경우에 그 선고유예 기간 중에 있는 자, ⑥ 법원의 판결 또는 다른 법률에 따라 자격이 상실되거나 정지된 자, ⑦ 공무원으로 재직기간 중 직무와 관련하여 「형법」 제355조 및 제356조에 규정된 죄를 범한 자로서 300만원 이상의 벌금형을 선고받고 그 형이 확정된 후 2년이 지나지 아니한 자, ⑧ 「성폭력범죄의 처벌 등에 관한 특례법」 제2조에 규정된 죄를 범한 사람으로서 100만원 이상의 벌금형을 선고받고 그 형이 확정된 후 3년이 지나지 아니한 사람, ⑨ 미성년자에 대한 죄를 저질러 파면·해임되거나 형 또는 치료감호를 선고받아 그 형 또는 치료감호가 확정된 사람(집행유예를 선고받은 후 그 집행유예기간이 경과한 사람을 포함한다)(가. 「성폭력범죄의 처벌 등에 관한 특례법」 제2조에 따른 성폭력범죄, 나. 「아동·청소년의 성보호에 관한 법률」 제2조 제2호에 따른 아동·청소년대상 성범죄), ⑩ 징계로 파면처분을 받은 때부터 5년이 지나지 아니한 자, ⑪ 징계로 해임처분을 받은 때부터 3년이 지나지 아니한 자 등이 이에 해당한다.

다. 금고 이상의 형의 선고를 받은 사람

국가공무원법 제33조 제3호는 "금고 이상의 실형을 선고받고 그 집행이 종료되거나 집행을 받지 아니하기로 확정된 후 5년이 지나지 아니한 자", 제4호는 "금고 이상의 형을 선고받고 그 집행유예 기간이 끝난 날부터 2년이 지나지 아니한 자", 제5호는 "금고 이상의 형의 선고유예를 받은 경우에 그 선고유예 기간 중에 있는 자"를 결격사유로 규정하고 있으므로, 금고 이상의 형을 선고받더라도 이에 해당하지 아니하는 경우는 국가공무원으로 임용이 가능하나, 특별감찰관 등의 경우는 형의 선고를 받은 사람을 결격 사유로 규정함에 따라 국가공무원법상의 결격사유보다 더 넓게 규정한 셈이다. 금고 이상의 형의 선고를 받은 것 자체를 결격사유로 규정한 것은 엄격한 요건을 설정한 것으로, 공무원으로 재직 중 금고 이상의 형 선고를 받은 경우 퇴직하게 되는 것과는 차이가 있다. 이러한 엄격 결격요건은 고위공직자범죄수사처 설치 및 운영에 관한 법률에도 규정되어 있기는 한데 동법 제13조 제1항에서는 ① 대한민국 국민이 아닌 사람, ② 「국가공무원법」 제33조 각 호의 어느 하나에 해당하는 사람, ③ 금고 이상의 형을 선고받은 사람, ④ 탄핵결정에 의하여 파면된 후 5년이 지나지 아니한 사람, ⑤ 대통령비서실 소속의 공무원으로서 퇴직 후 2년이 지나지 아니한 사람 중 어느 하나에 해당하는 사람은 처장, 차장, 수사처검사, 수사처수사관으로 임명될 수 없다고 규정하고 있다.

라. 탄핵결정에 의하여 파면된 후 5년을 경과하지 아니한 사람

헌법재판소의 탄핵결정에 의하여 탄핵된 후 5년을 경과하지 아니하면 특별감찰관 등으로 임용이 되지 아니한다는 규정인 바, 헌법재판소의 탄핵 심판의 대상이 되는 공무원은 "대통령, 국무총리, 국무위원, 행정각부의 장, 헌법재판소 재판관, 법관 및 중앙선거관리위원회 위원, 감사원장, 감사위원"(헌법재판소법 제48조[159])이다.

Ⅱ. 해임 등

특별감찰관법 제14조(해임 등) ① 대통령은 다음 각 호의 어느 하나에 해당하는 경우를 제외하고는 특별감찰관을 해임할 수 없다.
1. 제13조 각 호에 따른 결격사유가 발견된 경우
2. 직무수행이 현저히 곤란한 신체적·정신적 질환이 있다고 인정되는 경우
② 대통령은 특별감찰관을 해임한 경우에는 지체없이 이를 국회에 통보하고 제7조에서 정한 임명절차에 따라 후임 특별감찰관을 임명하여야 한다.
③ 특별감찰관은 특별감찰관보나 감찰담당관을 해임하거나 파견받은 공무원에 대하여 소속 기관의 장에게 교체를 요청할 수 있다.

특별감찰관은 정무직 공무원이므로 임명권자인 대통령에 의한 임면권이 사실상 폭

---

159) **헌법재판소법 제48조(탄핵소추)** 다음 각 호의 어느 하나에 해당하는 공무원이 그 직무집행에서 헌법이나 법률을 위반한 경우에는 국회는 헌법 및 「국회법」에 따라 탄핵의 소추를 의결할 수 있다.
　　1. 대통령, 국무총리, 국무위원 및 행정각부(行政各部)의 장
　　2. 헌법재판소 재판관, 법관 및 중앙선거관리위원회 위원
　　3. 감사원장 및 감사위원
　　4. 그 밖에 법률에서 정한 공무원

넓게 인정될 수 있으나, 해임사유를 결격사유가 발견된 경우라든가 직무수행이 현저히 곤란한 신체적·정신적 질환이 있다고 인정되는 경우에만 해임 가능하다고 규정하여 단순한 업무실책이라든가 업무 태만 등이 존재하더라도 이를 이유로 하여 해임하는 것은 허용되지 아니한다. 이에 대해 해임을 제한하는 취지가 더욱 강력한 조항으로, 결과적으로 특별감찰관의 직무상 독립성을 보장하는 규정이라고 생각하는 견해가 있으나 실제 대통령이 특별감찰관을 해임하는 경우가 발생할 가능성은 높지 않고 대부분은 인사 및 예산상 압박 등을 통해 사임을 받게 하는 경우가 많을 수 있으므로 장식규정적인 성격이 짙다. 대통령의 특별감찰관 해임 후 절차는 대통령이 특별감찰관을 해임한 경우, 지체없이 국회에 통보하고 후임 특별감찰관을 임명하도록 규정하고 있으며, 대통령이 정당한 사유 없이 특별감찰관을 해임하는 경우 등을 절차적으로 견제할 수 있도록 위와 같이 국회에 통보하도록 한 것이라는 것이나 대부분의 경우에는 국회에 통보하기 이전에 이미 언론 등을 통해 해당 내용은 언론에 공개될 것이기 때문에 형식적인 규정일 뿐이라는 것이 사견이다.

대통령이 특별감찰관을 해임한 경우, 해임사유의 정당성 여부를 둘러 싸고 논란이 벌어진다면, 행정소송 등을 통한 쟁송도 가능하다. 부당한 특별감찰관 해임에 대해서는 국회에서는 후임 특별감찰관 선출을 위한 추천절차 등을 진행하지 아니하는 방식과 같이 정치적인 방식의 견제를 할 가능성도 있으나 대부분 특별감찰관의 후보추천의 경우는 실제적으로 국회에서 여야간의 합의가 이루어져야 한다는 점이 강하고 특별감찰관의 경우 고위공직자범죄수사처 처장과는 다르게 3명을 추천하더라도 결국 그중 1인을 대통령이 지명하는 경우이기 때문에 여당 및 대통령실과 우호적인 인물이 지명될 가능성이 있어 야당의 입장에서는 추천절차에 우호적이지 않을 가능성이 높다.

특별감찰관보 등의 해임 및 파견공무원의 교체 요청도 가능한 바, 전술한 바와 같이 특별감찰관보와 감찰담당관은 "별정직 공무원"이므로 임명권자의 임면이 사실상 유동적으로 이루어져 있다. 또한 별도의 해임사유는 규정되어 있지 않지만 이는 자유롭게 공무원을 해임할 수 있다는 것이 아니라 그에 합당한 사유, 즉 국가공무원법상의 결격사유[160]에 준하는 사유가 있어야 함은 당연한 일이다. 특별감찰관은 20명 이내의 범

---

160) **국가공무원법 제33조(결격사유)** 다음 각 호의 어느 하나에 해당하는 자는 공무원으로 임용될 수 없다. <개정 2010. 3. 22., 2013. 8. 6., 2015. 12. 24., 2018. 10. 16., 2021. 1. 12.>
   1. 미성년후견인
   2. 파산선고를 받고 복권되지 아니한 자

위에서 파견공무원으로 하여금 근무하게 할 수 있는 바, 당해 공무원에 대한 임면권자가 아닌 특별감찰관이 이들에 대해 신분상 조치를 취할 수는 없고 소속기관의 장에게 교체를 요청할 수 있다.

Ⅲ. 공직 등 임명제한

> **특별감찰관법 제15조(공직 등 임명 제한)** 특별감찰관은 면직, 해임 또는 퇴직 후 그 특별감찰관을 임명한 대통령의 임기 중에는 제5조 제2호에서 정하는 특정 공직자, 차관급 이상 공직자 및 「공직자윤리법」 제3조의2에 따른 공직유관단체의 임원에 임명될 수 없다.

특별감찰관은 면직, 해임 또는 퇴직 후 그 특별감찰관을 임명한 대통령의 임기 중에는 특별감찰관법 제5조 제2호에서 정하는 특정 공직자(대통령비서실의 수석비서관 이상의 공무원), 차관급 이상 공직자 및 「공직자윤리법」 제3조의2에 따른 공직유관단체의 임원에 임명될 수 없다. 이에 ① 한국은행, ② 공기업, ③ 정부의 출자·출연·보조를 받는 기관·단체(재출자·재출연을 포함한다), 그 밖에 정부 업무를 위탁받아 수행하거나

---

3. 금고 이상의 실형을 선고받고 그 집행이 종료되거나 집행을 받지 아니하기로 확정된 후 5년이 지나지 아니한 자
4. 금고 이상의 형을 선고받고 그 집행유예 기간이 끝난 날부터 2년이 지나지 아니한 자
5. 금고 이상의 형의 선고유예를 받은 경우에 그 선고유예 기간 중에 있는 자
6. 법원의 판결 또는 다른 법률에 따라 자격이 상실되거나 정지된 자
6의2. 공무원으로 재직기간 중 직무와 관련하여 「형법」 제355조 및 제356조에 규정된 죄를 범한 자로서 300만원 이상의 벌금형을 선고받고 그 형이 확정된 후 2년이 지나지 아니한 자
6의3. 「성폭력범죄의 처벌 등에 관한 특례법」 제2조에 규정된 죄를 범한 사람으로서 100만원 이상의 벌금형을 선고받고 그 형이 확정된 후 3년이 지나지 아니한 사람
6의4. 미성년자에 대한 다음 각 목의 어느 하나에 해당하는 죄를 저질러 파면·해임되거나 형 또는 치료감호를 선고받아 그 형 또는 치료감호가 확정된 사람(집행유예를 선고받은 후 그 집행유예기간이 경과한 사람을 포함한다)
  가. 「성폭력범죄의 처벌 등에 관한 특례법」 제2조에 따른 성폭력범죄
  나. 「아동·청소년의 성보호에 관한 법률」 제2조 제2호에 따른 아동·청소년대상 성범죄
7. 징계로 파면처분을 받은 때부터 5년이 지나지 아니한 자
8. 징계로 해임처분을 받은 때부터 3년이 지나지 아니한 자
[전문개정 2008. 3. 28.]

대행하는 기관·단체, ④ 「지방공기업법」에 따른 지방공사·지방공단 및 지방자치단체의 출자·출연·보조를 받는 기관·단체(재출자·재출연을 포함한다), ⑤ 임원 선임 시 중앙행정기관의 장 또는 지방자치단체의 장의 승인·동의·추천·제청 등이 필요한 기관·단체나 중앙행정기관의 장 또는 지방자치단체의 장이 임원을 선임·임명·위촉하는 기관·단체 그 밖에 지방자치단체의 업무를 위탁받아 수행하거나 대행하는 기관·단체의 임원이 될 수 없다. 다만 그 특별감찰관을 임명한 대통령의 임기 중이라는 제한이 있으므로 임명한 해당 대통령이 아닌 다음 대통령의 임기에는 위 공직에 재임용이 가능하다.

제7절 권한과 의무

Ⅰ. 감찰권한

특별감찰관은 감찰을 개시하게 되면 수사기관과는 다른 기구이기 때문에 자체적인 감찰권한으로 조사를 시작하게 된다. 당초 특별감찰관의 감찰권한에 대해 "특별감찰관은 그 직무를 수행함에 있어서 필요한 경우에는 현장조사, 계좌추적 및 통신내역조회 등의 조사를 행할 수 있다"라고 하여 현장조사나 계좌추적권, 통신내역조회권 등을 부여한 입법안도 있었고, "특별감찰관은 직무를 수행함에 있어 필요한 경우 검찰청 등 다른 기관의 장에게 수사기록 및 증거 등 자료의 제출과 조사 활동의 지원 등 조사협조를 요청할 수 있도록 하고, 이러한 요청을 받은 관계 기관의 장은 반드시 이에 응하도록 하며 만약 위배할 경우 특별감찰관은 징계의결 요구권자에게 징계절차를 개시할 것을 요청할 수 있다"고 규정하는 등 강한 형태의 감찰권한을 요구하는 입법안도 설계되었지만 국회 논의과정에서 감찰권한은 최소한으로 설계되어 현행규정과 같이 ① 감찰대상자에 대한 출석·답변 및 자료제출 요구권, ② 감찰대상자 이외의 자에 대한 출석·답변 및 자료제출 요구권, ③ 관계기관에 대한 협조요구권으로 제한되어 설계되게 되었다. 구체적인 논의과정은 다음과 같다.

1. 논의과정

현행 규정과 같이 관계기관의 협조를 요구할 수 있고, 감찰대상자와 감찰대상자 외의 자에게 출석·답변 및 자료제출을 요구할 수 있다고 규정된 것은 입법안 중 김도읍 의원안에 의한 입법안의 형태였다. 당초 사법개혁특별위원회(이하 '사개특위'라 한다)에서는 상설특별검사제도와 특별감찰관제도가 연계되어 논의되었는바, 이러다 보니 현장조사, 계좌추적, 통신내역조회에 관한 권한은 수사권에 준하는 권한들이고 어차피 상설기구특검에서 위 권한들을 행사하여 감찰대상자에 대한 수사가 진행될 것이므로 굳이 사전단계인 특별감찰관에 위 권한들을 주는 것은 너무 감찰권한이 확대되고 피감찰대상자들의 인권침해의 소지가 있을 수 있다는 문제가 있다는 지적이 있었다. 이에 사개특위에서는 주로 상설특별검사 제도와 특별감찰관 제도의 연계 도입의 타당성 등에 대해 논의가 이루어져 각론적인 부분인 특별감찰관의 감찰조사권한의 부여방안에 대해서는 깊은 논의가 별도로 이루어지지 아니한 것을 살펴볼 수 있다. 이후 법사위에서 특별감찰관의 조사권한에 대해 본격적으로 논의가 이루어지게 되었는바, 쟁점은 크게 두 가지로, ① **어느 정도 조사권한을 부여할 것인지, ② 피감찰대상자의 조사불응 시 제재수단을 도입할 것인지, 만약 도입한다면 어떠한 수단을 도입할 것인지**에 대한 것으로 중점이 맞추어지게 된다.

가. 어느 정도의 조사권한을 부여할 것인지

이에 대해 당시 박범계 의원안의 입장은 강제조사권 부여가 타당하지만 김도읍 의원안의 입장처럼 감사원의 조사권한에 준하는 권한부여 방안으로 양보할 수도 있다고 하면서 다만 감찰대상 비위행위의 확대를 주장하였고 이후 "현장조사, 계좌추적, 통신내역조회"와 같은 강제조사권한 부여방안 대신, 김도읍 의원측이 제시한 "감사원의 감찰에 준하는 조사권한"을 부여하는 방안이 대안으로 제시되어 논의되게 된다. 감사원의 감찰에 준하는 조사권한은 감사원법 제25조부터 제27조까지 해당하는 조사권한을 의미한다고 할 것인바, 위 규정에 의한 감사원의 조사권한은 다음과 같다.

감사원법 제25조(계산서 등의 제출) ① 감사원의 회계검사 및 직무감찰(이하 "감사"라 한다)을 받는 자는 감사원규칙으로 정하는 바에 따라 계산서·증거서류·조서 및 그 밖의 자료를 감사원에 제출(「정보통신망 이용촉진 및 정보보호 등에 관한 법률」에 따른 정보통신망을 이용한 제출을 포함한다. 이하 같다)하여야 한다.

② 제1항의 계산서 및 증거서류 등을 제출하기 곤란할 때에는 이를 갈음하여 감사원이 지정하는 다른 자료를 제출할 수 있다.

[전문개정 2009. 1. 30.]

감사원법 제26조(서면감사 · 실지감사) 감사원은 제25조에 따라 제출된 서류에 의하여 상시 서면감사를 하는 외에 필요한 경우에는 직원을 현지에 파견하여 실지감사(實地監査)를 할 수 있다. [전문개정 2009. 1. 30.]

감사원법 제27조(출석답변 · 자료제출 · 봉인 등) ① 감사원은 감사에 필요하면 다음 각 호의 조치를 할 수 있다.

1. 관계자 또는 감사사항과 관련이 있다고 인정된 자의 출석·답변의 요구(「정보통신

> 망 이용촉진 및 정보보호 등에 관한 법률」에 따른 정보통신망을 이용한 요구를 포함한
> 다. 이하 같다)
> 2. 증명서, 변명서, 그 밖의 관계 문서 및 장부, 물품 등의 제출 요구
> 3. 창고, 금고, 문서 및 장부, 물품 등의 봉인
> ② 감사원은 이 법에 따른 회계검사와 감사대상 기관인 금융기관에 대한 감사를 위하여
> 필요하면 다른 법률의 규정에도 불구하고 인적 사항을 적은 문서(「정보통신망 이용촉진
> 및 정보보호 등에 관한 법률」에 따른 전자문서를 포함한다. 이하 같다)에 의하여 금융기관
> 의 특정 점포에 금융거래의 내용에 관한 정보 또는 자료의 제출을 요구할 수 있으며, 해
> 당 금융기관에 종사하는 자는 이를 거부하지 못한다.
> ③ 제1항 제3호에 따른 봉인 및 제2항에 따른 금융거래의 내용에 관한 정보 또는 자료의
> 제출 요구는 감사에 필요한 최소한도에 그쳐야 한다.
> ④ 제2항 및 제3항에 따라 금융거래의 내용에 관한 정보 또는 자료를 받은 자는 그 정보
> 또는 자료를 다른 사람에게 제공 또는 누설하거나 해당 목적 외의 용도로 이용하여서는
> 아니 된다.
> ⑤ 감사원은 감사를 위하여 제출받은 개인의 신상이나 사생활에 관한 정보 또는 자료를
> 해당 감사 목적 외의 용도로 이용하여서는 아니 된다. 다만, 본인 또는 자료를 제출한 기
> 관의 장의 동의가 있는 경우에는 그러하지 아니하다.

(1) 감사에 준하는 권한은 과도하다는 견해

감사원법상 조사권한중 금융거래에 관한 자료 제출 요구는 '회계검사'와 '감사대상
기관인 금융기관에 대한 감사'를 위하여 필요한 경우에만 허용되고, 일반 직무감찰에
대해서는 적용되지 아니하는 측면이 있다는 점에서 더 논의되지는 아니하였으며, 논의
의 중심은 현장조사권한 및 통신내역자료조회 요구권으로 논점이 집중되게 된다. 이에
대해 도입을 반대하는 견해에 의하면 ① 감사원의 감사는 기본적으로 헌법기관에 의
한 감사라는 점에서 법률기관인 특별감찰관에 의한 감찰과 본질적으로 차이가 있는
점, ② 감사원의 감사는 회계감사와 직무감찰을 모두 포함한 개념으로 개인적인 비위
행위만을 대상으로 하는 특별감찰관에 의한 감찰과 대상과 범위에서 차이가 있는 점,
③ 감사원의 감사는 기본적으로 국가기관과 같은 공적인 기관을 대상으로 하는 감사
로, 공적인 영역에 대한 공적인 감사의 성격상 허용되는 감사 권한을 대통령의 친인척

등과 같이 공적인 영역을 벗어난 영역까지 확대하는 것은 체계상 맞지 아니하는 점, ④ 감사원법 제26조에 의하여 현지에 파견하여 실지조사를 하게 하는 것인바, 공적인 기관을 대상으로 하는 것이므로 주거침입 등의 논란이 없는 반면, 대통령의 친인척 등과 같은 개인을 바로 대상으로 할 경우 영장없는 수색에 해당하여 주거침입 등에 해당하게 되며, 또한 감사원법 제27조에 의하여 창고, 금고, 문서 및 장부, 물품 등의 봉인도 가능하지만, 이는 창고, 금고, 문서 등이 공적인 기관에서 사용되는 것이므로 허용되는 것이지만 이를 개인에 대해 바로 적용할 경우 영장 없는 압수 등에 해당하는 논란이 발생할 수 있다는 의견이었다.

(2) 감사에 준하는 권한이 필요하다는 견해

하지만 사견으로는 ① 감사원의 감사가 헌법상 기능이라는 점과 법률상 기구인 특별감찰관에 의한 감찰과 본질적인 차이가 감찰권한의 차이로 보기에는 무리가 있는 점, ② 감사원의 감사는 회계감사와 직무감찰을 모두 포함한 개념으로 개인적인 비위행위만을 대상으로 하는 특별감찰관에 의한 감찰과 대상과 범위에서 차이가 있다는 것도 특별감찰관법상 비위행위는 Ⓐ 실명(實名)이 아닌 명의로 계약을 하거나 알선·중개하는 등으로 개입하는 행위, Ⓑ 공기업이나 공직 유관 단체와 수의계약하거나 알선·중개하는 등으로 개입하는 행위, Ⓒ 인사 관련 등 부정한 청탁을 하는 행위, Ⓓ 부당하게 금품·향응을 주고 받는 행위, Ⓔ 공금을 횡령·유용하는 행위 등으로 단순 개인의 비위행위만을 포함하는 것이 아니라 공기업과 공직유관단체의 장표 등을 보아야 하는 경우가 다수 발생할 수 있으며 오히려 더 필요성이 높다는 점, ③ 특별감찰관의 감찰도 감사원의 감사와 마찬가지로 개인의 단순비위행위를 살펴보겠다는 것이 아니고 대통령의 친인척 및 측근들의 권력형 비리를 척결하기 위해 직무상 독립성이 보장되는 특별감찰관이 상시적으로 대통령의 친인척 및 측근들의 비위를 감찰하도록 함으로써 권력형 비리를 사전에 예방할 필요가 있는바, 대통령 측근 등의 권력형 비리를 근절하고 공직사회의 청렴성을 확보하기 위하여 특별감찰관제를 도입하여 대통령의 친인척 등의 행위를 감시하고 향후 발생할 수 있는 비리행위를 방지하려는 것으로 공적인 부분을 살펴보겠다는 측면이 강한 점, ④ 실지감사는 현지에 파견하여 실지조사를 하게 하는 것인바, 공적인 기관을 대상으로 하는 것이므로 주거침입 등의 논란이 없는 반면, 대통령의 친인척 등과 같은 개인을 바로 대상으로 할 경우 영장없는 수색에 해당하여 주거침입 등에 해당하게 되며, 창고, 금고, 문서 등의 영장 없는 압수 등에 해당하는 논란이 발생할 수 있다고 하며 도입에 소극적인 것은 이미 국세청의 세무조사나 금융위원회의 자본시장조사 업무에서도 현지조사나 관련있는 업무, 장부, 서류 그 밖의 물건을 살펴보고 있어 이것이 특별감찰관의 감찰권한의 과한 제한이라고 보인다.

이는 다른 입법례를 보더라도 과한 감찰권한의 수여가 아님을 알 수 있다. 법무부 감찰규정을 보면 법무부 감찰규정 제6조에서 ① 질문에 대한 답변, ② 증거물 및 자료 제출, ③ 출석과 진술서 제출, ④ 기타 감찰업무 수행에 필요한 협조권한을 인정하고 있으며, 경찰감찰규칙 제17조에서도 ① 조사를 위한 출석, ② 질문에 대한 답변 및 진술서 제출, ③ 증거품 등 자료 제출, ④ 현지조사의 협조 등을 규정하고 있는 등 현장조사권한과 기대 협조권한은 통상적인 감찰관의 권한 규정에 포함되어 있다. 기타 다른 입법례를 추가로 살펴보겠다.

〈자본시장 조사업무규정〉

제9조(출석요구) ① 조사원이 법 제426조 제2항 제2호의 규정에 따라 위반행위의 혐의가 있는 자, 그 밖의 관계자(이하 "관계자"라 한다)에 대하여 진술을 위한 출석을 요구할 때에는 금융위가 발부한 출석요구서(별지 제3호 서식)에 의하여야 한다. <개정 2015. 7. 14.>

② 제1항의 출석요구서에는 출석요구의 취지를 명백히 기재하여야 한다.

③ 외국인을 조사할 때에는 국제법과 국제조약에 위배되는 일이 없도록 하여야 한다.

제10조(진술서 제출요구) ① 조사원이 법 제426조 제2항 제1호의 규정에 따라 관계자에 대하여 조사사항에 관한 사실과 상황에 대한 진술서의 제출을 요구할 때에는 금융위가 발부한 진술서제출요구서(별지 제4-1호, 제4-2호 서식)에 의하여야 한다. 다만, 당해 관계자가 출석진술하거나 조사원이 진술을 직접 청취하여 진술서등 조사서류를 작성하는 경우에는 그러하지 아니하다. <개정 2015. 7. 14.>

② 제9조 제2항 및 제3항의 규정은 제1항의 규정에 의한 진술서제출요구에 이를 준용한다.

제11조(장부등의 제출요구) ① 조사원이 법 제426조 제2항 제3호의 규정에 따라 관계자에 대하여 장부, 서류 기타 물건의 제출을 요구할 때에는 금융위가 발부한 자료제출요구

서(별지 제5-1호, 제5-2호 서식)에 의하여야 한다.

② 제9조 제2항 및 제3항의 규정은 제1항의 규정에 의한 자료제출요구에 이를 준용한다.

제12조(물건등의 영치) ① 조사원이 법 제426조 제3항 제1호의 규정에 따라 장부·서류·물건(이하 "물건등"이라 한다)을 영치할 때에는 절차의 공정성을 보장하기 위하여 관계자나 물건등의 소유자·소지자, 보관자 또는 제출인을 입회인으로 참여시켜야 한다.

② 조사원이 영치를 완료한 때에는 영치조서(별지 제6호 서식) 및 영치목록 (별지 제7호 서식) 2통을 작성하여 입회인과 함께 서명날인하고 1통은 소유자·소지자 또는 보관자에게 교부하여야 한다. 다만, 입회인 등이 서명날인을 하지 않거나 할 수 없는 때에는 그 뜻을 영치조서의 하단 "경위"란에 부기하여야 한다.

③ 영치한 물건등은 즉시 검토하여 조사에 관련이 없고, 후일에 필요할 것으로 예상되지 않는 물건등은 보관증을 받고 환부하되 필요한 때에는 언제든지 제출할 수 있도록 조치하여야 한다.

④ 영치한 물건등중 소유자·소지자·보관자 또는 제출인의 가환부청구가 있는 때에는 사진촬영 기타 원형보존의 조치를 취하거나 사본에 "원본대조필"의 확인을 받아 당해 사본을 보관하고 원본은 보관증을 받고 가환부하여야 한다.

제13조(현장조사) ① 조사원이 법 제426조 제3항 제2호의 규정에 따라 현장조사를 실시하는 때에는 제7조의 규정에 의한 조사명령서와 증표를 휴대하여 관계자에게 제시하여야 한다.

② 제1항의 규정에 의한 조사를 할 때에는 현장조사서(별지 제8-1호, 제8-2호 서식)를 작성하여야 한다.

제14조(금융투자업자, 금융투자업관계기관 및 거래소에 대한 자료제출요구) ① 조사원이 법 제426조 제4항의 규정에 따라 금융투자업자, 금융투자업관계기관 또는 거래소에 대하여 조사에 필요한 자료를 요구하는 때에는 금융위가 발부한 자료제출요구서(별지 제9호 서식)에 의하여야 한다.

② 제1항의 자료제출요구서에는 사용목적, 금융투자상품의 종류·종목·거래기간 등을 기재하여야 한다.

제15조(금융기관에 대한 거래정보등 요구) ① 조사원이 「금융실명거래 및 비밀보장에 관한 법률」제4조 제1항의 규정에 의하여 거래정보등의 제공을 요구하는 때에는 금융거래정보제공요구서(별지 제10호 서식)에 의하여야 한다.

② 제1항의 금융거래정보제공요구서에는 금융거래자의 인적사항, 사용목적 및 요구하는 거래정보등의 내용 등을 기재하여야 한다.

> **제16조(제보인등 진술의 청취)** 조사원은 제6조 제1항 제2호·제4호의 규정에 해당하는 제보인등(법인의 경우 그 임직원)에 대하여 제보사항 등에 관한 진술을 요청할 수 있으며, 진술을 청취하는 경우 다음 각 호의 어느 하나를 작성하여야 한다. 다만, 제보인의 신원보호를 위해 필요한 경우 인적사항의 기재를 생략할 수 있다.<개정, 단서신설 2015. 7. 14.>
>
>   1. 문답서(별지 제11-1호 및 제11-2호 서식)
>
>   2. 진술서(별지 제12-1호 및 제12-2호 서식)
>
>   3. 제1호 및 제2호에 준하는 서류로서 조사원이 문답 또는 진술의 요지를 기재한 서류
>
> **제17조(문답서의 작성)** ① 조사원이 관계자로부터 직접 진술을 청취하여 조사서류를 작성하는 경우에는 문답서(별지 제11-1호 및 제11-2호 서식)에 의하여야 한다.
>
> ② 제1항의 규정에 의하여 문답서를 작성하는 경우에는 진술의 임의성이 확보될 수 있도록 진술을 강요하는 일이 있어서는 아니된다. 다만, 진술자가 서명·날인을 거부한 때에는 그 사유를 문답서에 기재하여야 한다.
>
> ③ 관계자에 대한 사실확인의 내용이 단순하거나 진술인이 서면진술을 원할 때에는 이를 작성하여 제출하게 할 수 있다.

자본시장 조사업무규정을 보더라도 금융위원회, 증권선물위원회 및 금융감독원은 자본시장 조사[161]를 위해 ① 자본시장법 제426조 제2항의 규정에 따른 출석요구, 진

---

161) **자본시장조사 업무규정 제6조(조사의 실시 등)** ① 금융위는 다음 각 호의 어느 하나에 해당하는 경우에는 조사를 실시할 수 있다. <개정 2015. 7. 14.>
  1. 금융위 및 금융감독원(이하 "감독원"이라 한다)의 업무와 관련하여 위법행위의 혐의사실을 발견한 경우
  2. 한국거래소(이하 "거래소"라 한다)로부터 위법행위의 혐의사실을 이첩받은 경우
  3. 각 급 검찰청의 장으로부터 위법행위에 대한 조사를 요청받거나 그 밖의 행정기관으로부터 위법행위의 혐의사실을 통보받은 경우 <신설 2015. 7. 14.>
  4. 위법행위에 관한 제보를 받거나 조사를 의뢰하는 민원을 접수한 경우
  5. 기타 공익 또는 투자자보호를 위하여 조사의 필요성이 있다고 인정하는 경우
② 제1항의 규정에 불구하고 다음 각 호의 1에 해당하는 경우에는 조사를 실시하지 아니할 수 있다. <개정 2015. 7. 14.>
  1. 당해 위법행위에 대한 충분한 증거가 확보되어 있고 다른 위법행위의 혐의가 발견되지 않는 경우
  2. 당해 위법행위와 함께 다른 위법행위의 혐의가 있으나 그 혐의내용이 경미하여 조사의 실익이 없다고 판단되는 경우
  3. 공시자료, 언론보도 등에 의하여 널리 알려진 사실이나 풍문만을 근거로 조사를 의뢰하는

술서 제출요구 및 장부·서류 기타 물건의 제출요구, ② 자본시장법 제426조 제3항 제1호의 규정에 따른 장부·서류 그 밖의 물건의 영치, ③ 자본시장법 제426조 제3항 제2호의 규정에 따른 관계자의 사무소 또는 사업장에의 출입을 통한 업무·장부·서류 그 밖의 물건의 조사, ④ 자본시장법 제426조 제4항에 따른 금융투자업자, 금융투자업 관계기관 또는 거래소에 대한 자료제출요구, ⑤ 자본시장법 제131조 제1항·제146조 제1항·제151조 제1항·제158조 제1항·제164조 제1항의 규정에 따른 보고·자료제출요구 또는 조사, ⑥ 「금융실명거래 및 비밀보장에 관한 법률」 제4조 제1항의 규정에 의한 금융거래정보등의 제공요구, ⑦ 기타 당사자에 대한 협조요청의 조사권을 폭넓게 인정하고 있다. 이 조사대상자들 역시 모두 위반혐의가 있는 민간회사나 민간인이지 공직자가 아니다. 또다른 사례를 살펴보도록 하겠다.

〈 조사사무처리규정 〉

제3조(정의) 이 규정에서 사용하는 용어의 정의는 다음과 같다.

1. "세무조사"란 각 세법에 규정하는 질문조사권 또는 질문검사권에 근거하여 조사공무원이 납세자의 국세에 관한 정확한 과세표준과 세액을 결정 또는 경정하기 위하여 조사계획에 의해 세무조사 사전통시 또는 세무조사 통지를 실시한 후 납세자 또는 납세자와 거래가 있다고 인정되는 자 등을 상대로 질문하고, 장부·서류·물건 등을 검사·조사하거나 그 제출을 명하는 행위를 말한다.(이하 이 규정에서는 조세범칙조사와 구

경우
4. 민원인의 사적인 이해관계에서 당해 민원이 제기된 것으로 판단되는 등 공익 및 투자자 보호와 직접적인 관련성이 적은 경우 <개정 2011. 11. 4.>
5. 당해 위법행위에 대한 제보가 익명 또는 가공인 명의의 진정·탄원·투서 등에 의해 이루어지거나 그 내용이 조사단서로서의 가치가 없다고 판단되는 경우
6. 당해 위법행위와 동일한 사안에 대하여 검찰이 수사를 개시한 사실이 확인된 경우 <신설 2015. 7. 14.>
③ 제1항의 규정에 의하여 조사를 실시한 경우라도 당해 위법행위와 동일한 사안에 대하여 다음 각 호의 어느 하나에 해당하는 사유가 확인된 경우에는 추가적인 조사를 중단하고 자체적으로 종결처리할 수 있다. <각 호 신설 2015. 7. 14.> <신설 2011. 11. 4.>
1. 검찰이 수사를 개시하거나 금융위 또는 감독원장이 검찰에 조사자료를 제공한 경우
2. 검찰이 처분을 한 경우
3. 법원이 형사판결을 선고한 경우
4. 금융위와 감독원이 중복하여 조사에 착수한 경우

분되는 개념으로 "일반세무조사"라 한다.)

2. **"현장확인"이란 각 세법에 규정하는 질문조사권 또는 질문검사권에 따라 세원관리, 과세자료 처리 또는 세무조사 증거자료 수집 등 다음 각 목의 어느 하나에서 예시하는 업무 등을 처리하기 위하여 납세자 또는 그 납세자와 거래가 있다고 인정되는 자 등을 상대로 세무조사에 의하지 아니하고 현장확인 계획에 따라 현장출장하여 사실관계를 확인하는 행위를 말한다.**

가. 자료상혐의자료, 위장가공자료, 조세범칙조사 파생자료로서 단순사실 확인만으로 처리할 수 있는 업무

나. 위장가맹점 확인 및 신용카드 고액매출자료 등 변칙거래 혐의 자료의 처리를 위한 현장출장·확인업무

다. 세무조사 과정에서 납세자의 거래처 또는 거래상대방에 대한 거래사실 등 사실관계 여부 확인업무

라. 민원처리 등을 위한 현장출장·확인이나 탈세제보자료, 과세자료 등의 처리를 위한 일회성 확인업무

마. 사업자에 대한 사업장현황 확인이나 기장확인 업무

바. 거래사실 확인 등을 위한 계좌 등 금융거래 확인업무

3. "세무조사사무" 또는 "조사사무"란 조사대상자의 선정, 조사계획의 수립, 조사집행, 조사결과의 통지, 조사결과에 따른 결정·경정, 사후관리 및 조사관련 통계관리 등 세무조사 실시와 관련된 사무를 말한다.

11. "확인서"란 특정의 사실 또는 법률관계의 존재 여부를 인정하는 내용을 담은 문서를 말한다.

12. "진술서"란 특정의 사실 또는 법률관계의 단순한 확인 이외에 쟁점이 되는 사실에 대하여 그 발생의 원인, 경위 및 결과에 대한 내용과 진술인의 의견이 덧붙여져 자필(다만, 부득이한 사정으로 진술인이 작성하지 못함에 따라 서명 또는 날인만을 진술인이 직접 한 경우 포함)로 작성된 문서로 서술형과 문답형으로 구분된다.

13. "심문조서"란 조세범칙조사 과정에서 조사공무원이 조세범칙행위 등을 확정하기 위하여 그 경위 등을 문답형식으로 기록하여 심문을 받은 사람 또는 참여자에게 확인하게 한 후 그와 함께 서명날인한 조서를 말한다.

14. "일시보관"이란 「국세기본법」 제81조의10에 따라 세무조사 시 납세자의 동의가 있는 경우 장부·서류 등을 세무조사 기간 동안 일시적으로 조사관서에 보관하는 것을 말한다.

15. "압수"란 법관이 발부한 영장에 따라 범칙증거물 등 물건의 점유를 취득하는 대물적 강제처분을 말한다.

16. "수색"이란 법관이 발부한 영장에 따라 범칙행위의 증거 등을 찾기 위하여 사람의 신체, 물건, 주거, 장소 등에 대하여 행하는 강제처분을 말한다.

17. "주식변동"이란 출자, 증자, 감자, 매매, 상속, 증여, 신탁, 주식배당, 합병, 전환사채·신주인수권부사채·교환사채·기타 유사한 사채의 출자전환(전환·인수·교환 등) 등에 따라 주주 또는 출자자가 회사에 대하여 갖는 법적지위권 또는 소유지분율 및 소유주식수·출자지분이 변동되는 것을 말한다.

18. "일반세무조사"란 특정납세자의 과세표준 또는 세액의 결정 또는 경정을 목적으로 조사대상 세목에 대한 과세요건 또는 신고사항의 적정 여부를 검증하는 일반적인 세무조사를 말한다.

19. "조세범칙조사"란 조사공무원이 「조세범 처벌법」 제3조부터 제16조까지의 죄에 해당하는 위반행위 등을 확정하기 위하여 조세범칙사건에 대하여 행하는 조사활동을 말한다.

20. "추적조사"란 재화·용역 또는 세금계산서·계산서의 흐름을 거래의 앞·뒤 단계별로 추적하여 사실관계를 확인하는 세무조사를 말한다.

21. "기획조사"란 소득종류별·계층별·업종별·지역별·거래유형별 세부담 불균형이나 구조적인 문제점 등을 시정하기 위하여 국세청장, 지방국세청장 또는 세무서장이 별도로 수립한 계획에 따라 지방국세청장 또는 세무서장이 실시하는 세무조사를 말한다.

22. "통합조사"란 납세자의 편의와 조사의 효율성을 제고하기 위하여 조사대상으로 선정된 과세기간에 대하여 그 납세자의 사업과 관련하여 신고·납부의무가 있는 세목을 함께 조사하는 것을 말한다.

23. "세목별조사"란 「국세기본법」 제81조의11제2항 각 호의 사유에 따라 특정 세목만을 대상으로 실시하는 세무조사를 말한다.

24. "전부조사"란 조사대상 과세기간의 신고사항에 대한 적정 여부를 전반적으로 검증하는 세무조사를 말한다.

25. "부분조사"란 「국세기본법」 제81조의11제1항 및 제2항에 따른 통합조사 또는 세목별조사에 의하지 아니하고 특정 사업장, 특정 항목·부분 또는 거래 일부 등에 한정하여 적정 여부를 검증하는 세무조사를 말한다.

26. "동시조사"란 세무조사 시 조사효율성, 납세자 편의 등을 감안하여 조사대상자로 선정된 납세자와 특수관계에 있는 자(법인을 포함한다) 등 관련인을 함께 조사하거나,

동일한 납세자가 통합조사 또는 세목별조사, 주식변동조사, 자금출처조사 등 여러 유형의 조사대상자로 각각 선정되어 있는 경우 각 조사의 조사시기를 맞추어 함께 조사하는 것을 말한다.

27. "긴급조사"란 각 세법에서 규정하는 수시부과 사유가 발생하였거나, 「채무자 회생 및 파산에 관한 법률」에 의한 회생절차개시 신청 등으로 조세채권의 조기 확보가 필요한 납세자에 대하여 그 사유가 발생하는 즉시 실시하는 세무조사를 말한다.

28. "간편조사"란 상대적으로 성실하게 신고한 것으로 인정되는 중소기업 등을 대상으로 최소한의 해명자료의 요구·검증 및 현장조사 방법 등에 의해 단기간의 조사기간 동안 조사를 실시하고 회계·세무 처리과정에서 유의할 사항 안내, 경영·사업자문 등을 하는 세무조사를 말한다.

29. **"사무실 간이조사"란 소규모 납세자에 대해 납세자 편의, 회계투명성·신고성실도 및 규모 등을 고려하여 현장조사에 의하지 아니하고도 조사의 목적을 달성할 수 있다고 판단되는 경우 납세자가 제출한 신고서류, 회계서류 및 증빙자료 등을 통해 조사기간의 대부분을 조사관서의 사무실에서 실시하는 세무조사를 말한다.**

30. "주식변동조사"란 제17호에 정한 주식변동 과정에서 관련 주주 및 해당 법인의 제세 탈루 여부를 확인하는 세무조사를 말한다.

31. "자금출처조사"란 거주자 또는 비거주자가 재산을 취득(해외유출 포함)하거나 채무의 상환 또는 개업 등에 사용한 자금과 이와 유사한 자금의 원천이 직업·나이·소득 및 재산상태 등으로 보아 본인의 자금 능력에 의한 것이라고 인정하기 어려운 경우, 그 자금의 출처를 밝혀 증여세 등의 탈루 여부를 확인하기 위하여 행하는 세무조사를 말한다.

32. "이전가격조사"란 거주자, 내국법인 또는 외국법인 국내사업장이 「국제조세조정에 관한 법률」에서 규정하는 국외 특수관계자와의 거래와 관련하여 과세표준 및 세액신고 시에 적용된 이전가격이 「국제조세조정에 관한 법률」 제2조(정의)제1항 제10호에서 규정하는 정상가격과 합치하는지를 확인하기 위하여 행하는 세무조사를 말한다.

33. "위임조사"란 지방국세청장이 조사인력·업무량·조사실익 등을 감안하여 지방국세청 조사대상자를 세무서장에게 위임하여 실시하는 세무조사를 말한다.

34. "교차 세무조사"란 「국세기본법 시행령」 제63조의3(세무조사의 관할 조정)제1호, 제2호 및 제4호에 따른 관할 조정 사유에 해당하는 경우 납세지 관할 지방국세청장이 관할조정을 신청하여 납세지 관할이 아닌 지방국세청장이 실시하는 세무조사를 말한다.

국세청의 "세무조사"란 각 세법에 규정하는 질문조사권 또는 질문검사권에 근거하여 조사공무원이 납세자의 국세에 관한 정확한 과세표준과 세액을 결정 또는 경정하기 위하여 조사계획에 의해 세무조사 사전통지 또는 세무조사 통지를 실시한 후 납세자 또는 납세자와 거래가 있다고 인정되는 자 등을 상대로 질문하고, 장부·서류·물건 등을 검사·조사하거나 그 제출을 명하는 행위를 말한다. 국세청은 세무조사권에 의해 "현장확인"을 할 수 있는데 현장확인이란 각 세법에 규정하는 질문조사권 또는 질문검사권에 따라 세원관리, 과세자료 처리 또는 세무조사 증거자료 수집 등을 처리하기 위하여 납세자 또는 그 납세자와 거래가 있다고 인정되는 자 등을 상대로 세무조사에 의하지 아니하고 현장확인 계획에 따라 현장출장하여 사실관계를 확인하는 행위를 말한다.

국세청 세무조사 역시 민간사업자 및 민간개인을 상대로 하는 조사임에도 전부조사를 하는 때에는 그 납세자가 비치, 기장하고 있는 장부 및 그와 관련된 증빙서류(전산조직에 의해 장부와 증빙서류를 작성하였을 때에는 전자기록 포함) 조사와 그 장부의 진실성 여부를 검증하기 위한 실물조사, 생산수율 검토, 각종 현황조사, 거래처 조사 또는 거래처 현장확인 및 금융거래 현장확인, 부분조사를 하는 때에는 세금탈루혐의가 있는 특정 사업장, 특정 항목·부분 또는 거래의 일부에 대해 전부조사의 조사방법을 준용하고, 간편조사를 하는 때에는 서면심리 및 준비조사 결과 나타난 문제점을 중심으로 우편질문에 의한 해명자료의 검증 또는 단기간의 현장조사가 가능하도록 규정하고 있다.

이러한 여러 입법례 및 타기관의 감찰규정을 종합하여 볼 때 특별감찰관의 감찰권한은 최소한의 한도로 설정된 개념으로 현지조사 및 기타 감사원의 조사권한에 준하는 여러 감찰권한이 인정되어야 한다고 생각한다.

나. 피감찰대상자의 조사 불응 시 제재 수단을 도입할지 여부

관계기관에 대한 협조 요청, 출석·답변 요구 및 자료 제출 요구권을 부여하고 피감찰대상자의 출석 불응 등에 대해 별도로 제재 규정을 두지 않는다면 감찰권이 임의적인 조사권이 되어 실효적이지가 않다. 이에 박범계 의원안은 형사처벌 규정을, 김도읍 의원안은 과태료 부과규정을 각각 두자는 입장이었다. 다만 국회 논의과정에서 과거 헌법재판소에서 출석 불응자에 대한 제재를 위헌이라고 판시한 사례도 존재하고 출석 불응 등이 발생할 경우 수사의뢰를 통해 해결할 수 있으며, 수사기관에 대해서도 출석

불응 등에 대한 제재수단이 허용되지 아니하는 점 등을 이유로 하면서, 특별감찰관이 수행하는 대표적인 조사권한인 출석답변 요구 등에 대해 불응하는 행위에 대해 제재를 가하는 것이 과하다는 의견에 따라 과태료를 과하는 규정도 사라지게 된다. 실제 이에 따라 특별감찰관의 감찰권한은 임의조사절차로 유명무실하게 된 결과가 된다.

법무부 감찰규정 제6조에서도 감찰대상자는 ① 질문에 대한 답변, ② 증거물 및 자료제출, ③ 출석과 진술서 제출, ④ 기타 감찰업무 수행에 필요한 협조에 대하여 협조하여야 한다고 규정하면서 동시에 위에 규정된 협조사항에 대하여 정당한 사유 없이 불응할 경우 감찰 사안으로 처리한다는 강행규정을 두고 있다. 즉 감찰협조의무 위반도 재감찰할 수 있는 것이다. 경찰감찰규칙에서도 제17조에서 자료 제출 요구 등을 규정하면서 감찰관은 직무상 ① 조사를 위한 출석, ② 질문에 대한 답변 및 진술서 제출, ③ 증거품 등 자료 제출, ④ 현지조사의 협조 요구등을 할 수 있고 소속공무원은 감찰관으로부터 요구를 받은 때에는 정당한 사유가 없는 한 그 요구에 응하여야 한다고 의무규정을 두고 있고 또한 경찰감찰규칙 제41조에서는 감찰활동 방해에 대한 징계등을 규정하면서 경찰기관의 장은 조사대상자가 정당한 이유 없이 출석 거부, 현지조사 불응, 협박 등의 방법으로 감찰조사를 방해하는 경우에는 징계요구 등의 조치를 할 수 있다. 이에 특별감찰관도 피감찰대상자의 조사 불응시 징계요구권이나 협조의무 등을 규정한 입법이 필요하다고 생각한다. 소위 감찰방해죄 논의는 위계 또는 위력으로써 특별감찰관 등 또는 파견공무원의 직무수행을 방해한 사람은 5년 이하의 징역에 처한다고 규정[162]되어 있어 감찰대상자의 협조를 이끌어 낼 수 있다고 주장하는 견해가 있는데, 이는 형사처벌 규정으로 실효성이 없고, 비협조가 위계 및 위력으로 방해하는 구성요건에 포섭하기에는 어렵다고 할 것이므로 타당하지 않은 주장이라고 생각한다. 또다른 정책적인 해결방법은 특별감찰관법 제16조는 협조요청을 할 수 있는 대상을 국가, 지방자치단체, 공공기관에 한정하고 있어, 사안에 따라서는 감찰활동에 제약이 있을 것이므로 특별감찰관법이 부여한 권한의 범위 내에서 최선의 감찰활동을

---

162) **특별감찰관법 제25조(벌칙)** ① 위계 또는 위력으로써 특별감찰관 등 또는 파견공무원의 직무수행을 방해한 사람은 5년 이하의 징역에 처한다.
② 제22조를 위반한 사람은 5년 이하의 징역 또는 5년 이하의 자격정지에 처한다.
③ 제23조를 위반하여 법령에 위반되거나 강제처분에 의하는 방법으로 감찰을 행하거나 다른 기관·단체 또는 사람으로 하여금 의무 없는 일을 하게 하거나 사람의 권리 행사를 방해한 사람은 5년 이하의 징역과 5년 이하의 자격정지에 처한다.

하고, 감찰결과 범죄혐의가 인정되는 경우 수사의뢰나 고발을 하는 방법도 생각해 볼수 있다. 이외에 업무수행인력에 대한 법률규정과 관련하여 실효적인 감찰활동을 위해서는 국가기관 등의 적극적인 자료제출과 협조가 필요한데 관계기관 협조요구에 관한 특별감찰관법 제16조는 다소 추상적 규정으로 되어 있어 해석상 이견이 있을 수 있다는 우려가 있으므로 안정적 운영을 위해서는 파견기관의 별도정원을 인정하거나 파견공무원을 특별감찰관 직제에 직접 반영하는 방안을 제도화하는 것도 도입될 수 있는 정책적 보완방안이라고 생각한다.

Ⅱ. 감찰권한의 종류

제3장 권한과 의무
특별감찰관법 제16조(관계 기관의 협조) 특별감찰관은 감찰대상자의 비위행위 여부를 확인하기 위하여 필요한 경우 국가 또는 지방자치단체, 그 밖의 공공기관의 장에게 협조와 지원을 요청할 수 있고, 필요한 자료 등의 제출이나 사실 조회를 요구할 수 있다.

특별감찰관법 시행령 제9조(관계기관에의 협조 등 요구) ① 특별감찰관은 법 제16조에 따라 국가, 지방자치단체, 그 밖의 공공기관의 장에게 협조와 지원, 자료 등의 제출이나 사실 조회(이하 "협조등"이라 한다)를 요구할 때에는 협조등요구서(「정보통신망 이용촉진 및 정보보호 등에 관한 법률」에 따른 전자문서를 포함한다)를 교부 또는 우편 등의 방법으로 송달한다.
② 제1항에 따른 협조등요구서에는 협조등을 요구하는 구체적 내용, 협조등의 실시기한 등을 기재한다.
③ 제1항에 따른 요구를 받은 국가, 지방자치단체, 그 밖의 공공기관의 장은 특별한 사유가 없으면 이에 협조하여야 한다.

특별감찰관법상 관계기관의 협조, 출석·답변, 자료제출요구, 감찰대상자 이외의 자에 대한 협조요구를 감찰방법으로 규정되어 있다.

1. 관계기관의 협조권(특별감찰관법 제16조)

우선 협조 대상 기관이 협소한 바, **국가 또는 지방자치단체, 그 밖의 공공기관의 장**으로 규정되어 있어 민간법인, 개인을 제외하고 있다. 공무소 기타 공사단체에 자료제공을 요청하거나 필요한 사항의 보고를 요구할 수 있는데 수사를 위하여는 "전과조회, 신원·신분 조회"등을 요구할 수 있다. 이에 행정청간의 협조(행정절차법 제7조[163])), 행정기관간 업무협조(행정효율과 협업촉진에 관한 규정 제41조[164]))와 기타 행정지원을 의미하며, 업무협조로는 문서, 회의, 전화업무협조, 인원지원을 통한 공동작업을, 행정지원으로는 인원파견, 장비장소의 제공, 행정집행사무지원, 통계자료 등 행정자료의 제공을 의미하는 동 조항들을 활용하여 관계기관협조권을 확대하여 운영할 필요가 있다.

---

[163] **행정절차법 제7조(행정청 간의 협조 등)** ① 행정청은 행정의 원활한 수행을 위하여 서로 협조하여야 한다.

② 행정청은 업무의 효율성을 높이고 행정서비스에 대한 국민의 만족도를 높이기 위하여 필요한 경우 행정협업(다른 행정청과 공동의 목표를 설정하고 행정청 상호 간의 기능을 연계하거나 시설·장비 및 정보 등을 공동으로 활용하는 것을 말한다. 이하 같다)의 방식으로 적극적으로 협조하여야 한다.

③ 행정청은 행정협업을 활성화하기 위한 시책을 마련하고 그 추진에 필요한 행정적·재정적 지원방안을 마련하여야 한다.

④ 행정협업의 촉진 등에 필요한 사항은 대통령령으로 정한다.

[164] **행정 효율과 협업 촉진에 관한 규정제41조(행정협업의 촉진)** ① 행정기관의 장은 업무의 효율성을 높이고 행정서비스에 대한 국민의 만족도를 높이기 위하여 다른 행정기관과 공동의 목표를 설정하고 해당 행정기관 상호간의 기능을 연계하거나 시설·장비 및 정보 등을 공동으로 활용하는 방식의 행정기관 간 협업(이하 "행정협업"이라 한다)을 촉진하고 이에 적합한 업무과제(이하 "행정협업과제"라 한다)를 발굴하여야 한다. 이 경우 행정기관의 장은 발굴한 행정협업과제 수행을 위하여 노력하여야 한다. <개정 2016. 4. 26.>

② 행정협업과제는 다음 각 호의 어느 하나에 해당하는 업무를 대상으로 한다. <신설 2016. 4. 26.>

1. 다수의 행정기관이 공동으로 수행할 필요가 있는 업무
2. 다른 행정기관의 행정지원을 필요로 하는 업무
3. 법령에 따라 다른 행정기관의 인가·승인 등을 거쳐야 하는 업무
4. 행정기관 간 행정정보의 공유 또는 제46조의4에 따른 행정정보시스템의 상호 연계나 통합이 필요한 업무
5. 그 밖에 다른 행정기관의 협의·동의 및 의견조회 등이 필요한 업무

③ 행정안전부장관은 행정협업을 촉진하기 위한 계획을 수립·시행할 수 있다. <개정 2013. 3. 23., 2014. 11. 19., 2016. 4. 26., 2017. 7. 26.>

④ 행정안전부장관은 필요하다고 인정하는 경우 국무조정실장에게 행정협업의 촉진에 필요한 지원을 요청할 수 있다. <신설 2016. 4. 26., 2017. 7. 26.>

예를 들면 공무소 기타 공사단체에 자료제공을 요청하거나 필요한 사항의 보고를 요구할 수 있는데 수사를 위하여는 "전과조회, 신원·신분 조회"등을 요구할 수 있다고 생각한다.

2. 출석-답변 자료제출 요구권(특별감찰관법 제17조)

형사절차에서 피의자나 피고인에 대한 조사권과 유사하며, **감찰대상자에게 출석·답변**의 요구 또는 **증명서, 소명서, 그 밖의 관계 문서 및 장부, 물품** 등의 제출 요구할 수 있는 권한이다. 이는 임의적 의무로서 감찰대상자에게 의무적인 부분은 없다.

3. 제3자에 대한 출석-답변 자료제출 요구(특별감찰관법 제18조)

형사절차에서 참고인에 대한 조사절차와 유사하며 **감찰대상자 이외의 자에게 출석·답변**의 요구 또는 자료 등의 제출 요구를 할 수 있는 권한으로 역시 임의적인 절차에 해당한다.

Ⅲ. 관계기관의 협조권(특별감찰관법 제16조)

특별감찰관법 제16조(관계 기관의 협조) 특별감찰관은 감찰대상자의 비위행위 여부를 확인하기 위하여 필요한 경우 국가 또는 지방자치단체, 그 밖의 공공기관의 장에게 협조와 지원을 요청할 수 있고, 필요한 자료 등의 제출이나 사실조회를 요구할 수 있다.

특별감찰관법 시행령 제9조(관계기관에의 협조 등 요구) ① 특별감찰관은 법 제16조에 따라 국가, 지방자치단체, 그 밖의 공공기관의 장에게 협조와 지원, 자료 등의 제출이나 사실조회(이하 "협조등"이라 한다)를 요구할 때에는 협조등요구서(「정보통신망 이용촉진 및 정보보호 등에 관한 법률」에 따른 전자문서를 포함한다)를 교부 또는 우편 등의 방법으로 송달한다.
② 제1항에 따른 협조등요구서에는 협조등을 요구하는 구체적 내용, 협조등의 실시기한

> 등을 기재한다.
> ③ 제1항에 따른 요구를 받은 국가, 지방자치단체, 그 밖의 공공기관의 장은 특별한 사유
> 가 없으면 이에 협조하여야 한다.

1. 관계기관의 협조 요청

특별감찰관법 제16조는 특별감찰관은 비위행위 여부를 확인하기 위하여 필요한 경우 관계기관의 장에게 협조와 지원을 요청하고 필요한 자료 등의 제출이나 사실조회를 요구할 수 있도록 규정하고 있는 바, 이와 같은 요청을 함에 있어 필요성을 소명하는 서면에 의하도록 하되, 이러한 요청을 받은 관계기관의 장은 특별한 사정이 없는 한 이에 협조하도록 규정하고 있다. 협조 등을 구하는 구체적 내용, 협조 등의 실시기한 등을 기재한 서면에 의하도록 함으로써 협조요청에 대한 근거를 명백히 남기고, 신중을 기하도록 하며 이러한 요청을 받은 관계기관의 장은 특별한 사정이 없는 한 협조할 의무가 있다. 다만 '특별한 사정이 없는 한' 이라는 단서를 전제한 것이므로 협조요청한 내용과 그로 인하여 발생할 수 있는 효과 등을 종합적으로 고려하여 협조 요청에 응할 것인지 여부를 요청을 받은 관계기관의 장이 결정하게 된다는 점에서 대부분은 공문서와 공무상 비밀에 관계된 문서일 가능성이 높아서 자료제출요구가 원활하지 않게 될 수도 있다.

감찰관련 자료는 필요최소한의 범위에서 요구하여야 하는 바, 감찰관련 자료는 체계적으로 관리하여 중복하여 제출되지 않도록 하고 감찰관련 자료는 감찰대상인 비위행위 여부를 확인하기 위한 목적 외에 다른 목적으로 요구되어서는 아니 되며, 자료제출요구를 통하여 감찰대상자 및 감찰내용 등이 누설되지 아니하도록 하여야 한다. 또한 감찰조사담당자는 감찰조사에 필요한 경우 법 제16조의 규정에 의하여 국가기관, 지방자치단체, 그 밖의 공공기관의 장에게 사실조회 및 자료제출을 요구할 수 있는데 서면으로 하게 되어 있으므로 협조등요구서를 송부하는 방법으로 하며, 관계기관의 장에게 소속직원 중 자료제출 전담자를 지정하도록 요구할 수 있다. 제출받을 자료가 방대하거나 원본자료로는 구체적 사실을 확인하기 곤란한 경우 원본자료를 토대로 새로 생성하거나 가공한 자료를 제출받을 수 있는데 감찰조사담당자는 관계기관의 장이 자료제출요구 등에 응하지 아니한 경우 그 사유를 설명한 서면을 요구하거나 직접 현장

출장을 나가서 필요한 경우 관계기관에서 관련자료를 열람·확인할 수 있다.

2. 대상자료

가. 요건

관계기관의 협조, 출석·답변, 자료제출요구, 감찰대상자 이외의 자에 대한 협조요구를 감찰방법으로 규정하면서 비위행위의 "확인을 위하여 필요한 경우" 국가, 지자체, 공공기관장에 필요한 자료, 사실조회를 요구할 수 있는 바, 신고, 제보, 진정 등의 비위행위에 관한 정보가 존재하기 이전에 관계기관 등에 정보를 요구하는 것은 곤란한 측면이 있다. 개인정보보호법에서도 개인정보를 목적외 이용·제공하기 위해서는 정보주체로부터 동의를 받거나 다른 법률에 특별한 규정을 요구[165]하고 있고, 개인정보의 목적외 이용·제공과 관련하여 '특별한 규정'은 포괄적으로 자료제공이 가능하다고 규정된 경우는 허용되지 않으며 구체적으로 개별법에 요구하는 정보, 사유 등이 명시적으로 기재되어 있는 경우 필요 최소한도로 제공이 가능하기 때문이다. 이에 요청가능

---

165) **개인정보보호법 제18조(개인정보의 목적 외 이용·제공 제한)** ② 제1항에도 불구하고 개인정보처리자는 다음 각 호의 어느 하나에 해당하는 경우에는 정보주체 또는 제3자의 이익을 부당하게 침해할 우려가 있을 때를 제외하고는 개인정보를 목적 외의 용도로 이용하거나 이를 제3자에게 제공할 수 있다. 다만, 제5호부터 제9호까지의 경우는 공공기관의 경우로 한정한다.
   1. 정보주체로부터 별도의 동의를 받은 경우
   2. 다른 법률에 특별한 규정이 있는 경우
   3. 정보주체 또는 그 법정대리인이 의사표시를 할 수 없는 상태에 있거나 주소불명 등으로 사전 동의를 받을 수 없는 경우로서 명백히 정보주체 또는 제3자의 급박한 생명, 신체, 재산의 이익을 위하여 필요하다고 인정되는 경우
   4. 통계작성 및 학술연구 등의 목적을 위하여 필요한 경우로서 특정 개인을 알아볼 수 없는 형태로 개인정보를 제공하는 경우
   5. 개인정보를 목적 외의 용도로 이용하거나 이를 제3자에게 제공하지 아니하면 다른 법률에서 정하는 소관 업무를 수행할 수 없는 경우로서 보호위원회의 심의·의결을 거친 경우
   6. 조약, 그 밖의 국제협정의 이행을 위하여 외국정부 또는 국제기구에 제공하기 위하여 필요한 경우
   7. 범죄의 수사와 공소의 제기 및 유지를 위하여 필요한 경우
   8. 법원의 재판업무 수행을 위하여 필요한 경우
   9. 형(刑) 및 감호, 보호처분의 집행을 위하여 필요한 경우

한 자료의 범위에 대해 특정금융정보법 등의 유사입법례에서는 구체적으로 그 대상을 한정하고 있기도 하다.

※ **특정금융정보법 제13조(자료 제공의 요청 등)** ① 금융정보분석원장은 특정금융거래정보(제10조 제1항 제3호의 정보는 제외한다. 이하 이 조에서 같다)나 제4조의2 또는 제9조에 따라 보고·통보받은 정보를 분석하기 위하여 필요한 경우에는 관계 행정기관 등의 장에게 그 이용 목적을 분명하게 밝힌 문서로 다음 각 호의 자료(금융거래정보는 제외한다)의 제공을 요청할 수 있다. <개정 2013. 8. 13., 2016. 3. 29., 2020. 3. 24.>

  <u>1. 「가족관계의 등록 등에 관한 법률」 제11조 제6항에 따른 등록전산정보자료</u>

  <u>2. 「주민등록법」 제30조 제1항에 따른 주민등록전산정보자료</u>

  <u>3. 「형의 실효 등에 관한 법률」 제5조의2제2항에 따른 범죄경력자료 및 수사경력자료</u>

  <u>3의2. 「국민건강보험법」 제69조 제5항에 따른 보험료금액에 관한 자료</u>

  <u>4. 사업의 종목, 사업장 소재지 등 사업자에 관한 기본사항으로서 대통령령으로 정하는 자료</u>

  <u>5. 그 밖에 심사·분석을 위하여 필요한 자료로서 대통령령으로 정하는 자료</u>

② 금융정보분석원장은 특정금융거래정보의 분석을 위하여 필요한 경우에는 대통령령으로 정하는 바에 따라 「신용정보의 이용 및 보호에 관한 법률」 제25조에 따른 신용정보집중기관의 장에게 그 이용 목적을 분명하게 밝힌 문서로 신용정보(금융거래정보는 제외한다)의 제공을 요구할 수 있다.

③ 금융정보분석원장은 특정금융거래정보를 분석할 때에는 보고받거나 제공받은 사항이 제4조 제1항의 요건에 해당한다고 판단하는 경우에만 다음 각 호의 사항을 적은 문서로 금융회사등의 장에게 「외국환거래법」에 규정된 외국환업무에 따른 거래를 이용한 금융거래등 관련 정보 또는 자료의 제공을 요구할 수 있다. <개정 2013. 8. 13., 2020. 3. 24.>

  1. 거래자의 인적사항

  2. 사용 목적

  3. 요구하는 금융거래등 관련 정보 또는 자료의 내용

④ 제1항부터 제3항까지의 규정에 따른 정보 또는 자료 제공의 요청이나 요구는 필요한 최소한으로만 하여야 한다.

이에 비위행위의 확인을 위해 필요한 개인정보를 요구할 경우는 개인정보법상 예외적 제공사유로 해석하기 곤란하다. 공무소 조회, 경찰관직무집행법상 전과조회 등은

임의수사를 위해 필요한 경우 공공기관에게 자료를 요청하는 것으로, 범죄수사에 필요한 때를 엄격히 해석함으로써 가능한 개인정보자기결정권에 대한 침해가 되지 않도록 제공하고 있으며, 특별감찰법상 감찰을 위한 공무소 사실조회는 **임의수사 이전단계에 해당되어 동 조항을 준용하기 곤란한 측면이 또 존재하기 때문이다.**

※ **경찰관직무집행법**

제2조(직무의 범위) 경찰관은 다음 각 호의 직무를 수행한다. <개정 2018. 4. 17., 2020. 12. 22.>

  1. 국민의 생명·신체 및 재산의 보호

  2. 범죄의 예방·진압 및 수사

  2의2. 범죄피해자 보호

  3. 경비, 주요 인사(人士) 경호 및 대간첩·대테러 작전 수행

  4. 공공안녕에 대한 위험의 예방과 대응을 위한 정보의 수집·작성 및 배포

  5. 교통 단속과 교통 위해(危害)의 방지

  6. 외국 정부기관 및 국제기구와의 국제협력

  7. 그 밖에 공공의 안녕과 질서 유지

제8조(사실의 확인 등) ① 경찰관서의 장은 직무 수행에 필요하다고 인정되는 상당한 이유가 있을 때에는 국가기관이나 공사(公私) 단체 등에 직무 수행에 관련된 사실을 조회할 수 있다. 다만, 긴급한 경우에는 소속 경찰관으로 하여금 현장에 나가 해당 기관 또는 단체의 장의 협조를 받아 그 사실을 확인하게 할 수 있다.

② 경찰관은 다음 각 호의 직무를 수행하기 위하여 필요하면 관계인에게 출석하여야 하는 사유·일시 및 장소를 명확히 적은 출석 요구서를 보내 경찰관서에 출석할 것을 요구할 수 있다.

  1. 미아를 인수할 보호자 확인

  2. 유실물을 인수할 권리자 확인

  3. 사고로 인한 사상자(死傷者) 확인

  4. 행정처분을 위한 교통사고 조사에 필요한 사실 확인

나. 유사 입법례

인권위원회는 관계기관 등에 필요한 자료 등의 제출이나 사실조회를 요구할 수 있

는 바, 행정기관이 적정한 행정작용을 실행하기 위해 필요로 하는 자료, 정보 등을 수집하기 위한 행정조사로 해석되며, 마찬가지로 고용정책기본법상 인력수급실태조사, 공정거래법상 독과점시장구조조사, 남녀차별금지및구제에 관한 법률 제23조상의 차별금지조사도 이와 유사한 제도로 해석된다. 인권위원회에서 요구받은 개인정보는 정보주체 또는 제3자의 권리와 이익을 부당하게 침해할 우려가 있다고 인정되는 경우 제공거부도 가능하다.

※ **국가인권위원회법**

제22조(자료제출 및 사실 조회) ① 위원회는 그 업무를 수행하기 위하여 필요하다고 인정하면 관계기관등에 필요한 자료 등의 제출이나 사실조회를 요구할 수 있다.

② 위원회는 그 업무를 수행하기 위하여 필요한 사실을 알고 있거나 전문적 지식 또는 경험을 가지고 있다고 인정되는 사람에게 출석을 요구하여 그 진술을 들을 수 있다.

③ 제1항에 따른 요구를 받은 기관은 지체없이 협조하여야 한다.

제36조(조사의 방법) ① 위원회는 다음 각 호에서 정한 방법으로 진정에 관하여 조사할 수 있다.

  1. 진정인·피해자·피진정인(이하 "당사자"라 한다) 또는 관계인에 대한 출석 요구, 진술 청취 또는 진술서 제출 요구

  2. 당사자, 관계인 또는 관계 기관 등에 대하여 조사 사항과 관련이 있다고 인정되는 자료 등의 제출 요구

  3. 조사사항과 관련이 있다고 인정되는 장소, 시설 또는 자료 등에 대한 현장조사 또는 감정(鑑定)

  4. 당사자, 관계인 또는 관계기관 등에 대하여 조사사항과 관련이 있다고 인정되는 사실 또는 정보의 조회

② 위원회는 조사를 위하여 필요하다고 인정하면 위원 또는 소속 직원에게 일정한 장소 또는 시설을 방문하여 장소, 시설 또는 자료 등에 대하여 현장조사 또는 감정을 하게 할 수 있다. 이 경우 위원회는 그 장소 또는 시설에 당사자나 관계인의 출석을 요구하여 진술을 들을 수 있다.

③ 제1항 제1호에 따라 진술서 제출을 요구받은 사람은 14일 이내에 진술서를 제출하여야 한다.

④ 제1항과 제2항에 따른 피진정인에 대한 출석 요구는 인권침해행위나 차별행위를 한

행위당사자의 진술서만으로는 사안을 판단하기 어렵고, 제30조 제1항에 따른 인권침해행위나 차별행위가 있었다고 볼 만한 상당한 이유가 있는 경우에만 할 수 있다.

⑤ 제2항에 따라 조사를 하는 위원 또는 소속 직원은 그 장소 또는 시설을 관리하는 장 또는 직원에게 필요한 자료나 물건의 제출을 요구할 수 있다.

⑥ 제2항에 따라 조사를 하는 위원 또는 소속 직원은 그 권한을 표시하는 증표를 지니고 이를 그 장소 또는 시설을 관리하는 장 또는 직원에게 내보여야 한다.

⑦ 위원회가 자료나 물건의 제출을 요구하거나 그 자료, 물건 또는 시설에 대한 현장조사 또는 감정을 하려고 하는 경우 관계 국가기관의 장은 그 자료, 물건 또는 시설이 다음 각 호의 어느 하나에 해당한다는 사실을 위원회에 소명하고 그 자료나 물건의 제출 또는 그 자료, 물건, 시설에 대한 현장조사 또는 감정을 거부할 수 있다. 이 경우 위원회는 관계 국가기관의 장에게 필요한 사항의 확인을 요구할 수 있으며, 요구를 받은 관계 국가기관의 장은 이에 성실히 협조하여야 한다.

  1. 국가의 안전보장 또는 외교관계에 중대한 영향을 미치는 국가기밀 사항인 경우
  2. 범죄 수사나 계속 중인 재판에 중대한 지장을 줄 우려가 있는 경우

반면 국회에서 안건심의 또는 국정감사나 국정조사와 관련하여 보고와 서류 등의 강제적인 제출요구가 가능한 입법례도 있다. 다른 법률의 규정에 불구하고 누구든지 이에 응하여야 하며, 위반시 처벌규정이 규정되어 있어 실효성이 확보된다. 인사청문회법에서도 국가기관등은 5일 이내에 공직후보자의 인사청문과 직접 관련된 자료의 제출을 하여야 한다고 규정하고 있어 비교적 폭넓은 자료의 확보가 가능하다.

※ 인사청문회법

제12조(자료제출요구) ①위원회는 그 의결 또는 재적의원 3분의 1 이상의 요구로 공직후보자의 인사청문과 직접 관련된 자료의 제출을 국가기관·지방자치단체, 기타 기관에 대하여 요구할 수 있다.

② 제1항의 요구를 받은 때에는 기간을 따로 정하는 경우를 제외하고는 5일 이내에 자료를 제출하여야 한다.

③ 제1항의 규정에 의하여 자료의 제출을 요구받은 기관은 제2항의 규정에 의한 기간 이내에 자료를 제출하지 아니한 때에는 그 사유서를 제출하여야 한다. 이 경우 위원회는 제출된 사유서를 심사경과보고서 또는 인사청문경과보고서에 첨부하여야 한다. <신설

2003. 2. 4.>

④ 위원회는 제1항의 규정에 의하여 자료의 제출을 요구받은 기관이 정당한 사유없이 제2항의 규정에 의한 기간 이내에 자료를 제출하지 아니한 때에는 해당 기관에 이를 경고할 수 있다.

세월호진상규명특별법 등에서는 관계기관 등에 대하여 조사사항과 관련이 있다고 인정되는 사실·정보에 대한 조회를 규정하고 있는데 동 규정에 따른 자료나 물건의 제출요구에 대하여는 형사소송법상 압수규정을 준용하고, 자료나 물건의 제출을 거부하는 기관 등은 그 사유를 구체적으로 소명하여야 한다고 규정하여 실효성을 담보하고 있다.

※ 세월호특별법

제26조(조사의 방법) ① 위원회는 조사의 방법으로 다음 각 호의 어느 하나에 해당하는 조치를 할 수 있다.

1. 조사대상자 및 참고인에 대한 진술서 제출 요구
2. 조사대상자 및 참고인에 대한 출석요구 및 진술청취
3. 조사대상자 및 참고인, 그 밖의 관계기관·시설·단체 등에 대하여 4·16세월호참사와 관계가 있다고 인정되는 자료 또는 물건의 제출요구 및 제출된 자료 또는 물건의 보관
4. 관계기관·시설·단체 등에 대한 사실조회
5. 감정인의 지정 및 감정의뢰
6. 4·16세월호참사와 관계가 있다고 인정되는 장소에 출입하여 장소, 시설, 자료나 물건에 대하여 실지조사

② 위원회는 제1항 제6호에 따라 실지조사를 하는 경우 4·16세월호참사와 관계가 있다고 인정되는 자료 또는 물건을 제시할 것을 요구할 수 있다. 이 경우 자료 또는 물건의 제시를 요구받은 자는 지체없이 이에 응하여야 한다.

③ 위원회가 제1항 제2호에 따라 진술을 청취하는 경우 「형사소송법」 제147조부터 제149조까지와 제244조의3을 준용한다.

④ **위원회가 제1항 제3호에 따라 자료 또는 물건의 제출요구를 하는 경우 「형사소송법」 제110조부터 제112조까지, 제129조부터 제131조까지와 제133조를 준용하되, 자료 또는**

물건의 제출을 거부하는 경우 그 사유를 구체적으로 소명하여야 한다.

⑤ 위원회는 필요하다고 인정하는 경우 위원 또는 직원으로 하여금 제1항 각 호의 조치를 하게 할 수 있다.

⑥ 위원회가 제1항에 따른 권한을 행사하는 경우 그 권한을 행사하는 위원 또는 직원은 그 권한을 표시하는 증표를 지니고 이를 관계인에게 제시하여야 한다.

※ 군의문사진상규명에 관한 특별법

제19조(조사의 방법) ① 위원회는 조사를 수행함에 있어서 다음 각 호의 조치를 할 수 있다.

1. 당사자·참고인에 대한 진술서 제출 요구

2. 당사자·참고인의 출석 요구 및 진술 청취

3. 감정인의 지정 및 감정의 의뢰

4. 피진정인 또는 피진정인의 소속 기관·시설 또는 단체 등에 조사사항과 관련이 있다고 인정되는 자료 또는 물건의 제출 요구

5. 관계 기관·시설 또는 단체 등에 대하여 조사사항과 관련이 있다고 인정되는 사실 또는 정보에 대한 조회

② 위원회는 필요하다고 인정할 때에는 위원 또는 소속 직원으로 하여금 제1항 각 호의 조치를 하게 할 수 있다.

③ 위원회는 필요하다고 인정할 때에는 위원 또는 소속 직원으로 하여금 진정의 원인이 된 사실이 발생한 장소 또는 그 밖에 필요한 장소에서 관련 자료나 물건 또는 시설에 대하여 실지조사를 하게 할 수 있다. 이 경우 위원회는 위원 또는 소속 직원으로 하여금 당사자·참고인 등의 진술을 청취하게 할 수 있다.

④ 위원 또는 직원이 제1항제2호 또는 제3항의 규정에 따라 피진정인의 진술을 청취하는 경우에는 「형사소송법」 제147조 내지 제149조 및 제200조제2항의 규정을 준용한다.

⑤ 제3항의 규정에 의하여 실지조사를 하는 위원 또는 직원은 실지조사의 대상인 기관·시설·단체 등이나 그 직원에 대하여 조사사항과 관련이 있다고 인정되는 자료나 물건의 제출을 요구할 수 있다. 이 경우 자료나 물건의 제출요구는 조사 목적에 필요한 최소한의 범위에 그쳐야 하며, 자료나 물건의 제출요구를 받은 기관 등은 지체 없이 이에 응하여야 한다.

⑥ 제1항 또는 제5항의 규정에 따른 자료나 물건의 제출요구에 대하여는 「형사소송법」 제110조 내지 제112조, 제129조, 제130조 제1항, 제131조 및 제133조의 규정을 준용하되, 자료나 물건의 제출을 거부하는 기관 등은 그 사유를 구체적으로 소명하여야 한다.

다. 요청대상자료 가능여부의 검토(私見)

자료명	요 청	주요 내용	근 거
통신자료	△	• 이용자의 성명, 주민등록번호, 주소, 전화번호, 아이디 및 통신내역 조회	• 전기통신사업법상 요구주체, 요구사유에 해당하지 않으며 통신사의 임의적 동의하에 제공가능(§83) • 개인정보보호법상 정보제공 가능한 특별한 규정이 있는 경우에 해당하지 않음(§18)
사건기록	×	• 기소전 수사기록	• 사건관계인 등만이 신청가능
		• 공소제기 후 재판확정 전 기록	<table><tr><td rowspan="3">기소 전 수사단계</td><td>사건관계인, 참고인</td></tr><tr><td>(재)항고인 등</td></tr><tr><td>피고소·피고발인 등</td></tr></table>
		• 불기소 수사기록	<table><tr><td rowspan="2">기소 후 재판 확정 전</td><td>피고인 등</td></tr><tr><td>피해자, 참고인</td></tr><tr><td>불기소 사건</td><td>피의자였던 자 등</td></tr></table>
범죄·수사 경력조회	×	• 수사자료표에 의한 범죄·수사경력조회 회보	• 형의 실효등에 의한 법률상 당사자외 제공사유에 해당하지 않음(§6)
가족관계 증명서 등	△	• 본인의 등록기준지·성명·성별·본·출생연월일 및 주민등록번호를 확인할 수 있는 증명서	• **근거법령과 사유를 기재**한 신청기관의 공문 필요 • 다만 타법령에서는 명시적인 요구근거조문을 규정하고 있어 감찰관법 조문만으로 증명서등을 발급받을 수 있는지와 관련하여 대법원과의 **추가적인 협의가 요구**
재판확정 후 기록	△	• 권리구제, 학술연구, 공익적 목적으로 기록열람가능	• 당사자가 **부동의하는 경우 제한**(형사소송법 §59의2)
확정판결문	△	• 누구든지 판결이 확	• 사생활의 침해, 생명, 신체의 안전이

		정된 사건의 판결서 열람·복사 가능	나 생활의 평온을 침해할 우려가 있는 경우 **제한**(형사소송법 §59의3)
출입국사실 증명	○	• 성명, 성별, 국적, 생년월일, 여권번호, 출입국 일자 등의 정보를 확인	• 법무부 장관이 **공익상 필요하다고 인정**하는 경우 발급가능(출입국관리법 시행령§75)
차량등록 원부	○	• 차량 등록번호, 차대번호, 차명, 사용본거지, 자동차 소유자, 원동기형식, 차종, 용도, 구조장치 변경사항, 검사유효기간, 자동차저당권에 관한 사항 확인가능	• 자동차등록규칙 제10조
법인등기부 등본	○	• 법인의 상호, 본점, 자본금, 설립목적 등을 확인할 수 있으며, 대표이사, 감사, 이사의 생년월일, 주소 등	• 대법원 인터넷등기소
부동산 등기부등본	○	• 부동산의 표제부, 소유권, 제한물권을 확인가능하며 권리자란에서 감찰대상자 정보 추가확인가능	• 대법원 인터넷등기소
재산공개 자료	○	• 소속·직위·성명 및 본인과의 관계 • 토지, 건물, 적극재산 및 소극재산 등	• 공직자윤리위원회에서 관할 등록의무자 중 공개대상자의 재산등록에 관한 사항을 공개
사업자등록 자료	○	• 감찰대상자 운영 기업의 일반, 간이, 면세사업자 여부, 휴폐업조회 등을 조회	• 국세청 홈텍스

| 인터넷검색 및 언론자료 | ○ | • 상시 언론 및 인터넷 자료, 언론사자료 및 증권사 소식지 등을 참고 | • 인터넷 검색 등 |

(1) 가입자 정보자료

가입자 정보자료는 이용자의 성명, 주민등록번호, 주소, 전화번호, 아이디 등 이용자의 인적사항을 확인할 수 있는 신상정보이다. 현재 수사기관 등은 전기통신사업자에게 수사대상자의 신상정보에 대한 자료제공 요청을 하고 있는 바, 특별감찰관법상 감찰을 위하여 특별감찰관이 감찰대상자의 신상정보에 대해 **관계기관에 자료요구가 가능한지 문제될 수 있다.** 전기통신사업법상 통신자료는 법원, 검사 또는 수사관서의 장 등이 재판, 수사 등을 위한 정보수집을 위하여 요청한다. 특별감찰관은 감찰활동을 위한 비위행위 조사는 상대 통신사의 임의적 동의하에 요청할 수 있고 통신사가 동의하지 않는다면 요구하기 곤란하다고 사료된다.

※ 전기통신사업법 제83조(통신비밀의 보호)

③ 전기통신사업자는 **법원, 검사 또는 수사관서의 장**(군 수사기관의 장, 국세청장 및 지방국세청장을 포함한다. 이하 같다), **정보수사기관의 장**이 **재판, 수사**(「조세범 처벌법」제10조 제1항·제3항·제4항의 범죄 중 전화, 인터넷 등을 이용한 범칙사건의 조사를 포함한다), **형의집행 또는 국가안전보장에 대한 위해를 방지하기 위한 정보수집을 위하여** 다음 각 호의 자료의 열람이나 제출(이하 통신자료제공"이라 한다)을 요청하면 그 요청에 따를 수 있다.

1. 이용자의 성명
2. 이용자의 주민등록번호
3. 이용자의 주소
4. 이용자의 전화번호
5. 이용자의 아이디(컴퓨터시스템이나 통신망의 정당한 이용자임을 알아보기 위한 이용자식별부호를 말한다)
6. 이용자의 가입일 또는 해지일

이외에 가입자의 전기통신 일시, 전기통신 개시·종료시간, 발·착신 번호, 사용도수, 정보통신망에 접속된 정보통신기기의 위치를 확인할 수 있는 위치추적자료 등 구체적인 통신행위에 관련된 정보통신자료를 확인할 수 있는 통신사실확인자료는 수사기관 등이 법원의 영장을 필요로 하는 것으로 관계기관 요구규정에 포함되지 아니할 것이다.

(2) 사건기록·확정판결문 등

사건기록은 감찰대상자의 과거 수사기록 및 현재 수사중인 기록 등에 대한 검토가 가능하나, 특별감찰관법상 감찰을 위하여 특별감찰관이 감찰대상자의 신상정보에 대해 관계기관에 자료요구가 가능한지 문제될 수 있다. 기소 전 수사단계 및 기소 후 재판확정 전, 불기소 사건 등의 경우에는 사건관계인 등만이 신청가능하며 예외적으로 불기소 사건 기록의 경우 기록열람등사가 가능하나 학술연구 목적 등으로 용도가 제한된다. 재판확정 후에는 권리구제, 학술연구, 공익적 목적으로 기록열람 등이 가능하나, 당사자가 부동의하는 경우 제한이 가능하다. 반면 확정판결[166]은 누구든지 판결이

---

166) 형사소송법 제59조의2(재판확정기록의 열람·등사)
　① 누구든지 권리구제·학술연구 또는 공익적 목적으로 재판이 확정된 사건의 소송기록을 보관하고 있는 검찰청에 그 소송기록의 열람 또는 등사를 신청할 수 있다.
　② 검사는 다음 각 호의 어느 하나에 해당하는 경우에는 소송기록의 전부 또는 일부의 열람 또는 등사를 제한할 수 있다. **다만, 소송관계인이나 이해관계 있는 제3자가 열람 또는 등사에 관하여 정당한 사유가 있다고 인정되는 경우에는 그러하지 아니하다.**
　1. 심리가 비공개로 진행된 경우
　2. 소송기록의 공개로 인하여 국가의 안전보장, 선량한 풍속, 공공의 질서유지 또는 공공복리를 현저히 해할 우려가 있는 경우
　3. 소송기록의 공개로 인하여 사건관계인의 명예나 사생활의 비밀 또는 생명·신체의 안전이나 생활의 평온을 현저히 해할 우려가 있는 경우
　4. 소송기록의 공개로 인하여 공범관계에 있는 자 등의 증거인멸 또는 도주를 용이하게 하거나 관련 사건의 재판에 중대한 영향을 초래할 우려가 있는 경우
　5. 소송기록의 공개로 인하여 피고인의 개선이나 갱생에 현저한 지장을 초래할 우려가 있는 경우
　6. 소송기록의 공개로 인하여 사건관계인의 영업비밀(「부정경쟁방지 및 영업비밀보호에 관한 법률」 제2조 제2호의 영업비밀을 말한다)이 현저하게 침해될 우려가 있는 경우
　7. 소송기록의 공개에 대하여 당해 소송관계인이 동의하지 아니하는 경우
　형사소송법 제59조의3(확정 판결서등의 열람·복사)
　① **누구든지** 판결이 확정된 사건의 판결서 또는 그 등본, 증거목록 또는 그 등본, 그 밖에 검사나 피고인 또는 변호인이 법원에 제출한 서류·물건의 명칭·목록 또는 이에 해당하는 정보(이하 "판결서등"이라 한다)를 보관하는 법원에서 해당 판결서등을 열람 및 복사(인터넷, 그 밖의 전산정보처리시스템을 통한 전자적 방법을 포함한다. 이하 이 조에서 같다)할 수 있다. 다만, 다음 각 호의 어느 하나에 해당하는 경우에는 판결서등의 열람 및 복사를 제한할 수 있다.
　1. 심리가 비공개로 진행된 경우

확정된 사건의 판결서 등을 보관하는 법원에서 열람 및 복사 가능하다. 다만 개인의 사생활의 침해, 생명, 신체의 안전이나 생활의 평온을 침해할 우려가 있는 경우 제한이 가능한 점이 있다.

신청 단계	신청인	신청 대상
기소 전 수사단계	사건관계인, 참고인	본인진술서류, 본인제출서류
	(재)항고인 등	불기소이유서 등
	피고소·피고발인 등	고소·고발장, 항고장 등
기소 후 재판확정 전	피고인 등	기소된 사건 관련 서류 등
	피해자, 참고인	본인진술서류, 본인제출서류
재판확정 후	권리구제, 학술연구, 공익적 목적	재판 확정된 소송기록

2. 「소년법」 제2조에 따른 소년에 관한 사건인 경우
3. 공범관계에 있는 자 등의 증거인멸 또는 도주를 용이하게 하거나 관련 사건의 재판에 중대한 영향을 초래할 우려가 있는 경우
4. 국가의 안전보장을 현저히 해할 우려가 명백하게 있는 경우
5. **제59조의2제2항 제3호 또는 제6호의 사유가 있는 경우. 다만, 소송관계인의 신청이 있는 경우에 한정한다.**
② 법원사무관등이나 그 밖의 법원공무원은 제1항에 따른 열람 및 복사에 앞서 판결서등에 기재된 성명 등 개인정보가 공개되지 아니하도록 대법원규칙으로 정하는 보호조치를 하여야 한다.
③ 제2항에 따른 개인정보 보호조치를 한 법원사무관등이나 그 밖의 법원공무원은 고의 또는 중대한 과실로 인한 것이 아니면 제1항에 따른 열람 및 복사와 관련하여 민사상·형사상 책임을 지지 아니한다.
④ 열람 및 복사에 관하여 정당한 사유가 있는 소송관계인이나 이해관계 있는 제3자는 제1항 단서에도 불구하고 제1항 본문에 따른 법원의 법원사무관등이나 그 밖의 법원공무원에게 판결서등의 열람 및 복사를 신청할 수 있다. 이 경우 법원사무관등이나 그 밖의 법원공무원의 열람 및 복사에 관한 처분에 불복하는 경우에는 제1항 본문에 따른 법원에 처분의 취소 또는 변경을 신청할 수 있다.
⑤ 제4항의 불복신청에 대하여는 제417조 및 제418조를 준용한다.
⑥ 판결서등의 열람 및 복사의 방법과 절차, 개인정보 보호조치의 방법과 절차, 그 밖에 필요한 사항은 대법원규칙으로 정한다.

불기소 사건	피의자였던 자 등	본인진술서류, 본인제출서류
확정판결문	**누구든지**	**확정판결문**

(3) 범죄·수사경력조회

수사자료표에 의한 범죄·수사경력조회 회보는 감찰대상자의 범행습벽 파악과 향후 동향을 파악할 수 있는 중요한 정보가 된다. 현재 범죄 수사, 재판 및 다른법률에서 관련자료의 회보를 하도록 규정하고 있는 경우 동자료를 회보토록 규정하고 있다.[167] 범죄, 수사경력자료를 수보하기 위해서는 경찰청장에 요청할 수 있는 명시적인 근거가 필요한데, 유사입법례(예: 화물자동차 운수사업법[168])에 의하면 요청주체 및 요청사유,

---

[167] **형의 실효 등에 관한 법률 제6조(범죄경력조회·수사경력조회 및 회보의 제한 등)** ① 수사자료표에 의한 범죄경력조회 및 수사경력조회와 그에 대한 회보는 다음 각 호의 어느 하나에 해당하는 경우에 그 전부 또는 일부에 대하여 조회 목적에 필요한 최소한의 범위에서 할 수 있다. <개정 2013.6.4.>
  1. 범죄 수사 또는 재판을 위하여 필요한 경우
  2. 형의 집행 또는 사회봉사명령, 수강명령의 집행을 위하여 필요한 경우
  3. 보호감호, 치료감호, 보호관찰 등 보호처분 또는 보안관찰업무의 수행을 위하여 필요한 경우
  4. 수사자료표의 내용을 확인하기 위하여 본인이 신청하는 경우
  5. 「국가정보원법」 제3조 제2항에 따른 보안업무에 관한 대통령령에 근거하여 신원조사를 하는 경우
  6. 외국인의 체류허가에 필요한 경우
  7. 각군 사관생도의 입학 및 장교의 임용에 필요한 경우
  8. 병역의무 부과와 관련하여 현역병 및 사회복무요원의 입영(入營)에 필요한 경우
  9. 다른 법령에서 규정하고 있는 공무원 임용, 인가·허가, 서훈(敍勳), 대통령 표창, 국무총리 표창 등의 결격사유 또는 공무원연금 지급 제한 사유 등을 확인하기 위하여 필요한 경우
  10. 그 밖에 다른 법률에서 범죄경력조회 및 수사경력조회와 그에 대한 회보를 하도록 규정되어 있는 경우

[168] **화물자동차 운수사업법** 제51조의5(운영위원회 위원의 결격사유) ① 다음 각 호의 어느 하나에 해당하는 사람은 제51조의4제2항에 따른 위원이 될 수 없다. <개정 2014.1.14., 2015.6.22.>
  1. 미성년자, 피성년후견인 또는 피한정후견인
  2. 파산선고를 받고 복권되지 아니한 사람
  3. 이 법 및 금융관련 법률을 위반하여 금고 이상의 형의 집행유예를 선고받고 그 유예기간 중에 있는 사람
  4. 이 법 및 금융관련 법률을 위반하여 금고 이상의 실형을 선고받고 그 집행이 끝나거나(집

제공기관 등이 명시적으로 규정되어 있지만 현재 특별감찰관법상의 규정상으로는 이러한 명시적인 규정이 없으므로 동 자료를 확보하기 곤란하다고 할 것이다.

(4) 가족관계증명서 등

가족관계증명서는 본인의 등록기준지·성명·성별·본·출생연월일 및 주민등록번호를 확인할 수 있는 증명서로, 부모 및 자녀의 성명·성별·본·출생연월일 및 주민등록번호, 배우자 등의 확인이 가능하고 이외에도 기본, 입양, 혼인, 친양자 관계 증명서 등은 친인척 관계 파악을 위한 핵심자료로 사용가능하다. 국가 또는 지방자치단체는 직무상 필요에 따라 문서로 타인의 가족관계증명서 등을 신청할 수 있으며, 이 경우에는 그 근거법령과 사유를 기재한 신청기관의 공문 및 관계공무원의 신분증명서에 대한 적시가 필요하다.

※ **가족관계의 등록등에 관한 법률**

제14조(증명서의 교부 등) ① 본인 또는 배우자, 직계혈족, 형제자매(이하 이 조에서는 "본인등"이라 한다)는 제15조에 규정된 등록부등의 기록사항에 관하여 발급할 수 있는 증명서의 교부를 청구할 수 있고, 본인등의 대리인이 청구하는 경우에는 본인등의 위임을 받아야 한다. 다만, 다음 각 호의 어느 하나에 해당하는 경우에는 본인등이 아닌 경우에도 교부를 신청할 수 있다.

1. 국가 또는 지방자치단체가 직무상 필요에 따라 문서로 신청하는 경우
2. 소송·비송·민사집행의 각 절차에서 필요한 경우
3. 다른 법령에서 본인등에 관한 증명서를 제출하도록 요구하는 경우

행이 끝난 것으로 보는 경우를 포함한다) 집행이 면제된 날부터 3년이 지나지 아니한 사람

5. 이 법에 따른 공제조합의 업무와 관련하여 벌금 이상의 형을 선고받고 그 집행이 끝나거나(집행이 끝난 것으로 보는 경우를 포함한다) 집행이 면제된 날부터 3년이 지나지 아니한 사람

6. 제51조의9에 따른 징계·해임의 요구 중에 있거나 징계·해임의 처분을 받은 후 3년이 지나지 아니한 사람

② 제51조의4제2항에 따른 위원이 제1항 각 호의 어느 하나에 해당하게 된 때에는 그 날로 위원자격을 잃는다.

③ 국토교통부장관은 제1항 제3호부터 제5호까지의 범죄경력자료의 조회를 경찰청장에게 요청하여 공제조합에 제공할 수 있다.

4. 그 밖에 대법원규칙으로 정하는 정당한 이해관계가 있는 사람이 신청하는 경우

한편 아동복지법,169) 사립학교 연금법170) 등의 타법령에서는 명시적인 요구근거조

---

169) **아동복지법 제22조의2(피해아동 등에 대한 신분조회 등 조치)** 아동보호전문기관의 장은 피해아동의 보호, 치료 등을 수행함에 있어서 피해아동, 그 보호자 또는 아동학대행위자에 대한 다음 각 호의 조치를 관계 중앙행정기관의 장, 시·도지사 또는 시장·군수·구청장에게 협조 요청할 수 있으며, 요청을 받은 관계 중앙행정기관의 장, 시·도지사 또는 시장·군수·구청장은 정당한 사유가 없으면 이에 따라야 한다.
1. 「출입국관리법」에 따른 외국인등록 사실증명의 열람 및 발급
2. **「가족관계의 등록 등에 관한 법률」 제15조 제1항 제1호부터 제4호까지에 따른 증명서의 발급**
3. 「주민등록법」에 따른 주민등록표 등본·초본의 열람 및 발급
4. 「국민기초생활 보장법」에 따른 수급자 여부의 확인
5. 「장애인복지법」에 따른 장애인등록증의 열람 및 발급

170) **사립학교교직원 연금법 제19조(공단의 권한 등)** ① 공단은 이 법에 따른 급여를 적정하게 하기 위하여 필요하다고 인정될 때에는 급여에 관련된 사람에게 다음 각 호의 사항을 요구하거나 소속 직원에게 장부·서류나 그 밖에 필요한 물건을 검사하게 할 수 있다.
1. 급여와 관련한 보고
2. 장부, 서류, 그 밖의 물건의 제시
3. 일정한 장소에의 출석과 의견의 진술 또는 설명
② 제1항에 따라 검사를 하는 공단의 직원은 그 권한을 표시하는 증표를 관계인에게 내보여야 한다.
③ 이 법에 따라 각종 급여를 받을 권리가 있는 사람 또는 의료기관이 제1항에 따른 요구 및 검사에 정당한 사유 없이 응하지 아니할 때에는 이에 응할 때까지 그 급여를 받을 권리가 있는 사람 또는 의료기관에 대하여 급여 지급을 중지할 수 있다.
④ 공단은 다음 각 호의 사항을 확인하기 위하여 해당기관 또는 단체에 해당자료를 제공할 것을 요청할 수 있다. 이 경우 자료 제공을 요청받은 기관 또는 단체는 특별한 사유가 없으면 요청에 따라야 한다. <개정 2013.5.22., 2014.11.19.>
1. 연금수급자의 주소지 및 가족관계 등을 확인하기 위한 범위: 시장·군수·구청장에 대하여 주민등록표 등본·초본 및 가족관계증명서
2. 교직원 및 연금수급자의 과세소득을 확인하기 위한 범위: 국세청장에 대하여 근로소득자료 및 사업소득자료
3. 교직원 및 연금수급자의 소득월액을 확인하기 위한 범위: 국민건강보험공단 이사장에 대하여 보수월액자료
4. 교직원의 직무상 질병·부상 및 장애 여부를 확인하기 위한 범위: 국민건강보험공단 이사장에 대하여 건강보험 요양급여자료
5. 연금수급자의 사망 여부를 확인하기 위한 범위: 국민건강보험공단 이사장에 대하여 건강검진 결과자료
6. 연금수급자의 사망·주민등록말소·국외이주 여부 등을 확인하기 위한 범위: 행정자치부

문을 규정하고 있어 현재 특별감찰관법 조문만으로 증명서등을 발급받을 수 있는지와 관련하여 대법원과의 추가적인 협의가 요구될 수도 있다. 다만 초기에 대상자 현황파악을 위한 정도의 자료는 대법원과의 협의를 거쳐 발급받는 것이 타당할 것이라고 사료된다.

(5) 출입국 사실 증명 자료

출입국사실증명원은 성명, 성별, 국적, 생년월일, 여권번호, 출입국 일자 등의 정보를 확인할 수 있으며, 감찰대상자의 로비스트와의 접선경로, 국외사업진행 현황 등을 파악하기 위한 자료로 유용히 사용될 수 있다. 출입국사실 증명원은 원칙적으로는 본인 혹은 대리인이 발급신청할 수 있으나, 예외적으로 재판에서 승소한 경우, 채권·채무관계가 입증되는 경우, 기타 행방불명, 사망 등의 경우는 타인이 발급가능하며, 특별감찰관은 법무부 장관과의 협의를 거쳐서 **공익상 필요하다고 인정**하는 경우도 발급가능하다고 생각한다.

※ 출입국관리법 시행규칙

제75조(사실증명의 발급) ③ 다음 각 호의 어느 하나에 해당하는 자는 제1항 또는 제2항에도 불구하고 출입국에 관한 사실증명이나 외국인등록 사실증명을 신청할 수 있다. <개정 2010. 11. 16., 2012. 1. 19., 2016. 9. 29.>

장관에 대하여 주민등록사항에 관한 전산정보자료
7. 연금수급자의 재혼 또는 친족관계 종료 여부를 확인하기 위한 범위: 법원행정처장에 대하여 가족관계등록사항에 관한 전산정보자료
8. 교직원 및 교직원이었던 자가 재직 중의 사유로 금고 이상의 형을 선고받았는지 또는 재직 중의 사유로 금고 이상의 형에 처할 범죄행위로 인하여 수사가 진행 중이거나 형사재판이 계속 중인지를 확인하기 위한 범위: 경찰청장에 대하여 범죄경력자료 및 수사경력자료, 소관 검찰청의 검사장 또는 지청장에 대하여 판결문 사본
9. 이 법에 따라 급여를 적정하게 산정하고 지급하기 위하여 사실관계를 확인할 필요가 있는 자료 중 제1호부터 제8호까지에 준하는 것으로서 대통령령으로 정하는 자료
⑤ 공단은 제4항에 따라 제공받은 자료를 「개인정보 보호법」에 따라 보호하여야 한다. <신설 2013.5.22.>
⑥ 제4항에 따라 공단이 받는 자료에 대하여는 사용료·수수료 등을 면제한다. <개정 2013.5.22.>

1. 행방불명, 사망 등으로 본인이 의사표시를 할 수 없는 상태에 있거나 명백하게 본인의 이익을 위해 사용될 것으로 인정되는 경우: 다음 각 목의 어느 하나에 해당하는 사람

2. 본인인 외국인이 완전 출국한 경우 : 본인인 외국인을 고용하였던 자 또는 그 대리인

3. 삭제<2019. 6. 11.>(다음 각 목에 해당하는 경우로서 외국인등록 사실증명을 발급받으려는 경우: 채권자가. 채권·채무 관계에 관한 재판에서 승소판결이 확정된 경우 나. 「주민등록법 시행령」 별표 2 제3호 각 목의 어느 하나에 해당하는 금융회사 등이 연체채권 회수를 위하여 필요로 하는 경우다. 해당 외국인과 채권·채무 관계에 있는 경우(기한 경과나 기한의 이익 상실 등으로 변제기가 도래한 경우에 한정하며, 채무금액이 100만원 이하인 경우는 제외한다))

4. 그 밖에 법무부장관이 공익상 필요하다고 인정하는 자

이러한 출입국 자료를 분석하여 국외장기 거주중인 대상자들에 대해 외교부에 재외국민등록부, 해외이주신고 자료를 요구하는 것도 가능하다고 보여지는 바, 외국의 일정한 지역에 계속하여 90일 이상 체류하는 국민은 필수등록사항을 현지공관에 등록하도록 되어있고(재외국민등록법 제2조, 제3조: 성명, 생년월일 및 주민등록번호, 성별, 등록기준지, 직업, 병역, 체류목적 및 자격, 거주국 내의 주소나 거소, 전화번호, 그 밖의 연락처), 재산 국외반출 등의 편의를 위해 해외이주를 하는 자는 외교부에 이주신고를 하도록 되어있기 때문(해외이주법 제6조, 시행령 제5조: 이주국, 동반자)이다.

※ 해외이주신고 절차

ㅁ (1단계) 외교통상부 해외이주과에서 해외이주신고 확인서 3통 발급

ㅁ (2단계) 동사무소 주민등록증 반납, 주민등록등초본, 호적등본 발급

ㅇ 국외이주신고 필증 발급(1세대당 1매), 지방세 납세 증명서

ㅁ (3단계) 납세완납증명서(국세－해외이주용, 구성원 모두 1인 1매씩) 발급

※ 재외동포별 증명서 신고제도

ㅁ 재외국민의 경우 거주여권(주민등록말소) 보유자로서, 재외동포법 개정 전에는 국내거소신고, 법 개정 후에는 주민등록신고

☐ 일반여권(기 영주권자 장기체류자, 주민등록유지)을 계속 사용하는 국외장기체류 내국
　인의 경우 기존 주민등록증 사용가능
☐ 외국국적동포의 경우 국내입국시 출입국관리사무소에 국내거소신고증 신청

(6) 차량등록원부 조회

　차량등록원부는 등록번호, 차대번호, 차명, 사용본거지, 자동차 소유자, 원동기형식, 차종, 용도, 세부유형과 구조장치 변경사항, 검사유효기간, 자동차저당권에 관한 사항과 그 밖에 공시할 필요가 있는 사항이 기재되어 있다. 감찰을 위하여 감찰대상자의 신상정보 및 재산상황 검토 등을 위하여 유의미하게 사용될 수 있는 자료로 사용될 수 있다. 자동차등록규칙[171])에 의해 신청이 가능하며 실무적으로는 특히 중고차매매업자들이 차량정보 확인 등을 위해 빈번히 확인하고 있는 상황이기도 하다.

※ 차량등록원부 조회 예시
- 차명: 캐딜락 CTS
- 주행거리: 125,947km
- 연식: 2003년
- 색상: 검정
- 차대번호: 1G6DM57N230147691
- 최초등록일: 2004. 09, 14.
- 압류: 34회(주정차위반, 혼잡통행료체납, 지방세, 버스전용차로위반, 자동차손해배상보장
　법위반, 의무보험과태료, 자동차세, 자동차검사위반, 건강 연금 고용 산재보험 체납 등)
- 저당: 없음
* 도난, 수배조회 가능.

---

171) **자동차등록규칙 제10조(등록원부 등본 등의 발급신청)** ① 법 제7조 제4항에 따라 등록원부
　　(법 제13조에 따라 말소등록된 자동차의 등록원부를 포함한다)의 등본 또는 초본을 발급받으
　　려는 자는 별지 제5호서식의 자동차등록원부 등본(초본) 발급·열람신청서를 등록관청에 제
　　출하여야 한다. 다만, 자동차 소유자가 신청하는 경우에는 주민등록증, 운전면허증 또는 외국
　　인등록사실증명 등 본인임을 확인할 수 있는 신분증명서 등의 제시만으로 신청할 수 있다.

등록원부의 열람이나 그 등본·초본을 발급받기 위해서는 각 지방 자동차사업소에 신청가능할 것으로 사료되며, 특히 도난, 수배차량 여부 및 압류, 체납세액 여부 등을 추가로 확인하기 위해 지방국세청과의 협업프로세스도 가능할 것으로 보인다.

(7) 법인등기부등본

법인등기부등본은 감찰대상자가 임원으로 근무하는 법인의 상호, 본점, 자본금, 설립목적 등을 확인할 수 있으며, 대표이사, 감사, 이사의 생년월일, 주소 등에 관한 세부적인 정보가 적시되어 있어, 법인을 통한 위장거래, 횡령, 입찰수주 등의 비위행위 조사시 자료를 활용할 필요성이 높다.

(8) 금융감독원 기업공시정보

금융감독원의 기업공시시스템, 기업재무정보종합시스템(크레탑, 키스라인) 등을 활용하여, 감찰대상자가 근무하거나 운영하는 기업의 재무상황, 지분변경보고, 분기, 반기보고서 등을 활용하여 조사할 필요가 있고 특히 매출실적에 비해 거래금액이 과다한 기업, 지분구조가 급격히 변동한 기업 등에 대해서는 조사시 고려대상이 될 수 있다.

(9) 부동산 등기부 등본

감찰대상자가 소유, 거주하는 부동산의 상시 확인을 통해 재산상황의 변동 등을 감시할 필요가 있다. 또한 을구의 제한물권 설정 등의 변동사항 등을 통해 비위행위로 인해 금품수수여부 등을 상시감시할 필요가 있다. 부동산 현황자료 조회에 대해서는 감찰대상자 등에 대한 부동산소유현황 사실조회를 구청에 요구하거나 부동산등기부등본을 조회해 보는 방안을 생각해 볼 수 있는 바, 개인별 부동산소유현황 조회자료에는 부동산의 소재, 지번, 지목, 면적 등 기본 현황정보와 함께 소유권자, 소유권 변동일자 및 원인, 소유자 주소, 해당 토지의 공시지가 등이 일괄조회되어 정보의 활용가치가 높다.

※ **개인별 토지소유현황 조회예시**
- 토지소재: 전라남도 장성군 장성읍 영천리
- 지번: 0102-0000
- 지목: 임야

- 면적: 1,000 제곱미터
- 소유권 변동일자 및 원인: 2007. 1. 1. 소유권이전
- 소유자: ○ ○ ○
- 소유자의 주소: 서울 관악구 신림동 155번지
- 2023년 개별공시지가: 900원

(10) 공직자 재산공개자료

공직자윤리법 제10조(등록재산의 공개) ④ 공직자윤리위원회 또는 등록기관의 장은 다음 각 호의 어느 하나에 해당하는 경우가 아니면 제3항에 따른 허가를 할 수 없다.

　1. 등록의무자 또는 등록의무자였던 사람에 대한 범죄수사 또는 비위(非違) 조사나 이에 관련된 재판상 필요가 있는 경우

감사원 직무감찰규칙 제20조(등록재산 조회) ① 직무감찰을 받고 있는 자에 대하여는 법 제27조 제1항 및 제30조와 공직자윤리법 제10조 제4항의 규정에 따라 그 등록 재산을 조회할 수 있다.

공직자윤리위원회는 관할 등록의무자 중 일정한 공직자 본인과 배우자 및 본인의 직계존속·직계비속의 재산에 관한 등록사항과 변동사항 신고내용을 등록기간 또는 신고기간 만료 후 1개월 이내에 관보 또는 공보에 게재하여 공개하여야 한다.[172] 공개

---

172) **공직자윤리법 제10조(등록재산의 공개)** ① 공직자윤리위원회는 관할 등록의무자 중 다음 각 호의 어느 하나에 해당하는 공직자 본인과 배우자 및 본인의 직계존속·직계비속의 재산에 관한 등록사항과 제6조에 따른 변동사항 신고내용을 등록기간 또는 신고기간 만료 후 1개월 이내에 관보 또는 공보에 게재하여 공개하여야 한다. <개정 2010. 3. 22., 2011. 7. 29., 2012. 12. 11., 2015. 12. 29., 2017. 3. 21., 2020. 12. 15., 2020. 12. 22.>
　1. 대통령, 국무총리, 국무위원, 국회의원, 국가정보원의 원장 및 차장 등 국가의 정무직공무원
　2. 지방자치단체의 장, 지방의회의원 등 지방자치단체의 정무직공무원
　3. 일반직 1급 국가공무원(「국가공무원법」 제23조에 따라 배정된 직무등급이 가장 높은 등급의 직위에 임용된 고위공무원단에 속하는 일반직공무원을 포함한다) 및 지방공무원과 이에 상응하는 보수를 받는 별정직공무원(고위공무원단에 속하는 별정직공무원을 포함한다)
　4. 대통령령으로 정하는 외무공무원
　5. 고등법원 부장판사급 이상의 법관과 대검찰청 검사급 이상의 검사
　6. 중장 이상의 장성급(將星級) 장교

대상 공직자로는 1급(고위공무원 가급) 이상의 공무원 및 공직유관단체의 장 등, 대통령, 국무총리, 국무위원, 국회의원, 국가정보원의 원장 및 차장 등 국가의 정무직공무원, 지방자치단체의 장, 지방의회의원 등 지방자치단체의 정무직공무원, 일반직 1급 국가공무원(국가공무원법 제23조에 따라 배정된 직무등급이 가장 높은 등급의 직위에 임용된 고위공무원단에 속하는 일반직 공무원 포함) 및 지방공무원과 이에 상응하는 보수를 받는 별정직공무원(고위공무원단에 속하는 별정직공무원 포함), 대통령령으로 정하는 외무공무원과 국가정보원의 기획조정실장, 대통령령이 정하는 외무 공무원(대통령령 제24조 제2항), 공무원보수규정 제51조에 따른 직무등급이 12등급 이상 14등급 이하 직위의 외무공무원 또는 고위공무원단에 속하는 외무공무원 중 가등급의 직위에 보직된 사람, 고등법원 부장판사급 이상의 법관과 대검찰청 검사급 이상의 검사, 고등법원 부장판사급 이상의 법관(고등법원 부장판사급 이상의 법관의 보직범위에 관한 규칙 제2조), 대법원장, 대법관, 사법연수원장, 사법정책연구원장, 각급 법원장, 법원행정처 차장, 대법원 수석재판연구관·선임재판연구관, 법원도서관장, 대법원장 비서실장, 법원행정처 실장, 사법연수원 수석교수 및 사법정책연구원 수석연구위원, 고등법원 및 특허법원 부장판사, 서울중앙·인천·수원·대전·대구·부산·광주지방법원의 수석부장판사 이상의 직책 중 대법원장, 대법관의 직책 이외의 직책에 있다가 사법연수원교수에 보임된 법관, 대검찰청 검사급 이상의 검사(대검찰청 검사급 이상 검사의 보직범위에 관한 규정 제2조), 검

---

7. 교육공무원 중 총장·부총장·학장(대학교의 학장은 제외한다) 및 전문대학의 장과 대학에 준하는 각종 학교의 장, 특별시·광역시·특별자치시·도·특별자치도의 교육감
8. 치안감 이상의 경찰공무원 및 특별시·광역시·특별자치시·도·특별자치도의 시·도경찰청장
8의2. 소방정감 이상의 소방공무원
9. 지방 국세청장 및 3급 공무원 또는 고위공무원단에 속하는 공무원인 세관장
10. 제3호부터 제6호까지, 제8호 및 제9호의 공무원으로 임명할 수 있는 직위 또는 이에 상당하는 직위에 임용된 「국가공무원법」 제26조의5 및 「지방공무원법」 제25조의5에 따른 임기제공무원. 다만, 제4호·제5호·제8호 및 제9호 중 직위가 지정된 경우에는 그 직위에 임용된 「국가공무원법」 제26조의5 및 「지방공무원법」 제25조의5에 따른 임기제공무원만 해당된다.
11. 공기업의 장·부기관장 및 상임감사, 한국은행의 총재·부총재·감사 및 금융통화위원회의 추천직 위원, 금융감독원의 원장·부원장·부원장보 및 감사, 농업협동조합중앙회·수산업협동조합중앙회의 회장 및 상임감사
12. 그 밖에 대통령령으로 정하는 정부의 공무원 및 공직유관단체의 임원
13. 제1호부터 제12호까지의 직(職)에서 퇴직한 사람(제6조 제2항의 경우에만 공개한다)

찰총장, 고등검찰청 검사장, 대검찰청 차장검사, 법무연수원장, 대검찰청 검사, 법무부 기획조정실장, 법무실장, 검찰국장, 범죄예방정책국장, 감찰관, 출입국·외국인정책본부장, 지방검찰청 검사장, 사법연수원 부원장, 법무연수원 기획부장, 고등검찰청 차장검사, 서울중앙지검 제1차장검사, 법무연수원 연구 위원(이상의 직위 중 검찰총장 이외의 직위에 있다가 임용된 검사로 한정), 중장 이상의 장성급 장교, 교육공무원 중 총장·부총장·학장(대학교의 학장 제외) 및 전문대학의 장과 대학에 준하는 각종 학교의 장, 특별시·광역시·도 특별자치도의 교육감, 대학에 준하는 각종 학교의 장, 고등교육법 제59조(각종학교)에 따라 설치되는 학교 중 "한국예술종합학교설치령"에 의해 설립한 한국예술종합학교의 총장, "한국농수산대학설치법"에 의해 설립한 한국농수산대학의 총장, 치안감 이상의 경찰공무원 및 특별시·광역시·도·특별자치도의 지방경찰청장, 소방정감 이상의 소방공무원, 지방 국세청장 및 3급 공무원 또는 고위공무원단에 속하는 공무원인 세관장, 공기업의 장·부기관장 및 상임감사, 한국은행의 총재·부총재·감사 및 금융통화 위원회의 추천직 위원, 금융감독원의 원장·부원장 부원장보 및 감사, 농업협동조합중앙회·수산업협동조합중앙회의 회장 및 상임감사, 대통령령으로 정하는 정부의 공무원 및 공직유관단체의 임원, 대통령령으로 정하는 정부의 공무원(영 제24조 제3항), 고위공무원단(가등급)에 속하는 일반직·별정직 공무원에 상당하는 직위에 보직된 연구관·지도관 및 장학관·교육연구관과 위의 공무원으로 임명할 수 있는 직위에 채용된 임기제공무원, 대통령령으로 정하는 공직유관단체의 임원(영 제24조 제4항)(공직유관단체의 임원이란 이사·감사 이상의 상근임원을 말함(영 제3조 제3항)) 등이다.

　대통령실의 수석비서관은 당연 재산공개대상이고 대통령의 친족 가운데 위 대상자가 포함되어 있는 경우 재산공개의 대상이 된다. 해당 자료는 재산변동사항 및 구체적인 재산목록을 한눈에 볼 수 있는 자료이기 때문에 매우 중요한 자료이며 특히 변동신고자료를 유념해서 살펴볼 필요가 있다고 생각한다.

○ 소속 · 직위 · 성명 및 본인과의 관계
- 재산등록(신고)시 소속 및 직위 등이 맞는지 확인
- 장성급 장교의 소속은 국방부로 기재하고, 직위의 기재는 생략
- 등록의무자의 친족의 성명은 기재하지 아니하고 본인과의 관계만 기재하고 본인·배우자·직계존속·직계비속 순으로 기재

- 지방자치단체의원의 경우 소속은 ○○도(시·군)의회, 직위는 의원으로 기재
- 변동사유가 의무면제, 퇴직자의 경우는 직위 앞에 (전)으로 기재
※ 대학의 총장(등록의무자) → 평교수(의무면제자)는 (전)총장

○ **토지**
- 공유재산의 경우 권리명세란에 총면적, 지분면적을 표시하고 금액은 지분에 대한 금액만 기재하며 비고란 또는 변동사유란에 지분 표시
- 지목이 임야의 경우 "산 ○○번지" 형식으로, "산" 포함 여부 확인
- 건물의 주소지 표시
- 개인정보 보호차원에서 주소지의 일부와 번지수 및 동·호수기재 생략
※ 재산공개는 재산규모를 밝히는데 있지 내역을 밝히는데 있지 않음

○ **부동산에 관한 규정이 준용되는 권리와 자동차·건설기계·선박 및 항공기**
- 차량번호나 제조 회사명(현대, 기아, 혼다 등)이 공개되지 않도록 주의

○ **채무**
- 사인간 채권 또는 사인간 채무인 경우 채권자 또는 채무자의 주소 및 성명이 공개되지 않도록 주의
- 건물임대채무의 경우 임차인의 개인정보(주소, 성명, 연락처) 미기재 확인
- 고지거부자 및 등록제외자 표시
- 고지거부 및 등록제외한 직계존비속이 있을 경우, 비고란에 고지거부사유 '독립생계유지', '타인부양' 표시되었는지 확인
- 친족 중 사망하거나 결혼한 딸의 경우는 '등록제외'라는 사유가 잘 표시되어 있는지 확인

※ 금융자산 조회권 관련 : 고려곤란

한편 특별감찰관법상 관계기관 협조조항 규정 내에 금융자산 조회 및 등록재산 조회 권한이 포함되어 있는지를 검토할 필요가 있다. 타법을 우선 살펴보면 감사원은 회계검사와 감사대상 기관인 금융기관에 대한 감사를 위하여 필요하면 금융기관에 금융자산을 조회할 수 있다(감사원법 §27②).

감사원법 제27조(출석답변 · 자료제출 · 봉인 등) ① 감사원은 감사에 필요하면 다음 각 호의 조치를 할 수 있다.

1. 관계자 또는 감사사항과 관련이 있다고 인정된 자의 출석 · 답변의 요구(「정보통신망 이용촉진 및 정보보호 등에 관한 법률」에 따른 정보통신망을 이용한 요구를 포함한다. 이하 같다)

2. 증명서, 변명서, 그 밖의 관계 문서 및 장부, 물품 등의 제출 요구

3. 창고, 금고, 문서 및 장부, 물품 등의 봉인

② 감사원은 이 법에 따른 회계검사와 감사대상 기관인 금융기관에 대한 감사를 위하여 필요하면 다른 법률의 규정에도 불구하고 인적 사항을 적은 문서(「정보통신망 이용촉진 및 정보보호 등에 관한 법률」에 따른 전자문서를 포함한다. 이하 같다)에 의하여 금융기관의 특정 점포에 금융거래의 내용에 관한 정보 또는 자료의 제출을 요구할 수 있으며, 해당 금융기관에 종사하는 자는 이를 거부하지 못한다.

③ 제1항 제3호에 따른 봉인 및 제2항에 따른 금융거래의 내용에 관한 정보 또는 자료의 제출 요구는 감사에 필요한 최소한도에 그쳐야 한다.

④ 제2항 및 제3항에 따라 금융거래의 내용에 관한 정보 또는 자료를 받은 자는 그 정보 또는 자료를 다른 사람에게 제공 또는 누설하거나 해당 목적 외의 용도로 이용하여서는 아니 된다.

⑤ 감사원은 감사를 위하여 제출받은 개인의 신상이나 사생활에 관한 정보 또는 자료를 해당 감사 목적 외의 용도로 이용하여서는 아니 된다. 다만, 본인 또는 자료를 제출한 기관의 장의 동의가 있는 경우에는 그러하지 아니하다.

감사원 직무감찰규칙 제20조(금융자산의 조회) 직무감찰을 받고 있는 자가 공금을 횡령 · 유용하는 등의 부정한 방법에 의하여 금융자산을 조성한 혐의가 있거나 본인의 동의를 받은 경우에는 관계기관과 협조하여 이를 조사할 수 있다.

이에 회계검사를 위해 필요한 경우에는 감사대상기관의 직원뿐 아니라 회계감사와 관련된 일반인의 계좌도 제출요구 대상으로 삼으며 공직비리가 금융거래를 매개로 진행되고, 공금횡령 등이 차명계좌를 통해 이루어지는 경우가 많아 금융자산 조회를 직무감찰에도 운영할 수 있는지에 대해 논의가 있었다. 다만 이에 대해 언론 등에서는 계좌추적권한의 공직자 직무감찰에 대한 확대해석으로 법을 넘어선 규정이라는 지적이 있다. 즉 감사원은 회계분야에 대해서만 금융자산 조회권이 있으며 이러한 해석은

법적 근거 또는 영장 없는 민간인 계좌에 대한 사찰으로, 영장주의 잠탈 우려가 있다는 지적이 지속되었으며 이에 대해 행정조사의 경우 영장주의가 적용되지 아니하고, 예금계좌에 대한 조사권 없이는 실효성 있는 직무감찰이 이루어지기 어렵다는 입장도 있다.

하지만 원칙적으로 금융거래는 비밀이 보장되며 이러한 정보를 요구하는 경우에는 당사자의 동의가 없는 한 ① 법원의 제출명령 또는 법관이 발부한 영장에 따른 거래정보등의 제공, ② 조세에 관한 법률에 따라 제출의무가 있는 과세자료 등의 제공과 소관 관서의 장이 상속·증여 재산의 확인, 조세탈루의 혐의를 인정할 만한 명백한 자료의 확인, 체납자의 재산조회, 「국세징수법」에 따른 질문·조사를 위하여 필요로 하는 거래정보등의 제공, ③ 「국정감사 및 조사에 관한 법률」에 따른 국정조사에 필요한 자료로서 해당 조사위원회의 의결에 따른 금융감독원장 및 예금보험공사사장의 거래정보등의 제공, ④ 금융위원회(증권시장·파생상품시장의 불공정거래조사의 경우에는 증권선물위원회), 금융감독원장 및 예금보험공사사장이 금융회사등에 대한 감독·검사를 위하여 필요로 하는 거래정보등의 제공의 경우와 해당 조사위원회에 제공하기 위한 경우, ⑤ 동일한 금융회사등의 내부 또는 금융회사등 상호간에 업무상 필요한 거래정보등의 제공, ⑥ 금융위원회 및 금융감독원장이 그에 상응하는 업무를 수행하는 외국 금융감독기관(국제금융감독기구를 포함)에 대한 업무협조를 위하여 필요로 하는 거래정보등의 제공, ⑦ 「자본시장과 금융투자업에 관한 법률」에 따라 거래소허가를 받은 거래소가 필요로 하는 투자매매업자·투자중개업자가 보유한 거래정보등의 제공, ⑧ 그 밖에 법률에 따라 불특정 다수인에게 의무적으로 공개하여야 하는 것으로서 해당 법률에 따른 거래정보등의 제공의 경우173)에만 예외적으로 금융거래 정보등이 제공될 수 있다고

---

173) **금융실명법 제4조(금융거래의 비밀보장)** ① 금융회사등에 종사하는 자는 명의인(신탁의 경우에는 위탁자 또는 수익자를 말한다)의 서면상의 요구나 동의를 받지 아니하고는 그 금융거래의 내용에 대한 정보 또는 자료(이하 "거래정보등"이라 한다)를 타인에게 제공하거나 누설하여서는 아니 되며, 누구든지 금융회사등에 종사하는 자에게 거래정보등의 제공을 요구하여서는 아니 된다. 다만, 다음 각 호의 어느 하나에 해당하는 경우로서 그 사용 목적에 필요한 최소한의 범위에서 거래정보등을 제공하거나 그 제공을 요구하는 경우에는 그러하지 아니하다. <개정 2013. 5. 28., 2019. 11. 26., 2020. 12. 29.>
1. 법원의 제출명령 또는 법관이 발부한 영장에 따른 거래정보등의 제공
2. 조세에 관한 법률에 따라 제출의무가 있는 과세자료 등의 제공과 소관 관서의 장이 상속·증여 재산의 확인, 조세탈루의 혐의를 인정할 만한 명백한 자료의 확인, 체납자(체납액 5천만원 이상인 체납자의 경우에는 체납자의 재산을 은닉한 혐의가 있다고 인정되는 다

볼 것이기 때문에 이는 지나친 확대 해석이라고 생각된다. 이에 마찬가지로 특별감찰

음 각 목에 해당하는 사람을 포함한다)의 재산조회, 「국세징수법」 제9조 제1항 각 호의
어느 하나에 해당하는 사유로 조세에 관한 법률에 따른 질문·조사를 위하여 필요로 하는
거래정보등의 제공
  가. 체납자의 배우자(사실상 혼인관계에 있는 사람을 포함한다)
  나. 체납자의 6촌 이내 혈족
  다. 체납자의 4촌 이내 인척
 3. 「국정감사 및 조사에 관한 법률」에 따른 국정조사에 필요한 자료로서 해당 조사위원회의
    의결에 따른 금융감독원장(「금융위원회의 설치 등에 관한 법률」 제24조에 따른 금융감독
    원의 원장을 말한다. 이하 같다) 및 예금보험공사사장(「예금자보호법」 제3조에 따른 예금
    보험공사의 사장을 말한다. 이하 같다)의 거래정보등의 제공
 4. 금융위원회(증권시장·파생상품시장의 불공정거래조사의 경우에는 증권선물위원회를 말
    한다. 이하 이 조에서 같다), 금융감독원장 및 예금보험공사사장이 금융회사등에 대한 감
    독·검사를 위하여 필요로 하는 거래정보등의 제공으로서 다음 각 목의 어느 하나에 해당
    하는 경우와 제3호에 따라 해당 조사위원회에 제공하기 위한 경우
  가. 내부자거래 및 불공정거래행위 등의 조사에 필요한 경우
  나. 고객예금 횡령, 무자원(無資源) 입금 기표(記票) 후 현금 인출 등 금융사고의 적발에
    필요한 경우
  다. 구속성예금 수입(受入), 자기앞수표 선발행(先發行) 등 불건전 금융거래행위의 조사에
    필요한 경우
  라. 금융실명거래 위반, 장부 외 거래, 출자자 대출, 동일인 한도 초과 등 법령 위반행위의
    조사에 필요한 경우
  마. 「예금자보호법」에 따른 예금보험업무 및 「금융산업의 구조개선에 관한 법률」에 따라
    예금보험공사사장이 예금자표(預金者表)의 작성업무를 수행하기 위하여 필요한 경우
 5. 동일한 금융회사등의 내부 또는 금융회사등 상호간에 업무상 필요한 거래정보등의 제공
 6. 금융위원회 및 금융감독원장이 그에 상응하는 업무를 수행하는 외국 금융감독기관(국제
    금융감독기구를 포함한다. 이하 같다)과 다음 각 목의 사항에 대한 업무협조를 위하여 필
    요로 하는 거래정보등의 제공
  가. 금융회사등 및 금융회사등의 해외지점·현지법인 등에 대한 감독·검사
  나. 「자본시장과 금융투자업에 관한 법률」 제437조에 따른 정보교환 및 조사 등의 협조
 7. 「자본시장과 금융투자업에 관한 법률」에 따라 거래소허가를 받은 거래소(이하 "거래소"
    라 한다)가 다음 각 목의 경우에 필요로 하는 투자매매업자·투자중개업자가 보유한 거래
    정보등의 제공
  가. 「자본시장과 금융투자업에 관한 법률」 제404조에 따른 이상거래(異常去來)의 심리 또
    는 회원의 감리를 수행하는 경우
  나. 이상거래의 심리 또는 회원의 감리와 관련하여 거래소에 상응하는 업무를 수행하는 외
    국거래소 등과 협조하기 위한 경우. 다만, 금융위원회의 사전 승인을 받은 경우로 한정
    한다.
 8. 그 밖에 법률에 따라 불특정 다수인에게 의무적으로 공개하여야 하는 것으로서 해당 법
    률에 따른 거래정보등의 제공

관법에서는 관계기관에 대한 협조규정만 존재할 뿐 명시적인 금융자산 조회 요구권한
이 존재하지는 아니한다는 점에서 이를 특별감찰관의 권한으로 포섭하기 어렵다고 보
인다.

이에 대해서 감사원법 제27조 제2항[174])에 따르면 감사원의 경우 회계검사와 감사대
상 기관인 금융기관에 대한 감사를 위하여만 금융기관 특정점포에 금융거래자료 등을
요구할 수 있도록 규정하면서 하위 감사원의 규칙인 감사원 직무감찰규칙 제20조[175])
에서는 직무감찰에 대해서는 강제가 아닌 관계기관과 협조하에 금융거래자료를 조사
할 수 있게 하고 있음을 살펴볼 수 있다. 이에 현재 특별감찰관법에서는 별도의 규정
이 없어서 자료를 요청하는 것에 대해 곤란하여 보인다고 하더라고 입법정책적 관점
에서 감사원의 금융자산의 조회 규정과 유사한 금융거래자료 제출요구권 부여 여부와
부여 시 범위나 조건을 결정할 필요가 있다고 사료된다.

(11) 건강보험자료

직장건강보험 가입현황 자료 중 직장명, 직장의료보험 가입일·상실일, 직장소재지
등 가입현황 자료를 건강보험공단에 요구하며 다만 소득수준을 판단할 수 있는 부과
보험료, 개인의 질병내역, 진료정보 등 비위행위 기초자료와 무관한 자료는 요청제외
하는 절충적 요구방법을 생각해볼 수 있다. 감찰대상자의 현황을 파악하는 의미이지
그 개인의 소득을 추정해보겠다는 것은 과한 요구가 될 수 있기 때문이며, 이 역시 등
록재산조회가 관보 등으로 가능한 것과는 다르게 금융자산의 조회는 금융실명법에서
제한으로 쉽게 자료제출이 어려운 것처럼 건강보험자료도 마찬가지로 곤란하다고 사
료된다. 또한 일반적으로 건강보험공단도 개인병력, 보험료 정보 등 개인의 프라이버
시 관련사항 자료가 다수 포함되어 있기 때문에 외부에 제공하고 있지는 아니하고 있
는 실정이며 이는 타당하다고 생각한다.

---

174) **감사원법 제27조(출석답변·자료제출·봉인 등)** ② 감사원은 이 법에 따른 회계검사와 감사
대상 기관인 금융기관에 대한 감사를 위하여 필요하면 다른 법률의 규정에도 불구하고 인적
사항을 적은 문서(「정보통신망 이용촉진 및 정보보호 등에 관한 법률」에 따른 전자문서를
포함한다. 이하 같다)에 의하여 금융기관의 특정 점포에 금융거래의 내용에 관한 정보 또는
자료의 제출을 요구할 수 있으며, 해당 금융기관에 종사하는 자는 이를 거부하지 못한다.

175) **감사원 직무감찰규칙 제20조(금융자산의 조회)** 직무감찰을 받고 있는 자가 공금을 횡령·유
용하는 등의 부정한 방법에 의하여 금융자산을 조성한 혐의가 있거나 본인의 동의를 받은
경우에는 관계기관과 협조하여 이를 조사할 수 있다.

> ※ **직장건강보험 가입내용 회신 예시**
> - 대상자명: 홍길동
> - 가입구분: 직장가입자
> - 사업장명: ㈜ 한국
> - 사업장소재지: 서울 영등포구 여의도동 45번지
> - 가입·상실일: 2005. 1. 1. 가입/ 2010. 1. 1. 상실

(12) 사업자등록조회

국세청 자료를 활용하여 감찰대상자 운영 기업의 일반, 간이, 면세사업자 여부, 휴폐업조회 등을 조회할 수 있다.

(13) 인터넷 검색 및 언론자료

상시 언론 및 인터넷 자료, 언론사자료 등은 공개가능한 정보원으로 감찰대상자의 동향을 볼 수 있는 중요한 자료이다. 다만 해당자료는 이중검증될 필요가 있다.

3. 개선방안(소결)

가. 자료요청 대상자료의 명확화

현행 특별감찰관 법령은 추상적으로 자료요청, 사실조회 권한을 규정하고 있어, 개인정보가 포함된 자료를 징구하는데 곤란한 여러 상황에 놓인다. 이에 특정금융정보법 등 행정기관에 대한 협조자료 요청 규정 입법례를 참고하여 규정을 정비할 필요가 있다. 현재 특별감찰관법 제16조를 명료화하여 명시적으로 감찰에 필요한 자료(전과조회자료, 사건·수사기록등 자료, 인사청문회 자료)를 규정하는 것도 방법이 될 것이다.

현 행(제16조)	개정안(제16조)
제16조(관계 기관의 협조) 특별감찰관은 감찰대상자의 비위행위 여부를 확인하기 위하	제16조(관계 기관의 협조 등) ① 특별감찰관은 감찰대상자의 비위행위 여부를 확인하

여 필요한 경우 국가 또는 지방자치단체, 그 밖의 공공기관의 장에게 협조와 지원을 요청할 수 있고, 필요한 자료 등의 제출이나 사실 조회를 요구할 수 있다.

기 위하여 필요한 경우 국가 또는 지방자치단체, 그 밖의 공공기관의 장에게 국가 또는 지방자치단체, 그 밖의 공공기관의 장에게 협조와 지원을 요청할 수 있고, 다음 각 호의 자료의 제공을 요청하거나 사실 조회를 요구할 수 있다.
1. 「가족관계의 등록 등에 관한 법률」 제11조 제6항에 따른 등록전산정보자료
2. 「주민등록법」 제30조 제1항에 따른 주민등록전산정보자료
3. 「형의 실효 등에 관한 법률」 제5조의2제2항에 따른 범죄경력자료 및 수사경력자료
4. 관련된 사건의 수사기록 및 증거 등 자료와 인사청문회 자료
5. 그 밖에 비위행위의 확인을 위하여 필요한 자료로서 대통령령으로 정하는 자료

나. 감찰대상자 등의 조사시 동의서 징구

현재 특별감찰관법에서는 감찰대상자에게 출석·답변의 요구 또는 증명서, 소명서, 그 밖의 관계 문서 및 장부, 물품 등의 제출 요구가 가능하다. 뿐만 아니라 감찰대상자 이외의 자에게 출석·답변의 요구 또는 자료 등의 제출 요구도 가능하다. 다만 감찰대상자 및 이외의 참고인 조사시 "개인정보활용 동의서"를 징구하거나 서면 혹은 정보통신망을 활용해 동의서를 징구하여 열람이 곤란한 자료를 일괄 수집하여 조사에 활용하는 방안이 효율적이라고 생각한다. 기본적으로 감찰대상자는 친인척, 고위직 공무원이기 때문에 대부분 자발적으로 협조할 것이 예상되며, 만약 위조된 자료를 제출하여 적극적으로 감찰행위를 방해하는 경우에는 감찰행위방해죄로 적극적으로 의율하고(법 제25조 제1항), 비협조적으로 감찰에 불응하는 경우 경과를 정리하여 신속히 검찰 수사 의뢰 등을 행하는 방법으로 감찰진행(법 제19조 제2호)할 필요도 있다.

다. 제도의 적극적 운용 및 입법보완의 필요

특별감찰관은 감찰방법으로 관계기관의 협조, 출석·답변, 자료제출요구, 감찰대상자 이외의 자에 대한 협조요구를 감찰방법으로 규정하고 있는 바, 이는 감찰방법으로

매우 협소하여 실효적인 감찰이 이루어지기 어렵다고 생각한다. 현재 규정에 의하면 계좌추적, 통신내역조회권, 강제수사 및 계좌추적권한 등은 영장주의의 대상이므로 확대하기 곤란하며 상대방이 협조하지 아니하는 경우에는 이를 강제할 별도의 방법이 없다. 물론 대부분의 감찰대상자는 친인척, 고위직 공무원이기 때문에 대부분 어느 정도 자신에게 유리한 자료를 제출하는 데에는 자발적으로 협조할 것이 예상된다고는 하지만, 위조된 자료를 제출하거나 자료제출을 거부하는 경우 내지는 응대하지 아니하는 경우가 다수 발생할 수 있다고 생각한다. 이러한 경우에는 전술한 것처럼 적극적으로 감찰행위를 방해하는 경우에는 감찰행위방해죄로 의율하고(법 제25조 제1항), 비협조적으로 감찰에 불응하는 경우 그동안의 경과를 정리하여 검찰 수사의뢰 등을 행하는 방법으로 감찰진행(법 제19조 제2호)하는 방법 등을 생각해 볼 수 있다. 다만 감찰의 실효성의 측면에서 이러한 간접적인 강제방법 보다 직접적인 자료를 먼저 수보하여 효율적이면서도 신속한 감찰을 진행하는 것이 필요하다고 생각한다.

방법론상으로는 특별감찰관의 조사권한을 감사원법상 직무감찰규정을 적극적으로 해석하여 그대로 준용하는 것은 곤란하다는 견해(감사원법상 직무감찰권한 적용 소극설)가 존재하지만 감사원은 필요한 경우 감사대상기관 이외의 자에게도 관계문서, 장부, 물품 등의 제출요구를 할 수 있고(감사원법 제50조[176]), 감사대상기관 이외의 자가 자료의 제출을 요구받고도 정당한 사유 없이 이에 따르지 않을 경우 형사처벌을 규정하여 실효력을 담보(감사원법 제51조[177])하고 있다는 점에서 이러한 규정을 착안하여 특별감찰관법에도 유사한 규정을 둘 필요가 있다고 생각한다. 특히 감사원법상 자료요구권은

---

176) **감사원법 제50조(감사대상기관 외의 자에 대한 협조 요구)** ① 감사원은 필요한 경우에는 이 법에 따른 감사대상기관 외의 자에 대하여 자료를 제출하거나 출석하여 답변할 것을 요구할 수 있다.

② 제1항의 요구는 감사에 필요한 최소한도에 그쳐야 한다.

③ 제1항의 요구를 받은 자는 정당한 사유가 없으면 그 요구에 따라야 한다.

177) **감사원법 제51조(벌칙)** ① 다음 각 호의 어느 하나에 해당하는 자는 1년 이하의 징역 또는 1천만원 이하의 벌금에 처한다. <개정 2014. 1. 7.>

1. 이 법에 따른 감사를 받는 자로서 감사를 거부하거나 자료제출 요구에 따르지 아니한 자

2. 이 법에 따른 감사를 방해한 자

3. 제27조 제2항 및 제50조에 따른 정보 또는 자료의 제출이나 출석하여 답변할 것을 요구받고도 정당한 사유 없이 이에 따르지 아니한 자

② 제27조 제4항을 위반한 자는 3년 이하의 징역 또는 2천만원 이하의 벌금에 처한다.

③ 제2항의 징역과 벌금은 병과(倂科)할 수 있다.

개인정보보호법상의 예외인 "다른 법률에 특별한 규정이 있는 경우"로 규범해석되고 있는 바, 이에 특별감찰관법 역시 감사원의 직무감찰규정과 유사한 규정으로 개인정보보호법상의 예외규정으로 해석될 필요도 있다고 생각한다.

유사한 입법례로 또 살펴볼 수 있는 것이 국가인권위원회의 자료제출요구 권한 부분이다. 국가인권위원회는 관계기관 등에 필요한 자료 등의 제출이나 사실조회를 요구할 수 있는 바, 요구받은 기관이 정보주체 또는 제3자의 권리와 이익을 부당하게 침해할 우려가 있다고 인정되는 경우를 심사하여 제공거부가 가능[178]하다. 이에 대해서 사견으로는 특별감찰관법상 자료요구권 조항은 국가인권위 규정과 동일하게 규정되어 있어 그 효력도 유사하다 사료되며 이에 요구받은 기관이 정보주체 또는 제3자의 권리와 이익을 부당하게 침해할 우려가 있다고 인정되는 경우를 제외하고는 자료제출요구에 응하여야 하는 것으로 해석함이 타당하다고 생각된다. 이는 특별감찰관법 시행령 제9조 제3항[179]의 해석과 관련하여 "요구를 받은 국가, 지방자치단체, 그 밖의 공공기관의 장은 특별한 사유가 없으면 이에 협조하여야 한다."고 규정되어 있는 형식 등을 함께 생각하여 볼 때 **원칙적 요구수용 예외적 사유소명**으로 해석하는 것이 타당

---

178) **국가인권위원회법 제22조(자료제출 및 사실 조회)** ① 위원회는 그 업무를 수행하기 위하여 필요하다고 인정하면 관계기관등에 필요한 자료 등의 제출이나 사실 조회를 요구할 수 있다.
② 위원회는 그 업무를 수행하기 위하여 필요한 사실을 알고 있거나 전문적 지식 또는 경험을 가지고 있다고 인정되는 사람에게 출석을 요구하여 그 진술을 들을 수 있다.
③ 제1항에 따른 요구를 받은 기관은 지체없이 협조하여야 한다.
제36조(조사의 방법) ⑦ 위원회가 자료나 물건의 제출을 요구하거나 그 자료, 물건 또는 시설에 대한 현장조사 또는 감정을 하려고 하는 경우 관계 국가기관의 장은 그 자료, 물건 또는 시설이 다음 각 호의 어느 하나에 해당한다는 사실을 위원회에 소명하고 그 자료나 물건의 제출 또는 그 자료, 물건, 시설에 대한 현장조사 또는 감정을 거부할 수 있다. 이 경우 위원회는 관계 국가기관의 장에게 필요한 사항의 확인을 요구할 수 있으며, 요구를 받은 관계 국가기관의 장은 이에 성실히 협조하여야 한다.
1. 국가의 안전보장 또는 외교관계에 중대한 영향을 미치는 국가기밀 사항인 경우
2. 범죄 수사나 계속 중인 재판에 중대한 지장을 줄 우려가 있는 경우
179) **특별감찰관법 시행령 제9조(관계기관에의 협조 등 요구)** ① 특별감찰관은 법 제16조에 따라 국가, 지방자치단체, 그 밖의 공공기관의 장에게 협조와 지원, 자료 등의 제출이나 사실 조회(이하 "협조등"이라 한다)를 요구할 때에는 협조등요구서(「정보통신망 이용촉진 및 정보보호 등에 관한 법률」에 따른 전자문서를 포함한다)를 교부 또는 우편 등의 방법으로 송달한다.
② 제1항에 따른 협조등요구서에는 협조등을 요구하는 구체적 내용, 협조등의 실시기한 등을 기재한다.
③ 제1항에 따른 요구를 받은 국가, 지방자치단체, 그 밖의 공공기관의 장은 특별한 사유가 없으면 이에 협조하여야 한다.

하다고 생각된다.

다음으로 보완이 필요한 부분은 대상기관이 한정적으로 규정되어 있다는 점이다. 특히 특별감찰관법에서 비위행위의 "확인을 위하여 필요한 경우" 국가, 지자체, 공공기관장에 필요한 자료, 사실조회를 요구할 수 있는 바, 요구대상기관이 국가, 지방자치단체, 그 밖의 공공기관의 장으로 한정되어 있어, 공공기관이 아닌 사기업체는 포함되지 아니하고, 특별감찰관법 제16조는 구체적으로 요구자료를 열거하지 않고 다소 추상적 규정으로 되어 있어 해석상 이견이 있을 수 있다는 우려가 있다는 맹점이 있는 입법형식이다. 이에 감찰대상자의 개인정보보호의 문제 및 상대 행정기관의 비협조시 자료확보의 문제점이 발생할 소지가 상존한다고 생각한다. 이는 간단하게 형사소송법상 사실조회 대상에는 공무소 기타 공사단체를 포함하고 있는 반면 국가, 지방자치단체, 그 밖의 공공기관의 장으로 한정되어 규정하고 있는 특별감찰관법 제16조 규정만 형사소송법 제199조 제2항과 대비하여 보아도 명확해진다.

특별감찰관법 제16조	형사소송법 제199조
제16조(관계 기관의 협조) 특별감찰관은 감찰대상자의 비위행위 여부를 확인하기 위하여 필요한 경우 국가 또는 지방자치단체, 그 밖의 공공기관의 장에게 협조와 지원을 요청할 수 있고, 필요한 자료 등의 제출이나 사실조회를 요구할 수 있다.	제199조(수사와 필요한 조사) ② 수사에 관하여는 공무소 기타 공사단체에 조회하여 필요한 사항의 보고를 요구할 수 있다.

감찰대상자의 사적 거래영역이라고 하더라도 비위행위에 해당하는지 문제가 되는 경우에는 사기업체에 최소한 수사의뢰·고발이 가능한 사안인지를 확인할 수 있는 법적 수단이 마련되어 있어야 할 필요가 있다고 생각한다. 특히 전술한 것처럼 ① 감사원의 감찰 조사권한에 의하면 감사원법 제50조상의 감사대상기관 외의 자에 대한 협조요구가 포함되며 이를 통해 사기업체에 대한 자료제출 요구가 가능한 점, ② 수사·기소권한이 없는 공직자윤리위원회 등 감찰기구들의 경우 사기업체(금융회사)에 대한 금융거래자료제출 요구권이 존재한다는 점, ③ 비위행위 중 비실명계약체결, 알선 중개 및 공기업 등과의 수의계약 여부 등을 확인하기 위해서는 민간기업의 자료가 필수적이라는 점 등을 고려해 볼 때 더욱 그러하다.

이에 개인정보를 목적외 이용·제공하기 위해서는 정보주체로부터 동의를 받거나 다른 법률에 특별한 규정이 요구된다는 개인정보법을 적극적으로 해석하여 개인정보의 목적외 이용·제공과 관련하여 '특별한 규정'은 포괄적으로 자료제공이 가능하다고 규정된 경우는 허용되지 않으며 구체적으로 개별법에 요구하는 정보, 사유 등이 명시적으로 기재되어 있는 경우 필요 최소한도로 제공이 가능하다고 해석되더라도 특별감찰관법상 비위행위 여부를 확인하기 위해 감찰대상자의 직업, 재산상황 확인 등 사전 기초자료의 수집은 비위행위 여부의 확인범주에서 넘어가는 것이다. 하지만 구체적 비위행위 전 기초자료 수집을 위한 정보수집은 대상자를 특정하기 위한 수단으로 비위행위 여부 확인을 위해 필수불가결하게 필요한 것으로 해석될 수 있다고 생각한다.

Ⅳ. 출석·답변 및 자료제출 요구

특별감찰관법 제17조(출석·답변 및 자료제출 요구) 특별감찰관은 감찰에 필요하면 감찰대상자에게 다음 각 호의 조치를 할 수 있다.
　1. 출석·답변의 요구(「정보통신망 이용촉진 및 정보보호 등에 관한 법률」에 따른 정보통신망을 이용한 요구를 포함한다. 이하 같다)
　2. 증명서, 소명서, 그 밖의 관계 문서 및 장부, 물품 등의 제출 요구

특별감찰관법 제18조(감찰대상자 이외의 자에 대한 협조요구) ① 감찰대상자의 비위행위를 감찰하기 위하여 필요한 경우에는 제17조에 따라 감찰대상자 이외의 자에 대하여 자료의 제출이나 출석·답변을 요구할 수 있다.
② 제1항의 요구는 협조의 내용, 이유 및 출석장소, 시간 등을 명시하여 요구대상자에게 서면으로 통지함을 원칙으로 한다. 다만, 긴급한 경우에는 전화 등의 방법으로 통지할 수 있다.
③ 출석·답변한 자에 대하여는 관계 규정에 따라 여비 등을 지급하여야 한다.
특별감찰관법 시행령 제10조(출석·답변의 요구 등) ① 특별감찰관은 법 제17조 제1호 또는 제18조 제1항에 따라 감찰대상자와 감찰대상자 이외의 자(이하 "감찰대상자등"이라 한다)의 출석·답변을 요구할 때에는 출석·답변요구서(「정보통신망 이용촉진 및 정보보

호 등에 관한 법률」에 따른 전자문서를 포함한다)를 교부 또는 우편 등의 방법으로 송달한다. 다만, 긴급한 경우에는 감찰대상자등에게 구두로 출석·답변을 요구할 수 있다.

② 제1항에 따른 출석·답변요구서에는 출석·답변할 자의 성명, 출석·답변할 일시 및 장소, 출석·답변을 요구하는 취지를 기재한다. 다만, 제1항 단서에 따라 구두로 출석·답변을 요구한 경우에는 지체 없이 위 기재사항과 함께 구두로 출석·답변을 요구한 사유를 기재한 서면을 작성하여 보관하여야 한다.

③ 특별감찰관은 제1항에 따라 출석·답변을 요구하는 방식 대신에 감찰대상자등으로 하여금 서면 또는 전화 등의 방식으로 진술하게 할 수 있다.

특별감찰관법 시행령 제11조(자료제출 요구 등) ① 특별감찰관은 법 제17조 제2호 또는 제18조 제1항에 따라 감찰대상자등에게 증명서, 소명서, 그 밖의 관계 문서 및 장부, 물품 등 자료제출을 요구할 때에는 자료제출요구서(「정보통신망 이용촉진 및 정보보호 등에 관한 법률」에 따른 전자문서를 포함한다)를 교부 또는 우편 등의 방법으로 송달한다. 다만, 긴급한 경우에는 감찰대상자등에게 구두로 자료제출을 요구할 수 있다.

② 제1항에 따른 자료제출요구서에는 자료를 제출할 자의 성명, 제출할 자료 및 자료제출 기한 등을 기재한다. 다만, 제1항 단서에 따라 구두로 자료제출을 요구한 경우에는 지체 없이 위 기재사항과 함께 구두로 자료제출을 요구한 사유를 기재한 서면을 작성하여 보관하여야 한다.

관계기관의 협조 (제16조)	출석답변 / 자료제출요구 (제17조)	감찰대상자 이외의 자에 대한 협조요구(제18조)
국가 또는 지방자치단체, 그 밖의 공공기관의 장에게	감찰대상자에게	감찰대상자 이외의 자에 대하여
① **협조와 지원**을 요청 ② 필요한 **자료** 등의 제출 ③ **사실 조회**를 요구	① **출석·답변**의 요구 ② **증명서, 소명서, 그 밖의 관계 문서 및 장부, 물품** 등의 제출 요구	① **자료의 제출**이나 ② **출석·답변**을 요구

1. 의의

감찰대상자 및 감찰대상자 이외의 자에 대해서 출석·답변의 요구나 자료의 제출 등을 규정하고 있는 조문이다.

특별감찰관법 제17조는 감찰대상자에 대해, 법 제18조는 감찰대상자 외의 제3자에 대해 출석답변 요구에 의한 감찰조사를 규정하고 있다. 이와 같이 출석답변 요구에 의하여 감찰조사를 실시하는 구체적 방식을 규정하는데 크게 ① 출석·답변의 요구(「정보통신망 이용촉진 및 정보보호 등에 관한 법률」에 따른 정보통신망을 이용한 요구를 포함한다. 이하 같다), ② 증명서, 소명서, 그 밖의 관계 문서 및 장부, 물품 등의 제출 요구가 가능하다. 수사로 비교한다면 1호의 경우에는 감찰대상자(수사에서는 피의자 지위)에 대한 문답서(수사에서는 피의자신문조서), 2호의 경우에는 감찰대상자(수사에서는 피의자 지위)에 대한 임의제출물 요구(수사도 동일, 강제수사의 경우에는 압수수색 등)에 해당한다고 보인다.

또한 감찰대상자 이외의 자, 즉 수사에서는 참고인의 지위에 있는 자에 대해서는 특별감찰관법 제18조에서 감찰대상자의 비위행위를 감찰하기 위하여 필요한 경우에는 제17조에 따라 감찰대상자 이외의 자(수사에서는 참고인 지위)에 대하여 자료의 제출이나 출석·답변을 요구할 수 있다고 규정하고 있는데 이는 수사에서는 참고인진술조서 및 임의제출물 압수 등에 해당하는 조문이라고 생각하면 될 것이라고 사료된다.

2. 절차

절차는 서면에 의한 출석·답변 요구가 원칙이고 긴급 시 구두 요구를 허용하고 있다. 특별감찰관법 제17조는 감찰대상자에 대해 출석·답변을 요구하여 감찰조사를 하는 것을 규정하고, 특별감찰관법 제18조는 감찰대상자가 아닌 제3자에 대해 출석·답변을 요구하여 감찰조사를 실시하는 것을 규정하는데 이와 같이 출석·답변의 요구는 구체적 방식과 관련하여 특별감찰관법 제17조는 구체적 방식을 별도로 규정하지 아니하고 있는 반면, 특별감찰관법 제18조는 서면에 의한 요청을 원칙으로 하고, 예외적으로 전화 등의 방법으로 통지하는 것도 허용한다는 것을 명문으로 규정하고 있다. 감찰대상자가 아닌 제3자에 대해서는 서면에 의한 소환을 원칙으로 함으로써 무분별한 소환을 방지하는 데에 그 의의가 있다고 보인다. 하지만 무분별한 소환을 방지할 필요성은 감찰대상자에 대해서도 존재한다고 할 것이다. 이에 특별감찰관법 시행령 제10조 제1항은 서면에 의한 소환을 원칙으로 하고, 긴급한 경우 예외적으로 구두로 소환하는 것도 허용한다. 서면에 의한 출석·답변 요구 시 기재사항 출석·답변할 자의 성명, 출석·답변할 일시 및 장소, 출석·답변을 요구하는 취지를 기재할 것을 요구하고 있다. 또한 긴급을 요하여 구두로 소환을 한 경우에 있어서도 소환에 대한 근거는 명확히 남길 필요가 있음에 따라, 특별감찰관법 시행령 제10조 제2항 단서로 "다만, 제1항 단서에 따라 구두로 출석·답변을 요구한 경우에는 지체없이 위 기재사항과 함께 구두로 출석·답변을 요구한 사유를 기재한 서면을 작성하여 보관하여야 한다"라고 규정함으로써 구두로 인한 소환에 대해서도 사후적으로는 서면으로 근거를 남겨 두도록 하였다.

감찰의 효율을 위해 **서면 혹은 전화 등에 의한 진술 청취도 허용하고 있다.** 법률에는 출석, 답변 요구방식에 의한, 이른바 소환조사를 조사의 원칙적인 모습으로 보고 있으나, 진술서에 의한 진술청취나 전화 등에 의한 진술청취 등이 유용하고 효율적인 경우가 있을 수 있고, 이러한 방식의 조사 방식이 일반인의 입장에서도 인권옹호적인 조사방식이므로 특별감찰관법 시행령 제10조 제3항에서 "특별감찰관은 출석·답변을 요구하는 방식 대신에 감찰대상자 등으로 하여금 서면 또는 전화 등의 방식으로 진술하게 할 수 있다"라고 규정하여 진술서에 의한 진술청취 혹은 전화 등에 의한 진술청취방식도 감찰조사의 방식이 가능하도록 규정하였다. 감찰대상자 또는 감찰대상자 이외의 자에 대한 출석·답변을 요구할 때에는 특별감찰관 명의의 출석답변요구서를 송부하고 서면 또는 전화 등의 방식으로 진술하게 하는 경우 진술자의 성명, 진술일시, 진술을 요구하는 취지, 답변요지 등을 기재한 서면을 작성·보관하여야 하며 전화방식으로 진술하게 하는 경우 이를 녹취할 수 있도록 하여 조사편의를 도모할 필요가 있다.

(예시) 출석답변요구서

귀 하

「특별감찰관법」제17조 제1호, 제18조 제1항, 동법 시행령 제10조에 따라 감찰중인   사건의 처리를 위하여 귀하의 진술을 듣고자 하오니 년   월   일까지 특별감찰관실에 이 출석답변요구서와 주민등록증(또는 운전면허증 기타 본인임을 확인할 수 있는 자료), 도장 및 기타 귀하가 필요하다고 생각하는 자료를 가지고 나오시기 바라며, 이 사건과 관련하여 귀하가 주장하고 싶은 사항 및 조사가 필요하다고 생각되는 사항이 있으면 이를 정리한 진술서를 작성하여 가지고 나오시기 바랍니다.

출석답변요구서와 관련하여 궁금하신 점이 있으면, 특별감찰관실(전화   , 담당자   )에 연락하여 출석일시를 조정하거나 궁금하신 사항을 문의하시기 바랍니다.

2023.   .   .

담당자 :
(연락전화 :   )

3. 징구서류

가. 문답서

출석한 감찰대상자 등에게는 감찰을 수행하는 과정에서 확인된 사항을 듣기 위하여 필요한 경우 문답서를 작성한다. 일종의 감찰대상자에 대한 문답서는 수사상 피의자에 대한 피의자신문조서, 감찰대상자 이외의 자에 대한 문답서는 수사상 참고인진술조서와 유사한데 이에 문답서는 감찰조사담당자가 작성하고 작성자 외 1인이 참여하여야 하며, 진술자 외에 감찰조사담당자 및 참여자가 각각 서명날인 하는 방식을 통해 투명한 문답이 가능하도록 하여야 할 것이다. 특히 문답서는 진술의 임의성이 확보될 수 있도록 진술을 강요하여서는 아니 되며, 진술자가 서명날인을 거부한 경우는 그 사유를 문답서에 기재하여 절차의 임의성이 강조되어야 할 것이다.

(예시) 문   답   서

진술인 :

위의 사람에 대하여   건과 관련하여   2023년   월   일

에서 감찰담당자 OOO, 참여자 OOO와 아래와 같이 자유로이 임의 문답하다.

문 : 성명, 생년월일, 주민등록번호, 등록기준지, 주소, 직업을 말씀해 주십시오.

답 : 성명은
　　 생년월일은　　　　　　년　　　월　　　일
　　 주민등록번호는
　　 등록기준지는
　　 주소는
　　 (전화번호 :　　　　　　　　　　　　　　　　)
　　 직업은
　　 입니다.

문
답

위와 같이 문답한 후 답변인에게 열람(또는 낭독)하게한 바 문답내용과 상이 없으며 오기나 증감할 것이 없음을 확인하므로 간인한 후 서명 날인(또는 무인)하다.

2023년　　월　　일

답변인　　　　　　(성명)　　　　(인)
감찰담당자(직위)　　(성명)　　　　(인)
참여자(직위)　　　　(성명)　　　　(인)

나. 서면확인서, 질문서

감찰조사담당자는 비위행위와 관련된 사항의 증거를 보강하거나 사실관계를 분명하게 하기 위하여 필요한 경우에는 감찰대상자 등으로부터 사실관계 등에 관한 확인서를 받을 수 있고, ① 비위행위와 관련된 사실의 확인, ② 비위행위와 관계된 업무처리의 경위 및 내용, ③ 비위행위와 관계된 소속직원의 업무처리의 절차 및 내용, ④ 기타 비위행위 확인을 위하여 필요한 사항이 담긴 서면질문서를 질문의 요지와 질문항목, 답변 기한 등을 기재한 서면으로 교부 또는 송달할 수 있다.

(예시) 질   문   서

○ ○ ○ 귀 하

다음 사항에 대하여 2023.   .   . 까지 답변하여 주시고 본 내용은 대외에 누설하는 일이 없도록 관리하여 주시기 바랍니다.

1.

2.

3.

년   월   일
진 술 인   (인)

---

4. 감찰조사

감찰조사는 근무시간 중에 실시함을 원칙으로 하지만 부득이한 경우에는 감찰대상자 등의 동의를 받아 근무시간 외에도 조사할 수 있고, 감찰대상자 등이 여성일 때에는 여성 감찰조사담당자의 참여를 요구할 수 있음을 고지하여야 하며, 감찰대상자 등이 이를 요구하는 때에는 여성 감찰조사담당자를 참여시켜야 한다. 만약 감찰대상자 등이 감찰대상자 등의 직계친족, 형제자매, 배우자, 가족, 동거인, 보호시설 또는 교육시설의 보호 또는 교육담당자 등 심리적 안정과 원활한 의사소통에 도움을 줄 수 있는 자("신뢰관계자") 또는 변호인의 참여를 요구하는 때에는 신뢰관계자 또는 변호인을 참여시킬 수 있도록 하여야 할 것이다.

한편 **감찰대상자 또는 관련자가 교도소 수용상태인 경우 특별감찰관실 소환조사**(출석요구)**가 가능한지 여부**에 대해 검찰의 경우 체포·구속영장이 발부된 피의자의 경우 검찰은 영장의 효력에 의해 검찰청 소환조사를 실시하지만 별건조사나 다른 사건의 참고인으로 조사하는 경우는 수용상태라 하더라도 임의수사에 따라 출석요구를 하여야 하고, 거부하는 경우 새로 체포영장발부가 필요(형소법 제200조의2)하다는 입장이다. 감찰활동을 위해 수용중인 진정인을 검찰청으로 소환조사하는 것은 법적 근거가 없다는 인권위의 지적('14. 10. 언론보도)도 있었기 때문이다. 감사원은 감사에 필요하면 관계자 또는 감사사항과 관련이 있다고 인정된 자의 출석·답변의 요구를 할 수 있다고 규정(감사원법 제27조 제1항 제1호)하고 있지만 담당자가 교도소 방문조사 형식으로 감사하고 있다. 마찬가지로 특별감찰관은 비위행위를 감찰하기 위해 필요한 경우 감찰대상자·감찰대상자 이외의 자에 대한 출석·답변의 요구가 가능(특별감찰관법 제18조, 동법시행령 제10조)하나 현실적으로 출석·답변의 요구는 곤란하다고 사료되며 이에 교도소 측에 특별감찰관법 제16조 및 제18조를 근거로 협조 요구한 후 방문조사함이 타당하다 판단된다.

5. 대상자 자료제출 요구

특별감찰관법 제17조는 감찰대상자에 대해, 법 제18조는 감찰대상자 외의 제3자에 대해 자료제출 요구에 의한 감찰조사를 규정하고 있다. 서면에 의한 자료제출 요구가 원칙이지만 긴급 시 구두요구도 허용하고 있다. 특별감찰관법 제17조는 감찰대상자에 대해 자료제출을 요구하여 감찰조사를 하는 것을 규정하고 특별감찰관법 제18조는 감찰대상자 외의 제3자에 대해 자료제출을 요구하여 감찰조사를 실시하는 것을 규정하고 있는데 당사자 및 참고인 자료제출 요구의 구체적 방식과 관련하여 특별감찰관법 제17조는 구체적 방식을 별도로 규정하지 아니하고 있는 반면, 특별감찰관법 제18조는 서면에 의한 요청을 원칙으로 하고, 예외적으로 전화 등의 방법으로 통지하는 것도 허용한다는 것을 명문으로 규정하고 있다. 이는 출석·답변과 마찬가지로 감찰대상자가 아닌 제3자에 대해서는 서면에 의한 자료제출요구를 원칙으로 함으로써 무분별한 자료제출 요구를 방지하는 데에 의의가 있다고 할 것이다. 하지만 무분별한 자료제출 요구를 방지할 필요성은 감찰대상자에 대해서도 존재한다고 할 것이고, 자료제출요구에 대한 명확한 근거를 남길 필요성 등을 고려하여 특별감찰관법 시행령 제11조 제1

항은 서면에 의한 자료제출 요구를 원칙으로 하고, 긴급한 경우 예외적으로 구두로 자료제출을 요구하고 있는 방식도 전술한 서면에 의한 출석·답변 요구가 원칙이고 긴급시 구두 요구를 허용하고 있는 방식과 상응하는 것이다.

　서면에 의한 자료제출 요구시 자료를 제출할 자의 성명, 제출할 자료 및 자료 제출기한 등을 기재할 것을 요구하며 긴급을 요하여 구두로 자료제출을 요구한 경우에 있어서도 자료제출 요구에 대한 근거는 명확히 남길 필요가 있음에 따라, 특별감찰관법 시행령 제11조 제2항 단서로 "구두로 자료제출을 요구한 경우에는 지체없이 위 기재사항과 함께 구두로 자료제출을 요구한 사유를 기재한 서면을 작성하여 보관하여야 한다"고 규정하였다. 이에 감찰대상자 등에게 법 제17조 제2호, 법 제18조 제1항에 따라 증명서, 소명서 등을 제출하게 하는 경우 이를 통하여 소명하려는 사실 및 이유 등을 기재한 서면을 함께 제출하게 할 수 있고, 감찰대상자 등에 대한 증명서, 소명서, 그 밖의 관계 문서 및 장부, 물품 등 자료제출을 서면으로 요구할 때에는 자료제출요구서 양식에 의해 자료제출을 요구하여야 할 것이다.

(예시) 자료제출요구서

귀 하

　1. 「특별감찰관법」 제17조 제2호, 제18조 제1항, 동법 시행령 제11조에 따라 감찰중인 　　　　　　사건의 처리를 위하여 귀하께서 취급(또는 보관)하는 서류(또는 물품)가 필요하니 다음과 같이 제출하시기 바랍니다.

　가. 제출일시
　나. 제출장소
　다. 제출할 서류(또는 물품)

　2. 자료제출요구서와 관련하여 궁금하신 점이 있으면, 특별감찰관실(전화　　　, 담당자　　　)에 연락하여 궁금하신 사항을 문의하시기 바랍니다.

2023.   .   .

담당자 :

(연락전화 :   )

6. 여비 지급 등

특별감찰관법 제2조 제2호에서는 적법절차 준수 및 의견진술 기회 보장을 규정하면서 "적법절차를 준수하고 관계인에게 의견을 진술할 기회를 충분히 제공할 것"이라고 규정하고 있는바, 이는 비위행위 여부에 대한 감찰을 함에 있어 적법절차를 준수함으로써 혹시라도 있을 수 있는 인권침해적 요소를 미연에 방지하고, 관계인에게 의견을 진술할 기회를 충분히 제공하도록 함으로써 실체적 진실 발견에도 최대한 노력하면서 관계인에게 절차적 측면의 공정성을 기하도록 노력하여야 함을 규정하였다. 동시에 사건관계인에 대한 충분한 진술청취를 위해 참고인 여비 등 비용지급과 이러한 정보제공자 등에 대한 여비 지급이 필요하며 정보제공자 등이 조사를 위해 출석하거나 감찰대상자 이외의 자가 감찰조사를 위해 출석하는 경우 참고인 등에게 비용 등이 지급되어야 할 것이다.

참고 감찰조사방법으로서의 사전예방감찰이론의 적용

가. 예방감찰제도 의의

전술한 것처럼 예방감찰이란 감찰대상자 전반에 대한 행위동향 등을 점검하여 위험요인을 사전에 제거하는 감찰활동을 말한다. 다만 용어상 유의할 점이 있는데 이러한 예방이라는 어감과 감찰이라는 용어가 결합되어 감찰대상자의 관리 혹은 동향파악 및 사찰로 오인될 우려가 있는 바 이는 전혀 무관한 개념이다.

예방감찰은 신고등 정보와 자체수집정보 등을 세밀하게 분석하여 제보정보를 분석하여 비위행위 개연성이 높은 행위유형 및 행위자를 조기에 파악하고 집중 위험영역을 감찰할 수 있도록 준비하는 과정이라고 할 수 있으며, 특이 비위행위유형을 정리하여 신속한 비위행위의 적발을 통하여 더 큰 부패행위로 발전하는 것을 사전에 방지하는 일련의 활동을 말한다. 이에 감찰대상자에 대해 별도의 고지없이 저인망식 탐문을 하는 내사나 사찰등의 개념이나 대상자를 주기적으로 연락하여 문제해결 등을 주선해주는 카운슬링 역할을 하는 관리와도 예방감찰은 차이가 있다고 할 것이다.

구 분	예방감찰	관 리	내사, 사찰
의 의	비위행위의 선별 및 위험 행동요인의 사전분석, 통지를 통한 예방	감찰대상자에게 행동요령 및 가이드라인 설정 및 문제해결	감찰대상자에 미고지 후 동향파악 및 미행
비위행위	비위행위	비위행위 여부 무관	비위행위 여부 무관
편 재	감찰사건부 미등재	감찰사건부 등재	감찰사건부 등재
조 사	위험요인 및 유사사례 사전통지	제보자조사, 관계기관 협조요구	대상자 등 직접조사, 자료제출요구
비 고	비위행위 진행을 선제적 제어	감찰대상자와 유착 우려	저인망식 탐문 등으로 인권침해우려

나. 종류

(1) 예방감찰

예방감찰은 감찰대상자 전반에 대한 행위동향 등을 점검하여 위험요인을 사전에 제거하는 적극적 예방감찰활동을 전개하는 것을 의미한다. 비위행위 대상자가 의심스러운 행동을 할 때 범죄행위로 나아가기 전에 신속히 점검하고 확인하는 예방감찰과 함께 대상자에 대한 부당한 접근이 있는지를 상시 모니터링하고 비위행위자 등 로비스트 등으로부터 방어하는 적극적 예방감찰을 의미한다.

(2) 신속감찰

순수한 의미의 사전적 예방감찰은 아니더라도 신속감찰 역시 일부 사전예방감찰적 성격을 지니고 있다. 이에 신속한 비위행위의 적발절차를 통해 더 큰 부패행위로 발전하는 것을 사전에 방지할 필요가 있다. 특히 신고등 정보·자체수집정보 등을 세밀하게 분석한 결과 긴급하게 대상자의 비위행위 예방을 요하거나, 대상자의 비위 개연성이 매우 높다고 판단되는 경우 별도의 출석·답변, 자료제출요구 절차없이 직고발·수사의뢰 등으로 감찰종료(fast-track)할 수 있도록 하여 감찰의 효율성을 높이는 일련의 활동을 의미한다.

(3) 교육지도감찰

감찰의 개념 이전에 사전교양의 개념으로 일부 외국에서는 법상 감찰대상자에 대해 특별교양자료를 송부하고, 대상자에게 부정한 목적으로 접근하는 자들에 대한 신고접수를 실시하여, 대상자에 대해 제도안내자료 및 특별교양책자를 주기적으로 송부하는 계도적 행위도 예방적 감찰에 포함시켜 교육지도감찰로 분류할 수 있다. 하지만 이는 순수한 의미에서의 감찰이라고 볼 수는 없으며 정확히는 사전요주의 사항의 전달 등 계도에 가깝다고 보인다.

다. 단계적 예방감찰

(1) 사전예방감찰 단계

감찰대상자 전반에 대한 동향을 점검하여 위험요인을 사전에 제거하기 위해 대상자 및 주요 관련인에 대한 사전예방감찰을 전개하는 단계이다. 비위행위 대상자 및 관련자가 의심스러운 행동을 할 때 비위행위로 나아가기 전에 신속히 점검하고 확인하는 예방감찰과 함께 대상자측에 대한 주변인의 부당한 접근이 있는지를 상시 모니터링하고 불법 청탁자 등으로부터 방어하는 적극적 예방감찰 실시가 동시에 가능하다. 다만 이러한 적극적 예방감찰이 불법 청탁자 등을 방어하는 선에서 이탈하여 감찰대상자의 문제를 해결해주고 관리해주는 범위에까지 이르러서는 안 될 것이며 이는 사전 예방감찰의 범위를 넘는다고 생각한다. 이에 현행 특별감찰관법에서 가능한 범위는 특별감찰관 홈페이지를 통한 일반인으로부터의 신고접수, 감찰대상자를 통한 직접 신고접수를 모두 적극적으로 실시하여 실질적으로 예방감찰의 효과가 이루어지도록 계도하는 방안을 생각해 볼 수 있다.

(2) 비위행위확인 단계

비위정보 확인을 위해 정보제공자 직접면담·전화진술청취와 함께 일부 신고정보, 직접수집정보, 이첩정보의 비위행위 여부를 확인하기 위해 제3자에게 정보의 구체성·신빙성을 확인할 필요가 있는 경우도 있다. 이에 정보의 구체성·신빙성을 확인하기 위해서 최소한 제3자에게 사실을 확인하는 절차는 필요할 수도 있으며 이 경우 신고·수집·이첩정보의 사실확인에만 한정하여 예방비위행위 확인을 하는 것이 필요하다. 이를 통해 객관적으로 신빙성이 없거나 불특정한 정보는 감찰개시에 착수하여서는 안 되기 때문이다.

(3) 감찰 조사필요 단계

감찰조사에 필요하면 대상자 및 이외의 자에 대한 자료제출 및 출석답변요구 등 조사형식의 감찰활동이 가능하다. 이는 전술한 감찰대상자 이외의 자에 대한 조사방식의 절차대로 규율될 것이다.

〈 단계별 감찰대상자 이외의 자에 대한 감찰활동 절차 및 형식 〉

형 식 　　　 단 계	사전예방 단계	비위행위확인 단계	감찰 단계
조사형식	×	×	출석·답변요구 질문서·문답서

비조사 형식	◦ 제도안내 ◦ 요주의자 사전통지 ◦ 신고접수 창구마련	◦ 제3자에 대해 정보의 구체성·신빙성 확인	◦ 자료제출 확인서

〈 단계별 비위행위 예방·확인·감찰 방안 〉

단계 / 대상	사전예방 단계	정보수집 단계	비위행위확인 단계	감찰 단계
감찰 대상자	◦ 제도안내 특별교양 ◦ 요주의자 사전통지·신고접수 창구마련	◦ 신고 이첩 정보수집	◦ 해당없음 (면담·전화진술청취 ×)	◦ 자료제출요구 ◦ 출석·답변요구
관련자			◦ 제3자에 대한 정보의 구체성·신빙성 확인 (관련자 면담·전화진술청취)	◦ 자료제출요구 ◦ 출석·답변요구
신고· 제보자	◦ 해당없음		◦ 면담·전화진술청취	

V. 특별감찰관법 개정안

1. 최교일 의원 개정안(2017. 2. 22.)

가. 의의 및 취지

개정안은 특별감찰관이 자료제출 및 출석요구 외에 필요한 경우 직원이 현지에서 직접 실지감찰을 할 수 있도록 명시적으로 규정하고(안 제18조의2), 비위행위에 대한 조사를 위하여 불가피한 경우 금융기관의 장에게 감찰대상자의 계좌개설 내역 및 통장원부 사본 등 금융거래자료의 제출을 요구할 수 있도록 하면서 금융기관의 장은 이를 거부하지 못하게 하려는 것이다(안 제18조의3).

현 행	개 정 안
<u><신 설></u>	<u>제18조의2(실지감찰) 특별감찰관은 제17조 및 제18조에 따른 조사 외에 필요한 경우에는 직원을 현지에 파견하여 실지감찰(實地監察)을 할 수 있다.</u>
<u><신 설></u>	<u>제18조의3(금융거래자료 제출요구) ① 특별감찰관은 비위행위에 대한 조사를 위하여 불가피한 경우에는 다른 법률의 규정에 불구하고 금융기관의 장에게 감찰대상자의 다음 각 호에 해당하는 금융거래자료 제출을 요구할 수 있으며, 당해 금융기관의 장은 이를 거부할 수 없다. 1. 계좌개설 내역 2. 통장원부 사본 3. 계좌이체의 경우 거래상대방의 인적사항 4. 수표에 의한 거래의 경우 당해 수표의 최초 발행기관 및 발행의뢰인의 인적 사항 ② 제1항의 규정에 의하여 금융거래 내용에 대한 정보 또는 자료(이하 "거래정보등"이라 한다)를 알게 된 자는 그 알게 된 거래정보 등을 타인에게 제공 또는 누설하거나 그 목</u>

적 외의 용도로 이를 이용하여서는 아니 된다.

나. 국회 법제사법위원회 검토보고서

국회 법제사법위원회 검토보고서[180]에 의하면 특별감찰관은 감찰 수단으로서 관계 기관의 협조를 통한 자료제출 및 사실조회 요구, 감찰대상자 및 감찰대상자 이외의 자에 대한 출석·답변 및 자료제출요구를 규정하고 있으나,[181] 요구대상기관에 사기업체는 포함되지 아니하고 요구 대상기관의 비협조 시 자료 수집·확보에 문제점이 발생하는 등 감찰자료 확보에 상당한 제약이 발생한다는 의견[182]이 있어 실지감찰을 실시하여 폭넓은 증거수집을 할 수 있도록 하고, 특별감찰관의 요청이 있는 경우 감찰대상자에 대한 금융거래 자료의 제출을 의무화하려는 개정안은 특별감찰관의 조사권한을 강화하여 감찰대상자의 비위행위[183]를 효율적으로 조사하고 감찰의 실효성을 제고하는

---

180) 2017. 8. 법제사법위원회 검토보고서 참조.
181) **특별감찰관법 제16조(관계 기관의 협조)** 특별감찰관은 감찰대상자의 비위행위 여부를 확인하기 위하여 필요한 경우 국가 또는 지방자치단체, 그 밖의 공공기관의 장에게 협조와 지원을 요청할 수 있고, 필요한 자료 등의 제출이나 사실 조회를 요구할 수 있다.
　특별감찰관법 제17조(출석·답변 및 자료제출 요구) 특별감찰관은 감찰에 필요하면 감찰대상자에게 다음 각 호의 조치를 할 수 있다.
　1. 출석·답변의 요구(「정보통신망 이용촉진 및 정보보호 등에 관한 법률」에 따른 정보통신망을 이용한 요구를 포함한다. 이하 같다)
　2. 증명서, 소명서, 그 밖의 관계 문서 및 장부, 물품 등의 제출 요구
　특별감찰관법 제18조(감찰대상자 이외의 자에 대한 협조요구) ① 감찰대상자의 비위행위를 감찰하기 위하여 필요한 경우에는 제17조에 따라 감찰대상자 이외의 자에 대하여 자료의 제출이나 출석·답변을 요구할 수 있다.
　② 제1항의 요구는 협조의 내용, 이유 및 출석장소, 시간 등을 명시하여 요구대상자에게 서면으로 통지함을 원칙으로 한다. 다만, 긴급한 경우에는 전화 등의 방법으로 통지할 수 있다.
　③ 출석·답변한 자에 대하여는 관계 규정에 따라 여비 등을 지급하여야 한다.
182) 특별감찰관 제출 의견(2017.7.1.)
183) **특별감찰관법 제2조(비위행위)** 이 법에서 사용하는 "비위행위"란 다음 각 호의 어느 하나에 해당하는 행위를 말한다.
　1. 실명(實名)이 아닌 명의로 계약을 하거나 알선·중개하는 등으로 개입하는 행위
　2. 공기업이나 공직 유관 단체와 수의계약하거나 알선·중개하는 등으로 개입하는 행위
　3. 인사 관련 등 부정한 청탁을 하는 행위
　4. 부당하게 금품·향응을 주고 받는 행위
　5. 공금을 횡령·유용하는 행위

데 기여할 것으로 보인다고 검토하였다.

다. 소결

한편 본 개정안은 실지감찰조항 이외에 특별감찰관법 제18조의 3에 명시적으로 금융거래자료의 제출요구 조항을 신설하는 개정안으로 임의적인 특별감찰관의 감찰권을 확대하고, 명시적으로 금융거래자료 요구권을 규정하는 점에서 효율적인 감찰활동이 될 수 있다고 생각한다. 다만 이 점에 대해서는 이러한 개정법이 도입된다고 하더라도 기본적으로 전술한 것처럼 되도록 감찰대상자의 동의를 받아 현행 금융실명거래 및 비밀보장에 관한 법률 제4조[184])에 따라 금융거래자료를 확보하는 방안을 먼저 고민해

---

184) **금융실명거래 및 비밀보장에 관한 법률 제4조(금융거래의 비밀보장)** ① 금융회사등에 종사하는 자는 명의인(신탁의 경우에는 위탁자 또는 수익자를 말한다)의 서면상의 요구나 동의를 받지 아니하고는 그 금융거래의 내용에 대한 정보 또는 자료(이하 "거래정보등"이라 한다)를 타인에게 제공하거나 누설하여서는 아니 되며, 누구든지 금융회사등에 종사하는 자에게 거래정보등의 제공을 요구하여서는 아니 된다. 다만, 다음 각 호의 어느 하나에 해당하는 경우로서 그 사용 목적에 필요한 최소한의 범위에서 거래정보등을 제공하거나 그 제공을 요구하는 경우에는 그러하지 아니하다.
1. 법원의 제출명령 또는 법관이 발부한 영장에 따른 거래정보등의 제공
2. 조세에 관한 법률에 따라 제출의무가 있는 과세자료 등의 제공과 소관 관서의 장이 상속·증여 재산의 확인, 조세탈루의 혐의를 인정할 만한 명백한 자료의 확인, 체납자의 재산조회, 「국세징수법」 제14조 제1항 각 호의 어느 하나에 해당하는 사유로 조세에 관한 법률에 따른 질문·조사를 위하여 필요로 하는 거래정보등의 제공
3. 「국정감사 및 조사에 관한 법률」에 따른 국정조사에 필요한 자료로서 해당 조사위원회의 의결에 따른 금융감독원장(「금융위원회의 설치 등에 관한 법률」 제24조에 따른 금융감독원의 원장을 말한다. 이하 같다) 및 예금보험공사사장(「예금자보호법」 제3조에 따른 예금보험공사의 사장을 말한다. 이하 같다)의 거래정보등의 제공
4. 금융위원회(증권시장·파생상품시장의 불공정거래조사의 경우에는 증권선물위원회를 말한다. 이하 이 조에서 같다), 금융감독원장 및 예금보험공사사장이 금융회사등에 대한 감독·검사를 위하여 필요로 하는 거래정보등의 제공으로서 다음 각 목의 어느 하나에 해당하는 경우와 제3호에 따라 해당 조사위원회에 제공하기 위한 경우
5. 동일한 금융회사등의 내부 또는 금융회사등 상호간에 업무상 필요한 거래정보등의 제공
6. 금융위원회 및 금융감독원장이 그에 상응하는 업무를 수행하는 외국 금융감독기관(국제금융감독기구를 포함한다. 이하 같다)과 다음 각 목의 사항에 대한 업무협조를 위하여 필요로 하는 거래정보등의 제공
7. 「자본시장과 금융투자업에 관한 법률」에 따라 거래소허가를 받은 거래소(이하 "거래소"라 한다)가 다음 각 목의 경우에 필요로 하는 투자매매업자·투자중개업자가 보유한 거래정보등의 제공
8. 그 밖에 법률에 따라 불특정 다수인에게 의무적으로 공개하여야 하는 것으로서 해당 법

볼 필요가 있다고 할 것이다. 하지만 금융실명법 제4조상의 동의에 의한 금융거래자 자료확보방안이 가능하다는 것으로 동 개정안이 필요가 없다는 역논리는 성립하지 않는다. 대부분의 감찰대상자는 자발적인 협조가 어려울 것이기 때문에 일단 규정을 두되 피해의 최소성의 원칙에 따라 먼저 동의에 의한 자료요청을 하는 것 뿐이기 때문이다. 한편 동 개정안의 특이점으로 또 살펴볼 수 있는 부분은 금융거래자료 요구 대상을 구체적으로 특정하였다는 것인데 감찰대상자 등의 ① 계좌개설 내역, ② 통장원부 사본, ③ 계좌이체의 경우 거래상대방의 인적사항, ④ 수표에 의한 거래의 경우 당해 수표의 최초 발행기관 및 발행의뢰인의 인적 사항을 비교적 한정적으로 특정하고 있다는 것이다.

2. 최교일 의원 개정안(2019. 5. 23.)

가. 의의 및 취지

특별감찰관법은 현재 특별감찰관으로 하여금 비위행위 감찰에 필요한 경우 감찰대상자 등에게 문서, 장부, 물품 등의 자료 제출을 요구할 수 있도록 하고 있는데 특별감찰관이 자료의 제출을 요구하는 경우 감찰대상자가 제출을 거부하는 것은 어렵다고 보고, 컴퓨터용디스크나 이동통신단말장치 등의 정보저장매체를 제출한 때에는 감찰사건과 무관한 사생활정보 등이 수집될 우려가 있으므로, 탐색할 정보의 범위를 미리 한정하고, 정보탐색 과정에서 감찰대상자가 참여할 수 있는 제도적 장치를 마련할 필요가 있다는 지적에 따라 개정안이 제출되었다.

이에 특별감찰관이 정보저장매체 등에 대한 제출을 요구할 때에는 탐색할 정보의 범위를 정하여 감찰대상자 등으로부터 자발적이고 명시적인 동의를 받도록 하고, 그 정보를 탐색, 저장 또는 복제하는 과정에서 감찰대상자 등이 참여할 수 있도록 함으로써 특별감찰관의 권한남용을 방지하고, 제출받은 자료에 대한 정보를 탐색·저장 또는 복제하는 과정에 감찰대상자 또는 감찰대상자가 지정하는 사람을 참여하도록 하여 감찰대상자의 방어권을 보장하려는 것(특별감찰관법 개정안 제18조의2 신설)으로 개정안이 발의되었다.

───────────────

률에 따른 거래정보등의 제공

나. 국회 법제사법위원회 검토보고서

국회 법제사법위원회 검토보고서[185]에 의하면 임의제출 제도와 관련하여 자료제출의 요구를 받은 감찰대상자 또는 제3자가 특별감찰관의 요구에 대해 거절이 가능하다는 사실을 알지 못하거나, 요구에 불응함으로써 불이익을 당할 가능성이 있고, 자료 중 정보저장매체와 관련하여 최근 대부분의 분야에서 많은 정보가 전자문서로 작성·보관되고 있어 감찰과정에서 정보저장매체에 대한 제출요구가 많이 이루어지고 있으며, 이를 제출한 경우 감찰대상자는 감찰의 명확한 대상, 사유 및 범위를 알기 어려워 충분한 방어권을 행사하기 어렵다는 지적이 있었다.

특히, 이러한 매체들은 통상 방대한 자료들을 담고 있어 해당 비위행위와는 관련 없는 다른 비위행위의 단초로 사용될 수도 있다. 휴대전화의 경우에는 일상생활에 대한 많은 정보가 담겨있기 때문에 개인의 사적영역 보호 및 개인의 정보통제권 침해에 대한 문제제기도 있을 수 있다고 보인다. 이에 특별감찰관의 자료제출 요구시 "자발적이고 명시적인 동의"를 받아 임의제출이라는 사실을 감찰대상자 등이 인지하도록 하고, 임의제출에 대한 거부권 행사가 가능한 사실 및 거부시 불이익을 받지 아니한다는 사실을 고지하도록 하여 특별감찰관의 권한남용을 방지하려는 개정안의 내용은 타당한 입법조치로 해석하였다. 또한, 개정안은 컴퓨터용디스크, 이동통신단말장치 등 정보저장매체를 임의제출하는 경우, 감찰대상자 또는 감찰대상자가 지정하는 사람이 그 정보를 탐색, 저장 또는 복제하는 과정에 참여할 수 있도록 규정하고 있는바, 이는 개인의 사적영역 보호 및 감찰대상자의 방어권을 보장하려는 측면에서 긍정적 입법취지[186]라고 검토하였다.

---

185) 2019. 11. 법제사법위원회 검토보고서 참조.
186) 2019. 11. 법제사법위원회 검토보고서 참조. 위 검토의견서에서는 심지어 피요구자의 권리행사에 제한이 없도록 할 필요성은 정보저장매체 등 뿐만 아니라 특별감찰관이 제출을 요구하는 서류, 물품 등 그 밖에 일체의 자료들에 대해서도 필요한 측면이 있다고 보여지므로, 개정안의 적용범위를 정보저장매체 등 뿐만 아니라 여타 자료로 확대하는 방안에 대한 검토가 필요하고, 자료를 제출한 사람이 감찰대상자가 아닌 소유자·소지자·보관자인 경우에도 개인의 사적영역 보호를 위해서 참여가 필요한 경우가 있을 수 있으므로, 소유자·소지자·보관자 등의 참여권도 명시적으로 보장할 필요가 있는지 여부에 대한 검토가 필요한 것으로 사료된다고 넓게 참여권을 보장하려는 검토를 하고 있다.

다. 소결

사견으로는 참여권의 보장부분은 긍정적이다. 이에 대해서 법무부도 감찰대상자 이외의 제3자인 소유자, 소지자, 보관자의 정보저장매체 등을 압수한 경우에도 정보 탐색 등에 감찰대상자가 참여하도록 하는 것은 정보저장매체의 소지자·관리자 등의 개인정보 등 사생활이 침해될 우려가 높고, 증명서, 소명서, 그 밖의 관계 문서 및 장부, 물품 등을 제출받는 경우에도 감찰대상자 등의 참여 취지, 필요성은 다르지 않음에도 전자저장매체 정보탐색 과정에만 감찰대상자 등이 의무적으로 참여토록 하는 것은 형평에 맞지 않는 측면이 존재하므로 더 넓은 참여자가 필요하다고 지적하는 점 등을 고려할 때 감찰대상자, 소유자, 소지자, 보관자의 경우에도 참여권 보장에 대해서는 긍정적으로 검토될 필요가 있다. 최근 정보저장매체 탐색·복제과정에 대한 참여권을 넓게 보장하려는 판례의 여러 판시 등을 살펴보면 특별감찰관의 권한남용 방지 및 감찰대상자의 방어권 보장 차원에서 긍정적이다.

다만 개정안 자체에 대해서는 긍정적이지만 이는 감찰현실과 다른 측면이 많다. 대부분의 감찰대상자는 임의적인 감찰자료 제출요청에 거의 거부할 가능성이 높다. 전술한 것처럼 그다지 이 자료제출거부에 대한 현실적인 불이익이 많지 않다는 점, 상대적으로 감찰기간(30일)이 길지 않다는 점, 감찰에 제대로 응하지 않아야 추후 예상되는 절차는 수사의뢰 혹은 고발조치일진데 그렇게 되면 추후계속되는 수사기관에서 강제수사나 임의제출 등으로 해결하면 될 일을 굳이 자료를 제출할 기대가능성이 높지 않다고 볼 수 있다. 오히려 자료제출을 요구하면 대부분 거절하거나 찾을 수 없다는 대답이 돌아오는 경우가 많다. 이에 이러한 자료제출 요구 이후 불응한 목록을 따로 적시하여 이를 수사기관에 감찰보고서 형식으로 전달하게 하는 실무적인 방법으로 이를 응대할 필요는 있다고 생각한다.

3. 윤상직 의원안(2017. 9. 6.)

가. 의의 및 취지

동 개정안은 비위행위 여부 확인과 관련한 금융거래 정보를 금융기관의 장에게 요구할 수 있도록 하면서 금융기관의 장은 국가안위에 중대한 영향을 미치는 경우를 제외하고는 이를 응하여야 하며 거부하지 못하게 하고(안 제16조 제2항 및 제3항), 특별감찰관이 자료제출 및 출석요구 외에 필요한 경우 직원이 현지에서 직접 실지감찰을 할 수 있도록 명시적으로 규정하려는 것이다(안 제18조의2).

현 행	개 정 안
제16조(관계 기관의 <u>협조</u>) (생 략)	제16조(관계 기관의 <u>협조 요청 등</u>) ① (현행 제목 외의 부분과 같음)
<신 설>	② 특별감찰관은 감찰에 필요하면 「금융실명거래 및 비밀보장에 관한 법률」 제4조 및 「신용정보의 이용 및 보호에 관한 법률」 제32조에도 불구하고 감찰대상자의 비위행위 여부 확인과 관련한 금융거래 정보·자료 또는 신용정보(이하 "금융거래정보"라 한다)의 제공을 금융기관(「금융실명거래 및 비밀보장에 관한 법률」 제2조 제1호의 금융회사등 및 「신용정보의 이용 및 보호에 관한 법률」 제2조 제6호의 신용정보집중기관을 말한다. 이하 같다)의 장에게 요구할 수 있다.
<신 설>	③ 제2항에 따른 금융거래정보의 제공을 요구받은 금융기관의 장은 군사, 외교, 대북관계 등 국가안위에 중대한 영향을 미치는 경우를 제외하고는 다른 법률을 근거로 이를 거부할 수 없다.
<신 설>	제18조의2(실지감찰) ① 특별감찰관은 감찰대상자의 비위행위를 감찰하기 위하여 필요하다고 인정하면 감찰담당관 또는 파견공무원에게 비위행위 감찰과 관계가 있다고 인정되는 장소·시설 등에 대하여 실지감찰(實地監察)을 하게 할 수 있다. ② 제1항에 따라 실지감찰을 하는 경우 그 장소·시설 등의 장에게 감찰대상자의 비위행위와 관계가 있다고 인정되는 자료 또는 물건을 제시할 것을 요구할 수 있다. 이 경

현 행	개 정 안
	우 자료 또는 물건의 제시를 요구받은 그 장 소·시설 등의 장은 특별한 사유가 없으면 이에 따라야 한다. ③ 제1항에 따라 실지감찰을 하는 사람은 그 권한을 표시하는 증표를 지니고 이를 관계인 에게 내보여야 한다.

나. 국회 법제사법위원회 검토보고서

국회 법제사법위원회 검토보고서[187]에 의하면 현행 특별감찰관의 감찰자료 요구수단[188]이 협소하여 요구대상기관에 사기업체는 포함되지 않고, 요구 대상기관의 비협조시 자료 수집·확보의 문제점이 발생하는 등 감찰자료 확보에 상당한 제약이 발생한다는 의견[189]을 반영하여, 특별감찰관이 감찰대상자에 대한 금융거래 자료의 제출 요구를 할 수 있도록 하고 실지감찰을 실시하여 폭넓은 증거수집을 할 수 있도록 하려는 것은 특별감찰관의 조사권한을 강화하여 감찰대상자의 비위행위[190]를 효율적으로 조

---

187) 2018. 2. 법제사법위원회 검토보고서 참조.
188) **특별감찰관법 제16조(관계 기관의 협조)** 특별감찰관은 감찰대상자의 비위행위 여부를 확인하기 위하여 필요한 경우 국가 또는 지방자치단체, 그 밖의 공공기관의 장에게 협조와 지원을 요청할 수 있고, 필요한 자료 등의 제출이나 사실 조회를 요구할 수 있다.
제17조(출석·답변 및 자료제출 요구) 특별감찰관은 감찰에 필요하면 감찰대상자에게 다음 각 호의 조치를 할 수 있다.
1. 출석·답변의 요구(「정보통신망 이용촉진 및 정보보호 등에 관한 법률」에 따른 정보통신망을 이용한 요구를 포함한다. 이하 같다)
2. 증명서, 소명서, 그 밖의 관계 문서 및 장부, 물품 등의 제출 요구
제18조(감찰대상자 이외의 자에 대한 협조요구) ① 감찰대상자의 비위행위를 감찰하기 위하여 필요한 경우에는 제17조에 따라 감찰대상자 이외의 자에 대하여 자료의 제출이나 출석·답변을 요구할 수 있다.
② 제1항의 요구는 협조의 내용, 이유 및 출석장소, 시간 등을 명시하여 요구대상자에게 서면으로 통지함을 원칙으로 한다. 다만, 긴급한 경우에는 전화 등의 방법으로 통지할 수 있다.
③ 출석·답변한 자에 대하여는 관계 규정에 따라 여비 등을 지급하여야 한다.
189) 특별감찰관 제출 의견(2017.7.1.)
190) **특별감찰관법 제2조(비위행위)** 이 법에서 사용하는 "비위행위"란 다음 각 호의 어느 하나에 해당하는 행위를 말한다.
1. 실명(實名)이 아닌 명의로 계약을 하거나 알선·중개하는 등으로 개입하는 행위
2. 공기업이나 공직 유관 단체와 수의계약하거나 알선·중개하는 등으로 개입하는 행위
3. 인사 관련 등 부정한 청탁을 하는 행위
4. 부당하게 금품·향응을 주고 받는 행위

사하고 감찰의 실효성을 제고하는데 기여할 것으로 보인다고 검토하였다.

다. 소결

조문의 형태가 다르지만 기본적으로 동 개정안은 앞서 살펴본 최교일 의원의 2017. 2. 22. 개정안에 대한 구조와 동일한 형태를 가지고 있다.

특히 본 개정안은 실지감찰의 필요성에 따라 감찰대상자의 비위행위를 감찰하기 위하여 필요하다고 인정하면 감찰담당관 또는 파견공무원에게 비위행위 감찰과 관계가 있다고 인정되는 장소·시설 등에 대하여 실지감찰(實地監察)을 하게 할 수 있도록 하며, 또한 실지감찰을 하는 경우 그 장소·시설 등의 장에게 감찰대상자의 비위행위와 관계가 있다고 인정되는 자료 또는 물건을 제시할 것을 요구할 수 있다. 이 경우 자료 또는 물건의 제시를 요구받은 그 장소·시설 등의 장은 특별한 사유가 없으면 이에 따라야 한다고 규정하였다.

금융거래자료 요구권에 대한 부분의 취지는 전술한 최교일 의원안과 비슷하나 최교일 의원안은 그 대상을 ① 계좌개설 내역, ② 통장원부 사본, ③ 계좌이체의 경우 거래상대방의 인적 사항, ④ 수표에 의한 거래의 경우 당해 수표의 최초 발행기관 및 발행의뢰인의 인적 사항을 특정하고 있는 반면, 윤상직 의원안의 경우에는 감찰대상자의 비위행위 여부 확인과 관련한 금융거래 정보·자료 또는 신용정보(이하 "금융거래정보"라 한다)의 제공을 금융기관(「금융실명거래 및 비밀보장에 관한 법률」 제2조 제1호의 금융회사등 및 「신용정보의 이용 및 보호에 관한 법률」 제2조 제6호의 신용정보집중기관을 말한다. 이하 같다)의 장에게 요구할 수 있다고 규정하여 "금융거래정보" 전반을 그 대상으로 할 수 있다. 이에 대해서는 금융실명법 시행령[191]에서 특정인의 금융거래사실과 금융회사등이 보유하고 있는 금융거래에 관한 기록의 원본·사본 및 그 기록으로부터 알게 된 것(이하 "거래정보등"이라 한다)이라고 규정하고 있다. 금융실명법상 금융거래정보를 요구하는 것인만큼 타 규정과의 정합성을 고려할 때 더 타당한 규정방식이라고 생각한다.

---

5. 공금을 횡령·유용하는 행위

191) **금융실명법 시행령 제6조(거래정보등의 범위)** 법 제4조 제1항 및 이 영 제5조에 따른 금융거래의 내용에 대한 정보 또는 자료는 특정인의 금융거래사실과 금융회사등이 보유하고 있는 금융거래에 관한 기록의 원본·사본 및 그 기록으로부터 알게 된 것(이하 "거래정보등"이라 한다)으로 한다. 다만, 금융거래사실을 포함한 금융거래의 내용이 누구의 것인지를 알 수 없는 것(당해 거래정보등만으로 그 거래자를 알 수 없더라도 다른 거래정보등과 용이하게 결합하여 그 거래자를 알 수 있는 것을 제외한다)을 제외한다. <개정 2014. 11. 28.>

제8절 감찰종료

특별감찰관법 제19조(고발 등) 특별감찰관은 감찰결과 감찰대상자의 행위가 다음 각 호에 해당하는 경우 다음 각 호와 같은 조치를 하여야 한다.
  1. 범죄혐의가 명백하여 형사처벌이 필요하다고 인정한 때: 검찰총장에게 고발
  2. 범죄행위에 해당한다고 믿을 만한 상당한 이유가 있고 도주 또는 증거인멸 등을 방지하거나 증거확보를 위하여 필요하다고 인정한 때: 검찰총장에게 수사의뢰

특별감찰관법 시행령 제7조(감찰종료) ① 특별감찰관은 제6조에 따라 감찰에 착수한 경우에는 신속하게 감찰조사를 진행하여 감찰을 종료하여야 한다.
② 특별감찰관은 신고등으로 접수된 사안이 법 제2조의 비위행위나 법 제5조의 감찰대상자에 해당하지 아니하고 다른 기관의 소관사항에 해당한다고 인정되는 경우에는 해당 기관에 신고등을 이첩하여 종료한다.
③ 특별감찰관은 비위행위에 대한 혐의를 인정하기 어려운 경우에는 감찰을 즉시 종료한다.
④ 특별감찰관은 감찰결과 범죄혐의가 명백하여 형사처벌이 필요하다고 인정한 때에는 검찰총장에게 고발하여 종료하고, 범죄행위에 해당한다고 믿을 만한 상당한 이유가 있고 도주 또는 증거인멸 등을 방지하거나 증거확보를 위하여 필요하다고 인정한 때에는 검찰총장에게 수사의뢰하여 종료한다.
⑤ 특별감찰관은 감찰 종료 후 5일(공휴일과 토요일은 제외한다) 이내에 감찰 진행경과, 세부 감찰활동 내역, 감찰결과와 그 이유 등을 서면으로 대통령에게 보고한다.
⑥ 특별감찰관은 감찰결과 「국가공무원법」이나 그 밖의 법령에 규정된 징계사유에 해당한다고 인정되는 경우에는 해당 소속기관의 장에게 관련 자료를 송부한다.

Ⅰ. 의의

특별감찰관법 제19조에서는 특별감찰관은 감찰결과 감찰대상자의 행위가 범죄혐의가 명백하여 형사처벌이 필요하다고 인정한 때에는 검찰총장에게 고발을 하도록 규정하고 범죄행위에 해당한다고 믿을 만한 상당한 이유가 있고 도주 또는 증거인멸 등을 방지하거나 증거확보를 위하여 필요하다고 인정한 때에는 검찰총장에게 수사의뢰를 하도록 규정하고 있다. 법조문상으로는 소위 감찰종료의 주문 형식이 고발과 수사의뢰

로만 구성된 것으로 보일 수 있으나 특별감찰관법 시행령에서는 특별감찰관이 감찰을 종료한 이후 사건을 처리하는 방향을 이첩종료, 관련자료송부 종료, 감찰 즉시종료 등 다양한 종료 주문을 규정함으로써 감찰종료 후 조치들에 대해 구체적으로 이를 규정하고 있다.

한편 위 감찰종료 주문의 연혁을 이해하기 위해서는 특별감찰관법 뿐만 아니라 당시에 동일하게 논의되었던 특별검사의 임명 등에 관한 법률을 함께 살펴볼 필요가 있다. 이에 특별검사의 임명 등에 관한 법률의 구조를 간략하게 살펴보고 위 감찰종료에 대한 조문 구조를 이해해보고자 한다.

Ⅱ. 특별감찰관 감찰종료시 상설특별검사와의 연계

1. 의의

입법론적으로 특별감찰관법 제19조와 동법 시행령 제7조를 이해하기 위해서는 당초 감찰이 종료되면 현행법상 검찰총장만 고발이나 수사의뢰의 대상기관으로 구성된 것과는 다르게 당시 동시에 논의되었던 소위 상설특검(상시 존재하는 특별검사 제도)을 같이 살펴볼 필요가 있다. 상설특검을 두 가지 논의 형태로 분류해 본다면 기구특검(기구가 상존하는 특검)과 제도특검(제도를 갖추고 발동하는 형태의 특검)으로 나누어 보는 견해들이 존재하였다.

2. 상설특검의 종류

당시 특별감찰관법에 대해 박범계 의원안 측면에서 살펴보면 상설특검은 소위 기구화된 형태로 존재하는 기구특검을 전제로 바라보아 특별감찰관의 감찰결과 대상자가 비위행위를 저질렀다고 의심할 만한 상당한 이유가 존재하는 경우, 국회를 경유하여 특별검사에게 고발하도록 의무화하는 규정이 필요하게 된다.

반면 특별감찰관법 김도읍 의원안은 기구화된 특검은 존재하지 않고 사안별로 특별검사를 임명하여 한시적으로 수사를 하게 하는 소위 제도특검 형태로 특별감찰관을 설계하게 되는 것으로 이는 특별감찰관이 '상시 존재하지 아니하는' 특별검사에게 고발한다는 것은 생각할 수 없게 되기 때문에 구조적으로 위와 같이 검찰총장에 고발 혹은 수사의뢰를 하도록 규정하는 수밖에 없다.

국회 논의 과정은 양 주장의 대립이 지속되다가 2013년 12월 국회에서 야당측이 사실상 기존의 상설기구특별검사제도를 포기하고 사안별 제도특검제를 수용하기로 입장을 변경함에 따라 기본적으로 구조는 제도특검과 맞추어져 특별감찰관법의 논의가 진행되게 된다.192)

사견으로는 제도화된 특검은 이미 각 사안마다 국회에서 이를 의결하여 특검이 발동되는 것으로 상설특검법이 **"상설(常設)"이라는 상시 설치되어 이용할 수 있다는 의미로 명문상 의미를 가지려면 기구화된 특검이 타당하다고 생각**된다. 이는 실증적으로도 상설특검법이 한번도 발동되지 아니한 것을 보더라도 제도화된 특검법은 큰 유용성은 없는 것으로 판단이 되며 다만 이는 기구특검, 즉 상시화된 형태의 조직과 인적 설비를 갖춘 고위공직자범죄수사처가 출범되어 기구 특검의 의미를 대신할 수 있게 되어 추후 운영적으로 보완되게 된 측면이 있다.

3. 상설특검의 수사대상

> **특별검사의 임명 등에 관한 법률 제2조(특별검사의 수사대상 등)** ① 특별검사의 수사 대상은 다음 각 호와 같다.
>   1. 국회가 정치적 중립성과 공정성 등을 이유로 특별검사의 수사가 필요하다고 본회의에서 의결한 사건
>   2. 법무부장관이 이해관계 충돌이나 공정성 등을 이유로 특별검사의 수사가 필요하다고 판단한 사건

---

192) 특별검사의 임명 등에 관한 법률 [시행 2014. 6. 19.] [법률 제12423호, 2014. 3. 18., 제정] 제정이유: 대통령 측근이나 고위공직자 등 국민적 관심이 집중된 대형 비리사건에 있어 검찰 수사의 공정성과 신뢰성 논란이 증폭될 때마다 여러 차례 걸쳐 특별검사제도를 도입하여 운용하였으나, 특별검사제도를 도입하기 위한 근거 법률을 제정하는 과정에서 그 도입 여부 및 특별검사의 수사 대상, 추천권자 등을 둘러 싸고 여야 간에 정치적 공방이 끊이질 않았고, 결과적으로 특별검사의 수사 결과에 대한 불신으로까지 이어져 왔는바, 미리 특별검사제도의 발동 경로와 수사대상, 임명 절차 등을 법률로 제정해 두고 문제가 된 사건이 발생되면 곧바로 특별검사를 임명하여 최대한 공정하고 효율적으로 수사할 수 있도록, 상설 특별검사제도의 도입 근거를 마련하고 특별검사에게 국회가 본회의에서 의결한 사건 등에 대한 수사권한 등을 부여하려는 것

② 법무부장관은 제1항 제2호에 대하여는 검찰총장의 의견을 들어야 한다.

가. 의원안

(1) 최원식, 서기호 의원안 검토

최원식 의원안은 ① 대통령의 배우자와 직계존비속, 4촌 이내의 친족 및 인척, ② 대통령 비서실의 1급 이상 공무원, ③ 국무총리, 국무위원, 국회의원, 감사원장, 국가정보원장, 검찰총장, 공정거래위원장, 금융위원장, 국세청장, 경찰청장, ④ 그 밖의 고위공직자로서 대통령령으로 정하는 사람과 관련된 사건 중에서 **특별감찰관이 감찰에 의해 고발**한 사건을 상설특별검사의 수사대상으로 규정하고 있고, 서기호 의원안은 특별감찰관이 감찰에 의해 고발한 사건에 대한 수사 및 공소의 제기와 그 유지에 필요한 행위를 특별검사의 직무로 규정하고 있다.

최원식 의원안	서기호 의원안

제2조(상설특별검사의 수사대상) ① 이 법에 따른 상설특별검사의 수사대상은 다음 각 호의 사건 및 그와 관련된 사건으로 한다.
1. 다음 각 목의 사람과 관련된 사건 중에서 「특별감찰관의 임명 등에 관한 법률」제3조 및 제11조에 따라 특별감찰관이 감찰에 의해 고발한 사건(이 경우, 관련 사건에 대한 검찰수사는 그 즉시 중단하며 특별검사에게 이를 인계한다)
  가. 대통령의 배우자와 직계존비속, 4촌 이내의 친족 및 인척
  나. 대통령 비서실의 1급 이상의 공무원
  다. 국무총리, 국무위원, 국회의원, 감사원장, 국가정보원장, 검찰총장, 공정거래위원장, 금융위원장, 국세청장, 경찰청장
  라. 그 밖의 고위공직자로서 대통령령으로 정하는 사람
	제13조(직무) ① 이 법에 따른 특별검사는 다음 각 호의 사건에 대한 수사 및 공소의 제기와 그 유지에 필요한 행위를 직무로써 수행한다.
	1. 「특별감찰관의 임명 등에 관한 법률」에 따라 특별감찰관이 감찰에 의해 고발한 사건

또한 최원식 의원안은 검사가 수사한 사건 중에서 국회의 상임위원회 또는 특별위원회가 상설특별검사의 조사가 필요하다고 판단하여 국회가 본회의 의결로써 상설특별

검사가 조사하도록 요청한 사건을 상설특별검사의 수사대상으로 규정하고 있고, 서기호 의원안은 ① 국회의원 재적 3분의 1 이상이 수사 요청한 사건, ② 국회의 상임위원회 또는 특별위원회가 특별검사의 조사가 필요하다고 판단하여 수사 요청한 사건에 대한 수사 및 공소의 제기와 그 유지에 필요한 행위를 특별검사의 직무로 규정하고 있다.

최원식 의원안	서기호 의원안
제2조(상설특별검사의 수사대상) ① 이 법에 따른 상설특별검사의 수사대상은 다음 각 호의 사건 및 그와 관련된 사건으로 한다. 2. 검사가 수사한 사건 중에서 국회의 상임위원회 또는 특별위원회(이하 "위원회"라 한다)가 상설특별검사의 조사가 필요하다고 판단하여 국회가 본회의 의결로써 상설특별검사가 조사하도록 요청한 사건	제13조(직무) ① 이 법에 따른 특별검사는 다음 각 호의 사건에 대한 수사 및 공소의 제기와 그 유지에 필요한 행위를 직무로써 수행한다. 2. 국회의원 재적 1/3이상이 수사 요청한 사건 3. 국회의 상임위원회 또는 특별위원회(이하 "위원회"라 한다)가 특별검사의 조사가 필요하다고 판단하여 수사 요청한 사건

마지막으로 최원식 의원안과 서기호 의원안은 법무부장관이 수사를 의뢰하는 사건을 수사대상 또는 직무로 규정하고 있으며, 최원식 의원안은 상설특별검사의 업무와 중복되는 다른 기관의 업무는 상설특별검사로 이관하도록 규정하면서도 검찰과 상설특별검사 간에 서로 이첩 또는 수사의뢰할 수 있도록 하는 규정을 두고 있다.

최원식 의원안	서기호 의원안
제2조(상설특별검사의 수사대상) ① 이 법에 따른 상설특별검사의 수사대상은 다음 각 호의 사건 및 그와 관련된 사건으로 한다. 4. 법무부장관이 검찰이 수사하는 것보다 상설특별검사에서 수사하는 것이 적절하다고 보아 상설특별검사에 수사를 의뢰하는 사건 제17조(다른 기관과의 관계) ① 상설특별검사의 업무와 중복되는 다른 기관의 업무는 상설특별검사로 이관하여야 한다. 다만, 검	제13조(직무) ① 이 법에 따른 특별검사는 다음 각 호의 사건에 대한 수사 및 공소의 제기와 그 유지에 필요한 행위를 직무로써 수행한다. 4. 법무부장관이 검찰이 수사하는 것보다 특별검사에서 수사하는 것이 적절하다고 보아 상설특별검사에 수사를 의뢰하는 사건

<u>찰이 수사, 공소제기 및 유지하는 것이 적절</u> <u>하다고 판단될 때에는 상설특별검사는 검찰</u> 에 사건을 이첩할 수 있다. <u>② 법무부장관은 검찰이 수사하는 것보다 상</u> <u>설특별검사에서 수사하는 것이 적절하다고</u> <u>판단하는 경우</u> 상설특별검사에 수사를 의뢰 할 수 있다.	

(2) 김도읍 의원안 검토

김도읍 의원안	최원식 의원안 · 서기호 의원안
◦ 국회가 특별검사의 수사를 요청하기로 의 결한 사건 또는 특별감찰관이 특별검사의 수사를 요청한 사건이 특별검사의 수사가 필요하다고 인정할 만한 상당한 이유가 있 는 경우 법무부장관이 특별검사에게 수사 의뢰	◦ 국회가 상설특별검사의 수사를 직접 요청 또는 특별감찰관이 상설특별검사에게 직 접 고발

　반면 김도읍 의원안은 국회 또는 특별감찰관이 특별검사의 수사를 요청한 사건을 법무부장관이 특별검사에게 수사의뢰하도록 하고 있다. 이에 최원식 의원안과 서기호 의원안은 국회가 직접 상설특별검사에게 수사를 요청하거나 특별감찰관이 상설특별검사에게 직접 고발하도록 하고 있다는 점에서 차이가 나고 있다. 이에 대해 사법제도개혁특별위원회 논의 과정에서 수사는 행정작용이고 법무부장관의 권한이라는 점을 고려해 볼 때 법무부장관을 완전히 배제한 상태에서 수사가 진행되는 것은 삼권분립의 원칙에 위배될 우려가 있으므로 1차적으로 검찰이 수사를 하고 특별검사가 보충적으로 수사를 하는 것이 바람직하며, 특별감찰관의 고발 또는 국회의 요청이 있음에도 법무부장관이 상당한 이유가 있다고 판단하는 경우에만 특별검사의 수사가 개시되도록 하는 것은 특별검사의 수사대상을 축소하는 결과가 된다는 논의가 있었다.[193)]

---

193) 국회법제사법위원회, 특별검사법 검토보고(2013. 12.) 제6면.

나. 소결

현재 특별감찰관법 제도를 활성화하고 동시에 사문화된 특별검사의 임명 등에 관한 법률도 활용하기 위해서는 특별감찰관이 고발하는 사건도 소위 특검법의 발동요건이 될 수 있도록 하여야 한다. 현재 상설특검법의 발동요건이 1. 국회가 정치적 중립성과 공정성 등을 이유로 특별검사의 수사가 필요하다고 본회의에서 의결한 사건, 2. 법무부장관이 이해관계 충돌이나 공정성 등을 이유로 특별검사의 수사가 필요하다고 판단한 사건으로 한정되어 있는 바, 1호 사유의 경우에는 실질적으로 매 사안마다 소집되어 요구되는 개별특검과 차이가 없으며 2호의 경우에는 법무부장관이 요청하는 부분이 있지만 현실적으로 활용될 가능성이 높지 않고 법무부장관은 2호 사유에 대하여는 검찰총장의 의견을 들어야 한다고 규정되어 있어서 검찰총장이 검찰의 수사를 우선 지켜보고 특검을 논의하자고 의견을 개진할 가능성이 높다는 점 등에서 실현가능성이 높지 않다고 생각된다. 특별감찰관법상 감찰대상자에 대해서 특별감찰관이 특별검사의 수사를 요청한 사건이 특별검사의 수사가 필요하다고 인정할 만한 상당한 이유가 있는 경우 특별검사에게 수사의뢰할 수 있도록 규정함으로써 예를 들면 감찰대상자가 검찰출신의 전직관료로서 대통령비서실의 수석비서관에 임명된 경우이거나 하는 경우에는 특별검사에게 직접 수사의뢰를 하여 공정성을 확보할 수 있는 방안도 마련해 주는 것이 제도의 활성화 측면에서 타당하다고 생각한다.

Ⅲ. 감찰종료의 종류

감찰에 착수한 경우 법률상은 1개월 이내에 종료하도록 하고 연장이 필요한 경우 대통령의 허가를 요건으로 하는 바, 감찰에 착수한 이상 신속하게 감찰조사를 진행하여 감찰을 종료하는 것이 감찰대상자의 인권을 보호하고 효율적인 감찰조사가 되게 하는 등 비위행위에 대해 신속하고 효율적인 대응이 가능하도록 할 수 있다.

1. 고발

감찰대상자가 범죄혐의가 명백하여 형사처벌이 필요하다고 인정되는 경우 특별감찰관은 검찰총장에 고발을 하도록 규정되어 있다. 한편 고발 외에 특별감찰관의 검찰총장 수사의뢰 제도도 두고 있으므로, 이 양자간 구분의 필요가 있다. 어차피 고발이나 수사의뢰나 검찰총장을 대상으로 한다는 점, 대상자에 대한 수사를 요구한다는 점은 동일할 수 있으나 고발의 경우에는 수사의뢰 단계보다 범죄혐의 소명정도가 더욱 높아 형사처벌 개연성이 존재하는 경우 특별감찰관의 판단에 따라 고발조치를 한다는 점에서 수사의뢰와 다르다고 보는 것이 타당하다.

특별감찰관이 고발한 사건 중 처분이 이루어지지 아니하고 90일이 경과하거나 불기소처분이 이루어진 경우 검찰청법 제10조에 따라 항고를 제기할 수 있다.[194] 이에 고발로 특별감찰관법상 항고권 행사가 가능하게 되고, 감찰업무의 법률상 권한의무의 수행이라는 대외적 평가를 받을 수 있을 것이다. 다만 당해 사건이 다시 검찰에서 불기소처분되는 경우 특별감찰관의 국회출석의무가 발생[195]하여 예기치 않은 정쟁에 이용당할 소지는 생길 수 있다고 사료된다.

2. 수사의뢰

감찰대상자가 범죄행위에 해당한다고 믿을 만한 상당한 이유가 있고 도주 또는 증거인멸 등을 방지하거나 증거 확보를 위하여 필요하다고 인정하는 경우 수사의뢰를 하도록 규정되어 있다. 특히 수사의뢰 결정에서 중요한 대목은 "도주 또는 증거인멸 등을 방지하거나 증거 확보를 위하여 필요하다고 인정하는 경우" 수사의뢰를 하도록 규정한 부분이다. 이는 감찰대상자가 출석에 불응하는 등의 사유가 존재하는 경우 지속적으로 감찰대상자의 출석을 종용하는 것은 그다지 의미가 없을 것이므로 신속한 수사의뢰를 통해 신병 확보나 출석 담보 등을 도모할 수 있다는 의미를 지니고 있다. 또한 현실적으로는 감찰대상자가 감찰에 불응할 경우 별다른 제재수단이 없다는 점의 반증이기도 하다. 대상자가 출석에 불응하는 것은 충분히 다수 발생할 수 있는 일이어

---

194) **특별감찰관법 제20조(불기소처분에 대한 불복)** 특별감찰관이 고발한 사건 중 처분이 이루어지지 아니하고 90일이 경과하거나 불기소처분이 이루어진 경우 「검찰청법」 제10조에 따라 항고를 제기할 수 있다.

195) **특별감찰관법 제21조(국회 출석 및 의견진술)** ① 제20조에 따라 항고한 사건에 대하여 다시 불기소처분이 이루어져 법제사법위원회 의결로 특별감찰관의 출석을 요구하는 경우 특별감찰관은 법제사법위원회에 출석하여 의견을 진술하여야 한다.
② 제1항에 따른 절차는 비공개로 진행한다.

서 원래 형사처벌이나 과태료 등과 같은 제재 수단을 둘 필요성이 있다. 출석을 하지
않는다고 감찰을 진행하지 않고 막바로 수사를 의뢰하는 것도 궁극적인 해결방안이라
고 보기 어렵기 때문이다. 다만 과태료 등의 출석불응에 대한 제재수단이 도입되지 않
아 수사의뢰를 통해 신속히 수사로 전환하게 되는 것인데 사견으로는 이것이 좋은 수
단이라고 생각되지는 않는다. 오히려 감찰대상자가 특별감찰관이라는 절차를 무시하
고 검찰 수사만에 집중하여 대비하도록 노력하는 결과가 될 뿐이며, 특별신분관계에
있는 감찰대상자의 반복적인 출석불응에 대한 행위반가치는 별도로 평가받아야 한다
고 생각한다. 이에 감찰대상자의 출석불응 등에 대한 독자적인 제재수단을 도입할 필
요성이 없다는 견해에 대해서는 반대하는 입장이다.

한편 **이미 수사기관에서 수사중인 사건이거나 불기소처분이 이루어진 사건**에 대하
여 특별감찰관법상 고발이나 수사의뢰가 가능한지 여부가 문제될 수 있다. 수사중인
사건에 대해서는 형사소송법상 고소·고발은 수사를 촉구하는 의미로서 법적 기속력
이 없어 수사중인 사건이라 하더라도 고소·고발이 가능하다고 해석되고, 특별감찰관
법은 비위행위에 대한 고발을 규정하면서 수사중인 경우 고발이 제한된다는 별도의
규정이 없으므로, 고발이나 수사의뢰가 가능할 것이다. 또한 감찰과정에서 추가 수사
가 필요한 부분이 발견될 수 있으므로 이미 수사기관에서 수사중인 경우라고 하여도
감찰이 중단될 필요는 없다고 생각된다.

또 다른 점으로 생각해 볼 수 있는 것이 특별감찰관이 **이미 불기소처분된 사건에 대
해서도 검찰총장에 고발이나 수사의뢰을 할 수 있느냐**의 부분이다. 검찰사건사무규칙
상 제115조 제3항 제5호의 각하사유[196]를 살펴보면 새로이 중요한 증거가 발견되면

---

196) **검찰사건사무규칙 제115조(불기소결정)** ③ 불기소결정의 주문은 다음과 같이 한다.
    5. 각하
        가. 고소 또는 고발이 있는 사건에 관하여 고소인 또는 고발인의 진술이나 고소장 또는 고
            발장에 의하여 제2호부터 제4호까지의 규정에 따른 사유에 해당함이 명백한 경우
        나. 법 제224조, 제232조 제2항 또는 제235조에 위반한 고소·고발의 경우
        **다. 같은 사건에 관하여 검사의 불기소결정이 있는 경우(새로이 중요한 증거가 발견되어 고
            소인, 고발인 또는 피해자가 그 사유를 소명한 경우는 제외한다)**
        라. 법 제223조, 제225조부터 제228조까지의 규정에 따른 고소권자가 아닌 자가 고소한 경우
        마. 고소인 또는 고발인이 고소·고발장을 제출한 후 출석요구나 자료제출 등 혐의 확인을
            위한 수사기관의 요청에 불응하거나 소재불명이 되는 등 고소·고발사실에 대한 수사
            를 개시·진행할 자료가 없는 경우
        바. 고발이 진위 여부가 불분명한 언론 보도나 인터넷 등 정보통신망의 게시물, 익명의 제

각하대상이 아니어서 다시 수사가 가능한 것으로 해석하고 있기 때문에 특별감찰관의 감찰결과 새로운 증거가 확보되면 고발이나 수사의뢰가 가능하다고 생각된다.

3. 이첩결정

특별감찰관이 접수한 각종 신고 등이 특별감찰관법상의 감찰대상자나 법상의 비위행위가 아니지만, 다른 기관의 조사나 수사대상에 해당하는 경우가 있을 수 있다. 이 경우에는 해당 기관에 이첩하여 종료하도록 하는 이첩종료 결정을 내리게 된다. 예를 들어 대통령의 4촌 이내 친족이라고 알고 신고하였는데 친인척의 범주에 들어오지 아니하는 경우라던지, 대통령 수석비서관 이상이 아닌 단순한 비서관급 인사에 대한 비위행위 신고를 하거나 국회위원이나 국무위원에 대해서 감찰신고가 접수된 경우에는 해당 수사기관에 이를 이첩하여 처리하도록 하면 될 것이다. 마찬가지로 특별감찰관법상의 비위행위에 해당하지는 아니하더라도 타법 위반 여부가 문제되는 경우도 얼마든지 있을 수가 있다. 예를 들면 비위행위에 해당하지 아니하는 탈세나 조세포탈행위의 경우에는 국세청에 사건을 이첩하는 방안도 생각해 볼 수 있다.

4. 혐의없음 종료결정

감찰대상자에 대한 비위행위에 대한 혐의를 인정하기 어려운 경우 감찰을 즉시 혐의없음 종료 결정을 하게 된다. 신고 등에 의하여 감찰이 착수된 경우에는 이미 감찰조사가 진행된 경우이므로 조사결과 혐의가 없어 감찰을 더 이상 진행하지 아니하고 종료할 경우 감찰불개시 결정을 내리기에는 이미 감찰은 개시된 상황에 놓일 수 있다. 비위행위 확인단계에서는 확인사항이 없다라고 하여 종료할 수 있지만 감찰 개시결정

보, 고발 내용과 직접적인 관련이 없는 제3자로부터의 전문(傳聞)이나 풍문 또는 고발인의 추측만을 근거로 한 경우 등으로서 수사를 개시할만한 구체적인 사유나 정황이 충분하지 않은 경우

사. 고소·고발 사건(진정 또는 신고를 단서로 수사개시된 사건을 포함한다)의 사안의 경중 및 경위, 피해회복 및 처벌의사 여부, 고소인·고발인·피해자와 피고소인·피고발인·피의자와의 관계, 분쟁의 종국적 해결 여부 등을 고려할 때 수사 또는 소추에 관한 공공의 이익이 없거나 극히 적은 경우로서 수사를 개시·진행할 필요성이 인정되지 않는 경우

을 받은 다음에는 해당조사결과 별도의 혐의가 확인되지 아니한다는 사유로 검찰의 혐의없음 결정과 유사한 방식의 별도의 결정이 필요하다.

5. 자료송부결정

비위행위에 대한 감찰을 하는 과정에서 국가공무원법이나 그 밖의 다른 법령에 규정된 징계사유에 해당한다고 인정되는 경우 해당 소속기관의 장에게 관련자료를 송부하도록 하는 바, 이는 고발이나 수사의뢰를 할 정도의 사안에는 해당하지 않지만 징계사유에는 해당된다고 판단되는 경우 그에 상응한 조치가 이루어질 수 있도록 관련 자료를 송부하도록 한 결정이다.

이와 유사한 입법례로 감사원법을 살펴볼 수 있는데 감사원의 경우 감사결과의 처리에 대해 감사원법에서 규정하고 있는데 크게는 **변상책임의 판정**(감사원법 제31조; 회계관계직원등의 책임에 관한 법률이 정하는 바에 따라 회계관계직원 등에 대한 변상책임의 유무를 심리·판정), **징계 또는 문책등의 요구**(감사원법 제32조와 제51조; 국가공무원법과 기타 법령 등에 규정된 징계 또는 문책사유에 해당하는 자와 정당한 사유 없이 감사원법에 따른 감사를 거부하거나 자료의 제출을 게을리한 자에 대하여 소속장관 또는 임용권자 등에게 징계 또는 문책요구), **고발**(감사를 거부하거나 방해한 자와 자료제출이나 출석답변을 요구받고 정당한 사유 없이 불응한 자에 대하여는 따로 고발), **해임요구**(소속단체 등이 정한 문책에 관한 규정의 적용을 받지 아니하는 단체 등의 임원이나 직원에 대하여 그 비위가 현저하다고 인정하는 때에는 그 임용권자 또는 임용제청권자에게 해임요구), **시정 등의 요구**(감사원법 제33조; 감사결과 위법 또는 부당하다고 인정되는 사실이 있을 때에는 소속장관·감독기관의 장 또는 당해 기관의 장에게 시정·주의 등을 요구), **개선 요구**(감사원법 제34조; 감사결과 법령상·제도상 또는 행정상의 모순이 있거나 기타 개선할 사항이 있다고 인정할 때에는 국무총리·소속장관·감독기관의 장 또는 당해 기관의 장에게 법령 등의 제정·개정 또는 폐지를 위한 조치나 제도상 또는 행정상의 개선을 요구), **권고·통보**(감사원법 제34조의 2; 감사결과 「감사원법」에 따른 징계·시정·주의·개선 등을 요구하는 것이 부적절하거나 관계기관의 장이 자율적으로 처리할 필요가 있는 사항, 또는 행정 운영 등의 경제성·효율성과 공정성 등을 위하여 필요한 경우에는 소속장관·감독기관의 장 또는 당해 기관의 장에게 개선 등에 관한 사항을 권고 또는 통보), **고발 또는 수사요청**(감사원법 제35조, 감사원사무처리규칙 제19조; 감사결과 범죄혐의가 있다고 인정할 때에는 이를 수사기관에 고발) 등이 가능하고, 특별감찰관도 감사원과 마찬가지로 감찰대상자 중 공무원이 있는 경우에는 징계자료 등의 송부결정이 가능한 것이다.

다만 징계요구권이 아니라 단순히 자료송부 결정이므로 해당 자료송부에 대한 응답의무가 발생한다고 보기 어려우므로 위 감사원법에서의 징계요구나 해임요구에 준하는 결정권이 주어질 필요가 있다고 생각한다.

Ⅳ. 특별감찰관법 개정안

1. 최교일 의원 개정안(2017. 2. 7.)

특별감찰관은 특별검사의 수사가 필요하다고 판단되면 고발과 별도로 국회 또는 법무부장관에게 그 이유를 구체적으로 명시하여 특별검사의 수사를 요청할 수 있도록 하려는 안이다(안 제19조 제2항).

현 행	개 정 안
제19조(고발등) (생 략)	제19조(고발등) ① (현행 제목 외의 부분과 같음)
<신 설>	② 특별감찰관은 제1항 제1호에 따른 고발과 별도로, 특별검사의 수사가 필요하다고 판단되는 경우에는 국회 또는 법무부장관에게 그 이유를 구체적으로 명시하여 특별검사의 수사를 요청할 수 있다.

국회 법제사법위원회의 검토보고서[197]에 의하면 현재 특별감찰관은 감찰결과 감찰대상자의 비위행위가 확인된 경우 검찰총장에게 고발 또는 수사의뢰를 할 수 있도록 하고 있는데,[198] 대통령비서실의 공직·사회기강 관련 업무를 보좌하는 수석비서관이

---

197) 2017. 8. 법제사법위원회 검토보고서 참조.

나 개정안에서 감찰대상자로 추가하고 있는 법무부장관·검찰총장 등의 비위사실이 발견된 경우에 있어서는 검찰 수사의 중립성과 공정성을 기대하기 어려운 측면이 있으므로, 특별검사의 수사를 의뢰할 수 있도록 하려는 개정안은 타당한 측면이 있다고 판단된다고 검토하였다.

2. 박형수 의원 개정안(2021. 5. 18.)

특별감찰관법 제19조[199])에서는 특별감찰관이 감찰대상자의 행위에 따라 검찰총장에 고발(제1호)하거나 검찰총장에 수사의뢰(제2호)하여야 한다고 규정하고 있는데, 박형수 의원 개정안은 특별감찰관법 제19조에 후단을 신설하여 "이 경우 감찰대상자가 제5조 제2호의 공무원인 경우 특별감찰관은 임용권자에게 징계를 요구할 수 있다."고 규정하는데 특징이 있다.

국회 법제사법위원회의 검토보고서[200])에 의하면 현행 「국가공무원법」 제78조 및 제82조[201])에 따르면, 공무원이 이 법이나 다른 법령에서 부과한 직무상 의무를 위반

---

198) **특별감찰관법 제19조(고발 등)** 특별감찰관은 감찰결과 감찰대상자의 행위가 다음 각 호에 해당하는 경우 다음 각 호와 같은 조치를 하여야 한다.
  1. 범죄혐의가 명백하여 형사처벌이 필요하다고 인정한 때: 검찰총장에게 고발
  2. 범죄행위에 해당한다고 믿을 만한 상당한 이유가 있고 도주 또는 증거인멸 등을 방지하거나 증거확보를 위하여 필요하다고 인정한 때: 검찰총장에게 수사의뢰
  특별감찰관법 제20조(불기소처분에 대한 불복) 특별감찰관이 고발한 사건 중 처분이 이루어지지 아니하고 90일이 경과하거나 불기소처분이 이루어진 경우 「검찰청법」 제10조에 따라 항고를 제기할 수 있다.
199) **특별감찰관법 제19조(고발 등)** 특별감찰관은 감찰결과 감찰대상자의 행위가 다음 각 호에 해당하는 경우 다음 각 호와 같은 조치를 하여야 한다.
  1. 범죄혐의가 명백하여 형사처벌이 필요하다고 인정한 때: 검찰총장에게 고발
  2. 범죄행위에 해당한다고 믿을 만한 상당한 이유가 있고 도주 또는 증거인멸 등을 방지하거나 증거확보를 위하여 필요하다고 인정한 때: 검찰총장에게 수사의뢰
200) 2021. 7. 법제사법위원회 검토보고서 참조.
201) **국가공무원법 제78조(징계 사유)** ① 공무원이 다음 각 호의 어느 하나에 해당하면 <u>징계 의결을 요구하여야 하고 그 징계 의결의 결과에 따라 징계처분을 하여야 한다.</u>
  <u>1. 이 법 및 이 법에 따른 명령을 위반한 경우</u>
  <u>2. 직무상의 의무(다른 법령에서 공무원의 신분으로 인하여 부과된 의무를 포함한다)를 위반하거나 직무를 태만히 한 때</u>
  <u>3. 직무의 내외를 불문하고 그 체면 또는 위신을 손상하는 행위를 한 때</u>
  ② 공무원(특수경력직공무원 및 지방공무원을 포함한다)이었던 사람이 다시 공무원으로 임

하거나 직무를 태만히 하거나 체면 또는 위신을 손상하는 행위를 하면 소속 기관의 장 등이 징계 의결을 요구하고 징계위원회의 의결을 거쳐 징계처분을 하도록 하고 있고, 특별감찰관법 제19조 후단은 특별감찰관이 범죄혐의 등을 발견하면 효율적으로 임용 권자가 해당 감찰대상자를 징계하도록 특별감찰관이 징계를 요구할 수 있는 내용이라 고 분석하고 있으며, 여러 유사한 입법례로 임용권자에게 징계를 요구할 수 있는 입법 례로는 감사원의 징계요구권,[202] 공직자윤리위원회의 징계의결요구권,[203] 국민권익위 원회의 징계 등 요구권[204] 등을 소개하고 있다. 앞서 전술한 것처럼 현재 특별감찰관 법상 특별감찰관은 감찰결과 「국가공무원법」이나 그 밖의 법령에 규정된 징계사유에 해당한다고 인정되는 경우에는 해당 소속기관의 장에게 관련 자료를 송부하도록만 규 정하고 있고 개정안에 준하는 징계요구권은 규정되어 있지 않다. 이에 해당자료 송부 결정은 실효성이 없다고 보이므로 동 개정안과 같은 징계요구 결정이 필요하다고 생

용된 경우에 재임용 전에 적용된 법령에 따른 징계 사유는 그 사유가 발생한 날부터 이 법 에 따른 징계 사유가 발생한 것으로 본다.
③ 삭제 <2021. 6. 8.>
④ 제1항의 징계 의결 요구는 5급 이상 공무원 및 고위공무원단에 속하는 일반직공무원은 소속 장관이, 6급 이하의 공무원은 소속 기관의 장 또는 소속 상급기관의 장이 한다. 다만, 국무총리·인사혁신처장 및 대통령령등으로 정하는 각급 기관의 장은 다른 기관 소속 공무 원이 징계 사유가 있다고 인정하면 관계 공무원에 대하여 관할 징계위원회에 직접 징계를 요구할 수 있다.
국가공무원법 제82조(징계 등 절차) ① <u>공무원의 징계처분등은 징계위원회의 의결을 거쳐 징계위원회가 설치된 소속 기관의 장이 하되,</u> 국무총리 소속으로 설치된 징계위원회(국회· 법원·헌법재판소·선거관리위원회에 있어서는 해당 중앙인사관장기관에 설치된 상급 징계 위원회를 말한다. 이하 같다)에서 한 징계의결등에 대하여는 중앙행정기관의 장이 한다. 다 만, 파면과 해임은 징계위원회의 의결을 거쳐 각 임용권자 또는 임용권을 위임한 상급 감독 기관의 장이 한다.
② (이하 생략)
202) **감사원법 제32조(징계 요구 등)** ① <u>감사원</u>은 「국가공무원법」과 그 밖의 법령에 규정된 징계 사유에 해당하거나 정당한 사유 없이 이 법에 따른 감사를 거부하거나 자료의 제출을 게을리 한 공무원에 대하여 그 <u>소속 장관 또는 임용권자에게 징계를 요구할 수 있다.</u> (이하 생략)
203) **공직자윤리법 제22조(징계 등)** <u>공직자윤리위원회</u>는 공무원 또는 공직유관단체의 임직원이 다음 각 호의 어느 하나에 해당하면 이를 사유로 해임 또는 <u>징계의결을 요구할 수 있다.</u>
1. ~ 21. (생 략)
204) **공익신고자보호법 제12조(공익신고자등의 비밀보장 의무)** ④ <u>위원회</u>는 제1항을 위반하여 공 익신고자등의 인적사항이나 공익신고자등임을 미루어 알 수 있는 사실을 다른 사람에게 알 려주거나 공개 또는 보도한 사람의 징계권자에게 그 사람에 대한 <u>징계 등 필요한 조치를 요 구할 수 있다.</u>

각된다.

3. 황운하 의원 개정안(2022. 7. 25.)

현행 특별감찰관법에서는 특별감찰관이 감찰결과 감찰대상자의 범죄행위가 명백하거나 범죄행위에 해당한다고 믿을만한 상당한 이유가 있고 도주 또는 증거인멸 등을 방지하기 위하여 필요한 경우 검찰총장에게 고발 또는 수사의뢰를 할 수만 있도록 규정하고 있을 뿐이다. 이에 특별감찰관이 고발 또는 수사의뢰를 할 수 있는 기관을 검찰총장에서 관할 수사기관의 장으로 개정한 것이다(안 제19조). 고위공직자범죄수사처의 수사대상에 특별감찰관의 감찰대상자중 대통령실의 수석비서관이상의 공무원이나, 대통령 친인척 중에서 고위공직자범죄수사처법 대상자가 포함될 수 있으므로 타당한 개정안이라고 사료된다.

현 행	개 정 안
제19조(고발 등) 특별감찰관은 감찰결과 감찰대상자의 행위가 다음 각 호에 해당하는 경우 다음 각 호와 같은 조치를 하여야 한다.	제19조(고발 등) ─.
1. 범죄혐의가 명백하여 형사처벌이 필요하다고 인정한 때: <u>검찰총장에게 고발</u>	1. ─ ─ ─ ─ ─ ─ ─ ─ ─ ─ ─<u>관할 수사기관의 장</u>─ ─ ─ ─ ─ ─ ─ ─ ─ ─ ─
2. 범죄행위에 해당한다고 믿을 만한 상당한 이유가 있고 도주 또는 증거인멸 등을 방지하거나 증거확보를 위하여 필요하다고 인정한 때: <u>검찰총장에게 수사의뢰</u>	2. ─ <u>관할 수사기관의 장</u>─ ─

4. 강득구 의원 개정안(2023. 1. 25.)

현행 특별감찰관법에서는 특별감찰관이 감찰결과 감찰대상자의 범죄행위가 명백하거나 범죄행위에 해당한다고 믿을 만한 상당한 이유가 있고 도주 또는 증거인멸 등을 방지하기 위하여 필요한 경우 검찰총장에게 고발 또는 수사의뢰를 할 수 있도록 규정하고 있는 바, 2021년 1월 고위공직자범죄수사처가 출범함에 따라 특별감찰관의 감찰 범위와 고위공직자범죄수사처의 수사 범위가 거의 일치한다는 점에서 현행법에 달라진 수사체계를 반영할 필요가 있다. 이에 이에 특별감찰관이 고발 또는 수사의뢰를 할 수 있는 기관을 검찰총장에서 고위공직자범죄수사처장으로 개정하여 개정된 형사사법 체계를 반영할 수 있도록 하려는 개정안이다(안 제19조).

현 행	개 정 안
제19조(고발 등) 특별감찰관은 감찰결과 감찰 대상자의 행위가 다음 각 호에 해당하는 경우 다음 각 호와 같은 조치를 하여야 한다.	제19조(고발 등) ＿＿＿＿＿＿＿ ＿＿＿＿＿＿＿＿＿＿＿＿＿ ＿＿＿＿＿＿＿＿＿＿.
1. 범죄혐의가 명백하여 형사처벌이 필요하다고 인정한 때: <u>검찰총장</u>에게 고발	1. ＿＿＿＿＿＿＿＿＿ ＿＿＿＿＿＿＿<u>고위공직자범죄수사처장</u> ＿＿＿＿＿＿＿
2. 범죄행위에 해당한다고 믿을 만한 상당한 이유가 있고 도주 또는 증거인멸 등을 방지하거나 증거확보를 위하여 필요하다고 인정한 때: <u>검찰총장</u>에게 수사의뢰	2. ＿＿＿＿＿＿＿＿＿＿＿ ＿＿＿＿＿＿＿＿＿＿＿＿＿ ＿＿＿＿＿＿＿＿＿＿＿＿＿ <u>고위공직자범죄수사처장</u>＿＿＿＿＿＿

제9절 불기소 처분에 대한 항고 및 의견진술

> **특별감찰관법 제20조(불기소처분에 대한 불복)** 특별감찰관이 고발한 사건 중 처분이 이루어지지 아니하고 90일이 경과하거나 불기소처분이 이루어진 경우 「검찰청법」 제10조에 따라 항고를 제기할 수 있다.
> **특별감찰관법 제21조(국회 출석 및 의견진술)** ① 제20조에 따라 항고한 사건에 대하여 다시 불기소처분이 이루어져 법제사법위원회 의결로 특별감찰관의 출석을 요구하는 경우 특별감찰관은 법제사법위원회에 출석하여 의견을 진술하여야 한다.
> ② 제1항에 따른 절차는 비공개로 진행한다.

Ⅰ. 특별감찰관의 항고권

특별감찰관이 고발한 사건 중 처분이 이루어지지 아니하고 90일이 경과하거나 불기소처분이 이루어진 경우 검찰청법 제10조[205]에 따라 항고를 제기할 수 있다. 검찰청

---

205) **검찰청법 제10조(항고 및 재항고)** ① 검사의 불기소처분에 불복하는 고소인이나 고발인은 그 검사가 속한 지방검찰청 또는 지청을 거쳐 서면으로 관할 고등검찰청 검사장에게 항고할 수 있다. 이 경우 해당 지방검찰청 또는 지청의 검사는 항고가 이유 있다고 인정하면 그 처분을 경정(更正)하여야 한다.
② 고등검찰청 검사장은 제1항의 항고가 이유 있다고 인정하면 소속 검사로 하여금 지방검찰청 또는 지청 검사의 불기소처분을 직접 경정하게 할 수 있다. 이 경우 고등검찰청 검사는 지방검찰청 또는 지청의 검사로서 직무를 수행하는 것으로 본다.
③ 제1항에 따라 항고를 한 자[「형사소송법」 제260조에 따라 재정신청(裁定申請)을 할 수 있는 자는 제외한다. 이하 이 조에서 같다]는 그 항고를 기각하는 처분에 불복하거나 항고를 한 날부터 항고에 대한 처분이 이루어지지 아니하고 3개월이 지났을 때에는 그 검사가 속한 고등검찰청을 거쳐 서면으로 검찰총장에게 재항고할 수 있다. 이 경우 해당 고등검찰청의 검사는 재항고가 이유 있다고 인정하면 그 처분을 경정하여야 한다.
④ 제1항의 항고는 「형사소송법」 제258조 제1항에 따른 통지를 받은 날부터 30일 이내에 하여야 한다.
⑤ 제3항의 재항고는 항고기각 결정을 통지받은 날 또는 항고 후 항고에 대한 처분이 이루어지지 아니하고 3개월이 지난 날부터 30일 이내에 하여야 한다.
⑥ 제4항과 제5항의 경우 항고 또는 재항고를 한 자가 자신에게 책임이 없는 사유로 정하여진 기간 이내에 항고 또는 재항고를 하지 못한 것을 소명하면 그 항고 또는 재항고 기간은 그 사유가 해소된 때부터 기산한다.
⑦ 제4항 및 제5항의 기간이 지난 후 접수된 항고 또는 재항고는 기각하여야 한다. 다만, 중

법상 항고는 검사의 불기소처분에 불복하는 고소인이나 고발인은 그 검사가 속한 지방검찰청 또는 지청을 거쳐 서면으로 관할 고등검찰청 검사장에게 항고할 수 있게 하는 제도인데 특별감찰관이 검찰총장에게 고발을 하는 경우 특별감찰관 고발사건의 항고권 확대로 신속한 수사를 도모하고 견제 장치를 확보하자는 취지로 동 조항이 도입되었다. 일반 고발사건의 경우 불기소처분이 이루어지면 당연히 항고권이 존재한다고 할 것이나, 특별감찰관의 경우는 불기소처분이 이루어진 경우뿐만 아니라 만약 검찰총장이 90일 이내에 아무런 처분이 이루어지지 아니한 경우에 대해서도 항고를 제기할 수 있도록 함으로써 그 의의가 있다고 하겠다.

II. 국회출석 및 의견진술

1. 의의

특별감찰관법 제20조에 따라 항고한 사건에 대하여 다시 검찰총장의 불기소처분이 이루어지는 경우는 어떻게 후속절차를 대응하여야 하는 지가 문제된다. 일단 일반 검찰청법상 재항고권을 박탈하는 내용은 없으므로 검찰청법상의 재항고도 가능하다고 생각된다. 다만 이는 큰 실효성은 없기 때문에 특별감찰관법 제21조의 국회출석 및 의견진술 규정이 그 의의를 발휘한다고 보인다. 법제사법위원회 의결로 특별감찰관의 출석을 요구하는 경우 특별감찰관은 법제사법위원회에 출석하여 의견을 진술하여야 한다.

특별감찰관 고발사건에 대한 검찰 수사 견제장치를 확보하는 면에서 동조항은 큰 의의가 있다고 생각된다. 현실적으로 무의미한 재항고보다는 특별감찰관이 고발한 사건에 대해 일정한 경우 국회에 출석케 하여 의견을 진술하도록 함으로써 검찰 수사에 대한 견제장치를 효율적으로 도입하는 효과가 생긴다. 쉽게 이를 풀어서 서술하면 특별감찰관의 항고를 기각시킬 때에는 특별감찰관법 제20조에 의해서 특별감찰관이 국회에 나가서 해당 경위를 설명하게 될 것이기 때문에 검찰총장 입장에서는 항고기각을 더 정치하게 작성하고 결정이유를 대비하여야 한다는 의미이기도 하다. 한편 이에

요한 증거가 새로 발견된 경우 고소인이나 고발인이 그 사유를 소명하였을 때에는 그러하지 아니하다.

대해서는 특별감찰관이 바로 혹은 국회의 감경된 의결을 통해 특별검사 수사로 이어
지도록 하는 방안도 고려되었으나 현재 특별감찰관법 제20조처럼 국회에 출석하여 의
견을 진술하는 방안으로 결정되었다.

2. 요건

특별감찰관이 항고한 사건에 대해 다시 불기소처분이 이루어지고 법사위의 의결이
있으면 법사위에 출석하여 의견을 진술하도록 한다. 다만 "다시 불기소처분이 이루어
지고"라고 되어있어 마치 항고 후 재기하여 불기소처분이 다시 이루어지는 경우만을
대상으로 하는 것처럼 보이는데(재항고 필요설), 그런 취지로 해석할 수는 없고 항고 기
각이나 혹은 재기수사 후 불기소처분이라는 절차를 통해 다시 반복되는 경우를 의미
하는 것으로 해석하는 것이 절차의 반복을 강제하지 않는다는 점에서 타당한 해석이
며 신속한 사안의 일의적 해결을 위해서 타당하다(재항고 불요설). 이러한 절차는 비공
개로 진행하도록 되어 있다.

3. 효과

한편 이와 같이 특별감찰관의 국회 의견진술의무가 인정되는 경우 어느 범위까지
진술할 수 있는 것인지가 문제될 수 있다. 특별감찰관법(제22조 및 제25조)은 특별감찰
관 등은 감찰착수 및 종료사실, 감찰내용을 공표하거나 누설하지 못하도록 하면서 위
반시 형사처벌 대상으로 규정하고 있고, 이에 일반적인 운영현황이나 업무보고는 국회
법에 따라 진술해야 하지만, 구체적인 감찰사건에 대한 사항은 진술이 제한될 수 밖에
없다. 다만 특별감찰관법 제20조처럼 항고한 사건에 대하여 검찰이 다시 불기소처분을
하는 경우에 특별감찰관이 법사위에 출석하여 의견을 진술하는 조항을 규정한 취지를
볼 때 이 경우에는 감찰사실 누설금지가 적용되지 아니하는 영역으로 보이며, 개인정
보나 피의사실이 누설되지 아니하는 범위 내에서 의견진술의무가 있다고 사료된다.

제10절	누설 및 권한남용 금지

> **특별감찰관법 제22조(감찰착수 사실 등 누설 금지)** 특별감찰관 등과 파견공무원은 감찰착수 및 종료 사실, 감찰 내용을 공표하거나 누설하여서는 아니 된다.
> **특별감찰관법 시행령 제12조(감찰착수 사실 등 누설 금지)** 특별감찰관과 감찰담당자는 감찰에 착수하여 법 제16조부터 제20조까지의 업무 등(신고 접수 등과 관련한 민원사무를 포함한다)을 수행할 때에는 정보제공자 등 제3자에게 감찰착수 및 종료 사실, 감찰대상자의 신분 및 비위행위 등 감찰 내용이 공표되거나 누설되지 아니하도록 하여야 한다.

I. 누설금지

1. 제도의 의의

가. 의의

특별감찰관 등과 파견공무원은 감찰착수 및 종료 사실, 감찰내용을 공표하거나 누설하여서는 아니되며 특별감찰관과 감찰담당자는 감찰에 착수하여 특별감찰관법 제16조부터 제20조까지의 업무 등(신고 접수 등과 관련한 민원사무를 포함)을 수행할 때에는 정보제공자 등 제3자에게 감찰착수 및 종료 사실, 감찰대상자의 신분 및 비위행위 등 감찰내용이 공표되거나 누설되지 아니하도록 하여야 한다. 특별감찰관의 감찰을 통한 감찰착수사실 등이 알려지는 것만으로도 당사자는 평판위험[206)]에 놓이게 되고 사실상 정상적인 업무수행을 할 수 없을 것인바, 착수 및 종료사실, 감찰내용 등을 공표하거나 누설하는 것을 금지함으로써 사생활 및 인격권 침해소지 등을 방지하자는 취지로 동 조항이 도입되었다. 또한 이는 특별감찰관의 업무수행 입장에서도 마찬가지인데 감찰대상자의 신분이라든가 비위행위 등을 누설하거나 공표가 되면 감찰대상자는 국외

---

206) 특별감찰관법의 적용을 받는 대상자가 많지 아니하고 특히 측근인 고위공직자의 경우 그 수가 매우 적어 감찰대상자의 신분이 알려지는 것만으로도 인적사항이 사실상 특정이 되는 측면이 존재한다는 점을 고려하면 더욱 그러하다고 할 것임.

로 도피를 하거나 미리 증거를 인멸하는 등 감찰을 방해할 가능성도 높기 때문에 원활한 감찰수행을 위해서도 필요한 부분이다.

이는 감찰의 준칙에도 구체화되어 있는데 특별감찰관법 시행령 제2조 제3호에서도 비밀준수의무를 규정하면서 "감찰업무 중 알게 된 사항을 누설하거나 다른 목적으로 사용하지 아니할 것"이라고 규정하는 바, 특별감찰관의 감찰대상인 지위 등에 비추어 특별감찰의 실시 자체만으로도 상당한 파급효과를 가지는 것이어서 법 제22조를 통해 감찰착수 및 종료사실, 감찰내용 공표와 누설 등을 금지하고 있는 점을 고려하여, 감찰업무 수행중에 알게된 사항에 대한 비밀을 유지하여야 한다는 점을 규정하고 있다고 보인다.

나. 비교개념

	공무상비밀누설금지	피의사실공표금지
조문	형법 제127조(공무상 비밀의 누설) 공무원 또는 공무원이었던 자가 법령에 의한 직무상 비밀을 누설한 때에는 2년 이하의 징역이나 금고 또는 5년 이하의 자격정지에 처한다.	형법 제126조(피의사실공표) 검찰, 경찰 기타 범죄수사에 관한 직무를 행하는 자 또는 이를 감독하거나 보조하는 자가 그 직무를 행함에 당하여 지득한 피의사실을 공판청구 전에 공표한 때에는 3년 이하의 징역 또는 5년 이하의 자격정지에 처한다.
보호법익	국가의 기능, 직무상 비밀유지와 그에 따른 국가적 이익을 구체적 보호법익[207]	국가의 범죄수사권과 피의자의 개인적 명예와 인권
비고	특별감찰관법의 보호법익은 감찰을 통한 사생활 및 인격권 침해 등 방지가 주된 것으로 국가 기능의 보호보다 개인적 이익의 보호도 고려하는 것임	

---

207) 형법 제127조는 공무원 또는 공무원이었던 자가 법령에 의한 직무상 비밀을 누설하는 것을 구성요건으로 하고, 같은 조에서 '법령에 의한 직무상 비밀'이란 반드시 법령에 의하여 비밀로 규정되었거나 비밀로 분류 명시된 사항에 한하지 아니하고, 정치, 군사, 외교, 경제, 사회적 필요에 따라 비밀로 된 사항은 물론 정부나 공무소 또는 국민이 객관적, 일반적인 입장에서 외부에 알려지지 않는 것에 상당한 이익이 있는 사항도 포함하나, 실질적으로 그것을 비

(**공무상비밀누설죄**) 공무상 비밀누설죄의 주체는 공무원 또는 공무원이었던 자이고, 특별감찰관법 제22조의 주체는 특별감찰관 등과 파견공무원으로 특별한 법해석 여지는 없다. 다만 공무상 비밀누설죄의 객체는 법령에 의한 직무상의 비밀이고, 특별감찰관법 제22조의 객체는 감찰착수 및 종료 사실, 감찰 내용으로 되어 있어 더 범위가 특정되어 있다. 한편 공무상 비밀누설죄의 행위는 '누설'하는 것으로 비밀사항을 아직 이를 모르는 제3자에게 고지하는 일체의 행위로서 알리는 방법에는 제한이 없다는 점에서 특별감찰법 제22조의 누설과 같다. 이에 추가적으로 특별감찰관법 제22조는 행위태양으로 공표도 규정하고 있다.

(**피의사실공표금지**) 형사소송법 제198조는 검사, 사법경찰관리 기타 직무상 수사에 관계있는 자는 비밀을 엄수하며 피의자 또는 다른 사람의 인권을 존중하고 수사에 방해되는 일이 없도록 주의하여야 한다는 규정을 두고 있다. 본죄는 이와 취지를 같이 하는 것으로 보호법익이 국가의 범죄수사권과 피의자의 개인적 명예와 인권이다. 다만 피의사실공표죄의 주체는 검찰, 경찰 기타 범죄수사에 관한 직무를 행하는 자 또는 이를 감독하거나 보조하는 자인데 특별감찰관법 제22조의 주체는 특별감찰관 등과 파견공무원으로 한정적이다. 피의사실공표죄의 객체는 직무를 행함에 당하여 지득한 피의사실이며, 특별감찰관법 제22조의 객체는 감찰착수 및 종료 사실, 감찰 내용으로 되어 있어 감찰착수 사실, 감찰종료 사실 등이 더 포함되어 있기 때문에 그 범위가 더 넓다고 볼 수 있다. 피의사실공표죄의 행위는 공판청구 전에 피의사실을 공표하는 것으로 '공표'란 불특정다수인에게 그 내용을 알리는 것이다. 공연히 알릴 것을 요하지 않으며, 이는 특별감찰법 제22조의 공표와 의미 차이는 없다고 보인다.

2. 내용

가. 금지 대상: 감찰착수 및 종료 사실, 감찰 내용

감찰내용 외에도 감찰에 착수했다는 사실 자체만으로도 그 내용을 불문하고 당사자

밀로서 보호할 가치가 있다고 인정할 수 있는 것이어야 하고, 본죄는 비밀 그 자체를 보호하는 것이 아니라 공무원의 비밀엄수의무의 침해에 의하여 위험하게 되는 이익, 즉 비밀 누설에 의하여 위협받는 국가의 기능을 보호하기 위한 것이다(대법원 2012. 3. 15. 선고 2010도14734 판결).

에게는 상당한 타격이 될 수 있으므로 감찰착수 사실도 공표 등을 금지하고, 같은 취지에서 '감찰 종료' 사실 자체도 공표 등을 금지하고 있다. 구체적으로 시행령에서 감찰내용은 감찰착수 및 종료 사실, 감찰대상자의 신분 및 비위행위 등 감찰 내용이라고 세부적으로 규정을 하고 있다.

나. 금지 행위: 공표 또는 누설

'공표'란 불특정 또는 다수인에게 그 내용을 알리는 것을 의미하고, '누설'은 공표 외의 방식으로 당해 사항을 제3자에게 알리는 것을 의미한다.

분 류	금지규정 적용대상	금지규정 적용제외
주체	▯ 특별감찰관 등 감찰담당자 ▯ 파견공무원	▯ 제3의 정보원을 통해 보도한 언론 ▯ 감찰대상자 본인
공표·누설 금지 내용	▯ 감찰착수 및 종료 사실 ▯ 감찰대상자의 신분 ▯ 비위행위 등 감찰내용	▯ 대통령 보고 건수 ▯ 고발 또는 수사의뢰 건수
방법	▯누설 ▯공표	▯ 공보규정에 의한 최소한도의 사실확인을 위한 브리핑

공표란 불특정 또는 다수인에게 그 내용을 알리는 것을 의미하므로 감찰담당자가 사적으로 외부에 제공하는 일체의 행위를 포함하는 것으로 개인적인 대외 언론브리핑이나 의원실의 자료제공 등의 행위도 포함된다. 누설은 공표 외의 방식으로 당해 사항을 제3자에게 알리는 것을 의미하므로 친구나 지인에게 알리는 행위 등이 포함된다고 보인다. 다만 감찰착수, 종료 "사실"과 감찰대상자의 신분 및 비위행위 등 감찰내용의 공표내지는 누설을 금지하는 것이므로 단순한 통계자료의 제공은 가능할 것으로 보인다. 또한 언론 등이 제3의 정보원을 통해 자체적으로 입수한 경우라던지 공보규정에 의해서 억측이나 오보가 생산되지 않도록 사실확인 한도 내에서의 익명화된 자료의 소극적인 확인은 가능할 것으로 보인다.

다만 이러한 공표나 누설금지는 현실적으로 시간적으로 영원히 공표나 누설금지 규정이 적용된다고 보기는 어려운 측면이 있다. 이를 감찰단계별로 구분하여 살펴보면 다음과 같다.

분류	1단계(감찰개시~감찰종료)	2단계(감찰종료~기소 전)	3단계(기소 이후)
내용에 대한 질의시	×		△
	◦ 감찰착수, 종료 및 감찰내용에 대한 공표누설금지	◦ 수사중인 사안에 대해서는 검찰에 확인하도록 요구	◦ 재판중인 사안에 대한 의견제시 지양 ◦ 검찰의 처분결과에 대해서는 보고 가능
통계자료요청시	○		
	◦ 감찰개시보고 건수에 대한 통계적 보고는 가능	◦ 감찰개시 건수, 고발 및 수사의뢰 등 처리건수에 대한 통계 보고 가능	◦ 통계 보고와 검찰의 처분결과에 대한 보고 가능

(**1단계: 감찰중인 사안**) 감찰 활동중인 단계에서는 법령에 따라 감찰착수, 감찰내용에 대한 공표가 금지된다. 이에 몇 건을 감찰개시하였는지에 대해서 통계적 보고나 공개는 가능하나 보고한 대상자와 감찰내용 즉 감찰대상자와 구체적 감찰내용은 특별감찰관법 제22조에 따라 공표하기 어렵다.

(**2단계: 감찰종료 후 수사중인 사안**) 감찰종료 및 감찰내용의 공표를 금지하고 있는 취지에 비추어 보면 공개하지 아니함이 상당하다. 이에 특정당사자에 대한 감찰중인지에 대한 질문시, 이름을 가린다고 하더라도 신분과 성이 결합되어 당사자를 특정하는 결과를 가지고 올 수 있다. 이에 친인척 최○○, 수석비서관 김◇◇ 등이라고 익명화라여 공개하는 것도 해당자의 신분이 누설되는 결과가 생길 수 있으므로 유의할 필요는 있다. 또한 내용에 대한 부분, 즉 비위행위에 대한 구체적인 일시·장소·방법뿐만 아니라 비위행위 유형(1~5호)에 대한 사실을 알려줄 수는 없다고 보인다. 한편 검찰에서

도 공소제기 전의 형사사건에 대하여는 혐의사실 및 수사상황을 비롯하여 그 내용 일체를 공개해서는 안 된다고 규정하면서 예외적으로만 공개요건 및 범위를 설정하고 있다. 이에 특별감찰관도 수사중인 사안에 대해서는 벌써 감찰이 종료된 사안이라고 하더라도 위 법무부의 형사사건의 공보에 관한 규정의 범위 이내에서 공보를 하여야 할 것이되 최대한 제한적인 범위에서 공표가 가능할 것으로 보인다.208)

---

208) **형사사건의 공보에 관한 규정 제9조(공소제기 전 예외적 공개 요건 및 범위)** ① 제5조의 규정에도 불구하고 다음 각 호의 어느 하나에 해당하는 경우에는 공소제기 전이라도 제2항 내지 제5항이 규정하는 범위 내에서 형사사건에 관한 정보를 공개할 수 있다.

　1. 사건관계인, 검사 또는 「검찰청법」 제46조에 따라 수사에 관한 사무에 종사하는 검찰수사서기관 등 수사업무 종사자(이하 "수사업무 종사자"라 한다)의 명예, 사생활 등 인권을 침해하는 등의 오보 또는 추측성 보도가 실제로 존재하거나 취재요청 내용 등을 고려할 때 오보 또는 추측성 보도가 발생할 것이 명백하여 신속하게 그 진상을 바로잡는 것이 필요한 경우

　2. 범죄로 인한 피해의 급속한 확산 또는 동종 범죄의 발생이 심각하게 우려되는 경우

　3. 공공의 안전에 대한 급박한 위협이나 그 대응조치에 관하여 국민들이 즉시 알 필요가 있는 경우

　4. 범인의 검거 또는 중요한 증거 발견을 위하여 정보 제공 등 국민들의 협조가 필수적인 경우

　5. 「특정강력범죄의 처벌에 관한 특례법」 제8조의2 제1항, 「성폭력범죄의 처벌 등에 관한 특례법」 제25조 제1항에 따라 피의자의 얼굴, 성명 및 나이 등 신상에 관한 정보를 공개하는 경우

　6. 수사에 착수된 「검사와 사법경찰관의 상호협력과 일반적 수사준칙에 관한 규정」 제7조 또는 「검찰보고사무규칙」 제3조 제1항에 해당하는 중요사건으로서 언론의 요청이 있는 등 국민들에게 알릴 필요가 있는 경우

② 제1항에 따라 공개되는 정보는 객관적이고 충분한 증거나 자료를 바탕으로 한 것에 한정한다.

③ 제1항 제1호의 경우 해당 보도 등의 내용에 대응하여 그 진위 여부를 밝히기 위한 최소한의 범위 내에서 수사경위, 수사상황 등 형사사건에 관한 정보를 공개할 수 있다.

④ 제1항 제2호에서 제5호까지의 경우에는 제7조 및 제8조의 규정에도 불구하고 다음 각 호의 범위 내에서 형사사건에 관한 정보를 공개할 수 있다.

1. 제1항 제2호, 제3호에 해당하는 경우

　가. 형사사건과 관련이 있는 기관 또는 기업의 실명

　나. 이미 발생하였거나 예상되는 범죄피해 또는 위협의 내용

　다. 범죄 또는 피해의 확산을 방지하거나 공공의 안전에 대한 위협을 제거하기 위한 대응조치의 내용(압수·수색, 체포·구속, 위험물의 폐기 등을 포함한다)

　라. 다목의 목적을 달성하기 위하여 공개가 필요한 범위 내의 혐의사실, 범행수단, 증거물

2. 제1항 제4호에 해당하는 경우

　가. 피의자의 실명, 얼굴 및 신체의 특징

　나. 범인의 검거 또는 중요한 증거 발견을 위하여 공개가 필요한 범위 내의 혐의사실, 범행수단, 증거물, 지명수배 사실

3. 제1항 제5호에 해당하는 경우
　가. 피의자의 얼굴, 성명 및 나이 등 신상에 관한 정보
　나. 죄명
　다. 사건개요
⑤ 제1항 제6호에 해당하는 경우에는 수사의 착수 또는 사건의 접수사실(사건 송치를 포함함), 대상자, 죄명(죄명이 특정되지 않은 경우 죄명에 준하는 범위 내의 혐의사실 요지, 이하 같음), 수사기관의 명칭, 수사상황 등을 공개할 수 있다. 이 경우 수사 단계별로 공개할 수 있는 정보는 다음 각호와 같다.
1. 수사의뢰 : 다음 각 목의 정보
　가. 피내사자 및 대상 기관 또는 기업
　나. 죄명
　다. 수사의뢰(이첩·통보) 기관
　라. 수사의뢰(이첩·통보)를 받았다는 사실
2. 고소·고발 : 다음 각 목의 정보
　가. 피고소·고발인
　나. 죄명
　다. 고소·고발인
　라. 고소·고발장이 접수되었다는 사실 및 그 일시
3. 압수수색 : 다음 각 목의 정보(금융계좌추적, 전기통신에 대한 압수수색, 통신사실확인자료제공 및 통신제한조치는 제외함)
　가. 압수수색 대상 기관·기업
　나. 압수수색 일시
　다. 압수수색 장소
　라. 죄명
4. 출국금지 : 출국금지한 사건관계인의 숫자 또는 제12조 제2항의 공적 인물에 대한 출국금지 여부
5. 소환조사 : 다음 각 목의 정보
　가. 소환 대상자
　나. 죄명
　다. 소환 일시 및 귀가 시간
6. 체포·구속 : 다음 각 목의 정보
　가. 피의자
　나. 죄명
　다. 영장에 기재된 범위 내의 혐의사실
　라. 구속영장 청구 일시
　마. 구속영장 발부 여부 및 그 사유
　바. 체포·구속영장 집행 일시(영장을 집행한 후에 한함)
　사. 체포·구속적부심 청구 일시 및 인용 여부
　아. 석방 일시
7. 기타 수사 단계 : 해당 수사 단계에서 국민들에게 알릴 필요가 있는 최소한의 범위 내에

(3단계: 수사종료된 사안) 한편 수사종료된 사건의 경우 통계보고와 검찰처분 결과는 보고가 가능하나 이미 언론 등에 당사자 및 혐의내용이 공개될 것이므로 논의의 실익이 크지는 않다. 이 경우 검찰의 경우에도 형사사건의 공보에 관한 규정에서 공소제기 후 공개 범위에 대해 공소제기 후의 형사사건의 경우에는 피고인, 죄명, 공소사실 요지, 공소제기 일시, 공소제기 방식(구속기소, 불구속기소, 약식명령 청구), 수사경위, 수사상황, 범행경과 및 수사의 의의 등을 공개할 수 있다고 규정하고 있으므로 특별감찰관이 이미 수사기관에 고발 또는 수사의뢰를 하여 해당 수사기관에서 공소제기까지 되어 언론에 공표된 내용에까지 공표 또는 누설 금지가 적용된다는 것은 현실적으로 불가능한 일이라고 보인다.[209]

다. 공표누설 금지의 대상: 정보제공자 등 제3자

공표 및 누설금지의 대상은 정보제공자 등 제3자이다. 이에 감찰대상자에 대해 제보를 한 사람의 경우, 그러한 사람에 대해 제보에 따라 감찰에 착수한 사실, 혹은 착수한 후 종료한 사실, 그 후 고발조치한 사실 등에 대해 통지해 주는 것도 가능하지 않다. 이는 매우 특이한 입법의 형식인데 가령 쉽게 생각했을 때 우리가 처벌을 바라는 고소나 고발을 수사기관에 한 경우 수사기관은 고소 및 고발인에 대한 처분결과 등을 통지하도록 규정하고 있고,[210] 이는 민원인이 민원신고를 한 경우에도 유사하게 적용되고 있는 반면 감찰 정보제공자에게는 오히려 통지도 해주지 아니할뿐더러 해당 감찰결과를 공표나 누설되지 아니하게 하는 상대방으로 포함시키고 있다는 점이다.

서의 수사경위, 수사상황 등 정보

209) **형사사건공보에 관한 규정 제11조(공소제기 후 공개 범위)** ① 공소제기 후의 형사사건의 경우에는 피고인, 죄명, 공소사실 요지, 공소제기 일시, 공소제기 방식(구속기소, 불구속기소, 약식명령 청구), 수사경위, 수사상황, 범행경과 및 수사의 의의 등을 공개할 수 있다.
② 제7조 제2호 내지 제6호의 정보는 다음 각 호의 경우에만 공개할 수 있다.
1. 공판에서 해당 내용이 현출된 경우
2. 공판에서 현출되기 전이라도 제9조 제1항 제1호 내지 제6호의 어느 하나에 해당하고 미리 공개가 필요한 상당한 이유가 인정되어 소속 검찰청의 장의 승인이 있는 경우
210) **검찰사건사무규칙 제103조(결정결과 등의 통지)** ① 검사가 법 제258조 제1항 및 수사준칙 제53조 제1항에 따라 고소인·고발인에게 통지를 하는 경우 별지 제158호서식의 고소·고발사건 결정결과통지서에 따르고, 공수처법 제26조 제2항에 따라 수사처장에게 통보를 하는 경우에는 별지 제159호서식의 수사처 송치사건 결정결과통보서에 따른다. 이 경우 사건사무 담당직원은 고소·고발사건 결정결과 통지부 또는 수사처 송치사건 결정결과 통보부에 해당 사항을 기록한다.

특별감찰관법 제22조에 의한 공표 등의 금지대상에 제보자 등이 포함되어야 되는지에 대해서는 특별감찰관법의 적용대상이 되는 특수관계자에 대해 정보제공자가 일정한 제보를 한 경우, 그러한 제보는 일정한 응답을 전제로 한 신청과 같은 것이 아니라 일정한 비위행위에 대한 감찰착수를 촉구하는 단서로서의 성격을 가진다는 측면이 있어서 비위행위에 관한 제보를 한 사람에 대해 단계별로 일정한 처리방향에 관한 응답을 해주는 것은 특별감찰관에 의해 이루어지는 감찰 절차에서 타당하지 아니하고, 이는 감찰의 밀행성과 보안성 등을 고려하더라도 더욱 그러하다고 할 것이라는 견해가 있다. 이에 위행위에 관한 제보가 이루어진 경우, 그러한 제보가 있다고 하여 즉각적으로 감찰에 착수하게 되는 것이 아니라, 특별감찰관법 제6조 제2항, 시행령 제6조 제2항에 의하여 그러한 제보내용의 신빙성과 구체적 특정성 등을 종합적으로 검토하여 감찰착수 여부를 결정하게 되는 것인데, 제보자의 정보내용이 신빙성이 있다고 하여 감찰에 착수한 것은, 그와 같은 제보내용의 신빙성 등에 대한 판단이 개입된 것으로, 감찰에 착수한 사실을 알려주는 것 자체만으로도, 그러한 사실이 외부에 알려질 경우 개인의 명예나 사생활 침해 혹은 감찰진행에 상당한 지장을 초래할 가능성이 농후한 바, 설사 그러한 감찰착수에 원인이 된 정보를 제공해 준 사람이라고 하더라도 보안유지의 대상에서 예외가 될 수는 없다고 보기 때문이다. 감찰결과 실제로 범죄혐의가 존재하여 검찰에 고발이나 수사의뢰를 하였다고 할 경우, 그러한 사실을 제보자에게 알려준다면 이는 사실상 피의사실 자체를 알려주는 것과 동일한 결과에 이르게 되는 바, 피의사실 공표 등을 금지한 법 규정 취지에도 배치되는 결과도 우려한 것으로 보인다.

다만 사견으로는 이에 대해서는 우선 ① 현재 검찰사건사무규칙에서 고소 및 고발인에 대해서 처분결과의 통지를 원칙으로 하고 있으며 이러한 점은 민원처리법에서도 마찬가지로 민원인에 대한 민원신청 결과에 대한 통지를 원칙으로 규정[211]하고 있는

---

211) **민원처리법 제27조(처리결과의 통지)** ① 행정기관의 장은 접수된 민원에 대한 처리를 완료한 때에는 그 결과를 민원인에게 문서로 통지하여야 한다. 다만, 기타민원의 경우와 통지에 신속을 요하거나 민원인이 요청하는 등 대통령령으로 정하는 경우에는 구술, 전화, 문자메시지, 팩시밀리 또는 전자우편 등으로 통지할 수 있다. <개정 2022. 1. 11.>
② 행정기관의 장은 다음 각 호의 어느 하나에 해당하는 경우에는 제1항 본문의 규정에 따른 통지를 전자문서로 통지하는 것으로 갈음할 수 있다. 다만, 제2호에 해당하는 경우에는 민원인이 요청하면 지체없이 민원처리결과에 관한 문서를 교부하여야 한다. <신설 2022. 1. 11.>

점, ② 다수 민원의 제기는 비단 특별감찰관실만의 문제는 아니라 전부처에 공히 공통되는 문제로서 이에 대한 답변을 하는 것이 감찰대상자의 명예나 인격권에 치명적인 결함을 불러 일으킬 것이라고 생각되지는 아니하는 점, ③ 대통령에게는 사전 감찰착수보고, 감찰연장허가, 감찰결과 보고 등을 행하고, 일정한 요건 하에서 국회에도 특별감찰관이 의견진술의무가 있는 것에 반해 감찰정보 신고자에게는 어떠한 내용의 통지가 없는 것은 불공평한 점, ④ 정보제공자가 해당 사실을 누설하는 경우 이에 대해 별도의 형사처벌(예: 명예훼손) 등으로 규율하면 되는 문제라는 점, ⑤ 정보제공자의 남고발 등의 문제는 무고혐의자에 대한 조치로 처리가 가능하다는 점, ⑥ 공표누설 금지의 대상으로 정보제공자를 포함시키는 경우에는 해당 내용에 대한 통지가 없어 반복적인 신고접수가 이루어질 수 있다는 점, ⑦ 또한 특별감찰관실에 정보접수를 하면 처리결과를 알려주지 않으니 소위 특별감찰관실에서 부당하게 정보를 감찰하지 않고 이를 감찰종료하거나 비위행위 확인을 종료하는데 있어서 적정한 통제장치가 없다는 점에서 이는 타당한 입법은 아니라고 생각한다.

따라서 이러한 점들을 고려하여 법 제22조가 금지하는 공표나 누설의 상대방에 정보제공자는 제외하는 것이 타당하다고 할 것이므로, 시행령 제12조는 "정보제공자 등 제3자"에게 감찰착수 및 종료사실 등이 공표되거나 누설되지 아니하도록 할 것을 규정하고 있는 바 이 규정에서도 정보제공자는 제외하는 것이 타당하다.

(국회 자료제공요청의 경우) 다음으로 생각해볼 점은 감찰대상자에 대한 감찰활동이 진행중에 국정감사 등 국회의 감찰관련 질문에 대한 답변에 대해 특별감찰관법 제22조의 적용범위가 문제될 수 있다. 국회법상 자료체출요구에 의해서 답변하는 것이 감찰착수 사실 등 누설금지에 해당하는지와 관련하여 위법성 조각의 여지가 없는지 여부이다. 감찰착수 등 누설금지는 감찰을 통한 사생활 및 인격권 침해 등 방지를 위한

---

1. 민원인의 동의가 있는 경우
2. 민원인이 전자민원창구나 통합전자민원창구를 통하여 전자문서로 민원을 신청하는 경우
③ 행정기관의 장은 제1항 또는 제2항에 따라 민원의 처리결과를 통지할 때에 민원의 내용을 거부하는 경우에는 거부 이유와 구제절차를 함께 통지하여야 한다. <개정 2022. 1. 11.>
④ 행정기관의 장은 제1항에 따른 민원의 처리결과를 허가서·신고필증·증명서 등의 문서(전자문서 및 전자화문서는 제외한다)로 민원인에게 직접 교부할 필요가 있는 때에는 그 민원인 또는 그 위임을 받은 자임을 확인한 후에 이를 교부하여야 한다. <개정 2022. 1. 11.>

것으로 특별감찰관 등과 파견공무원이 감찰착수 및 종료 사실, 감찰 내용을 공표 또는 누설하는 경우 5년 이하의 징역 또는 5년 이하의 자격정지로 처벌받게 엄하게 규정되어 있는 점에서 대국회 자료라고 하더라도 국회에 특정인의 감찰착수 등 내용을 서류로 제출하는 경우 감찰착수 등의 누설에 해당할 우려가 있으니 유의할 필요가 있다고 생각한다.

라. 준수의무자: 특별감찰관과 감찰담당자

특별감찰관법 시행령 제12조에서 "특별감찰관과 감찰담당자는 감찰에 착수하여 법 제16조부터 제20조까지와 업무 등(신고접수 등과 관련한 민원사무를 포함한다)을 수행할 때에는"이라고 규정하고 있는데 신고접수 등과 관련한 민원사무를 처리함에 있어서 제보자 등에게 통지 등의 방식으로 감찰착수 사실 등이 누설되는 일이 없도록 유의하여야 한다는 점을 드러내기 위한 취지이다.

특별감찰관법 제16조(관계 기관의 협조) 특별감찰관은 감찰대상자의 비위행위 여부를 확인하기 위하여 필요한 경우 국가 또는 지방자치단체, 그 밖의 공공기관의 장에게 협조와 지원을 요청할 수 있고, 필요한 자료 등의 제출이나 사실 조회를 요구할 수 있다.

특별감찰관법 제17조(출석·답변 및 자료제출 요구) 특별감찰관은 감찰에 필요하면 감찰대상자에게 다음 각 호의 조치를 할 수 있다.

  1. 출석·답변의 요구(「정보통신망 이용촉진 및 정보보호 등에 관한 법률」에 따른 정보통신망을 이용한 요구를 포함한다. 이하 같다)

  2. 증명서, 소명서, 그 밖의 관계문서 및 장부, 물품 등의 제출 요구

특별감찰관법 제18조(감찰대상자 이외의 자에 대한 협조요구) ① 감찰대상자의 비위행위를 감찰하기 위하여 필요한 경우에는 제17조에 따라 감찰대상자 이외의 자에 대하여 자료의 제출이나 출석·답변을 요구할 수 있다.

② 제1항의 요구는 협조의 내용, 이유 및 출석장소, 시간 등을 명시하여 요구대상자에게 서면으로 통지함을 원칙으로 한다. 다만, 긴급한 경우에는 전화 등의 방법으로 통지할 수 있다.

③ 출석·답변한 자에 대하여는 관계규정에 따라 여비 등을 지급하여야 한다.

특별감찰관법 제19조(고발 등) 특별감찰관은 감찰결과 감찰대상자의 행위가 다음 각 호에

해당하는 경우 다음 각 호와 같은 조치를 하여야 한다.

1. 범죄혐의가 명백하여 형사처벌이 필요하다고 인정한 때: 검찰총장에게 고발
2. 범죄행위에 해당한다고 믿을 만한 상당한 이유가 있고 도주 또는 증거인멸 등을 방지하거나 증거확보를 위하여 필요하다고 인정한 때: 검찰총장에게 수사의뢰

특별감찰관법 제20조(불기소처분에 대한 불복) 특별감찰관이 고발한 사건 중 처분이 이루어지지 아니하고 90일이 경과하거나 불기소처분이 이루어진 경우 「검찰청법」 제10조에 따라 항고를 제기할 수 있다.

준수의무의 대상자는 감찰업무를 담당하는 특별감찰관 등과 파견공무원이 누설·공표금지 적용대상자로 직접 감찰에 착수하여 이를 담당한 감찰담당자뿐만 아니라 특별감찰관 내의 구성원 전원이 누설금지 규정 적용대상이며, 따라서 제3의 정보원으로부터 정보를 얻어 이를 보도하거나 감찰대상자 본인이 감찰사실 등에 대해 공표하는 것은 무관하다. 다만 정보제공자 등 제3자에게 누설·공표가 금지되므로 신고·제보자에 대한 진행상황의 통지 역시 금지되는 것으로 해석된다고 하겠다.

법에서는 그 범위가 감찰에 착수하여 특별감찰관법 제16조부터 제20조까지와 업무 등(신고접수 등과 관련한 민원사무를 포함한다)을 수행할 때라고 규정하고 있지만 위 업무 중 어느 일부라도 참여한 감찰담당자 등은 누설금지의무가 적용되는 것이라고 볼 수 있으며, 특히 신고접수 등과 관련한 민원사무를 포함하는 것으로 규정하고 있기 때문에 비위행위 확인단계에도 위 누설금지 규정이 확대되어 적용된다고 볼 수 있다. 이에 감찰담당자가 감찰착수 이전이라고 하더라도 비위행위 확인 사실을 제3자에게 알려주는 것도 본 규정의 위반 소지는 있다.

마. 위반시 효과: 형사처벌(5년 이하 징역, 5년 이하 자격정지)

특별감찰관법 제22조는 "특별감찰관 등과 파견공무원은 감찰착수 및 종료사실, 감찰 내용을 공표하거나 누설하여서는 아니된다"라고 규정하고 이에 위반한 경우 특별감찰관법 제25조 제2항[212)에 의하여 5년 이하의 징역 혹은 5년 이하의 자격정지에 처

---

212) **특별감찰관법 제25조(벌칙)** ① 위계 또는 위력으로써 특별감찰관 등 또는 파견공무원의 직무수행을 방해한 사람은 5년 이하의 징역에 처한다.
② 제22조를 위반한 사람은 5년 이하의 징역 또는 5년 이하의 자격정지에 처한다.
③ 제23조를 위반하여 법령에 위반되거나 강제처분에 의하는 방법으로 감찰을 행하거나 다

하도록 규정하고 있다.

Ⅱ. 감찰권한 남용금지

> **특별감찰관법 제23조(감찰권한의 남용금지)** ① 특별감찰관 등과 파견공무원은 법령에 위반되거나 강제처분에 의하지 아니하는 방법으로 이 법의 시행을 위하여 필요한 최소한의 범위에서 감찰을 행하여야 하며, 다른 목적 등을 위하여 감찰권을 남용하여서는 아니 된다.
> ② 특별감찰관 등과 파견공무원은 그 직권을 남용하여 법률에 따른 절차를 거치지 아니하고 다른 기관·단체 또는 사람으로 하여금 의무없는 일을 하게 하거나 사람의 권리행사를 방해하여서는 아니 된다.

특별감찰관의 감찰 등이 남용되지 않도록 의무를 부과하면서 이에 위반된 경우 법 제25조에 의하여 형사처벌을 하도록 하여 위반시 5년 이하의 징역과 5년 이하의 자격정지로 처벌하도록 규정하고 있다. 기본적으로 감찰은 강제수사절차가 아니기 때문에 엄정하고 공정하게 수행하되, 법령과 조리에 따라 성실하게 그리고 증거와 사실에 근거하여 수행하여야 할 것이며, 적법절차를 준수하여야 한다. 특히 타 기관과의 중복조사나 이중감찰이 되지 않도록 다른 기관과의 조사의 중복 등으로 인한 감찰대상자의 정상적인 업무수행 또는 생활의 불편과 부담이 최소화되도록 하여야 하며, 감찰담당자는 정보제공자가 불이익을 받지 아니하도록 비밀유지와 신원보호에 노력하여야 한다. 만약 감찰담당관이 권한 남용을 하여 형사처벌을 받게 되게 되는 것 이외에도 규정에 위배하여 직무를 태만히 하거나 권한을 남용한 경우 및 감찰에 관한 내용 등을 누설한 경우 등에는 국가공무원법 징계규정 및 공무원 징계령에 따라 처리될 수 있다.

른 기관·단체 또는 사람으로 하여금 의무 없는 일을 하게 하거나 사람의 권리 행사를 방해한 사람은 5년 이하의 징역과 5년 이하의 자격정지에 처한다.

제11절 **내규 위임**

I. 내규 위임

> **특별감찰관법 제24조(위임)** 그 밖에 이 법률에 규정되지 아니한 특별감찰관의 조직, 운영,
> 감찰방법 및 절차 등 이 법 시행에 필요한 사항은 대통령령으로 정한다.

1. 의의

이 법률에 규정되지 아니한 특별감찰관의 조직, 운영, 감찰방법 및 절차 등 이 법
시행에 필요한 사항은 대통령령으로 정할 수 있다. 이에 특별감찰관법 법률에 규정되
지 아니한 사항을 대통령령에 위임한 근거 규정으로 '특별감찰관의 조직, 운영, 감찰방
법 및 절차 등 이 법 시행에 필요한 사항'을 위임한다고 하여 대통령령에 대한 위임
근거로서 작동할 수 있다. 특별감찰관법 및 같은 법 시행령·직제가 2015. 6. 19.부터
시행되었지만, 위 규정에 따라 감찰에 필요한 세부사항 등 법과 시행령에 모두 규정할
수가 없었다. 이에 특별감찰관실이 개청 이후 초창기에 중점적으로 주안을 둔 부분은
감찰사무에 필수적인 내부규정의 제정 및 정비 작업이었다.

우선 특별감찰관이 실시하는 감찰사무에 필요한 세부사항을 규정하기 위해 감찰, 감
찰정보, 비위행위의 확인, 감찰조사 및 감찰담당자 등의 세부적 절차를 기술한 특별감
찰사무처리규정을 마련하고, 참고인이 출석·답변한 경우, 감정·통역·번역을 위촉한
경우 및 자문위원을 지정한 경우에 지급할 비용의 기준을 정한 특별감찰관 참고인 등
비용 지급규정을 마련하였다. 또한 조직내 모든 문서 결재에 관한 전결사항과 그 절차
를 정한 특별감찰관 위임전결규정과 함께, 감찰사건기록 기타 감찰관실에서 처리된 문
서의 보존·폐기에 관한 사항을 정한 감찰사건기록관리규정을 제정하여, 업무에 필요
한 규정을 모두 정비할 필요가 있었다. 해당 규정들은 모두 기존의 타 정부기관의 감
사나 감찰부서 규정과 큰 차이 없이 동일한 절차 규정으로 설계 및 규정하였으며 또한
별지 양식 역시 정부업무의 통일성을 위해 변동을 가하지 않고 기존 타 부처의 감찰규
정 양식을 준동하였다.

2. 내규 종류

가. 특별감찰사무처리규정

특별감찰사무처리규정은 특별감찰관 법령에 따라 사무처리규정에서 사용하는 기본적인 용어(감찰, 감찰정보, 비위행위의 확인, 감찰조사, 감찰담당자 등)를 명시하고, 감찰권을 남용하는 일이 없도록 필요 최소한의 범위에서 감찰을 행하기 위해 감찰담당관 등이 준수하여야 할 감찰목적·방향 등을 명시할 필요로 만들어진 절차규정이다. 이에 감찰개시 이전 단계인 감찰정보의 수집과 비위행위의 확인을 규정하면서 신고등 정보·이첩정보가 접수되는 경우 접수 및 검토 업무를 담당할 감찰정보담당자를 지정하고, 해당 정보담당자가 다른 목적을 위한 정보의 수집·이용을 금지하도록 하여 법에서 정한 테두리 안에서의 정보수집이 될 수 있도록 주의를 기울였으며, 정보수집자는 비위행위에 관한 구체적인 정보를 수집하는 경우 이를 즉시 보고하고, 만약 조사의 필요성이 있다고 판단되는 경우에는 감찰정보담당자에게 인계하도록 하여, 감찰업무의 세분화를 통한 전문적인 비위행위 확인이 될 수 있도록 하였다. 이후 구체적인 비위행위의 확인을 위해 감찰정보담당자는 정보제공자에 대한 면담이나 전화, 공개된 정보 등을 통한 조사와 함께 관계기관 협조등 자료제출을 요구할 수 있도록 하여 필요최소한의 정보수집이 되도록 하였다.

비위행위의 확인이 끝난 이후 감찰조사담당자의 역할과 감찰활동에 대해 구체적으로 감찰조사담당자는 감찰대상 및 범위, 감찰방식 및 기간 등을 기재한 감찰계획 및 일일감찰상황을 보고하고, 감찰조사를 위하여 관계기관에 대한 협조등요구 등은 물론 감찰대상자 등 조사를 위해 대한 출석답변요구, 증명서·소명서 등 자료제출, 확인서 요구, 문답서 작성, 질문서의 송부 등을 통한 감찰조사가 가능하도록 하여 구체적인 비위행위 조사가 가능하도록 여러 조사권한의 세부절차를 적시하며, 조사 이후에는 감찰진행경과, 세부감찰내역, 감찰결과와 이유 등을 담은 감찰결과보고서를 작성·보고토록 하였다.

기타 감찰사건기록의 보존 및 관리에 대해, 감찰담당관에 대한 징계, 무고 등 범죄혐의자에 대한 조치, 정보제공자 등에 대한 여비지급 등의 기타 사항을 규정하여 특별감찰관실의 업무에 필요한 세부적 사항을 모두 담을 수 있도록 하였다. 전반적으로 특별감찰관법 및 시행령에 따라 정보접수 단계서부터 감찰종료 단계에 이르기까지 각 단계별로 사용되는 서류양식을 별지로 첨부함으로써 업무의 효율성과 통일성을 기하였다.

나. 참고인 등 비용 지급규정

법에서 조사를 위해 출석한 증인, 참고인 등에 대해 여비지급 의무를 규정함에 따라 감찰대상자 외의 자 등이 조사를 위해 출석하거나 감정인, 통·번역인, 자문위원 등이 출석하는 경우에는 여비 등의 지급이 원활하게 이루어질 수 있도록 참고인 등 비용 지급규정에서 세부절차를 규정할 필요가 있다.

일단 참고인에 대해 지급할 여비는 공무원 여비규정을 준용하여 일당, 교통비, 숙박료 및 식비로 하고, 지급할 여비는 공무원 여비규정 여비지급 구분표에 의하며 기타 감정인, 통·번역인, 자문위원 등에 대한 감정료, 통·번역료, 자문 수당 등을 줄 수 있도록 하였다.

다. 특별감찰관 위임전결규정

특별감찰관의 모든 문서 결재에 관한 전결사항과 그 절차를 정함으로써 업무수행의 효율성을 제고하였으며 위임전결사항을 별표로 열거하고, 열거되지 아니한 사항은 업무성격·중요도에 따라 규정된 위임전결사항에 준하여 처리하도록 하였다. 특히 전결권자는 사안이 중요하거나 성질상 필요하다고 인정되는 경우에는 상급 결재권자의 결재를 받을 수 있게 하였으며, 만약 결재권자가 휴가·출장 또는 기타의 사유로 상당기간 부재중인 경우 직무를 대리하는 자가 대결할 수 있도록 하였다.

라. 감찰사건기록관리규정

감찰사건기록관리규정에 의해 감찰이 관계기관 이첩 또는 고발·수사의뢰 외의 사유로 종료된 경우 감찰사건기록보존대장에 그 사실을 기재한 후 3년간 보존하도록 하였다. 만약 보존하는 감찰조사기록에 영상녹화물이 있는 경우에는 영상녹화물을 봉인하여 해당 기록과 함께 보존하며, 보존기간이 만료된 기록은 특별감찰관의 허가를 받아 폐기하도록 하였다.

마. 기타

한편 특별감찰관실의 인사·복무·징계규정은 별도로 규정할 필요가 없다. 그 이유는 인사규정의 경우 행정부 소속 별정직 공무원의 임용은 별정직 공무원 인사규정이, 근무평가는 공무원 성과평가규정이 적용되어 별도의 규정이 필요치 않기 때문이다. 또한 휴가, 국외여행, 평시·비상근무사항, 영리업무 및 겸직금지 등에 관한 사항이 규정된 복무규정의 경우에도 국가공무원법상 복무에 관한 규정이 그대로 적용되고, 휴가, 국외여행, 근무사항, 영리 및 겸직금지 등 세부복무사항은 국가공무원 복무예규가 적용되어 별도의 규정이 불필요하다. 감찰담당관 및 파견공무원의 징계에 관한 사항 역시 국가공무원법 징계규정 및 공무원 징계령이 적용되어 내부징계규정을 별도로 규정할 필요는 없다고 생각된다.

〈 인사·복무·징계규정 제정 필요성 〉

종류	주요 내용	필요성		
인사규정	◦ 채용방식과 요건, 위원회 구성	×	담당관	공무원 인사규정
			기간제	인사혁신처 운영규정 준용
	◦ 근무성과평가	× (공무원 성과평가규정 준용)		
	◦ 승진 및 보직관리	×		
복무규정	◦ 휴가, 근무사항, 영리업무 및 겸직금지 등	×	담당관	공무원 복무예규
			기간제	인사혁신처 운영규정 준용
징계규정	◦ 징계종류 및 절차, 징계위원회의 구성·운영	×	담당관	중앙징계위원회에 징계 요청
			파견 공무원	파견복귀
			기간제	인사혁신처 운영규정 준용

Ⅱ. 벌칙 등 기타절차

제4장 벌칙

특별감찰관법 제25조(벌칙) ① 위계 또는 위력으로써 특별감찰관 등 또는 파견공무원의 직무수행을 방해한 사람은 5년 이하의 징역에 처한다.

② 제22조를 위반한 사람은 5년 이하의 징역 또는 5년 이하의 자격정지에 처한다.

③ 제23조를 위반하여 법령에 위반되거나 강제처분에 의하는 방법으로 감찰을 행하거나 다른 기관·단체 또는 사람으로 하여금 의무없는 일을 하게 하거나 사람의 권리행사를 방해한 사람은 5년 이하의 징역과 5년 이하의 자격정지에 처한다.

---

1. 벌칙

가. 의의

특별감찰관의 감찰을 방해하는 행위 및 특별감찰관의 감찰을 남용한 행위 등에 대한 제재를 통해 특별감찰활동의 적법성과 효율성 등을 보장하는 벌칙조항이다.

나. 종류

(1) 특별감찰관에 대한 감찰방해 등 처벌

특별감찰관법 제25조 제1항은 형법 제314조 제1항의 업무방해죄와 중첩적으로 적용될 수 있는바, 업무방해죄는 징역 5년 이하 또는 1500만 원 이하의 벌금에 처하도록 규정하고 있어 특별감찰관법 제25조 제1항이 사실상 형법상 업무방해죄보다 형이 무거워 우선하여 적용되는 관계라는 견해가 있다. 하지만 특별감찰관은 국가기관으로 공무 직무수행을 방해하는 경우에는 공무집행방해로 의율도 가능하다고 보인다. 형량은 특별감찰관법상 감찰활동방해죄의 경우 벌금형이 따로 규정되어 있지 않다는 점에서 형법상 업무방해죄보다 무겁다.

구 분	특별감찰관법 위반	공무집행방해	업무방해
조문	특별감찰관법 제25조(벌칙) ① 위계 또는 위력으로써 특별감찰관 등 또는 파견공무원의 직무수행을 방해한 사람은 5년 이하의 징역에 처한다.	형법 제136조(공무집행방해) ① 직무를 집행하는 공무원에 대하여 폭행 또는 협박한 자는 5년 이하의 징역 또는 1천만원 이하의 벌금에 처한다. 형법 제137조(위계에 의한 공무집행방해) 위계로써 공무원의 직무집행을 방해한 자는 5년 이하의 징역 또는 1천만원 이하의 벌금에 처한다.	형법 제314조(업무방해) ① 제313조의 방법 또는 위력으로써 사람의 업무를 방해한 자는 5년 이하의 징역 또는 1천500만원 이하의 벌금에 처한다.

(2) 특별감찰관의 비밀누설 행위 등 처벌

특별감찰관 등이 감찰착수 등 사실을 공표 또는 누설한 경우 5년 이하의 징역 혹은 5년 이하의 자격정지로 처벌된다.

(3) 특별감찰관의 직권남용 등 처벌

특별감찰관 등이 ① 법령에 위반되거나 강제처분에 의하는 방법으로 감찰을 행하거나, ② 다른 기관이나 단체 또는 사람으로 하여금 의무없는 일을 하게 하거나, ③ 사람의 권리행사를 방해한 경우 5년 이하의 징역과 5년 이하의 자격정지로 처벌된다. 특히 다른 기관이나 단체 또는 사람으로 하여금 의무없는 일을 하게 하거나, 사람의 권리행사를 방해한 경우 형법 제123조의 직권남용죄와 중첩될 수 있다. 형법상 직권남용죄는 징역 5년 이하, 자격정지 10년 이하 또는 1,000만 원 이하의 벌금에 처하도록 규정하고 있어 특별감찰관법 제25조 제3항은 벌금형이 선택형으로 규정되어 있지 않다는 점에서 사실상 형법상 직권남용죄보다 형이 무거워 우선하여 적용되는 관계가 될 수 있다.

구 분	특별감찰관법 위반	직권남용죄
조문	특별감찰관법 제25조(벌칙) ③ 제23조를 위반하여 법령에 위반되거나 강제처분에 의하는 방법으로 감찰을 행하거나 다른 기관·단체 또는 사람으로 하여금 의무 없는 일을 하게 하거나 사람의 권리 행사를 방해한 사람은 5년 이하의 징역과 5년 이하의 자격정지에 처한다.	형법 제123조(직권남용) 공무원이 직권을 남용하여 사람으로 하여금 의무없는 일을 하게 하거나 사람의 권리행사를 방해한 때에는 5년 이하의 징역, 10년 이하의 자격정지 또는 1천만원 이하의 벌금에 처한다.

한편 법령에 위반되거나 강제처분에 의하는 방법으로 감찰을 행하는 경우 중 문제가 될 수 있는 것은 법령에 위반하는 감찰방법의 경우이다. 즉 강제처분에 의한 방법은 현실적으로 가능하지 않기 때문에 감찰대상자를 그 의사에 반하여 강제로 물건을 법원의 영장없이 압수하거나 대상자를 강제로 소환하는 경우 등으로 이는 사례가 발생하기 어렵지만 법령에 위반하는 경우는 다양한 형태로 나타날 수 있다.

다만 '법령에 위반되는' 행위 자체를 처벌한다는 것을 모든 특별감찰관법 및 특별감찰관법 시행령 등을 위반하는 경우에 해당한다고 보는 것은 지나친 문언의 확대해석으로 형사처벌이 남용되지 않도록 구체적인 사안에 따라 위반된 규정의 취지와 위반 정도, 침해된 법익 등을 종합하여 위 제25조 제3항으로 처벌할 것인지 여부를 합리적으로 판단하여야 할 것으로 단순 절차적 규정을 위반한 경우에는 징계책임으로 규율하여야 할 것이고, 특별감찰관법 제25조 제3항상의 직권남용죄에 해당하기 위해서는 ① 명확하게 감찰대상자가 아님을 알면서도 감찰을 개시한 경우, ② 비위행위에 해당하지 아니함이 명백한 경우에도 감찰을 개시한 경우, ③ 감찰대상자가 조사에 응하겠다는데에도 소명 등을 청취하지 않고 곧바로 검찰총장에 고발 또는 수사의뢰한 경우 등 위반이 명백하고 침해된 법익이 분명한 경우로 한정하여 적용할 필요가 있다.

다. 윤상직 의원 개정안(2017. 9. 6.)

개정안은 처벌규정 및 과태료 규정을 신설하는 안이 있는데 제공받은 금융거래정보를 다른 사람에게 제공·누설하거나 목적외 용도의 이용을 금지하면서 이를 위반한 사람은 5년 이하의 징역 또는 5천만원 이하의 벌금에 처하도록 하고(안 제25조 제2항), 실지감찰을 거부·방해하거나 기피한 사람에게는 1천만원 이하의 과태료를 부과하려는 것(안 제26조)이다.

현 행	개 정 안
제22조(감찰착수 사실 등 누설 금지) (생략)	제22조(감찰착수 사실 누설 금지 등) ① (현행 제목 외의 부분과 같음)
<신 설>	② 제16조 제2항에 따라 금융거래정보를 받아 알게 된 자는 그 금융거래정보를 다른 사람에게 제공 또는 누설하거나 해당 목적 외의 용도로 이용하여서는 아니 된다.
제25조(벌칙) ① (생 략)	제25조(벌칙) ① (현행과 같음)
② 제22조를 위반한 사람은 5년 이하의 징역 또는 5년 이하의 자격정지에 처한다.	② 제22조 제1항을 ─ .
③ (생 략)	③ (현행과 같음)
<신 설>	④ 제22조 제2항을 위반한 사람은 5년 이하의 징역 또는 5천만원 이하의 벌금에 처한다.
<신 설>	제26조(과태료) ① 정당한 이유없이 제18조의2제1항에 따른 실지감찰을 거부·방해하거나 기피한 사람에게는 1천만원 이하의 과태료를 부과한다. ② 제1항에 따른 과태료는 대통령령으로 정하는 바에 따라 법무부장관이 부과·징수한다.

국회 법제사법위원회 검토보고서213)에 의하면 개정안은 전술한 특별감찰관에 금융거래정보 제출요구권을 부여하는 개정안과 결부되어 같이 발의되는 차원의 개정안으로 특별감찰관의 권한이 추가되는 만큼 위반시 처벌되는 규정을 신설하는 취지의 개

───────────────

213) 2018. 2. 법제사법위원회 검토보고서 참조.

정안이다. 이에 특별감찰관이 제출받은 금융거래정보의 남용을 방지하기 위하여 금융
거래정보의 제공·누설 방지 및 목적외 용도 사용금지 의무를 부과하고 있는데(안 제22
조 제2항), 이에 따라 해당 의무를 위반한 경우 5년 이하의 징역 또는 5천만원 이하의
벌금에 처하도록 하는 것은 필요하기 때문이다. 국회 법사위원회의 검토보고서에 의하
면 법정형도 다른 입법례214)에 비추어 적절하다고 검토되고 있다.

한편 특별감찰관에 실지감찰 권한을 부여하면서 실효성을 확보하기 위하여 실지감
찰을 거부·방해하거나 기피한 사람에게 1천만원 이하의 과태료를 법무부장관이 부과
·징수하도록 하고 있는데, 이는 상대적으로 감사원법에서는 감사를 거부하거나 자료
제출 요구에 따르지 아니한 자, 감사를 방해한 자 등에 대하여 과태료가 아닌 1년 이
하의 징역 또는 1천만원 이하의 벌금에 처하도록 하고 있다는 점215)에서, 처벌의 균형

---

214) **금융실명거래 및 비밀보장에 관한 법률 제4조(금융거래의 비밀보장)** ④ 제1항 각 호[종전의
금융실명거래에관한법률(대통령긴급재정경제명령 제16호로 폐지되기 전의 것을 말한다) 제5
조 제1항 제1호부터 제4호까지 및 금융실명거래및비밀보장에관한긴급재정경제명령(법률 제
5493호로 폐지되기 전의 것을 말한다. 이하 같다) 제4조 제1항 각 호를 포함한다]에 따라
거래정보등을 알게 된 자는 그 알게 된 거래정보등을 타인에게 제공 또는 누설하거나 그 목
적 외의 용도로 이용하여서는 아니 되며, 누구든지 거래정보등을 알게 된 자에게 그 거래정
보등의 제공을 요구하여서는 아니 된다. 다만, 금융위원회 또는 금융감독원장이 제1항 제4호
및 제6호에 따라 알게 된 거래정보등을 외국 금융감독기관에 제공하거나 거래소가 제1항 제
7호에 따라 외국거래소 등에 거래정보등을 제공하는 경우에는 그러하지 아니하다.
금융실명거래 및 비밀보장에 관한 법률 제6조(벌칙) ① 제3조 제3항 또는 제4항, 제4조 제1
항 또는 제3항부터 제5항까지의 규정을 위반한 자는 5년 이하의 징역 또는 5천만원 이하의
벌금에 처한다.
특정 금융거래정보의 보고 및 이용 등에 관한 법률 제13조(벌칙) 다음 각 호의 어느 하나에
해당하는 자는 5년 이하의 징역 또는 5천만원 이하의 벌금에 처한다.
2. 제9조 제1항을 위반하여 직무와 관련하여 알게 된 특정금융거래정보, 제5조의3에 따라 제
공받은 정보, 제10조에 따라 제공받은 정보 또는 자료 및 제11조 제7항에 따라 제공받은 정보
를 다른 사람에게 제공 또는 누설하거나 그 목적 외의 용도로 사용한 자 또는 특정금융거래정
보, 제5조의3에 따라 제공받은 정보, 제10조에 따라 제공받은 정보 또는 자료 및 제11조 제7
항에 따라 제공받은 정보를 제공할 것을 요구하거나 목적 외의 용도로 사용할 것을 요구한 자
215) **감사원법 제26조(서면감사·실지감사)** 감사원은 제25조에 따라 제출된 서류에 의하여 상시
서면감사를 하는 외에 필요한 경우에는 직원을 현지에 파견하여 실지감사(實地監査)를 할
수 있다.
감사원법 제51조(벌칙) ① 다음 각 호의 어느 하나에 해당하는 자는 1년 이하의 징역 또는
1천만원 이하의 벌금에 처한다.
1. 이 법에 따른 감사를 받는 자로서 감사를 거부하거나 자료제출 요구에 따르지 아니한 자
2. 이 법에 따른 감사를 방해한 자
3. 제27조 제2항 및 제50조에 따른 정보 또는 자료의 제출이나 출석하여 답변할 것을 요구

성 및 실지감찰의 실효성 확보 측면에서 다소 소극적인 측면이 있다. 이에 국회 법제사법위원회의 검토보고서에서는 미약한 과태료가 아닌 형사처벌을 포함한 행정형벌을 부과하는 방안 또한 검토할 여지가 있다고 생각된다[216]고 검토된 바 있으며 이는 특별감찰관의 권한을 실질화 하는데 유효하다고 생각되어 긍정적이라고 판단된다.

2. 민감정보처리

> **특별감찰관법 시행령 제13조(민감정보 등의 처리)** 특별감찰관과 감찰담당자는 감찰업무를 수행하기 위하여 불가피한 경우 「개인정보 보호법」 제23조에 따른 민감정보, 같은 법 시행령 제19조 제1호부터 제4호까지의 규정에 따른 주민등록번호, 여권번호, 운전면허의 면허번호, 외국인등록번호나 그 밖의 개인정보를 「개인정보 보호법」에 따라 처리할 수 있다.

개인정보보호법 개정에 따라 민감정보 등의 취급에 대한 법령상 근거가 필요하게 됨에 따라 관련 규정을 두게 된 것으로 특별감찰관 등에 개인정보보호법상의 민감정보, 주민등록번호 등에 관한 처리권한을 부여하고 있는 절차규정이다.

3. 감찰사건기록의 보존 및 폐기

> **특별감찰관법 시행령 제14조(감찰사건기록의 보존 및 폐기)** ① 감찰이 제7조 제2항에 따른 관계기관 이첩 또는 같은 조 제4항에 따른 고발·수사의뢰 외의 사유로 종료된 경우

     받고도 정당한 사유 없이 이에 따르지 아니한 자
  ② 제27조 제4항을 위반한 자는 3년 이하의 징역 또는 2천만원 이하의 벌금에 처한다.
  ③ 제2항의 징역과 벌금은 병과(倂科)할 수 있다.
216) 한편 「공공감사에 관한 법률」에서는 **자체감사를 받는 사람**이 정당한 사유 없이 감사를 거부하거나 방해 등을 할 사람에 대하여 500만원 이하의 과태료를 부과하도록 하고 있음.
  「공공감사에 관한 법률」 제41조(과태료) ① 다음 각 호의 어느 하나에 해당하는 사람에게는 **500만원 이하의 과태료를 부과한다.**
  1. 자체감사를 받는 사람으로서 정당한 사유 없이 감사를 거부하거나 자료의 제출요구에 따르지 아니한 사람
  2. 정당한 사유 없이 자체감사활동을 방해한 사람

> 해당 감찰사건기록은 감찰이 종료된 때부터 3년간 보존한다.
> ② 제1항의 감찰사건기록은 감찰 및 그에 부수되는 기록으로서 문서, 그 밖의 관계 서류 또는 물건, 도면·사진·디스크·테이프·필름·슬라이드·전자기록 등의 특수매체기록을 포함한다.
> ③ 보존기간이 만료된 기록을 폐기할 경우 특별감찰관의 허가를 받아야 한다.

특별감찰관의 감찰사건기록규정이 없으면 특별감찰관 임기만료 시에 기존에 이루어진 감찰자료 기록들을 대거 폐기하는 등으로 기존에 이루어진 부적절한 감찰활동을 은폐할 수도 있고, 반대로 기존의 감찰자료들을 지속적으로 무제한 축적함으로써 악용될 소지도 존재한다. 이에 감찰사건 기록에 관한 기준을 정함으로써 일정한 기한 동안은 기록을 폐기하지 못하도록 하고 보존하게 함으로써 감찰활동의 결과를 일정한 기간 동안 보존하고, 일정한 기한이 지나면 폐기하도록 함으로써 과거의 감찰정보가 지속적으로 남아있으면서 다른 용도로 활용되는 일이 없도록 할 필요가 있다.

특별감찰관은 감찰사건기록의 보존 및 관리를 위해 전술한 것처럼 감찰사건기록 관리규정을 정하여 이에 따르고 있으며 기록의 보존 및 관리를 위하여 보존사무담당자를 지정하고 있다. 감찰완료 기록뿐만 아니라 감찰개시 전 기록, 즉 감찰개시 전의 활동 및 그에 부수되는 기록(문서, 그 밖의 관계서류, 물건, 기타 특수매체기록 등 포함), 감찰기록(감찰 및 그에 부수되는 기록) 등 특별감찰관실에서 처리된 문서의 보존·폐기에 관한 사항을 정하고 있으며, 보존기간의 기산점은 감찰종료 후(감찰결과보고서 결재시) 시점으로 하여 보존사무담당자가 보존하고 있다.

4. 신고자 보호

특별감찰관법 시행령 제15조(정보제보자 보호 등) 특별감찰관과 감찰담당자는 정보제공자가 감찰정보를 제공하였다는 이유로 불이익을 받지 아니하도록 비밀을 유지하고, 그 신원보호에 노력하여야 한다.

특별감찰관법 시행령 제15조는 "특별감찰관과 감찰담당자는 정보제공자가 감찰정보를 제공하였다는 이유로 불이익을 받지 아니하도록 비밀을 유지하고, 그 신원보호에 노력하여야 한다"라고 규정함으로써 제보가가 불이익을 받지 않도록 비밀을 유지하도록 하고 신원보호에도 노력하여야 하는 의무를 명백히 선언하고 있다. 대통령의 친인척 및 측근인 고위공직자에 대한 감찰정보를 제공하는 선의의 정보제공자를 보호하고 정보제공자에 대해 불이익이 가해지지 않도록 함으로써 감찰정보에 대한 제보를 활성화하여 궁극적으로 투명하고 공정한 공직사회를 구축하기 위한 취지이다.

5. 무고 범죄혐의자에 대한 조치

> **특별감찰관법 시행령 제16조(무고 범죄혐의자에 대한 조치)** 특별감찰관은 감찰대상자로 하여금 형사처벌이나 징계처분을 받게 할 목적으로 허위 사실을 신고함으로써 무고의 범죄혐의가 있다고 인정되는 자에 대해서는 검찰에 고발하는 등의 조치를 한다.

특별감찰관법 시행령 제15조가 선의의 감찰정보 제공자에 대한 보호규정이라면 특별감찰관법 시행령 제16조는 악의의 감찰정보제공자에 대한 제재규정이다. 비위행위에 대한 정보가 신빙성이 없고 특정되지도 않았음에도 감찰대상자에 대해 허위사실을 무고한 사람에 대해서는 검찰에 고발하여야 한다는 의무를 규정하고 있다. 구체적으로는 "특별감찰관은 감찰대상자로 하여금 형사처벌이나 징계 처분을 받게 할 목적으로 허위 사실을 신고함으로써 무고의 범죄혐의가 있다고 인정되는 자에 대해서는 검찰에 고발하는 등의 조치를 한다"라고 규정함으로써 허위사실을 제보하는 등으로 감찰대상자로 하여금 형사처벌이나 징계처분을 받도록 무고[217]한 사람에 대해서는 검찰에 고발함으로써 허위의 비위사실 신고를 통한 감찰대상자의 사생활 침해 및 명예훼손, 국가기관인 특별감찰관의 공적기능이 훼손되는 일이 없도록 하여야 한다는 점을 규정하고 있다.

---

217) 형법 제156조(무고) 타인으로 하여금 형사처분 또는 징계처분을 받게 할 목적으로 공무소 또는 공무원에 대하여 허위의 사실을 신고한 자는 10년 이하의 징역 또는 1천500만원 이하의 벌금에 처한다.

참고 **특별감찰관제도의 운영방안**

현재 특별감찰관은 제도는 존재하고 있는데 특별감찰관이 임명되지 아니하여 계속 공석인 상태로 현상유지 업무만 수행하고 있다. 법규정을 한조문 한조문 분석하는 것도 의미있는 일이지만 현존하는 제도이고 국가기구인 만큼 어떤 형태로 운영되어야 할지에 대해서 함께 고민하는 것도 의미있는 일이며 반드시 필요한 일이라고 생각한다. 특별감찰관 제도 이후 고위공직자범죄수사처 제도도 도입된 만큼 이에 양 제도의 효율적 운영방안에 대해 살펴보도록 하겠다.

1. 제도 개선 필요사항

일단 특별감찰관 제도를 운영하기로 결정을 하였으면 본서 본문에서 다수 분석한 것처럼 특별감찰관 제도의 기존 한계점에 대해 개선입법이 필요하다. 태생적으로 특별감찰관은 수사권이 없고 임의적 조사권한이 주 감찰방법인데, 친인척, 고위공직자의 비위행위에 대해서는 신속하게 조사하여 엄단할 필요가 있으므로 일정 부분 이내에서는 강제적 수사권이 필요하다고 생각한다. 특히 특별감찰관법상 현재 감찰개시, 종료 보고제도가 있어 대통령 보고가 필요하다는 점, 그리고 감찰기간이 1달이라는 한계점도 노정되어야 한다. 또한 대통령 소속기구라서 독립성에도 문제가 있을 수 있다.

이러한 점들 중 주요 개정대상을 꼽으라면 3가지인데 ① **감찰대상자의 확대, ② 비위행위의 확대, ③ 감찰조사 방법의 강화**이다. 우선적으로는 감찰대상자 확대 개정이 필요하다. 고위공직자범죄수사처에서는 "고위공직자"란 정무직(차관급이상의 공직자) 이상의 공무원을 포함하고 있는데 대표적으로 가. 대통령, 나. 국회의장 및 국회의원, 다. 대법원장 및 대법관, 라. 헌법재판소장 및 헌법재판관, 마. 국무총리와 국무총리비서실 소속의 정무직공무원, 바. 중앙선거관리위원회의 정무직공무원, 사. 「공공감사에 관한 법률」 제2조 제2호에 따른 중앙행정기관의 정무직공무원, 아. 대통령비서실·국가안보실·대통령경호처·국가정보원 소속의 3급 이상 공무원, 자. 국회사무처, 국회도서관, 국회예산정책처, 국회입법조사처의 정무직공무원, 차. 대법원장비서실, 사법정책연구원, 법원공무원교육원, 헌법재판소 사무처의 정무직공무원, 카. 검찰총장, 타. 특별시장

· 광역시장 · 특별자치시장 · 도지사 · 특별자치도지사 및 교육감, 파. 판사 및 검사, 하. 경무관 이상 경찰공무원, 거. 장성급 장교, 너. 금융감독원 원장 · 부원장 · 감사, 더. 감사원 · 국세청 · 공정거래위원회 · 금융위원회 3급 이상 공무원 등을 포함하고 있는데 특별감찰관의 현재 감찰대상자는 대통령의 일정 범위 내의 친인척, 대통령비서실의 수석비서관 이상으로 지나치게 협소한 면이 있으므로 3권분립을 훼손하지 아니하는 범위 내에서 행정직 고위공무원들에 대한 감찰대상자 확보가 필요하다.

비위행위 역시 너무 협소하다. 한정적인 비위행위 개념 열거로 인하여 감찰대상 행위가 편협해져 **대부분의 경우 감찰착수가 곤란**한 경우가 많다. 이뿐만 아니라 부패방지법상의 부패행위 및 부정청탁 등 금품수수등 금지법상의 부정청탁 등의 타법상 개념과의 **부정합성**이 발생하는 것은 전술한 바와 같다. 특별감찰관법은 대통령 친인척 및 측근들의 권력형 비리를 척결하기 위해 권력형 비리를 사전에 예방할 필요로 제정되었으며, 이러한 권력형 비리는 권력핵심층 고위공무원이 그 직무와 관련하여 공직을 이용하여 치부와 축재를 하거나, 최고통치자인 대통령의 친인척이나 측근이라는 신분을 악용하여 부정과 이권에 개입하는 것으로 현행법 규정상으로는 월권행위, 기타 권력형 비리를 감시하기 위한 제도의 목적에 부응하지 못할 가능성이 높다. 이에 최소한 부패방지법 및 청탁금지법상의 부정청탁 행위에 맞추어 **비위행위의 개념을 확대하여 정리할 필요가 있다.**

특별감찰관법상 감찰조사 방법으로 관계기관의 협조, 출석 · 답변, 자료제출요구, 감찰대상자 이외의 자에 대한 협조요구를 감찰방법으로 규정되어 있다. 다만 강제수사권이 없는 특별감찰관의 감찰권한이 너무 최소한의 한도로 설정되어 유명무실한 감찰조사에 그칠 가능성이 높다. 이에 **현지조사 및 기타 감사원의 조사권한에 준하는 여러 감찰권한이 인정되어야 한다고 생각**한다. 또한 감찰조사에 불응하는 경우 일정한 제재(과태료) 등을 과하여 적어도 대상자 및 중요 참고인에 대한 소환조사는 가능하도록 하여야 할 것이다.

2. 운영방안

현재 특별감찰관제도의 한계로 보이는 주요한 점 중에 하나는 결국 감찰기구의 감찰 결과는 궁극적으로 기타 조사나 수사로 연결되어야 하는 바 절차의 중복 측면이 없지 않다는 지적이 있는 것으로 보인다. 또한 예산이 중복되어 비경제적이라는 지적도 있다. 사견으로는 감찰기구와 수사기구 모두 감찰대상자에 대한 비위행위 방지가 주된 목적으로 현재로도 대상자들은 어차피 검찰이나 경찰수사나 감사원 직무감찰도 가능하기 때문에 **각 기관을 효율적으로 운영하여 기관별로 특징을 살리는 방안이 타당**하다고 생각된다. 그 근거로는 우선 기관간 완벽한 중복업무는 없다는 것인데 가령 ① 고위 공직자의 성범죄사건 및 특별감관찰관의 비위행위가 아닌 사건의 경우 특별감찰관의 감찰이나 공수처 수사 대상에서 제외되고 이는 검찰이나 경찰의 수사대상이 된다고 할 것이므로 수사총량의 증가라고 보기 어려운 점, ② 관할중복은 수사권조정위원회 등을 활용하여 반부패 수사기구간 조율해 나가면 될 것으로 일방적인 상하명령의 권한 성격이 아니라는 점, ③ 반부패 기관간의 기능적인 상호통제효과(정책결정, 집행, 통제/신규권한의 창출이 아닌 기존 권한의 기능적 재분배)의 측면에서 효율적이라는 점, ④ 반부패감찰 및 수사기구간 구조상 상호견제로 투명한 감찰·수사가 가능하다는 점, ⑤ 특별감찰관의 감찰담당관, 공수처 검사는 임기가 상대적으로 단기로 설정되어 있고 두 기구 모두 지역청이 없어 도리어 인사적 불이익이나 지역적 좌천 등이 없어 소신에 따른 감찰이나 수사를 할 가능성이 높기 때문이다.

결국 **특별감찰관은 검찰이나 경찰, 고위공직자범죄수사처 및 감사원과 함께 부정부패척결과 부패방지를 위해 함께 일하여야 하는 국가기관임은 모두 동일**하다. 어느 기구가 어떠한 권한을 가지고 상대 기구보다 더 높은 지위에서 다른 기구를 지휘하거나 명령을 내리는 구조가 아니라 서로 협력하여 법률방어가 완강한 **고위공직자에 대해 더 철저히 중복 감시업무를 전방위적으로 전개하는 것이 국민이 명한 각 기구의 사명이라고 생각**한다. 이에 특별감찰관을 활성화하여 부패고위공직자 등에 대한 감시망을 더 촘촘하게 설정하는 것은 결코 비용이 크다고 볼 수는 없다고 생각한다.

부록

1. 특별감찰관법 / 시행령 / 직제

2. 특별감찰관법 의원안

    가. 박범계 의원안

    나. 김도읍 의원안

3. 특별검사의 임명 등에 관한 법률(상설특별검사법)

4. 특별검사의 임명 등에 관한 법률(상설특별검사법) 의원안

    가. 서기호 의원안

    나. 최원식 의원안

    다. 김도읍 의원안

부록

특별감찰관법/시행령/직제

특별감찰관법

[시행 2014. 6. 19.] [법률 제12422호, 2014. 3. 18., 제정]

제1장 총칙

제1조(목적) 이 법은 대통령의 친인척 등 대통령과 특수한 관계에 있는 사람의 비위행위에 대한 감찰을 담당하는 특별감찰관의 임명과 직무 등에 관하여 필요한 사항을 규정함을 목적으로 한다.

제2조(비위행위) 이 법에서 사용하는 "비위행위"란 다음 각 호의 어느 하나에 해당하는 행위를 말한다.

1. 실명(實名)이 아닌 명의로 계약을 하거나 알선·중개하는 등으로 개입하는 행위
2. 공기업이나 공직 유관 단체와 수의계약하거나 알선·중개하는 등으로 개입하는 행위
3. 인사 관련 등 부정한 청탁을 하는 행위
4. 부당하게 금품·향응을 주고 받는 행위

    5. 공금을 횡령·유용하는 행위

제3조(지위) ① 특별감찰관은 대통령 소속으로 하되, 직무에 관하여는 독립의 지위를 가진다.

  ② 특별감찰관은 감찰의 개시와 종료 즉시 그 결과를 대통령에게 보고한다.

제4조(정치적 중립) 특별감찰관은 직무를 수행함에 있어 정치적 중립을 지킨다.

제5조(감찰대상자) 이 법에 따른 특별감찰관의 감찰대상자는 다음 각 호에 해당하는 사람으로 한다.

  1. 대통령의 배우자 및 4촌 이내 친족

  2. 대통령비서실의 수석비서관 이상의 공무원

제6조(감찰개시) ① 특별감찰관은 제5조에서 규정한 사람의 제2조의 비위행위를 조사하는 방법으로 감찰을 행한다.

  ② 특별감찰관은 제5조에서 규정한 사람의 비위행위에 관한 정보가 신빙성이 있고 구체적으로 특정되는 경우 감찰에 착수한다. 다만, 그 비위행위는 제5조에 규정한 신분관계가 발생한 이후의 것에 한정한다.

  ③ 제1항에 따른 감찰에 착수하는 경우 1개월 이내에 감찰을 종료하여야 한다. 다만, 감찰을 계속할 필요가 있는 경우 대통령의 허가를 받아 1개월 단위로 감찰기간을 연장할 수 있다.

  ④ 제1항에 따른 감찰을 하려는 경우 다음 각 호의 어느 하나에 해당하는 사항은 감찰할 수 없다.

  1. 국무총리로부터 국가기밀에 속한다는 소명이 있는 사항

  2. 국방부장관으로부터 군기밀이거나 작전상 지장이 있다는 소명이 있는 사항

제2장 임명과 신분보장

제7조(특별감찰관의 임명) ① 국회는 15년 이상 「법원조직법」 제42조 제1항 제1호의 직에 있던 변호사 중에서 3명의 특별감찰관 후보자를 대통령에게 서면으로 추천한다.

  ② 대통령은 제1항에 따른 특별감찰관 후보자 추천서를 받은 때에는 추천서를 받은 날부터 3일 이내에 추천후보자 중에서 1명을 특별감찰관으로 지명하고, 국회의 인사청문을 거쳐 임명하여야 한다.

제8조(특별감찰관의 임기) ① 특별감찰관의 임기는 3년으로 하고, 중임할 수 없다.

② 특별감찰관이 결원된 때에는 결원된 날부터 30일 이내에 후임자를 임명하여야 한다.

제9조(특별감찰관보와 감찰담당관) 특별감찰관은 그 직무수행에 필요한 범위에서 1명의 특별감찰관보와 10명 이내의 감찰담당관을 임명할 수 있다.

제10조(공무원 파견요청 등) ① 특별감찰관은 그 직무수행을 위하여 필요한 때에는 감사원, 대검찰청, 경찰청, 국세청 등 관계 기관의 장에게 소속 공무원의 파견 근무와 이에 관련되는 지원을 요청할 수 있다. 다만, 파견공무원의 수는 20명 이내로 한다.

② 파견공무원의 파견 기간은 3년을 초과할 수 없고, 소속 기관으로 복귀한 사람은 다시 파견할 수 없다.

제11조(특별감찰관의 직무권한) ① 특별감찰관은 감찰사무를 통할하고 특별감찰관보를 지휘·감독한다.

② 특별감찰관보는 특별감찰관을 보좌하여 소관 사무를 처리하고 감찰담당관, 제10조에 따라 파견받은 공무원을 지휘·감독하며 특별감찰관이 사고로 직무를 수행할 수 없으면 대통령령으로 정하는 순서에 따라 그 직무를 대행한다.

제12조(보수와 대우 등) ① 특별감찰관은 정무직공무원으로 하고, 특별감찰관보와 감찰담당관은 별정직공무원으로 한다.

② 특별감찰관의 정년은 65세로 한다.

③ 특별감찰관, 특별감찰관보와 감찰담당관(이하 "특별감찰관 등"이라 한다)의 보수와 대우에 대하여는 대통령령으로 정한다.

제13조(결격사유) 다음 각 호의 어느 하나에 해당하는 사람은 특별감찰관 등이 될 수 없다.

1. 대한민국 국민이 아닌 사람
2. 「국가공무원법」 제33조 각 호의 어느 하나에 해당하는 사람
3. 금고 이상의 형의 선고를 받은 사람
4. 탄핵결정에 의하여 파면된 후 5년을 경과하지 아니한 사람

제14조(해임 등) ① 대통령은 다음 각 호의 어느 하나에 해당하는 경우를 제외하고는 특별감찰관을 해임할 수 없다.

1. 제13조 각 호에 따른 결격사유가 발견된 경우

2. 직무수행이 현저히 곤란한 신체적·정신적 질환이 있다고 인정되는 경우

② 대통령은 특별감찰관을 해임한 경우에는 지체 없이 이를 국회에 통보하고 제7조에서 정한 임명절차에 따라 후임 특별감찰관을 임명하여야 한다.

③ 특별감찰관은 특별감찰관보나 감찰담당관을 해임하거나 파견 받은 공무원에 대하여 소속 기관의 장에게 교체를 요청할 수 있다.

제15조(공직 등 임명 제한) 특별감찰관은 면직, 해임 또는 퇴직 후 그 특별감찰관을 임명한 대통령의 임기 중에는 제5조 제2호에서 정하는 특정 공직자, 차관급 이상 공직자 및 「공직자윤리법」 제3조의2에 따른 공직유관단체의 임원에 임명될 수 없다.

제3장 권한과 의무

제16조(관계 기관의 협조) 특별감찰관은 감찰대상자의 비위행위 여부를 확인하기 위하여 필요한 경우 국가 또는 지방자치단체, 그 밖의 공공기관의 장에게 협조와 지원을 요청할 수 있고, 필요한 자료 등의 제출이나 사실 조회를 요구할 수 있다.

제17조(출석·답변 및 자료제출 요구) 특별감찰관은 감찰에 필요하면 감찰대상자에게 다음 각 호의 조치를 할 수 있다.

1. 출석·답변의 요구(「정보통신망 이용촉진 및 정보보호 등에 관한 법률」에 따른 정보통신망을 이용한 요구를 포함한다. 이하 같다)

2. 증명서, 소명서, 그 밖의 관계 문서 및 장부, 물품 등의 제출 요구

제18조(감찰대상자 이외의 자에 대한 협조요구) ① 감찰대상자의 비위행위를 감찰하기 위하여 필요한 경우에는 제17조에 따라 감찰대상자 이외의 자에 대하여 자료의 제출이나 출석·답변을 요구할 수 있다.

② 제1항의 요구는 협조의 내용, 이유 및 출석장소, 시간 등을 명시하여 요구대상자에게 서면으로 통지함을 원칙으로 한다. 다만, 긴급한 경우에는 전화 등의 방법으로 통지할 수 있다.

③ 출석·답변한 자에 대하여는 관계 규정에 따라 여비 등을 지급하여야 한다.

제19조(고발 등) 특별감찰관은 감찰결과 감찰대상자의 행위가 다음 각 호에 해당하는 경우 다음 각 호와 같은 조치를 하여야 한다.

1. 범죄혐의가 명백하여 형사처벌이 필요하다고 인정한 때: 검찰총장에게 고발

2. 범죄행위에 해당한다고 믿을 만한 상당한 이유가 있고 도주 또는 증거인멸 등

을 방지하거나 증거확보를 위하여 필요하다고 인정한 때: 검찰총장에게 수사 의뢰

제20조(불기소처분에 대한 불복) 특별감찰관이 고발한 사건 중 처분이 이루어지지 아니하고 90일이 경과하거나 불기소처분이 이루어진 경우 「검찰청법」 제10조에 따라 항고를 제기할 수 있다.

제21조(국회 출석 및 의견진술) ① 제20조에 따라 항고한 사건에 대하여 다시 불기소처분이 이루어져 법제사법위원회 의결로 특별감찰관의 출석을 요구하는 경우 특별감찰관은 법제사법위원회에 출석하여 의견을 진술하여야 한다.

② 제1항에 따른 절차는 비공개로 진행한다.

제22조(감찰착수 사실 등 누설 금지) 특별감찰관 등과 파견공무원은 감찰착수 및 종료 사실, 감찰 내용을 공표하거나 누설하여서는 아니 된다.

제23조(감찰권한의 남용금지) ① 특별감찰관 등과 파견공무원은 법령에 위반되거나 강제처분에 의하지 아니하는 방법으로 이 법의 시행을 위하여 필요한 최소한의 범위에서 감찰을 행하여야 하며, 다른 목적 등을 위하여 감찰권을 남용하여서는 아니 된다.

② 특별감찰관 등과 파견공무원은 그 직권을 남용하여 법률에 따른 절차를 거치지 아니하고 다른 기관·단체 또는 사람으로 하여금 의무 없는 일을 하게 하거나 사람의 권리 행사를 방해하여서는 아니 된다.

제24조(위임) 그 밖에 이 법률에 규정되지 아니한 특별감찰관의 조직, 운영, 감찰방법 및 절차 등 이 법 시행에 필요한 사항은 대통령령으로 정한다.

제4장 벌칙

제25조(벌칙) ① 위계 또는 위력으로써 특별감찰관 등 또는 파견공무원의 직무수행을 방해한 사람은 5년 이하의 징역에 처한다.

② 제22조를 위반한 사람은 5년 이하의 징역 또는 5년 이하의 자격정지에 처한다.

③ 제23조를 위반하여 법령에 위반되거나 강제처분에 의하는 방법으로 감찰을 행하거나 다른 기관·단체 또는 사람으로 하여금 의무 없는 일을 하게 하거나 사람의 권리 행사를 방해한 사람은 5년 이하의 징역과 5년 이하의 자격정지에 처한다.

부   칙 <법률 제12422호, 2014. 3. 18.>

제1조(시행일) 이 법은 공포 후 3개월이 경과한 날부터 시행한다.

제2조(다른 법률의 개정) ① 국회법 일부를 다음과 같이 개정한다.

제65조의2제2항 제1호 중 "합동참모의장 또는 한국은행 총재"를 "합동참모의장·한국
은행 총재 또는 특별감찰관"으로 한다.

  ② 인사청문회법 일부를 다음과 같이 개정한다.

제6조 제3항 중 "합동참모의장 또는 한국은행 총재"를 "합동참모의장·한국은행 총재
또는 특별감찰관"으로 한다.

특별감찰관법 시행령

[시행 2014. 6. 19.] [대통령령 제25383호, 2014. 6. 17., 제정]

제1조(목적) 이 영은 「특별감찰관법」에서 위임된 사항과 그 시행에 필요한 사항을 규정함을 목적으로 한다.

제2조(감찰의 준칙) 특별감찰관과 감찰담당자[특별감찰관의 지휘를 받아 감찰업무를 수행하는 특별감찰관보 및 감찰담당관과 「특별감찰관법」(이하 "법"이라 한다) 제10조 제1항에 따라 파견받은 공무원 중 감찰업무를 직접 수행하는 사람을 말한다. 이하 같다]가 감찰을 수행할 때에는 다음 각 호의 사항을 준수하여야 한다.

1. 특별감찰관의 정치적 중립성이 훼손되지 아니하도록 공정하게 직무를 수행할 것

2. 적법절차를 준수하고 관계인에게 의견을 진술할 기회를 충분히 제공할 것

3. 감찰업무 중 알게 된 사항을 누설하거나 다른 목적으로 사용하지 아니할 것

제3조(특별감찰관보의 자격 등) ① 특별감찰관보는 10년 이상 「법원조직법」 제42조 제1항 각 호의 직에 있던 사람 중에서 특별감찰관이 임명한다. 다만, 「법원조직법」 제42조 제1항 각 호 중 2개 이상의 직에 재직한 경우 그 연수를 합산한다.

② 특별감찰관보는 특별감찰관을 보좌하여 소관 사무를 처리하고 감찰담당관 및 법 제10조 제1항에 따라 파견받은 공무원을 지휘·감독한다.

③ 감찰담당관은 특별감찰관과 특별감찰관보의 지휘를 받아 감찰업무를 담당한다.

④ 특별감찰관보와 감찰담당관은 임용 당시 특별감찰관의 임기만료와 함께 퇴직한다. 다만, 특별감찰관은 업무 인수인계를 위하여 특히 필요하다고 인정하는 경우 1개월 이내의 기간 동안 특별감찰관보와 감찰담당관의 근무기간을 연장할 수 있다.

제4조(공무원 파견 요청 등) ① 특별감찰관은 법 제10조 제1항에 따라 관계 기관의 장에게 소속 공무원의 파견 근무와 이에 관련되는 지원을 요청할 때에는 그 필요성을 소명하는 서면으로 하여야 한다.

② 제1항에 따른 요청을 받은 관계 기관의 장은 해당 기관의 인력 사정 등을 고려하여 최대한 협조하여야 한다.

제5조(특별감찰관의 직무대행) 특별감찰관이 사고로 직무를 수행할 수 없으면 특별감

찰관보가 그 직무를 대행하고, 특별감찰관과 특별감찰관보가 모두 사고로 직무를 수행할 수 없으면 특별감찰과장이 그 직무를 대행한다.

제6조(감찰개시) ① 감찰담당자는 법 제5조에 따른 감찰대상자의 비위행위에 관한 다음 각 호의 정보를 지체 없이 특별감찰관에게 보고하여야 한다.

1. 신고·제보 또는 진정(이하 "신고등"이라 한다)을 받은 정보
2. 법령에 위반되지 아니하는 방법으로 수집한 정보
3. 다른 기관으로부터 이첩받은 정보

② 특별감찰관은 제1항에 따라 보고받은 정보 및 공개된 자료의 내용, 신고자·제보자 또는 진정인(이하 "정보제공자"라 한다)과의 면담이나 전화 등을 통하여 청취한 진술의 내용을 검토한 결과, 비위행위에 관한 정보가 신빙성이 있고, 구체적으로 특정된다고 인정되는 경우 감찰에 착수한다.

③ 특별감찰관은 제2항에 따라 비위행위에 관한 정보가 신빙성이 있고 구체적으로 특정되는지 여부를 판단하기 위하여 다음 각 호의 사항을 고려한다.

1. 해당 정보 내용의 합리성 및 객관적 상당성
2. 신고등이 실명으로 제기된 것인지 여부
3. 해당 정보의 출처
4. 정보제공자와 감찰대상자의 관계
5. 정보제공자 진술의 일관성
6. 해당 정보의 발생 시기
7. 정보제공자가 동일한 신고등을 다른 기관에 하였는지 여부

④ 특별감찰관은 감찰개시 후 5일(공휴일과 토요일은 제외한다) 이내에 감찰대상자, 감찰대상 비위행위의 내용 및 감찰착수 경위 등을 서면으로 대통령에게 보고한다.

제7조(감찰종료) ① 특별감찰관은 제6조에 따라 감찰에 착수한 경우에는 신속하게 감찰조사를 진행하여 감찰을 종료하여야 한다.

② 특별감찰관은 신고등으로 접수된 사안이 법 제2조의 비위행위나 법 제5조의 감찰대상자에 해당하지 아니하고 다른 기관의 소관사항에 해당한다고 인정되는 경우에는 해당 기관에 신고등을 이첩하여 종료한다.

③ 특별감찰관은 비위행위에 대한 혐의를 인정하기 어려운 경우에는 감찰을 즉시 종료한다.

④ 특별감찰관은 감찰 결과 범죄혐의가 명백하여 형사처벌이 필요하다고 인정한 때에는 검찰총장에게 고발하여 종료하고, 범죄행위에 해당한다고 믿을 만한 상당한 이유가 있고 도주 또는 증거인멸 등을 방지하거나 증거확보를 위하여 필요하다고 인정한 때에는 검찰총장에게 수사의뢰하여 종료한다.

⑤ 특별감찰관은 감찰 종료 후 5일(공휴일과 토요일은 제외한다) 이내에 감찰 진행 경과, 세부 감찰활동 내역, 감찰결과와 그 이유 등을 서면으로 대통령에게 보고한다.

⑥ 특별감찰관은 감찰 결과 「국가공무원법」이나 그 밖의 법령에 규정된 징계사유에 해당한다고 인정되는 경우에는 해당 소속기관의 장에게 관련 자료를 송부한다.

제8조(감찰기간 연장 허가) 법 제6조 제3항 단서에 따른 감찰기간 연장허가 신청은 기간 만료 3일(공휴일과 토요일은 제외한다) 전까지 그 사유를 기재한 서면으로 하여야 한다.

제9조(관계기관에의 협조 등 요구) ① 특별감찰관은 법 제16조에 따라 국가, 지방자치단체, 그 밖의 공공기관의 장에게 협조와 지원, 자료 등의 제출이나 사실 조회(이하 "협조등"이라 한다)를 요구할 때에는 협조등요구서(「정보통신망 이용촉진 및 정보보호 등에 관한 법률」에 따른 전자문서를 포함한다)를 교부 또는 우편 등의 방법으로 송달한다.

② 제1항에 따른 협조등요구서에는 협조등을 요구하는 구체적 내용, 협조등의 실시기한 등을 기재한다.

③ 제1항에 따른 요구를 받은 국가, 지방자치단체, 그 밖의 공공기관의 장은 특별한 사유가 없으면 이에 협조하여야 한다.

제10조(출석·답변의 요구 등) ① 특별감찰관은 법 제17조 제1호 또는 제18조 제1항에 따라 감찰대상자와 감찰대상자 이외의 자(이하 "감찰대상자등"이라 한다)의 출석·답변을 요구할 때에는 출석·답변요구서(「정보통신망 이용촉진 및 정보보호 등에 관한 법률」에 따른 전자문서를 포함한다)를 교부 또는 우편 등의 방법으로 송달한다. 다만, 긴급한 경우에는 감찰대상자등에게 구두로 출석·답변을 요구할 수 있다.

② 제1항에 따른 출석·답변요구서에는 출석·답변할 자의 성명, 출석·답변할 일시 및 장소, 출석·답변을 요구하는 취지를 기재한다. 다만, 제1항 단서에 따라 구

두로 출석·답변을 요구한 경우에는 지체 없이 위 기재사항과 함께 구두로 출석·답변을 요구한 사유를 기재한 서면을 작성하여 보관하여야 한다.

③ 특별감찰관은 제1항에 따라 출석·답변을 요구하는 방식 대신에 감찰대상자등으로 하여금 서면 또는 전화 등의 방식으로 진술하게 할 수 있다.

제11조(자료제출 요구 등) ① 특별감찰관은 법 제17조 제2호 또는 제18조 제1항에 따라 감찰대상자등에게 증명서, 소명서, 그 밖의 관계 문서 및 장부, 물품 등 자료제출을 요구할 때에는 자료제출요구서(「정보통신망 이용촉진 및 정보보호 등에 관한 법률」에 따른 전자문서를 포함한다)를 교부 또는 우편 등의 방법으로 송달한다. 다만, 긴급한 경우에는 감찰대상자등에게 구두로 자료제출을 요구할 수 있다.

② 제1항에 따른 자료제출요구서에는 자료를 제출할 자의 성명, 제출할 자료 및 자료제출 기한 등을 기재한다. 다만, 제1항 단서에 따라 구두로 자료제출을 요구한 경우에는 지체 없이 위 기재사항과 함께 구두로 자료제출을 요구한 사유를 기재한 서면을 작성하여 보관하여야 한다.

제12조(감찰착수 사실 등 누설 금지) 특별감찰관과 감찰담당자는 감찰에 착수하여 법 제16조부터 제20조까지의 업무 등(신고 접수 등과 관련한 민원사무를 포함한다)을 수행할 때에는 정보제공자 등 제3자에게 감찰착수 및 종료 사실, 감찰대상자의 신분 및 비위행위 등 감찰 내용이 공표되거나 누설되지 아니하도록 하여야 한다.

제13조(민감정보 등의 처리) 특별감찰관과 감찰담당자는 감찰업무를 수행하기 위하여 불가피한 경우 「개인정보 보호법」 제23조에 따른 민감정보, 같은 법 시행령 제19조 제1호부터 제4호까지의 규정에 따른 주민등록번호, 여권번호, 운전면허의 면허번호, 외국인등록번호나 그 밖의 개인정보를 「개인정보 보호법」에 따라 처리할 수 있다.

제14조(감찰사건기록의 보존 및 폐기) ① 감찰이 제7조 제2항에 따른 관계기관 이첩 또는 같은 조 제4항에 따른 고발·수사의뢰 외의 사유로 종료된 경우 해당 감찰사건기록은 감찰이 종료된 때부터 3년간 보존한다.

② 제1항의 감찰사건기록은 감찰 및 그에 부수되는 기록으로서 문서, 그 밖의 관계 서류 또는 물건, 도면·사진·디스크·테이프·필름·슬라이드·전자기록 등의 특수매체기록을 포함한다.

③ 보존기간이 만료된 기록을 폐기할 경우 특별감찰관의 허가를 받아야 한다.

제15조(정보제보자 보호 등) 특별감찰관과 감찰담당자는 정보제공자가 감찰 정보를 제공하였다는 이유로 불이익을 받지 아니하도록 비밀을 유지하고, 그 신원보호에 노력하여야 한다.

제16조(무고 범죄혐의자에 대한 조치) 특별감찰관은 감찰대상자로 하여금 형사처벌이나 징계처분을 받게 할 목적으로 허위 사실을 신고함으로써 무고의 범죄혐의가 있다고 인정되는 자에 대해서는 검찰에 고발하는 등의 조치를 한다.

부   칙 <대통령령 제25383호, 2014. 6. 17.>
이 영은 2014년 6월 19일부터 시행한다.

특별감찰관 직제

[시행 2014. 6. 19.] [대통령령 제25386호, 2014. 6. 17., 제정]

제1조(목적) 이 영은 「특별감찰관법」 제24조에 따라 특별감찰관의 조직과 직무범위, 그 밖에 필요한 사항을 규정함을 목적으로 한다.

제2조(직무) 특별감찰관은 「특별감찰관법」(이하 "법"이라 한다) 제5조 각 호에 해당하는 사람의 법 제2조에 따른 비위행위에 대한 감찰 및 그에 필요한 사무를 관장한다.

제3조(특별감찰관) ① 특별감찰관은 감찰사무를 통할하고 특별감찰관보를 지휘·감독한다.

② 특별감찰관은 정무직으로 한다.

제4조(특별감찰관보) ① 특별감찰관보는 특별감찰관을 보좌하여 소관사무를 처리하고 감찰담당관, 법 제10조에 따라 파견받은 공무원을 지휘·감독한다.

② 특별감찰관보는 고위공무원단에 속하는 별정직공무원으로 보하되, 그 직위의 직무등급은 가등급으로 한다.

제5조(하부조직) 특별감찰관에 특별감찰과를 둔다.

제6조(특별감찰과) ① 특별감찰과장은 별정직 3급 상당 또는 4급 상당의 감찰담당관으로 보한다.

② 특별감찰과장은 감찰사무와 그 밖에 특별감찰관이 지시한 사무 및 운영지원에 관한 사무를 처리한다.

③ 특별감찰과장은 별정직 5급 상당의 감찰담당관과 법 제10조에 따라 파견받은 공무원을 지휘·감독한다.

제7조(특별감찰관에 두는 공무원의 정원) 특별감찰관에 두는 공무원의 정원은 별표와 같다.

2 특별감찰관법 의원안

가. 박범계 의원안

특별감찰관 임명 등에 관한 법률안

(박범계 의원 대표발의)

의 안 번 호	4663	발의연월일: 2013. 4. 25. 발 의 자: 박범계·최원식·이찬열 박지원·최재천·남인순 김동철·서영교·이춘석 서기호·전해철·김성주 우원식·이언주·진성준 김기준·박영선 의원(17인)

제안이유

대통령의 친인척 및 측근들의 권력형 비리가 근절되지 못하고 있음에도 검찰에 의한 수사의 독립성이 보장되지 아니하여 비리 척결에 대한 국민의 기대에 부응하지 못하고 있는 실정임. 이에 따라 독립성이 보장되는 특별감찰관이 상시적으로 대통령의 친인척 및 측근들과 그 밖의 고위공직자들의 비위를 감찰하고 위법 사실을 발견하면 고발하도록 함으로써 권력형 비리를 예방하고 적절한 처벌을 도모할 필요가 있음.

이에 대통령 측근 등의 권력형 비리를 근절하고 공직사회의 청렴성을 확보하기 위하여 특별감찰관제를 도입하여 대통령 측근 및 고위공직자들의 행위를 감시하고 향후 발생할 수 있는 비리행위를 방지하려는 것임.

주요 내용

가. 이 법은 대통령 측근 및 고위공직자의 비리를 감시하기 위하여 독립적인 지위를 가지는 특별감찰관의 임명과 직무 등에 관하여 필요한 사항을 규정함을 목적으로 함(안 제1조).

나. 이 법에 의한 감찰대상은 대통령의 배우자, 대통령의 직계존비속, 대통령의 4촌 이내의 친족, 대통령 비서실 1급 이상의 공무원, 국무총리, 국무위원, 국회의원, 감사원장, 국가정보원장, 검찰총장, 공정거래위원장, 금융위원장, 국세청장, 경찰청장으로 함(안 제3조).

다. 특별감찰관은 감찰대상에 해당하는 자가 계약을 가명으로 하는 행위, 공기업이나 공직 유관 단체와 수의계약하는 행위, 인사 관련 등 청탁을 받는 행위, 금품을 주고 받는 행위 등을 하는지 여부를 감찰 대상으로 함(안 제4조).

라. 국회는 본회의 의결로써 특별감찰관 후보를 단수로 추천하고 대통령은 이를 특별감찰관으로 임명함(안 제5조).

마. 특별감찰관의 임기는 3년으로 함(안 제7조).

바. 특별감찰관은 그 직무를 수행함에 있어서 필요한 경우에는 현장조사, 계좌추적 및 통신내역조회 등의 조사를 행할 수 있고, 관계기관의 장에게 조사협조를 요청할 수 있음(안 제9조).

사. 특별감찰관은 감찰대상에 해당하는 자가 이 법에서 금지된 행위를 했다고 의심할 만한 상당한 이유가 있는 때에는 국회를 경유하여 상설특별검사에게 고발하여야 함(안 제11조).

아. 대통령은 특별감찰관을 해임한 경우에는 지체 없이 이를 국회에 통보하여야 함(안 제14조).

참고사항

이 법률안은 최원식 의원이 대표발의한 「상설특별검사의 임명 등에 관한 법률안」(의안번호 제4661호)의 의결을 전제로 하는 것이므로 같은 법률안이 의결되지 아니하거나 수정의결 되는 경우에는 이에 맞추어 보정되어야 할 것임.

법률 제   호

특별감찰관 임명 등에 관한 법률안

제1조(목적) 이 법은 대통령의 친인척 및 그 밖의 고위공직자의 비리를 감찰하기 위하여 독립적인 지위를 가지는 특별감찰관의 임명과 직무 등에 관하여 필요한 사항을 규정함을 목적으로 한다.

제2조(특별감찰관) 대통령의 친인척 및 그 밖의 고위공직자의 비리를 감찰하고 그와 관련한 조사 및 고발을 하기 위하여 특별감찰관을 둔다.

제3조(특별감찰관의 감찰대상) ① 이 법에 따른 특별감찰관의 감찰대상자는 다음 각 호에 해당하는 자로 한다.

   1. 대통령의 배우자

   2. 대통령의 직계존비속

   3. 대통령의 4촌 이내의 친족

   4. 대통령 비서실의 1급 이상의 공무원

   5. 국무총리, 국무위원, 국회의원, 감사원장, 국가정보원장, 검찰총장, 공정거래위원장, 금융위원장, 국세청장, 경찰청장

   6. 그 밖의 고위공직자로서 대통령령으로 정하는 사람

제4조(특별감찰관의 감찰범위) ① 특별감찰관은 제3조 각 호의 어느 하나에 해당하는 사람이 다음 각호의 금지된 행위를 하는지 여부를 감찰한다.

   1. 실명(實名)이 아닌 명의로 계약을 하거나 알선·중개하는 등으로 개입하는 행위

   2. 공기업이나 공직 유관 단체와 수의계약하거나 알선·중개하는 등으로 개입하는 행위

   3. 인사 관련 등 부정한 청탁을 하거나 받는 행위

   4. 금품·향응을 주고 받는 행위

② 특별감찰관은 제3조 제1호부터 제3호까지에 해당하는 사람이 다음 각 호의 금지된 행위를 하는지 여부를 감찰한다.

   1. 공무원으로 임용되는 행위

   2. 공공기관 임직원으로 취임하는 행위

3. 「공직선거법」상의 선거에 입후보(준비행위를 포함한다)하는 등 선출직 공무원
   으로 출마하는 행위

제5조(특별감찰관의 임명) ① 국회는 10년 이상 「법원조직법」 제42조 제1항 제1호의
  직에 있던 변호사 중에서 1명의 특별감찰관후보자를 대통령에게 서면으로 추천하여
  야 한다.

  ② 대통령은 제1항에 따른 특별감찰관후보자추천서를 받은 때에는 추천서를 받은 날
   부터 3일 이내에 추천된 특별감찰관후보자를 특별감찰관으로 임명하여야 한다.

제6조(특별감찰관의 결격사유) 다음 각 호의 어느 하나에 해당하는 자는 특별감찰관
  으로 임명할 수 없다.

  1. 「국가공무원법」 제2조 또는 「지방공무원법」 제2조에 따른 공무원

  2. 이 법 시행 전 1년 이내에 제1호의 직에 있었던 사람

  3. 정당의 당적을 가진 자이거나 가졌던 사람

  4. 「국가공무원법」 제33조 각 호의 어느 하나에 해당하는 사람

제7조(특별감찰관의 임기) 특별감찰관의 임기는 3년으로 한다.

제8조(특별감찰관의 정치적 중립 및 직무상 독립) 특별감찰관은 정치적으로 중립을
  지켜야 하며, 독립하여 그 직무를 수행한다.

제9조(특별감찰관의 직무범위) 특별감찰관의 직무범위는 다음 각 호와 같다.

  1. 제3조 각 호의 어느 하나에 해당하는 사람이 제3조 각 호의 어느 하나에 해당
     하는 행위를 하는지에 대한 감찰, 조사 및 고발

  2. 제12조의 특별감찰관보 및 관계 기관으로부터 파견 받은 공무원에 대한 지휘
     ·감독

제10조(특별감찰관의 권한) ① 특별감찰관은 그 직무를 수행함에 있어서 필요한 경우
  에는 현장조사, 계좌추적 및 통신내역조회 등의 조사를 행할 수 있다.

  ② 특별감찰관은 그 직무를 수행함에 있어서 필요한 경우에는 검찰청, 경찰청 등 관
   계 기관의 장에게 제3조 각 호의 어느 하나에 해당하는 사람과 관련된 사건의
   수사기록 및 증거 등 자료의 제출과 조사 활동의 지원 등 조사협조를 요청할 수
   있다.

  ③ 특별감찰관은 그 직무를 수행함에 있어서 필요한 경우에는 대검찰청, 경찰청 등
   관계 기관의 장에게 소속 공무원의 파견근무와 이에 관련되는 지원을 요청할 수

있다. 다만, 파견검사의 수는 10명, 파견검사를 제외한 파견공무원의 수는 20명 이내로 한다.

④ 제2항 및 제3항의 요청을 받은 관계 기관의 장은 반드시 이에 응하여야 한다. 관계 기관의 장이 이에 불응할 경우 특별감찰관은 징계의결요구권자에게 관계 기관의 장에 대한 징계절차를 개시할 것을 요청할 수 있다.

제11조(고발) 특별감찰관이 제2조 각 호의 어느 하나에 해당하는 사람이 제3조 각 호의 어느 하나에 해당하는 행위를 했다고 의심할 만한 상당한 이유가 있는 때에는 국회를 경유하여 상설특별검사에게 고발하여야 한다.

제12조(특별감찰관보와 특별조사관) ① 특별감찰관은 7년 이상 「법원조직법」 제42조 제1항 제1호의 직에 있던 변호사 중에서 2명을 특별감찰관보로 임명할 수 있다.

② 특별감찰관보는 특별감찰관의 지휘·감독에 따라 제10조 제3항에 따라 파견 받은 공무원에 대한 지휘·감독을 행한다.

③ 특별감찰관은 그 직무를 수행함에 있어서 필요한 경우에는 20명 이내의 특별조사관을 임명할 수 있다.

④ 특별조사관은 제2조의 각 호에 해당하는 자와 관련된 사건조사의 범위 안에서 사법경찰관의 직무를 수행한다.

⑤ 특별감찰관보 및 특별조사관의 결격사유에 관하여는 제6조를 준용한다.

제13조(특별감찰관 등의 의무) ① 특별감찰관, 특별감찰관보 및 특별조사관과 제10조 제3항에 따라 파견된 공무원 및 특별감찰관의 직무보조를 위하여 채용된 자를 직무상 알게 된 비밀을 재직 중과 퇴직 후에 누설하여서는 아니 된다.

② 특별감찰관, 특별감찰관보 및 특별조사관은 영리를 목적으로 하는 업무에 종사할 수 없으며 다른 직무를 겸할 수 없다.

③ 특별감찰관, 특별감찰관보 및 특별조사관과 제10조 제3항에 따라 파견된 공무원 및 특별감찰관의 직무보조를 위하여 채용된 자는 조사내용을 공표하거나 누설하여서는 아니 된다.

제14조(해임 등) ① 대통령은 다음 각 호의 어느 하나에 해당하는 경우를 제외하고는 특별감찰관 또는 특별감찰관보를 해임할 수 없다.

1. 제6조 각 호에 따른 결격사유가 발견된 경우

2. 직무수행이 현저히 곤란한 신체적·정신적 질환이 있다고 인정되는 경우

3. 특별감찰관이 그 직무수행을 위하여 필요하다고 인정하여 대통령에게 특별감찰관보의 해임을 요청하는 경우

② 대통령은 특별감찰관을 해임한 경우에는 지체 없이 이를 국회에 통보하고 제5조의 규정에 따른 임명절차에 따라 후임 특별감찰관을 임명하여야 한다.

③ 대통령은 특별감찰관보가 사망하거나 특별감찰관보를 해임한 경우에는 지체 없이 제12조 제1항에 따라 후임자를 임명하여야 한다.

④ 특별감찰관은 그 직무수행을 위하여 필요한 때에는 특별조사관을 해임하거나 파견 받은 공무원에 대하여 소속 기관의 장에게 교체를 요청할 수 있다.

제15조(특별감찰관의 퇴임 후 공직 취임 제한) 특별감찰관은 퇴임 후 자신을 임명한 대통령의 재임 기간 내에는 공직 취임이 금지된다.

제16조(벌칙) 위계 또는 위력으로써 특별감찰관, 특별감찰관보 및 특별조사관의 직무수행을 방해한 자는 5년 이하의 징역에 처한다.

제17조(사무처) ① 특별감찰관의 사무를 처리하기 위하여 사무처장 1명과 필요한 직원을 두되 사무처장은 특별감찰관이 추천하는 자를 대통령이 임명한다.

② 소속 직원 중 5급 이상 공무원 또는 고위공무원단에 속하는 일반직공무원은 대통령이 임명하며, 6급 이하 공무원은 특별감찰관이 임명한다.

③ 사무처장은 특별감찰관의 지휘를 받아 특별감찰관의 사무를 관장하고 소속 직원을 지휘·감독한다.

제18조(시행령) 이 법 시행에 관하여 필요한 사항은 대통령령으로 정한다.

부　　칙

제1조(시행일) 이 법은 공포한 날부터 시행한다. 다만, 특별감찰관과 소속 직원의 임명, 이 법의 시행에 관한 대통령령의 제정 및 공포, 특별감찰관의 설치를 위한 준비는 이 법 시행일 이전에 할 수 있다.

제2조(준비행위) ① 법무부에 법무부차관을 단장으로 하는 준비기획단을 둔다.

② 준비기획단은 이 법 시행 전에 특별감찰관과 관련한 조직구성, 관련 법령의 마련 및 그 밖에 특별감찰관의 임명을 위한 준비를 할 수 있다.

나. 김도읍 의원안

특별감찰관법안

(김도읍 의원 대표발의)

의 안 번 호	5736

발의연월일: 2013. 6. 28.

발 의 자: 김도읍·권성동·김회선

이명수·김진태·서용교

손인춘·노철래·신성범

정갑윤·김명연·김정훈

의원(12인)

제안이유

대통령의 친인척 및 측근들의 권력형 비리를 척결하기 위해 직무상 독립성이 보장되는 특별감찰관이 상시적으로 대통령의 친인척 및 측근들과 그 밖의 고위공직자들의 비위를 감찰하도록 함으로써 권력형 비리를 사전에 예방할 필요가 있음.

이에 대통령 측근 등의 권력형 비리를 근절하고 공직사회의 청렴성을 확보하기 위하여 특별감찰관제를 도입하여 대통령 측근 및 고위공직자들의 행위를 감시하고 향후 발생할 수 있는 비리행위를 방지하려는 것임.

주요 내용

가. 이 법은 대통령 친인척 등 대통령과 특수한 관계에 있는 사람의 비위행위에 대한 감찰을 담당하는 특별감찰관의 임명과 직무 등에 관하여 필요한 사항을 규정함을 목적으로 함(안 제1조).

나. 특별감찰관은 감찰대상에 해당하는 자가 계약을 가명으로 하는 행위, 공기업이나 공직 유관 단체와 수의계약하는 행위, 인사 관련 등 부정한 청탁을 하거나 받는 행위, 부당하게 금품을 주고 받는 행위, 공금을 횡령하거나 유용하는 행위 등을 하는 지 여부를 감찰 대상으로 함(안 제2조).

다. 특별감찰관의 소속은 대통령 직속기관으로 하되, 직무에 관하여는 독립의 지위를 가지도록 함(안 제3조).

라. 이 법에 의한 감찰대상자는 대통령의 배우자 및 대통령의 4촌 이내의 친족, 대통령 비서실의 1급 이상의 공무원, 국무총리, 국무위원, 국회의원, 감사원장, 국가정보원 장, 검찰총장, 공정거래위원장, 금융위원장, 국세청장, 경찰청장으로 함(안 제5조).

마. 국회는 본회의 의결로써 복수의 특별감찰관 후보를 추천하고 대통령은 그중 1명을 인사청문회를 거쳐 특별감찰관으로 임명함(안 제7조).

바. 특별감찰관의 임기는 3년으로 함(안 제8조).

사. 특별감찰관은 그 직무를 수행함에 있어서 필요한 경우에는 1명의 특별감찰관보와 10명 이내의 감찰담당관을 임명할 수 있음(안 제9조).

아. 특별감찰관은 감찰대상자의 비위행위 여부를 확인하기 위해 필요한 경우 관계기관 의 장에게 협조와 지원을 요청할 수 있고, 필요한 자료 등의 제출이나 사실조회를 요구할 수 있음(안 제16조).

자. 특별감찰관은 감찰대상자에게 출석·답변 요구 및 자료제출을 요구할 수 있으며, 필요한 경우 감찰대상자 이외의 자에게 출석·답변 요구 및 자료제출을 요구할 수 있음(안 제17조, 제18조).

차. 특별감찰관은 감찰대상의 행위가 범죄혐의가 명백하여 형사처벌이 필요하다고 인 정한 때에는 검찰총장에게 고발하고, 범죄행위에 해당한다고 믿을 만한 상당한 이 유가 있고 도주 또는 증거인멸 등을 방지하거나 증거확보를 위하여 필요하다고 인 정한 때에는 검찰총장에게 수사의뢰를 하여야 함(안 제19조).

카. 특별감찰관이 고발한 사건 중 처분이 이루어지지 아니하고 90일이 경과하거나 그 수사결과에 이의가 있는 경우 또는 제19조에 따른 조치의 대상이 법무부장관 또는 검찰총장인 경우에는 특별감찰관은 법무부장관(대상이 법무부장관인 경우에는 법 무부차관)에게 특별검사가 수사하도록 요청할 수 있음(안 제20조).

타. 특별감찰관 등과 파견공무원은 감찰내용을 공표·누설하거나 권한을 남용하여서는

아니됨(안 제21조, 제22조).

참고사항

이 법률안은 김도읍 의원이 대표발의한 「특별검사의 임명 등에 관한 법률안」(의안
번호 제5735호)의 의결을 전제로 하는 것이므로 같은 법률안이 의결되지 아니하거나
수정의결되는 경우에는 이에 맞추어 조정하여야 할 것임.

법률 제   호

특별감찰관법안

제1장 총칙

제1조 (목적) 이 법은 대통령의 친인척 등 대통령과 특수한 관계에 있는 사람의 비위행위에 대한 감찰을 담당하는 특별감찰관의 임명과 직무 등에 관하여 필요한 사항을 규정함을 목적으로 한다.

제2조 (비위행위) 이 법에서 사용하는 "비위행위"라 함은 다음 각 호의 어느 하나에 해당하는 행위를 말한다.

  1. 실명(實名)이 아닌 명의로 계약을 하거나 알선·중개하는 등으로 개입하는 행위

  2. 공기업이나 공직 유관 단체와 수의계약하거나 알선·중개하는 등으로 개입하는 행위

  3. 인사 관련 등 부정한 청탁을 하거나 받는 행위

  4. 부당하게 금품·향응을 주고 받는 행위

  5. 공금을 횡령·유용하는 행위

제3조 (지위) 특별감찰관은 대통령에 소속하되, 직무에 관하여는 독립의 지위를 가진다.

제4조 (정치적 중립) 특별감찰관은 직무를 수행함에 있어 정치적 중립을 지킨다.

제5조 (감찰대상자) 이 법에 따른 특별감찰관의 감찰대상자는 다음 각 호에 해당하는 사람으로 한다.

  1. 대통령의 배우자 및 4촌 이내 친족

  2. 대통령비서실의 1급 이상의 공무원

  3. 국무총리, 감사원장, 국가정보원장, 국무위원, 국회의원, 검찰총장, 경찰청장, 국세청장, 공정거래위원장, 금융위원장

제6조 (감찰사항) ① 특별감찰관은 제5조에서 규정한 사람의 특정한 비위행위를 조사하는 방법으로 감찰을 행한다.

  ② 제1항에 의한 감찰을 하려는 경우 다음 각 호의 어느 하나에 해당하는 사항은 감찰할 수 없다.

  1. 국무총리로부터 국가기밀에 속한다는 소명이 있는 사항

2. 국방부장관으로부터 군기밀이거나 작전상 지장이 있다는 소명이 있는 사항

제2장 임명과 신분보장

제7조(특별감찰관의 임명) ① 국회는 15년 이상 법원조직법 제42조 제1항 제1호의 직에 있던 변호사 중에서 3명의 특별감찰관 후보자를 대통령에게 서면으로 추천한다.

② 대통령은 제1항에 따른 특별감찰관 후보자 추천서를 받은 때에는 추천서를 받은 날로부터 3일 이내에 추천후보자 중에서 1명을 특별감찰관으로 지명하고, 국회의 인사청문을 거쳐 임명하여야 한다.

제8조(특별감찰관의 임기) ① 특별감찰관의 임기는 3년으로 하고, 중임할 수 없다.

② 특별감찰관이 결원된 때에는 결원된 날로부터 30일 이내에 후임자를 임명하여야 한다.

제9조(특별감찰관보와 감찰담당관) 특별감찰관은 그 직무수행에 필요한 범위에서 1명의 특별감찰관보와 10명 이내의 감찰담당관을 임명할 수 있다.

제10조(공무원 파견요청 등) ① 특별감찰관은 그 직무수행을 위하여 필요한 때에는 감사원, 대검찰청, 경찰청, 국세청 등 관계 기관의 장에게 소속 공무원의 파견 근무와 이에 관련되는 지원을 요청할 수 있다. 다만, 파견공무원의 수는 20명 이내로 한다.

② 파견공무원의 파견 기간은 3년을 초과할 수 없고, 소속 기관으로 복귀한 사람은 다시 파견할 수 없다.

제11조(특별감찰관의 직무권한) ① 특별감찰관은 감찰사무를 통할하고 특별감찰관보를 지휘·감독한다.

② 특별감찰관보는 특별감찰관을 보좌하여 소관사무를 처리하고 감찰담당관, 제10조에 따라 파견받은 공무원을 지휘·감독하며 특별감찰관이 사고로 직무를 수행할 수 없으면 대통령령이 정하는 순서에 따라 그 직무를 대행한다.

제12조(보수와 대우 등) ① 특별감찰관은 정무직 공무원으로 하고, 특별감찰관보와 감찰담당관은 특정직 공무원으로 한다.

② 특별감찰관의 정년은 65세, 특별감찰관보의 정년은 63세, 감찰담당관의 정년은 60세로 한다.

③ 특별감찰관, 특별감찰관보와 감찰담당관(이하 '특별감찰관 등'이라 한다)의 보수와 대우에 대하여는 대통령령으로 정한다.

제13조(결격사유) 다음 각 호의 어느 하나에 해당하는 사람은 특별감찰관 등이 될 수 없다.

1. 대한민국 국민이 아닌 사람

2. 「국가공무원법」 제33조 각 호의 어느 하나에 해당하는 사람

3. 금고 이상의 형의 선고를 받은 사람

4. 탄핵결정에 의하여 파면된 후 5년을 경과하지 아니한 사람

제14조(해임 등) ① 대통령은 다음 각 호의 어느 하나에 해당하는 경우를 제외하고는 특별감찰관을 해임할 수 없다.

1. 제13조 각 호에 따른 결격사유가 발견된 경우

2. 직무수행이 현저히 곤란한 신체적·정신적 질환이 있다고 인정되는 경우

② 대통령은 특별감찰관을 해임한 경우에는 지체 없이 이를 국회에 통보하고 제7조의 규정에 따른 임명절차에 따라 후임 특별감찰관을 임명하여야 한다.

③ 특별감찰관은 특별감찰관보나 감찰담당관을 해임하거나 파견 받은 공무원에 대하여 소속 기관의 장에게 교체를 요청할 수 있다.

제15조(공직 등 임명 제한) 특별감찰관은 면직, 해임 또는 퇴직 후 그 특별감찰관을 임명한 대통령의 임기 중에는 제5조 제2호, 제3호에서 정하는 특정 공직자, 차관급 이상 공직자 및 공직자윤리법 제3조의 2에 따른 공직유관단체의 임원에 임명될 수 없다.

제3장 권한과 의무

제16조(관계기관의 협조) 특별감찰관은 감찰대상자의 비위행위 여부를 확인하기 위하여 필요한 경우 국가 또는 지방자치단체, 그 밖의 공공기관의 장에게 협조와 지원을 요청할 수 있고, 필요한 자료 등의 제출이나 사실 조회를 요구할 수 있다.

제17조(출석답변·자료제출) ① 특별감찰관은 감찰에 필요하면 감찰대상자에게 다음 각 호의 조치를 할 수 있다.

1. 출석·답변의 요구(「정보통신망 이용촉진 및 정보보호 등에 관한 법률」에 따른

정보통신망을 이용한 요구를 포함한다. 이하 같다)

2. 증명서, 소명서, 그 밖의 관계 문서 및 장부, 물품 등의 제출 요구

제18조(감찰대상자 이외의 자에 대한 협조요구) ① 감찰대상자의 비위행위를 감찰하기 위하여 필요한 경우에는 전조의 규정에 따라 감찰대상자 이외의 자에 대하여 자료의 제출이나 출석·답변을 요구할 수 있다.

② 제1항의 요구는 협조의 내용, 이유 및 출석장소, 시간 등을 명시하여 요구대상자에게 서면으로 통지함을 원칙으로 한다. 다만, 긴급한 경우에는 전화 등의 방법으로 통지할 수 있다.

③ 출석·답변한 자에 대하여는 관계규정에 따라 여비 등을 지급하여야 한다.

제19조(고발 등) 특별감찰관은 이 법에 의한 감찰결과 감찰대상자의 행위가 다음 각 호에 해당하는 경우 다음 각 호와 같은 조치를 하여야 한다.

1. 범죄혐의가 명백하여 형사처벌이 필요하다고 인정한 때에는 검찰총장에게 고발

2. 범죄행위에 해당한다고 믿을 만한 상당한 이유가 있고 도주 또는 증거인멸 등을 방지하거나 증거확보를 위하여 필요하다고 인정한 때에는 검찰총장에게 수사의뢰

제20조(특별검사에의 수사요청) 특별감찰관이 고발한 사건 중 처분이 이루어지지 아니하고 90일이 경과하거나 그 수사결과에 이의가 있는 경우 또는 제19조에 따른 조치의 대상이 법무부장관 또는 검찰총장인 경우에는 특별감찰관은 법무부장관(대상이 법무부장관인 경우에는 법무부차관)에게 특별검사가 수사하도록 요청할 수 있다.

제21조(감찰내용 누설 금지) 특별감찰관 등과 파견공무원은 감찰내용을 공표하거나 누설하여서는 아니 된다.

제22조(감찰권한의 남용금지) ① 특별감찰관 등과 파견공무원은 법령에 위반되거나 강제처분에 의하지 아니하는 방법으로 이 법의 시행을 위하여 필요한 최소한의 범위 안에서 감찰을 행해야 하며, 다른 목적 등을 위하여 감찰권을 남용하여서는 아니된다.

② 특별감찰관 등과 파견공무원은 그 직권을 남용하여 법률에 따른 절차를 거치지 아니하고 다른 기관·단체 또는 사람으로 하여금 의무 없는 일을 하게 하거나 사람의 권리 행사를 방해하여서는 아니 된다.

제4장 벌 칙

제23조(벌칙) ① 위계 또는 위력으로써 특별감찰관 등 또는 파견공무원의 직무수행을
  방해한 사람은 5년 이하의 징역에 처한다.

  ② 제21조를 위반한 사람은 5년 이하의 징역 또는 5년 이하의 자격정지에 처한다.

  ④ 제22조를 위반하여 법령에 위반되거나 강제처분에 의하는 방법으로 감찰을 행하
    거나 다른 기관·단체 또는 사람으로 하여금 의무 없는 일을 하게 하거나 사람의
    권리 행사를 방해한 사람은 5년 이하의 징역과 5년 이하의 자격정지에 처한다.

부   칙

이 법은 공포 후 6개월이 경과한 날부터 시행한다.

3	특별검사의 임명 등에 관한 법률(상설특별검사법)

특별검사의 임명 등에 관한 법률

[시행 2014.6.19.] [법률 제12423호, 2014.3.18., 제정]

제1장 총칙

제1조(목적) 이 법은 범죄수사와 공소제기 등에 있어 특정사건에 한정하여 독립적인 지위를 가지는 특별검사의 임명과 직무 등에 관하여 필요한 사항을 규정함을 목적으로 한다.

제2장 특별검사의 수사대상 및 임명

제2조(특별검사의 수사대상 등) ① 특별검사의 수사대상은 다음 각 호와 같다.

1. 국회가 정치적 중립성과 공정성 등을 이유로 특별검사의 수사가 필요하다고 본회의에서 의결한 사건
2. 법무부장관이 이해관계 충돌이나 공정성 등을 이유로 특별검사의 수사가 필요하다고 판단한 사건

② 법무부장관은 제1항제2호에 대하여는 검찰총장의 의견을 들어야 한다.

제3조(특별검사 임명절차) ① 제2조에 따라 특별검사의 수사가 결정된 경우 대통령은 제4조에 따라 구성된 특별검사후보추천위원회에 지체 없이 2명의 특별검사 후보자 추천을 의뢰하여야 한다.

② 특별검사후보추천위원회는 제1항의 의뢰를 받은 날부터 5일 내에 15년 이상 「법원조직법」 제42조제1항제1호의 직에 있던 변호사 중에서 재적위원 과반수의 찬성으로 2명의 후보자를 서면으로 대통령에게 추천하여야 한다.

③ 대통령은 제2항의 추천을 받은 날부터 3일 내에 추천된 후보자 중에서 1명을 특별검사로 임명하여야 한다.

제4조(특별검사후보추천위원회) ① 특별검사 후보자의 추천을 위하여 국회에 특별검

사후보추천위원회(이하 이 조에서 "추천위원회"라 한다)를 둔다.

② 추천위원회는 위원장 1명을 포함하여 7명의 위원으로 구성한다.

③ 위원장은 제4항에 따른 위원 중에서 호선한다.

④ 위원은 다음 각 호의 어느 하나에 해당하는 사람을 국회의장이 임명하거나 위촉한다.

　　1. 법무부 차관

　　2. 법원행정처 차장

　　3. 대한변호사협회장

　　4. 그 밖에 학식과 덕망이 있고 각계 전문 분야에서 경험이 풍부한 사람으로서 국회에서 추천한 4명

⑤ 추천위원회는 국회의장의 요청 또는 위원 3분의 1 이상의 요청이 있거나 위원장이 필요하다고 인정할 때 위원장이 소집하고, 재적위원 과반수의 찬성으로 의결한다.

⑥ 추천위원회가 제3조제2항에 따라 특별검사 후보자를 추천하면 해당 위원회는 해산된 것으로 본다.

⑦ 추천위원회 위원은 정치적으로 중립을 지키고 독립하여 그 직무를 수행한다.

⑧ 그 밖에 추천위원회의 구성과 운영 등에 필요한 사항은 국회규칙으로 정한다.

제5조(특별검사의 결격사유) 다음 각 호의 어느 하나에 해당하는 자는 특별검사로 임명될 수 없다.

　　1. 대한민국 국민이 아닌 자

　　2. 「국가공무원법」 제2조 또는 「지방공무원법」 제2조에 따른 공무원

　　3. 특별검사 임명일 전 1년 이내에 제2호의 직에 있었던 자

　　4. 정당의 당적을 가진 자 또는 특별검사 임명일 전 1년 이내에 당적을 가졌던 자

　　5. 「공직선거법」에 따라 실시하는 선거에 후보자(예비후보자를 포함한다)로 등록한 사람

　　6. 「국가공무원법」 제33조 각 호의 어느 하나에 해당하는 자

제6조(특별검사의 정치적 중립 및 직무상 독립) 특별검사는 정치적으로 중립을 지키고 독립하여 그 직무를 수행한다.

제3장 특별검사의 권한 및 의무

제7조(특별검사의 직무범위와 권한 등) ① 특별검사의 직무 범위는 다음 각 호와 같다.

1. 제3조에 따라 특별검사 임명 추천서에 기재된 사건(이하 "담당사건"이라 한다)에 관한 수사와 공소제기 여부의 결정 및 공소유지

2. 제8조의 특별검사보 및 특별수사관과 관계 기관으로부터 파견받은 공무원에 대한 지휘·감독

② 특별검사는 직무의 범위를 이탈하여 담당사건과 관련되지 아니한 자를 소환·조사할 수 없다.

③ 특별검사는 그 직무수행을 위하여 필요한 때에는 대검찰청, 경찰청 등 관계 기관의 장에게 담당사건과 관련된 사건의 수사 기록 및 증거 등 자료의 제출, 수사활동의 지원 등 수사 협조를 요청할 수 있다.

④ 특별검사는 그 직무수행을 위하여 필요한 때에는 대검찰청, 경찰청 등 관계 기관의 장에게 소속 공무원의 파견 근무와 이에 관련되는 지원을 요청할 수 있다. 다만, 파견검사의 수는 5명 이내, 파견검사를 제외한 파견공무원의 수는 30명 이내로 한다.

⑤ 제3항 및 제4항의 요청을 받은 관계 기관의 장은 정당한 사유가 없으면 이에 따라야 한다. 다만, 특별검사가 특정 검사 및 공무원의 파견을 요청하는 경우에는 사전에 관계 기관의 장과 협의하여야 한다.

⑥ 관계 기관의 장이 제5항 본문의 요청에 정당한 사유 없이 불응할 경우 특별검사는 징계의결요구권자에게 관계 기관의 장에 대한 징계절차를 개시할 것을 요청할 수 있다.

⑦ 「형사소송법」, 「검찰청법」, 「군사법원법」, 그 밖의 법령 중 검사와 군검찰관의 권한에 관한 규정은 이 법의 규정에 반하지 아니하는 한 특별검사의 경우에 이를 준용한다.

제8조(특별검사보 및 특별수사관의 임명과 권한) ① 특별검사는 7년 이상 「법원조직법」 제42조제1항제1호의 직에 있던 변호사 중에서 4명의 특별검사보 후보자를 선정하여 대통령에게 특별검사보로 임명할 것을 요청할 수 있다. 이 경우 대통령은

그 요청을 받은 날부터 3일 이내에 그 후보자 중에서 2명의 특별검사보를 임명하여야 한다.

② 특별검사보는 특별검사의 지휘·감독에 따라 담당사건의 수사 및 공소제기된 사건의 공소유지를 담당하고, 특별수사관 및 관계 기관으로부터 파견받은 공무원을 지휘·감독한다.

③ 특별검사는 그 직무수행에 필요한 때에는 30명 이내의 특별수사관을 임명할 수 있다. 이 경우 유관기관 근무 경력, 업무수행 능력과 자질 등을 고려하여야 한다.

④ 특별수사관은 담당사건의 수사 범위에서 사법경찰관의 직무를 수행한다.

⑤ 특별검사보 및 특별수사관의 결격 사유에 관하여는 제5조, 특별검사보의 권한에 관하여는 제7조제7항을 각각 준용한다.

⑥ 특별검사는 수사완료 후 공소유지를 위한 경우에는 특별검사보, 특별수사관 등 특별검사의 업무를 보조하는 인원을 최소한의 범위로 유지하여야 한다.

제9조(특별검사 등의 의무) ① 특별검사, 특별검사보 및 특별수사관(이하 "특별검사등"이라 한다)과 제7조제4항에 따라 파견된 공무원 및 특별검사의 직무보조를 위하여 채용된 자는 직무상 알게 된 비밀을 재직 중과 퇴직 후에 누설하여서는 아니 된다.

② 특별검사등은 영리를 목적으로 하는 업무에 종사할 수 없으며, 다른 직무를 겸할 수 없다.

③ 특별검사등과 제7조제4항에 따라 파견된 공무원 및 특별검사의 직무보조를 위하여 채용된 자는 제10조제3항·제4항, 제12조 및 제17조에 따른 경우를 제외하고는 정당한 사유 없이 수사내용을 공표하거나 누설하여서는 아니 된다.

④ 「형사소송법」, 「검찰청법」, 「군사법원법」, 그 밖의 법령 중 검사의 의무에 관한 규정은 이 법의 규정에 반하지 아니하는 한 특별검사 및 특별검사보에 이를 준용한다.

제4장 사건처리절차

제10조(수사기간 등) ① 특별검사는 임명된 날부터 20일 동안 수사에 필요한 시설의

확보, 특별검사보의 임명 요청 등 직무수행에 필요한 준비를 할 수 있다. 이 경우 준비기간 중에는 담당사건에 대하여 수사를 하여서는 아니 된다.

② 특별검사는 제1항의 준비기간이 만료된 날의 다음 날부터 60일 이내에 담당사건에 대한 수사를 완료하고 공소제기 여부를 결정하여야 한다.

③ 특별검사가 제2항의 기간 내에 수사를 완료하지 못하거나 공소제기 여부를 결정하기 어려운 경우에는 대통령에게 그 사유를 보고하고 대통령의 승인을 받아 수사기간을 한 차례만 30일까지 연장할 수 있다.

④ 제3항에 따른 보고 및 승인요청은 수사기간 만료 3일 전에 행하여져야 하고, 대통령은 수사기간 만료 전에 승인 여부를 특별검사에게 통지하여야 한다.

⑤ 특별검사는 수사기간 내에 수사를 완료하지 못하거나 공소제기 여부를 결정하지 못한 경우 수사기간 만료일부터 3일 이내에 사건을 관할 지방검찰청 검사장에게 인계하여야 한다. 이 경우 비용지출 및 활동내역 등에 대한 보고에 관하여는 제17조를 준용하되, 그 보고기간의 기산일은 사건인계일로 한다.

제11조(재판기간 등) ① 특별검사가 공소제기한 사건의 재판은 다른 재판에 우선하여 신속히 하여야 하며, 그 판결의 선고는 제1심에서는 공소제기일부터 6개월 이내에, 제2심 및 제3심에서는 전심의 판결선고일부터 각각 3개월 이내에 하여야 한다.

② 제1항의 경우 「형사소송법」 제361조, 제361조의3제1항 · 제3항, 제377조 및 제379조제1항 · 제4항의 기간은 각각 7일로 한다.

제12조(사건의 처리보고) 특별검사는 담당사건에 대하여 공소를 제기하지 아니하는 결정을 하였을 경우, 공소를 제기하였을 경우 및 해당 사건의 판결이 확정되었을 경우에는 각각 10일 이내에 대통령과 국회에 서면으로 보고하고 법무부장관에게 서면으로 통지하여야 한다.

제5장 특별검사의 지위 및 신분보장

제13조(보수 등) ① 특별검사의 보수와 대우는 고등검사장의 예에 준한다.

② 특별검사보의 보수와 대우는 검사장의 예에 준한다.

③ 특별수사관의 보수와 대우는 3급부터 5급까지 상당의 별정직 국가공무원의 예에 준한다.

④ 정부는 예비비에서 특별검사등의 직무수행에 필요한 경비를 지급한다. 다만, 수사완료 후 공소를 제기한 이후에는 판결이 확정될 때까지 공소유지에 필요한 최소한의 경비만을 지급한다.

⑤ 특별검사는 그 직무수행에 필요한 사무실과 통신시설 등 장비의 제공을 국가 또는 공공기관에 요청할 수 있다. 이 경우 요청을 받은 기관은 정당한 사유가 없으면 이에 따라야 한다.

제14조(퇴직 등) ① 특별검사는 정당한 사유가 없으면 퇴직할 수 없으며, 퇴직하고자 하는 경우에는 서면에 의하여야 한다.

② 대통령은 특별검사가 사망하거나 제1항에 따라 사퇴서를 제출한 경우에는 국회의장에게 지체 없이 이를 통보하여야 한다.

③ 대통령은 특별검사가 사망하거나 제1항에 따라 사퇴서를 제출하는 경우에는 제3조에서 정한 임명절차에 따라 후임 특별검사를 임명하여야 한다. 이 경우 후임 특별검사는 전임 특별검사의 직무를 승계한다.

④ 제3항에 따라 후임 특별검사를 임명하는 경우 제10조의 수사기간 산정에 있어서는 전임·후임 특별검사의 수사기간을 합산하되, 특별검사가 사퇴서를 제출한 날부터 후임 특별검사가 임명되는 날까지의 기간은 수사기간에 산입하지 아니한다.

⑤ 특별검사보가 사망하거나 사임한 경우에는 특별검사는 대통령에게 후임 특별검사보의 임명을 요청할 수 있다. 이 경우 대통령은 지체 없이 제8조제1항에 따라 후임 특별검사보를 임명하여야 한다.

⑥ 특별검사등은 제12조에 따라 공소를 제기하지 아니하는 결정을 하거나 판결이 확정되어 보고서를 제출한 때 및 제10조제5항에 따라 사건을 인계한 때에는 당연히 퇴직한다.

제15조(해임 등) ① 대통령은 다음 각 호의 어느 하나에 해당하는 경우를 제외하고는 특별검사 또는 특별검사보를 해임할 수 없다.

  1. 제5조 각 호에 규정된 결격사유가 발견된 경우
  2. 직무수행이 현저히 곤란한 신체적·정신적 질환이 있다고 인정되는 경우
  3. 제9조제1항 또는 제2항을 위반한 경우
  4. 제9조제4항에 따라 특별검사와 특별검사보에게 준용되는 검사의 의무에 관한 규정을 위반한 경우

     5. 특별검사가 그 직무수행 또는 제8조제6항에 따라 필요하다고 인정하여 대통령에게 특별검사보의 해임을 요청하는 경우

② 대통령은 특별검사를 해임한 경우에는 국회의장에게 지체 없이 이를 통보하여야 한다.

③ 대통령은 특별검사를 해임한 경우에는 제3조에서 정한 임명절차에 따라 후임 특별검사를 임명하여야 한다. 이 경우 직무승계에 관하여는 제14조제3항 후단, 수사기간의 산정에 관하여는 같은 조 제4항을 각각 준용한다.

④ 대통령이 특별검사보를 해임한 경우에는 지체 없이 제8조제1항에 따라 후임 특별검사보를 임명하여야 한다. 다만, 제1항제5호(제8조제6항에 따른 경우로 한정한다)에 따라 특별검사보를 해임한 경우에는 그러하지 아니하다.

⑤ 특별검사는 그 직무수행을 위하여 필요한 때에는 특별수사관을 해임하거나 파견받은 공무원에 대하여 소속 기관의 장에게 교체를 요청할 수 있다.

제16조(신분보장) 특별검사 및 특별검사보는 탄핵 또는 금고 이상의 형을 선고받지 아니하고는 파면되지 아니한다.

제6장 보칙

제17조(회계보고 등) 특별검사는 담당사건에 대하여 공소를 제기하지 아니하는 결정을 하였을 경우와 공소를 제기한 사건의 판결이 확정되었을 경우에는 10일 이내에 비용지출 및 활동내역 등에 관한 사항을 대통령에게 서면으로 보고하고, 보관하고 있는 업무 관련 서류 등을 검찰총장에게 인계하여야 한다. 다만, 공소를 제기한 경우에는 그 공소제기일까지의 비용지출 및 활동내역 등에 관한 사항을 10일 이내에 대통령에게 서면으로 중간보고하여야 한다.

제18조(재판관할) 특별검사의 담당사건에 관한 제1심 재판은 서울중앙지방법원 합의부의 전속관할로 한다.

제19조(직무범위를 이탈한 공소제기의 효력) 특별검사의 공소제기가 제7조제1항을 위반하여 직무범위를 이탈한 경우 그 공소제기는 효력이 없다.

제20조(이의신청) ① 담당사건의 수사대상이 된 자 또는 그 배우자·직계존속·직계비속·동거인·변호인은 제7조제2항을 위반한 경우 등 특별검사의 직무범위 이탈에

대하여 서울고등법원에 이의신청을 할 수 있다.

② 제1항에 따른 이의신청은 이유를 기재한 서면으로 하되, 특별검사를 경유하여야 한다.

③ 제2항에 따라 이의신청서를 접수한 특별검사는 다음 각 호의 구분에 따라 이를 처리한다.

  1. 신청이 이유 있는 것으로 인정한 때에는 신청내용에 따라 즉시 시정하고, 이를 서울고등법원과 이의신청인에게 서면으로 통지하여야 한다.

  2. 신청이 이유 없는 것으로 인정한 때에는 신청서를 접수한 때부터 24시간 이내에 신청서에 의견서를 첨부하여 서울고등법원에 이를 송부하여야 한다.

④ 제3항제2호에 따라 송부된 신청서를 접수한 서울고등법원은 접수한 때부터 48시간 이내에 다음 각 호의 구분에 따라 결정하여야 한다. 이 경우 법원은 필요한 때에는 수사기록의 열람 등 증거조사를 할 수 있다.

  1. 신청이 이유 없는 것으로 인정한 때에는 신청을 기각한다.

  2. 신청이 이유 있는 것으로 인정한 때에는 신청대상 조사 내용이 특별검사의 직무범위를 이탈하였음을 인용한다.

⑤ 제4항제2호의 인용결정이 있는 경우에는 특별검사는 해당 결정의 취지에 반하는 수사활동을 하여서는 아니 된다.

⑥ 제4항의 결정에 대하여는 항고할 수 없다.

⑦ 제1항에 따른 이의신청에도 불구하고 특별검사의 수사활동은 정지되지 아니한다.

⑧ 제1항에 따른 이의신청인은 이의신청과 동시에 또는 그와 별도로 이유를 소명한 서면으로 서울고등법원에 해당 처분 등의 효력이나 그 집행 또는 절차의 속행의 전부 또는 일부 정지를 신청할 수 있고, 법원은 지체 없이 이에 대하여 결정하여야 한다.

⑨ 서울고등법원이 제4항 또는 제8항의 결정을 한 때에는 이의신청인과 특별검사에게 서면으로 통지하여야 한다.

제21조(위임) 그 밖에 이 법률에 규정되지 아니한 특별검사의 사건처리절차 등 이 법 시행을 위하여 필요한 사항은 대통령령 또는 국회규칙으로 정한다.

제7장 벌칙

제22조(벌칙) ① 위계 또는 위력으로써 특별검사등의 직무수행을 방해한 자는 5년 이하의 징역 또는 5천만원 이하의 벌금에 처한다.

② 특별검사등이나 제7조제4항에 따라 파견된 공무원 또는 특별검사의 직무보조를 위하여 채용된 자가 제9조제1항을 위반하여 직무상 알게 된 비밀을 누설한 때에는 3년 이하의 징역 또는 5년 이하의 자격정지에 처한다.

③ 특별검사등이나 제7조제4항에 따라 파견된 공무원 또는 특별검사의 직무보조를 위하여 채용된 자가 제9조제3항을 위반하여 직무상 알게 된 수사내용을 공소제기 전에 공표한 때에는 3년 이하의 징역 또는 5년 이하의 자격정지에 처한다.

제23조(벌칙 적용에서의 공무원 의제) 특별검사등 및 특별검사의 직무보조를 위하여 채용된 자는 「형법」이나 그 밖의 법률에 따른 벌칙을 적용할 때에는 공무원으로 본다.

부칙 <제12423호, 2014.3.18.>

이 법은 공포 후 3개월이 경과한 날부터 시행한다.

특별검사의 임명 등에 관한 법률 의원안

가. 서기호 의원안

상설특별검사의 임명 등에 관한 법률안

(서기호의원 대표발의)

의 안 번 호	5423

발의연월일 : 2013. 6. 12.

발 의 자 : 서기호 · 김기준 · 박수현
박홍근 · 배기운 · 변재일
서영교 · 신경민 · 우원식
유성엽 · 윤후덕 · 이학영
전해철 · 최원식 · 최재성
최재천 · 추미애 · 홍종학
김제남 · 박원석 · 심상정
정진후 의원(22인)

제안이유

우리나라에서는 1999년 이후 총 11차례에 걸쳐 특별검사가 임명되어 수사가 진행된 바 있으나 대부분 부실 수사, 봐주기 수사 등으로 인해 일반 검찰수사와 별반 다르지 않는 모습을 보여주었음.

이처럼 역대 특검에 있어서 수사의 공정성과 독립성을 담보할 수 없었던 것은 수사 개시여부가 정치적 타협에 의해 결정됨에 따라 짧은 시간 안에 특검 후보자를 검증하고 독립성과 능력을 갖춘 수사팀을 구성하는데 어려움이 있었으며 그로 인해 기존 검찰조직에 의존하지 않고서는 제대로 된 수사를 진행하기 힘들었던 점에서 비롯된 측면이 크다고 할 수 있음.

이에 상설 특별검사 제도를 새롭게 도입하는 한편, 대통령으로부터 독립된 특별검사를 임명하고 독립된 권한과 능력을 가진 수사인력이 확보될 수 있도록 하여 상설특검이 명실상부한 반부패 수사기관으로서 역할을 할 수 있도록 하려는 것임.

주요 내용

가. 이 법은 고위 공직자와 그 친족 등의 권한남용, 부정부패 사건에 대하여 수사와 기소를 담당할 상설적인 특별검사를 임명하고 운영하는 것에 관하여 필요한 사항을 규정함을 목적으로 함(안 제1조).

나. 특별검사는 15년 이상 변호사 자격이 있는 자로서 특별검사추천위원회(이하 "추천위원회"라 한다)의 추천을 받은 후보자 중에서 대통령이 임명하며 이 경우 특별검사는 국회의 인사청문회를 거치도록 함(안 제3조).

다. 국회는 위원장 1명을 포함한 9명의 위원으로 추천위원회를 구성하고, 추천위원회의 위원은 정당의 구성원이 3명을 넘지 않도록 하며, 추천위원회는 특별검사의 업무를 공정하고 독립적으로 수행할 수 있다고 인정되는 사람 중에서 재적위원 3분의 2 이상의 찬성으로 2명의 후보자를 대통령에게 추천하도록 함(안 4조).

라. 특별검사보는 10년 이상 변호사 자격이 있는 자 중에서 특별검사의 제청으로 2명 이내에서 대통령이 임명하도록 함(안 제5조).

마. 검찰관은 5년 이상 변호사의 자격을 가진 자 중에서 특별검사의 제청으로 20명 이내에서 대통령이 임명하도록 함(안 제6조).

바. 특별검사는 직무수행을 위하여 수사관을 임명할 수 있도록 함(안 제7조).

사. 특별검사는 고위공직자나 그 친족의 범죄행위 및 관련 범죄 및「특별감찰관의 임명 등에 관한 법률」에 따라 특별감찰관이 감찰에 의해 고발한 사건, 국회의원 재적 1/3이상이 수사 요청한 사건, 국회의 상임위원회 또는 특별위원회(이하 "위원회"라 한다)가 특별검사의 조사가 필요하다고 판단하여 수사 요청한 사건, 법무부장관이 검찰이 수사하는 것보다 특별검사에서 수사하는 것이 적절하다고 보아 상설특별검사에 수사를 의뢰하는 사건 등에 대하여 수사 및 공소의 제기와 그 유지에 필요한 행위를 직무로써 수행하도록 함(안 제13조).

아. 특별검사는 사건에 대하여 충분한 혐의가 인정되고 소송조건을 갖춘 때에는 의무
  적으로 공소제기를 하도록 함(안 제17조).

자. 고소·고발인 등이 특별검사로부터 공소를 제기하지 아니한다는 통지를 받은 때에
  는 서울고등법원에 그 당부에 관한 재정을 신청할 수 있도록 함(안 제18조).

법률 제   호

상설특별검사의 임명 등에 관한 법률안

제1조(목적) 이 법은 고위 공직자와 그 친족 등의 권한남용, 부정부패 사건에 대하여 수사와 기소를 담당할 상설적인 특별검사를 임명하고 운영하는 것에 관하여 필요한 사항을 규정함을 목적으로 한다.

제2조(정의) 이 법에서 사용하는 용어의 정의는 다음과 같다.

  1. "고위공직자"란 다음 각 목의 어느 하나에 해당하는 현직 공직자 또는 퇴임 2년 이내의 전직 공직자를 말한다.

    가. 대통령, 대통령 비서실 소속의 1급 이상 공무원

    나. 국회의원

    다. 법관 및 검사(군판사 및 군검찰관 포함)

    라. 장관급 장교

    마. 차관급 이상 공무원

    바. 치안감 이상 경찰공무원

  2. "친족"이란 고위공직자의 배우자, 직계존비속 및 형제자매를 말한다.

  3. "범죄행위"란 다음 각 목의 어느 하나에 해당하는 행위를 말한다. 다만, 전직 고위공직자의 경우에는 재직 중에 행한 범죄행위를, 친족의 경우에는 고위공직자의 직무와 관련된 범죄행위를 말한다.

    가. 「형법」 제122조부터 제133조까지의 규정(다른 법률에 따라 형이 가중되는 경우를 포함한다)의 죄

    나. 직무와 관련하여 「형법」 제355조부터 제357조까지 및 제359조(다른 법률에 따라 형이 가중되는 경우를 포함한다)의 죄

    다. 「특정경제범죄 가중처벌 등에 관한 법률」 제5조 및 제7조부터 제9조까지의 죄 또는 「특정범죄 가중처벌 등에 관한 법률」 제3조의 죄

    라. 「정치자금법」, 「공직선거법」, 「변호사법」, 「조세범 처벌법」에 따른 죄

  4. "관련범죄"란 다음 각 목의 어느 하나에 해당하는 죄를 말한다.

    가. 제3호에 따른 각 범죄행위에 대한 「형법」 제30조부터 제34조까지의 죄

    나. 고위공직자 또는 그 친족의 범죄행위와 관련하여 「형법」 제151조ㆍ제

152조 및 제154조부터 제156조까지의 죄

제3조(특별검사) ① 특별검사는 15년 이상 변호사 자격이 있는 자로서 제4조에 따라 특별검사추천위원회(이하 "추천위원회"라 한다)의 추천을 받은 후보자 중에서 대통령이 임명한다. 이 경우 특별검사는 국회의 인사청문회를 거쳐야 한다.

② 특별검사의 임기는 3년으로 하고 중임할 수 없다.

③ 특별검사는 그 권한에 속하는 임무를 독립하여 수행한다.

제4조(추천위원회) ① 국회는 위원장 1명을 포함한 9명의 위원으로 추천위원회를 구성한다.

② 추천위원회의 위원은 정당의 구성원이 3명을 넘지 않아야 한다.

③ 위원장은 위원 중에서 호선한다.

④ 추천위원회는 특별검사의 업무를 공정하고 독립적으로 수행할 수 있다고 인정되는 사람 중에서 재적위원 3분의 2 이상의 찬성으로 2명의 후보자를 대통령에게 추천하여야 한다. 이 때 추천위원회는 일정 기간 이상 국민들로부터 의견, 제안 등을 받아야 한다.

⑤ 추천위원회는 제4항에 따라 특별검사 후보자를 추천함으로써 임무가 만료되며 그 밖에 추천위원회의 운영 등에 필요한 사항은 대통령령으로 정한다.

제5조(특별검사보) ① 특별검사보는 10년 이상 변호사 자격이 있는 자 중에서 특별검사의 제청으로 2명 이내에서 대통령이 임명한다.

② 특별검사보는 특별검사를 보좌하며 특별검사가 부득이한 사유로 그 직무를 수행할 수 없는 때에는 그 직무를 대행한다.

③ 특별검사보는 제6조의 검찰관의 직무를 수행할 수 있다.

④ 특별검사보의 임기는 3년으로 하고 중임할 수 없다.

제6조(검찰관) ① 검찰관은 5년 이상 변호사의 자격을 가진 자 중에서 특별검사의 제청으로 20명 이내에서 대통령이 임명한다.

② 검찰관은 제13조 각 호의 직무를 수행함에 있어서 「검찰청법」 제4조에 따른 검사의 직무 및 「군사법원법」 제37조에 따른 검찰관의 직무를 할 수 있다.

제7조(수사관 등) ① 특별검사는 직무수행을 위하여 수사관을 임명할 수 있다.

② 수사관은 제13조 각호의 직무를 수행함에 있어서 검찰청 수사관의 직무를 수행한다.

제8조(사무처) ① 특별검사의 사무를 처리하기 위하여 사무처를 둔다.

　② 사무처에는 사무처장 1명과 필요한 직원을 두되 사무처장은 특별검사가 추천하는 자를 대통령이 임명한다.

　③ 사무처장은 특별검사의 지휘를 받아 특별검사의 사무를 관장하고 소속 직원을 지휘·감독한다.

제9조(보수 등) ① 특별검사의 보수와 대우는 검찰총장의 예에 준한다.

　② 특별검사보의 보수와 대우는 검사장의 예에 준한다.

　③ 검찰관은 특정직 공무원으로 한다.

　④ 특별검사는 특별검사, 특별검사보, 검찰관, 수사관 등의 직무수행에 필요한 사무실과 통신시설 등 장비의 제공을 국가 또는 공공기관에 요청할 수 있다. 이 경우 요청 받은 기관은 정당한 사유가 없는 한 이에 응하여야 한다.

제10조(결격사유) 다음 각 호의 어느 하나에 해당하는 자는 특별검사, 특별검사보, 검찰관으로 임명될 수 없다.

　1. 대한민국 국민이 아닌 자

　2. 「국가공무원법」제33조 각 호의 어느 하나에 해당하는 자

　3. 정당의 당원

　4. 「공직선거법」에 따라 실시하는 선거에 후보자 또는 예비후보자로 등록한 자

　5. 최근 2년 이내 검사로 근무한 자

　6. 탄핵에 의하여 파면된 후 5년을 경과하지 아니한 자

제11조(신분보장) 특별검사, 특별검사보, 검찰관은 탄핵 또는 금고 이상의 형을 받지 아니하면 파면 또는 퇴직되지 아니하며, 징계처분에 의하지 아니하면 파면·퇴직·정직 또는 감봉의 처분을 받지 아니한다.

제12조(공직임용제한) 특별검사, 특별검사보는 파면 또는 퇴직 후 2년 이내에 정무직 공무원, 대법관, 헌법재판관 및 검찰총장, 검사로 임용될 수 없다.

제13조(직무) ① 이 법에 따른 특별검사는 다음 각 호의 사건에 대한 수사 및 공소의 제기와 그 유지에 필요한 행위를 직무로써 수행한다.

　1. 「특별감찰관의 임명 등에 관한 법률」에 따라 특별감찰관이 감찰에 의해 고발한 사건

　2. 국회의원 재적 1/3이상이 수사 요청한 사건

3. 국회의 상임위원회 또는 특별위원회(이하 "위원회"라 한다)가 특별검사의 조사 가 필요하다고 판단하여 수사 요청한 사건

4. 법무부장관이 검찰이 수사하는 것보다 특별검사에서 수사하는 것이 적절하다 고 보아 상설특별검사에 수사를 의뢰하는 사건

5. 고위공직자나 그 친족의 범죄행위 및 관련 범죄

② 검찰총장은 제1항 제5호의 고위공직자나 그 친족의 범죄행위 및 관련 범죄를 수사하는 경우 지체없이 그 내용을 특별검사에게 통지하여야 한다. 이 경우 특 별검사는 검찰이 수사하는 것보다 특별검사가 수사하는 것이 적절하다고 보는 경우 사건의 이첩을 요구할 수 있고 검찰총장은 이에 응하여야 한다.

제14조(정치적 중립 및 직무상 독립) 특별검사, 특별검사보, 검찰관, 수사관은 정치적 중립을 지켜야 하며, 그 권한에 속하는 직무를 수행함에 있어 외부로부터 어떠한 지시나 간섭을 받지 아니한다.

제15조(범죄행위의 신고와 내부고발자 보호조치) ① 누구든지 고위공직자 또는 그 친 족의 범죄행위와 관련범죄를 알게 된 때에는 이를 특별검사에게 고소·고발할 수 있다.

② 특별검사는 제1항에 따라 고소 또는 고발을 접수한 날부터 3개월 이내에 이를 수사하여 공소의 제기 여부를 결정하고, 이를 고소 또는 고발인에게 지체 없이 통지하여야 한다. 다만, 그 기간 내에 결정할 수 없는 정당한 사유가 있는 경우 에는 1회에 한하여 3개월 이내의 범위에서 결정기간을 연장할 수 있다.

③ 특별검사는 내부고발자에게 대통령령으로 정하는 보호조치 및 지원행위를 할 수 있다.

제16조(관계기관의 협조) ① 특별검사는 이 법이 정하는 직무를 수행함에 있어서 필 요하다고 인정되는 때에는 관계 공공기관의 장 및 관계 공무원에게 지원 및 협조 를 요청할 수 있다.

② 제1항의 요청을 받은 관계 공공기관의 장 및 관계 공무원은 이에 응하여야 한다.

제17조(기소법정주의) ① 특별검사는 사건에 대하여 충분한 혐의가 인정되고 소송조 건을 갖춘 때에는 공소를 제기하여야 한다.

② 특별검사는 다음 각 호의 경우에 수사를 중지하거나 기소하지 않아야 한다.

1. 충분한 범죄혐의가 없는 경우

2. 범죄가 성립되지 않는 경우

3. 소송장애사유가 존재하는 경우

제18조(재정신청) ① 제12조 제1항 제1호 내지 제4호의 수사의뢰한 기관의 장 및 고소·고발인은 특별검사로부터 공소를 제기하지 아니한다는 통지를 받은 때에는 서울고등법원에 그 당부에 관한 재정을 신청할 수 있다.

② 제1항에 따른 재정신청에 관하여는「형사소송법」제260조 제1항·제261조·제262조 및 제262조의2부터 제262조의4까지의 규정과「군사법원법」제301조를 준용한다. 이 경우 "관할법원" 및 "고등군사법원"은 각각 "서울고등법원"으로 본다.

제19조(검찰관의 징계) ① 검찰관의 징계사건을 심사·의결하기 위하여 특별검사는 징계위원회를 둔다.

② 검찰관의 징계는 징계위원회의 의결을 거쳐 특별검사가 행한다. 다만, 파면 및 해임은 징계위원회의 의결을 거쳐 특별검사의 제청으로 대통령이 행한다.

③ 제1항에 따른 징계위원회의 구성·권한 및 심사절차, 그 밖에 필요한 사항은 대통령령으로 정한다.

제20조(계약직공무원) 특별검사는 직무의 내용·특수성 등을 고려하여 필요한 경우에는 계약직공무원을 둘 수 있다.

제21조(다른 법률의 준용) 그 밖에 검찰관 및 수사관의 업무에 관하여는 이 법의 규정에 반하지 아니하는 한「검찰청법」,「사법경찰관리의 직무를 수행할 자와 그 직무범위에 관한 법률」,「군사법원법」또는「형사소송법」을 준용한다.

부   칙

이 법은 공포한 날부터 시행한다.

나. 최원식 의원안

상설특별검사의 임명 등에 관한 법률안

(최원식 의원 대표발의)

의 안 번 호	4661

발의연월일: 2013. 4. 25.

발 의 자: 최원식·최재천·이찬열
박지원·박범계·남인순
김동철·서영교·이춘석
서기호·전해철·김성주
우원식·이언주·진성준
김기준·박영선 의원
(17인)

제안이유

대통령의 측근 및 그 친족들의 뇌물수수, 공금횡령 등 권력형 비리 사건이 빈발하고 있음에도 그 범죄에 대한 수사권은 검찰이 가지고 있음. 하지만 대통령이 검찰총장의 임명권을 가지고 법무부장관이 검찰총장에게 사건을 지휘할 수 있는 현실에서는 이러한 권력형 비리 사건의 수사를 계속 검찰이 담당하는 것은 비위 척결에 대한 국민의 기대에 부합하지 못할 여지가 있음.

지금까지는 국민적 관심이 집중된 비리 사건이 발생할 때마다 특별검사를 도입하여 운용하여 왔으나, 특별검사의 특성상 수사 대상 및 활동기간의 한계로 인하여 그 실효성에 의문이 제기되고 있는 실정임. 따라서 보다 넓은 범위의 범죄를 대상으로 상시적으로 활동하는 상설특별검사로 하여금 권력형 비리에 대한 수사를 담당하도록 할 필요가 있음.

이에 공직의 투명성 및 청렴성을 확보하고 권력형 비리 해소에 대한 국민적 기대에 부합할 수 있도록 대통령 친인척과 측근 및 고위공직자에 대한 조사권한을 부여받은 상설특별검사를 설치하여 권력형 비리 등 정치적 독립이 중요한 사건을 수사할 수 있는 권한을 부여하려는 것임.

주요 내용

가. 이 법은 대통령의 친인척과 측근 및 고위공직자 등의 부정부패 사건 등에 대하여 정치적 중립성이 확보되고 독립적인 지위를 갖는 특별검사가 수사와 공소제기를 하도록 함으로써 부정부패를 척결하고 검찰의 정치적 중립성을 촉진함을 목적으로 함(안 제1조).

나. 상설특별검사는 대통령, 대통령의 친인척, 대통령실의 1급 이상의 공무원 및 그 밖의 고위공직자를 대상으로 특별감찰관의 감찰에 의하여 고발된 사건, 국회의 의결로 상설특별검사가 수사할 것으로 요청한 사건, 수사 과정에서 인지한 사건 및 법무부장관이 상설특별검사가 수사하는 것이 적절한 것으로 인정하여 수사의뢰한 사건을 수사의 대상으로 함(안 제2조).

다. 상설특별검사는 15년 이상 변호사의 자격이 있는 사람으로서 상설특별검사 추천위원회의 추천을 받은 후보자 중에 대통령이 임명하고, 국회의 인사청문을 거쳐야 함(안 제3조).

라. 상설특별검사, 특별검사보, 특별수사관은 탄핵 또는 금고 이상의 형을 받지 아니하면 파면 또는 퇴직하지 아니하며, 징계처분에 의하지 아니하면 파면·퇴직·정직 또는 감봉의 처분을 받지 아니한다(안 제8조).

마. 상설특별검사는 수사대상 사건의 수사와 공소제기 여부의 결정 및 공소 유지를 담당하며, 그 직무를 수행함에 있어서 필요한 경우에는 대검찰청 등 관계 기관의 장에게 관련 자료의 제출과 수사 활동의 지원 등 수사 협조를 요청할 수 있고, 요청받은 관계 기관의 장은 반드시 이에 응하도록 함(안 제11조).

바. 상설특별검사의 사무를 처리하기 위하여 사무처를 둠(안 제13조).

사. 상설특별검사, 특별검사보, 특별수사관, 파견공무원 및 직무보조자는 직무상 알게 된 비밀을 재직 중과 퇴직 후에 누설하여서는 아니 되고, 정당한 사유가 있는 경우

를 제외하고 공판청구 전에 수사 내용을 공표하거나 누설하여서는 아니 되며 이를 위반하여 업무상 알게 된 비밀을 누설한 사람은 징역 2년 이하의 징역이나 금고 또는 5년 이하의 자격정지에 처함(안 제14조).

법률 제   호

상설특별검사의 임명 등에 관한 법률안

제1조(목적) 이 법은 특정 고위공직자와 그 친족 등의 부정부패사건 등에 대하여 정치
적 중립성이 확보되고 독립적인 지위를 갖는 특별검사가 수사와 공소제기를 하도록
함으로써 부정부패를 척결하고 검찰의 정치적 중립성을 촉진함을 목적으로 한다.

제2조(상설특별검사의 수사대상) ① 이 법에 따른 상설특별검사의 수사대상은 다음
각 호의 사건 및 그와 관련된 사건으로 한다.

　　1. 다음 각 목의 사람과 관련된 사건 중에서 「특별감찰관의 임명 등에 관한 법률」
　　　제3조 및 제11조에 따라 특별감찰관이 감찰에 의해 고발한 사건(이 경우, 관
　　　련 사건에 대한 검찰수사는 그 즉시 중단하며 특별검사에게 이를 인계한다)

　　　가. 대통령의 배우자와 직계존비속, 4촌 이내의 친족 및 인척

　　　나. 대통령 비서실의 1급 이상의 공무원

　　　다. 국무총리, 국무위원, 국회의원, 감사원장, 국가정보원장, 검찰총장, 공정
　　　　거래위원장, 금융위원장, 국세청장, 경찰청장

　　　라. 그 밖의 고위공직자로서 대통령령으로 정하는 사람

　　2. 검사가 수사한 사건 중에서 국회의 상임위원회 또는 특별위원회(이하 "위원회"
　　　라 한다)가 상설특별검사의 조사가 필요하다고 판단하여 국회가 본회의 의결
　　　로써 상설특별검사가 조사하도록 요청한 사건

　　3. 제1호 및 제2호의 사건과 관련하여 수사 중 인지된 사건

　　4. 법무부장관이 검찰이 수사하는 것보다 상설특별검사에서 수사하는 것이 적절
　　　하다고 보아 상설특별검사에 수사를 의뢰하는 사건

제3조(상설특별검사의 임명) ① 상설특별검사는 15년 이상 변호사 자격이 있는 사람
으로서 제5조 제5항에 따라 상설특별검사 추천위원회(이하 "추천위원회"라 한다)
의 추천을 받은 후보자 중에서 대통령이 임명한다. 이 경우 상설특별검사는 국회의
인사청문을 거쳐야 한다.

② 상설특별검사의 임기는 3년으로 하고 중임할 수 없다.

③ 상설특별검사는 그 권한에 속하는 업무를 독립하여 수행한다.

제4조(결격사유) ① 다음 각 호의 어느 하나에 해당하는 자는 상설특별검사로 임명될 수 없다.

1. 대한민국 국민이 아닌 사람
2. 「국가공무원법」 제33조 각 호의 어느 하나에 해당하는 사람
3. 정당의 당적을 가진 사람
4. 「공직선거법」에 따라 실시하는 선거에 후보자로 등록한 사람
5. 「국가공무원법」 제2조 또는 「지방공무원법」 제2조에 규정된 공무원의 직에서 퇴직한지 2년이 지나지 아니한 사람

② 상설특별검사가 제1항 제1호부터 제5호까지의 규정에 해당하면 당연히 퇴직한다.

제5조(추천위원회) ① 대통령은 위원장 1명을 포함한 9명의 위원으로 추천위원회를 구성한다.

② 대통령은 추천위원회의 위원을 임명함에 있어 위원 중 3명은 국회에서 선출한 사람을, 3명은 대법원장이 지명한 사람을 임명한다.

③ 위원장은 위원 중에서 대통령이 임명한다.

④ 추천위원회의 위원은 제4조 각 호의 어느 하나에 해당하지 아니하는 사람으로 하여야 한다.

⑤ 추천위원회는 상설특별검사의 업무를 공정하고 독립적으로 수행할 수 있다고 인정되는 사람 중에서 재적위원 과반수의 찬성으로 2명의 후보자를 대통령에게 추천하여야 한다.

⑥ 추천위원회는 제5항에 따라 상설특별검사 후보자를 추천함으로써 임무가 만료되며 그 밖에 추천위원회의 운영 등에 필요한 사항은 대통령령으로 정한다.

제6조(특별검사보 및 특별수사관) ① 상설특별검사는 7년 이상 「법원조직법」 제42조 제1항 제1호의 직에 있던 변호사 중에서 4명의 특별검사보후보자를 선정하여 대통령에게 특별검사보로 임명할 것을 요청할 수 있다. 이 경우 대통령은 3일 이내에 그 후보자 중에서 2명을 특별검사보로 임명하여야 한다.

② 상설특별검사는 그 직무를 수행함에 있어서 필요한 경우에는 30명 이내의 특별수사관을 임명할 수 있다.

③ 특별검사보 및 특별수사관의 결격사유에 관하여는 제4조를 준용한다.

제7조(보수 등) ① 상설특별검사의 보수와 대우는 고등검사장의 예에 준한다.

　② 특별검사보의 보수와 대우는 검사장의 예에 준한다.

　③ 특별수사관의 보수와 대우는 3급부터 7급까지 상당의 별정직 국가공무원의 예에 준한다.

　④ 상설특별검사는 상설특별검사, 특별검사보, 특별수사관의 직무수행에 필요한 사무실과 통신시설 등 장비의 제공을 국가 또는 공공기관에 요청할 수 있다. 이 경우 요청 받은 기관은 정당한 사유가 없는 한 이에 응하여야 한다.

제8조(신분보장) 상설특별검사, 특별검사보는 탄핵 또는 금고 이상의 형을 받지 아니하면 파면 또는 퇴직되지 아니하며, 징계처분에 의하지 아니하면 파면·퇴직·정직 또는 감봉의 처분을 받지 아니한다.

제9조(공직임용 제한) 상설특별검사, 특별검사보는 파면 또는 퇴직 후 2년 이내에 법무부장관, 법무부차관 및 대통령실의 1급 이상의 공무원으로 임용될 수 없다.

제10조(상설특별검사의 조직과 운영) 이 법에 규정된 사항 외에 상설특별검사의 조직 및 운영에 관한 사항은 대통령령으로 정한다.

제11조(상설특별검사의 직무범위와 권한) ① 상설특별검사의 직무범위는 다음 각 호와 같다.

　1. 상설특별검사의 사무 통할

　2. 제2조에 따른 사건에 관한 수사와 공소제기 여부의 결정 및 유지 등에 관한 사항

　3. 특별검사보, 특별수사관, 관련 기관으로부터 파견 받은 공무원 등 소속직원에 대한 지휘·감독

　② 상설특별검사는 제1항의 직무범위를 이탈하여 담당사건과 관련되지 아니한 자를 소환·조사할 수 없다.

　③ 상설특별검사는 그 직무를 수행함에 있어서 필요한 경우에는 대검찰청, 경찰청 등 관계 기관의 장에게 담당사건과 관련된 사건의 수사 기록 및 증거 등 자료의 제출과 수사 활동의 지원 등 수사 협조를 요청할 수 있다.

　④ 상설특별검사는 그 직무를 수행함에 있어서 필요한 경우에는 대검찰청, 경찰청 등 관계 기관의 장에게 소속 공무원의 파견 근무와 이에 관련되는 지원을 요청할 수 있다.

　⑤ 제3항 및 제4항의 요청을 받은 관계 기관의 장은 반드시 이에 응해야 한다. 관

계 기관의 장이 이에 불응할 경우 상설특별검사는 징계 의결 요구권자에게 관계 기관의 장에 대한 징계 절차를 개시할 것을 요청할 수 있다.

⑥ 「형사소송법」, 「검찰청법」, 「군사법원법」과 그 밖의 법률 중에 검사와 군검찰관의 직무와 권한에 관한 규정은 이 법의 규정에 반하지 아니하는 한 상설특별검사의 경우에 준용한다.

제12조(특별검사보 및 특별수사관의 직무와 권한) ① 특별검사보는 상설특별검사의 지휘·감독에 따라 제2조의 사건과 관련된 수사 및 공소제기된 사건의 공소유지를 담당하고 특별수사관 및 관계 기관으로부터 파견 받은 공무원에 대한 지휘·감독을 행한다.

② 특별수사관은 제2조의 사건수사의 범위 안에서 검찰청 수사관 및 사법경찰관의 직무를 수행한다.

③ 「형사소송법」, 「검찰청법」, 「군사법원법」과 그 밖의 법률 중에 검사와 군검찰관의 직무와 권한에 관한 규정은 이 법의 규정에 반하지 아니하는 한 특별검사보의 경우에 준용한다.

제13조(사무처) ① 상설특별검사의 사무를 처리하기 위하여 사무처를 둔다.

② 사무처에는 사무처장 1명과 필요한 직원을 두되 사무처장은 상설특별검사가 추천하는 자를 대통령이 임명한다.

② 소속 직원 중 5급 이상 공무원 또는 고위공무원단에 속하는 일반직공무원은 대통령이 임명하며, 6급 이하 공무원은 상설특별검사가 임명한다.

③ 사무처장은 상설특별검사의 지휘를 받아 상설특별검사의 사무를 관장하고 소속 직원을 지휘·감독한다.

제14조(상설특별검사 등 의무) ① 상설특별검사, 특별검사보, 특별수사관과 제11조 제4항의 규정에 따라 파견된 공무원(이하 "파견공무원"이라 한다) 및 상설특별검사의 직무 보조를 위하여 채용된 자(이하 "직무보조자"라 한다)는 직무상 알게 된 비밀을 재직 중과 퇴직 후에 누설하여서는 아니 된다.

② 상설특별검사, 특별검사보, 특별수사관이나 파견공무원 및 직무보조자는 정당한 사유가 있는 경우를 제외하고는 공판청구 전에 수사 내용을 공표하거나 누설하여서는 아니 된다.

③ 상설특별검사, 특별검사보, 특별수사관은 영리를 목적으로 하는 업무에 종사할

수 없으며, 다른 직무를 겸할 수 없다.

④「형사소송법」, 「검찰청법」 그 밖의 법령 중 검사의 의무에 관한 규정은 이 법의 규정에 반하지 아니하는 한 상설특별검사 및 특별검사보에 준용한다.

제15조(자격사칭의 금지) 누구든지 상설특별검사, 특별검사보, 특별수사관의 자격을 사칭하여 그 권한을 행사하여서는 아니 된다.

제16조(불이익금지) 누구든지 이 법에 따라 상설특별검사에 진술, 증언, 자료 등의 제출 또는 답변을 하였다는 이유만으로 해고ㆍ전보ㆍ징계ㆍ부당한 대우 또는 그 밖에 신분이나 처우와 관련하여 불이익을 받지 아니한다.

제17조(다른 기관과의 관계) ① 상설특별검사의 업무와 중복되는 다른 기관의 업무는 상설특별검사로 이관하여야 한다. 다만, 검찰이 수사, 공소제기 및 유지하는 것이 적절하다고 판단될 때에는 상설특별검사는 검찰에 사건을 이첩할 수 있다.

② 법무부장관은 검찰이 수사하는 것보다 상설특별검사에서 수사하는 것이 적절하다고 판단하는 경우 상설특별검사에 수사를 의뢰할 수 있다.

제18조(업무방해) 다음 각 호의 어느 하나에 해당하는 사람은 5년 이하의 징역 또는 3천만원 이하의 벌금에 처한다.

1. 직무를 집행하는 상설특별검사, 특별검사보, 특별수사관 또는 그 직무보조자를 폭행 또는 협박한 사람

2. 상설특별검사, 특별검사보, 특별수사관 또는 그 직무보조자에 대하여 그 직무상의 행위를 강요 또는 저지하거나 그 직을 사퇴하게 할 목적으로 폭행 또는 협박한 사람

3. 위계로서 상설특별검사, 특별검사보, 특별수사관 또는 소속직원의 직무 집행을 방해한 사람

4. 제2조에 따라 상설특별검사의 수사 대상이 되는 사건에 관한 증거를 인멸, 위조 또는 변조하거나 위조 또는 변조한 증거를 사용한 사람

제19조(비밀누설) 제14조 제1항을 위반하여 업무상 알게 된 비밀을 누설한 사람은 2년 이하의 징역이나 금고 또는 5년 이하의 자격정지에 처한다.

제20조(자격사칭) 제18조를 위반하여 상설특별검사, 특별검사보, 특별수사관의 자격을 사칭하여 그 권한을 행사한 사람은 2년 이하의 징역 또는 700만원 이하의 벌금에 처한다.

제21조(벌칙 적용에 있어서의 공무원 의제) 상설특별검사, 특별검사보, 특별수사관과 그 직무보조자는 「형법」과 그 밖의 법률에 의한 벌칙의 적용에 있어서 이를 공무원으로 본다.

부　　　칙

제1조(시행일) 이 법은 공포 후 6개월이 경과한 날부터 시행한다.

제2조(준비기획단) ① 법무부에 법무부차관을 단장으로 하는 준비기획단을 둔다.

② 준비기획단은 이 법 시행 전에 상설특별검사와 관련한 조직구성, 관련 법령의 마련 및 그 밖에 상설특별검사의 임명을 위한 준비를 할 수 있다.

다. 김도읍 의원안

특별검사의 임명 등에 관한 법률안

(김도읍 의원 대표발의)

의 안 번 호	5735

발의연월일: 2013. 6. 28.

발 의 자: 김도읍·권성동·함진규

심재철·이채익·손인춘

서용교·김명연·박덕흠

유승우·신의진 의원

(11인)

제안이유

그동안 대통령 측근이나 고위공직자 등 국민적 관심이 집중된 대형 비리사건에 있어 검찰 수사의 공정성과 신뢰성 논란이 증폭될 때마다 여러차례 걸쳐 특별검사제도를 도입하여 운용한 바 있음.

그런데 지금까지는 특별검사제도를 도입하기 위한 근거 법률을 제정하는 과정에서 그 도입 여부 및 특별검사의 수사 대상, 추천권자 등을 둘러 싸고 여야 간에 정치적 공방이 끊이질 않았고, 결과적으로 특별검사의 수사 결과에 대한 불신으로까지 이어져 왔음.

따라서 이제는 그때그때 개별 법률을 제정하는 것보다 특별검사제도의 발동 경로와 수사대상, 임명 절차 등을 미리 법률로 제정해 두고 문제가 된 사건이 발생되면 곧바로 특별검사를 임명하여 최대한 공정하고 효율적으로 수사할 수 있도록 하는 상설특별검사제도의 도입이 필요한 상황임.

이에 상설특별검사제도의 도입 근거를 마련하고 특별검사에게 고위공직자 등의 부패범죄에 대한 수사권한 등을 부여하기 위하여 본 법률안을 제안함.

주요 내용

가. 이 법은 범죄수사와 공소제기 등에 있어 검찰의 정치적 중립성과 공정성에 대한 국민의 신뢰를 확보하기 위하여 특정사건에 한하여 독립적인 지위를 가지는 특별검사의 임명과 직무 등에 관하여 필요한 사항을 규정함을 목적으로 함(안 제1조).

나. 특별검사는 대통령의 친인척, 대통령실 소속 1급 이상의 공무원, 국무총리, 국회의원 등 고위공직자의 뇌물, 알선수재 등 부패범죄를 대상으로 국회가 본회의 의결로 요청한 사건, 특별감찰관이 감찰결과에 따라 요청한 사건, 법무부장관이 이해충돌 등을 이유로 의뢰한 사건을 수사의 대상으로 함(안 제2조, 제3조 제1항).

다. 법무부장관은 국회 및 특별감찰관의 요청이 있는 경우 특별검사의 수사가 필요하다고 인정할만한 상당한 이유가 있으면 그 요청에 따라야 함(안 제3조 제2항).

라. 특별검사는 15년 이상 법조경력을 가진 변호사 중에서 법무부장관이 특별검사후보추천위원회로부터 추천을 받아 대통령에게 임명을 제청하고, 대통령은 추천후보자 중에서 특별검사를 임명함(안 제4조).

마. 특별검사후보추천위원회는 국회, 대법원, 법무부, 대한변호사협회로부터 추천을 받은 5명의 위원을 법무부장관이 임명 또는 위촉하여 구성함(안 제5조).

바. 특별검사는 임명 제청서에 기재된 사건에 관한 수사와 공소제기 여부의 결정 및 공소 유지를 담당하고, 임명된 날로부터 20일 동안 준비기간을 거쳐 60일 이내에 수사를 완료하되 1회에 한해 30일의 범위 내에서 수사 기간을 연장할 수 있도록 함(안 제8조, 제11조).

사. 대통령은 직무수행이 현저히 곤란한 신체적 · 정신적 질환이 있거나 직무상 알게된 비밀을 누설하는 등의 사유가 있을 경우 외에는 특별검사나 특별검사보를 해임할 수 없음(안 제16조).

아. 이 법은 시행일로부터 3년간 그 효력을 가지도록 함(안 부칙 제2조).

법률 제   호

특별검사의 임명 등에 관한 법률안

제1장 총 칙

제1조(목적) 이 법은 범죄수사와 공소제기 등에 있어 검찰의 정치적 중립성과 공정성
    에 대한 국민의 신뢰를 확보하기 위하여 특정사건에 한하여 독립적인 지위를 가지
    는 특별검사의 임명과 직무 등에 관하여 필요한 사항을 규정함을 목적으로 한다.
제2조(정의) 이 법에서 사용하는 용어의 정의는 다음과 같다.
    1. 이 법에서 "고위공직자 등"이란 다음 각 목의 어느 하나에 해당하는 사람을 말
        한다.
        가. 대통령의 배우자, 4촌 이내의 친족
        나. 대통령실 소속 1급 이상의 공무원
        다. 국무총리, 국무위원, 국회의원, 감사원장, 국가정보원장, 검찰총장, 경찰
            청장
    2. 이 법에서 "부패범죄 등"이란 다음 각 목의 어느 하나에 해당하는 행위를 말한다.
        가. 「형법」 제122조 및 제123조의 죄
        나. 「형법」 제129조부터 제133조까지의 죄(다른 법률에 따라 가중처벌되는
            죄를 포함한다)
        다. 「형법」 제355조부터 제357조까지 및 제359조의 죄(다른 법률에 따라 가
            중처벌되는 죄를 포함한다)
        라. 「특정경제범죄 가중처벌 등에 관한 법률」 제4조부터 제7조까지의 죄
        마. 「특정범죄 가중처벌 등에 관한 법률」 제3조의 죄
        바. 「정치자금법」 제45조의 죄, 「변호사법」 제109조부터 제111조까지의 죄
        사. 가목부터 바목까지의 범죄행위와 관련한 「형법」 제151조·제152조 및
            제154조부터 제156조까지의 죄

제2장 특별검사의 임명 및 수사 대상

제3조(특별검사의 수사대상 등) ① 법무부장관(대상이 법무부장관인 경우에는 법무부
차관으로 한다. 이하 같다)은 다음 각호에 해당하는 고위공직자 등의 부패범죄 등
사건을 특별검사에게 수사의뢰할 수 있다.

  1. 검사가 수사한 사건 중에서 국회가 정치적 중립성과 공정성 등을 이유로 법무
부장관에게 특별검사의 수사를 요청하기로 본회의에서 의결한 사건

  2. 특별감찰관이 「특별감찰관법」 제20조에 따라 법무부장관에게 특별검사의 수사
를 요청한 사건

  3. 이해관계 충돌이나 공정성 등을 이유로 특별검사의 수사가 필요하다고 판단한
사건

  ② 법무부장관은 제1항 제1호·제2호에 대하여는 특별검사의 수사가 필요하다고
인정할만한 상당한 이유가 있는 경우 그 요청에 따라야 하고, 제1항 제3호에 대
하여는 검찰총장의 의견을 들어야 한다.

제4조(특별검사 임명절차) ① 법무부장관이 제3조에 따라 특별검사의 수사 의뢰를 결
정한 경우 지체없이 제5조에 따라 구성된 특별검사후보추천위원회에 2명의 특별검
사 후보자 추천을 의뢰하여야 한다.

  ② 특별검사후보추천위원회는 제1항의 의뢰를 받은 날로부터 5일 내에 15년 이상
법원조직법 제42조 제1항 제1호의 직에 있던 변호사 중에서 재적위원 과반수의
찬성으로 2명의 후보자를 법무부장관에게 추천하여야 한다.

  ③ 법무부장관은 제2항의 추천을 받은 즉시 대통령에게 특별검사 임명을 제청하여
야 한다.

  ④ 대통령은 제3항의 제청을 받은 날로부터 3일 내에 추천후보자 중에서 특별검사
를 임명하여야 한다.

제5조(특별검사후보추천위원회) ① 법무부장관이 제청할 특별검사 후보자의 추천을
위하여 법무부에 특별검사후보추천위원회(이하 "추천위원회"라 한다)를 둔다.

  ② 추천위원회는 위원장 1명을 포함한 5명의 위원으로 구성한다.

  ③ 위원장은 제4항에 따른 위원 중에서 법무부장관이 임명하거나 위촉한다.

  ④ 위원은 다음 각 호의 어느 하나에 해당하는 사람을 법무부장관이 임명하거나

위촉한다.

1. 법무부 검찰국장

2. 법원행정처 차장

3. 대한변호사협회장

4. 기타 학식과 덕망이 있고 각계 전문 분야에서 경험이 풍부한 사람으로서 국회에서 추천한 2명

⑤ 추천위원회는 법무부장관의 요청 또는 위원 3분의 1 이상의 요청이 있거나 위원장이 필요하다고 인정할 때 위원장이 소집하고, 재적위원 과반수의 찬성으로 의결한다.

⑥ 추천위원회가 제4조 제2항에 따라 특별검사 후보자를 추천하면 해당 위원회는 해산된 것으로 본다.

⑦ 그 밖에 추천위원회의 구성과 운영 등에 필요한 사항은 대통령령으로 정한다.

제6조(특별검사의 결격사유) 다음 각 호의 어느 하나에 해당하는 자는 특별검사로 임명될 수 없다.

1. 대한민국 국민이 아닌 자

2. 「국가공무원법」 제2조 또는 「지방공무원법」 제2조에 규정된 공무원

3. 특별검사 임명일 전 1년 이내에 제2호의 직에 있었던 자

4. 정당의 당적을 가진 자 또는 특별검사 임명일 전 1년 이내에 당적을 가졌던 자

5. 「공직선거법」에 따라 실시하는 선거에 후보자(예비후보자를 포함한다)로 등록한 사람

6. 「국가공무원법」 제33조 각 호의 어느 하나에 해당하는 자

제7조(특별검사의 정치적 중립 및 직무상 독립) 특별검사는 정치적으로 중립을 지키고 독립하여 그 직무를 수행한다.

제3장 특별검사의 권한 및 의무

제8조(특별검사의 직무범위와 권한 등) ① 특별검사의 직무 범위는 다음 각 호와 같다.

1. 제4조에 따라 특별검사 임명 제청서에 기재된 사건(이하 '담당사건'이라 한다)에 관한 수사와 공소제기 여부의 결정 및 공소 유지

2. 제9조의 특별검사보 및 특별수사관과 관계 기관으로부터 파견받은 공무원에

대한 지휘·감독

② 특별검사는 직무의 범위를 이탈하여 담당 사건과 직접 관련되지 아니한 자를 소환·조사할 수 없다.

③ 특별검사는 그 직무수행을 위하여 필요한 때에는 대검찰청, 경찰청 등 관계 기관의 장에게 담당 사건과 직접 관련된 사건의 수사 기록 및 증거 등 자료의 제출, 수사활동의 지원 등 수사 협조를 요청할 수 있다.

④ 특별검사는 그 직무수행을 위하여 필요한 때에는 대검찰청, 경찰청 등 관계 기관의 장에게 소속 공무원의 파견 근무와 이에 관련되는 지원을 요청할 수 있다. 다만, 파견검사의 수는 3명 이내, 파견검사를 제외한 파견공무원의 수는 30명 이내로 한다.

⑤ 제3항 및 제4항의 요청을 받은 관계 기관의 장은 정당한 사유가 없는 한 이에 응해야 한다. 다만, 특별검사가 특정 검사 및 공무원의 파견을 요청하는 경우에는 사전에 관계 기관의 장과 협의하여야 한다.

⑥ 관계기관의 장이 제5항 본문의 요청에 정당한 사유없이 불응할 경우 특별검사는 징계의결요구권자에게 관계기관의 장에 대한 징계절차를 개시할 것을 요청할 수 있다.

⑦ 「형사소송법」, 「검찰청법」, 「군사법원법」, 그 밖의 법령 중 검사와 군검찰관의 권한에 관한 규정은 이 법의 규정에 반하지 아니하는 한 특별검사의 경우에 이를 준용한다.

제9조(특별검사보 및 특별수사관의 임명과 권한) ① 특별검사는 7년 이상 「법원조직법」 제42조 제1항 제1호의 직에 있던 변호사 중에서 4명의 특별검사보 후보자를 선정하여 대통령에게 특별검사보로 임명할 것을 요청할 수 있다. 이 경우 대통령은 그 요청을 받은 날부터 3일 이내에 그 후보자 중에서 2명의 특별검사보를 임명하여야 한다.

② 특별검사보는 특별검사의 지휘·감독에 따라 담당 사건의 수사 및 공소제기된 사건의 공소유지를 담당하고, 특별수사관 및 관계 기관으로부터 파견받은 공무원을 지휘·감독한다.

③ 특별검사는 그 직무수행에 필요한 때에는 30명 이내의 특별수사관을 임명할 수 있다. 이 경우 유관기관 근무 경력, 업무수행 능력과 자질 등을 고려하여야 한다.

④ 특별수사관은 담당 사건의 수사 범위 내에서 사법경찰관의 직무를 수행한다.

⑤ 특별검사보 및 특별수사관의 결격 사유에 관하여는 제6조, 특별검사보의 권한에 관하여는 제8조 제7항을 각각 준용한다.

⑥ 특별검사는 수사완료 후 공소유지를 위한 경우에는 특별검사보, 특별수사관 등특별검사의 업무를 보조하는 인원을 최소한의 범위로 유지하여야 한다.

제10조(특별검사 등의 의무) ① 특별검사, 특별검사보 및 특별수사관(이하 "특별검사 등"이라 한다)과 제8조 제4항에 따라 파견된 공무원 및 특별검사의 직무보조를 위하여 채용된 자는 직무상 알게 된 비밀을 재직 중과 퇴직 후에 누설하여서는 아니된다.

② 특별검사 등은 영리를 목적으로 하는 업무에 종사할 수 없으며, 다른 직무를 겸할 수 없다.

③ 특별검사등과 제8조 제4항에 따라 파견된 공무원 및 특별검사의 직무보조를 위하여 채용된 자는 제11조 제3항·제4항, 제13조 및 제18조에 따른 경우를 제외하고는 수사내용을 공표하거나 누설하여서는 아니 된다. 다만, 특별검사는 수사완료 전에 1회에 한하여 중간수사결과를 발표할 수 있다.

④ 「형사소송법」, 「검찰청법」, 그 밖의 법령 중 검사의 의무에 관한 규정은 이 법의 규정에 반하지 아니하는 한 특별검사 및 특별검사보에 이를 준용한다.

제4장 사건처리절차

제11조(수사기간 등) ① 특별검사는 임명된 날부터 20일 동안 수사에 필요한 시설의 확보, 특별검사보의 임명 요청 등 직무수행에 필요한 준비를 할 수 있다. 이 경우 준비기간 중에는 담당 사건에 대하여 수사를 하여서는 아니 된다.

② 특별검사는 제1항의 준비기간이 만료된 날의 다음 날부터 60일 이내에 담당 사건에 대한 수사를 완료하고 공소제기 여부를 결정하여야 한다.

③ 특별검사가 제2항의 기간 내에 수사를 완료하지 못하거나 공소 제기 여부를 결정하기 어려운 경우에는 대통령에게 그 사유를 보고하고 대통령의 승인을 얻어 수사기간을 1회에 한하여 30일까지 연장할 수 있다.

④ 제3항에 따른 보고 및 승인요청은 수사기간 만료 3일 전에 행하여져야 하고, 대통령은 수사기간 만료 전에 승인 여부를 특별검사에게 통지하여야 한다.

⑤ 특별검사는 수사기간 내에 수사를 완료하지 못하거나 공소제기여부를 결정하지 못한 경우 수사기간 만료일부터 3일 이내에 사건을 관할 지방검찰청 검사장에게 인계하여야 한다. 이 경우 비용지출 및 활동내역 등에 대한 보고에 관하여는 제18조를 준용하되, 그 보고기간의 기산일은 사건인계일로 한다.

제12조(재판기간 등) ① 특별검사가 공소제기한 사건의 재판은 다른 재판에 우선하여 신속히 하여야 하며, 그 판결의 선고는 제1심에서는 공소제기일부터 3개월 이내에, 제2심 및 제3심에서는 전심의 판결선고일부터 각각 2개월 이내에 하여야 한다.

② 제1항의 경우 「형사소송법」 제361조, 제361조의3 제1항·제3항, 제377조 및 제379조 제1항·제4항의 기간은 각각 7일로 한다.

제13조(사건의 처리보고) 특별검사는 담당 사건에 대하여 공소를 제기하지 아니하는 결정을 하였을 경우, 공소를 제기하였을 경우 및 해당 사건의 판결이 확정되었을 경우에는 각각 10일 이내에 대통령과 법무부장관에게 서면보고하여야 한다.

제5장 특별검사의 지위 및 신분보장

제14조(보수 등) ① 특별검사의 보수와 대우는 고등검사장의 예에 준한다.

② 특별검사보의 보수와 대우는 검사장의 예에 준한다.

③ 특별수사관의 보수와 대우는 3급부터 5급까지 상당의 별정직 국가공무원의 예에 준한다.

④ 정부는 예비비에서 특별검사등의 직무수행에 필요한 경비를 지급한다. 다만, 수사완료 후 공소를 제기한 이후에는 판결이 확정될 때까지 공소유지에 필요한 최소한의 경비만을 지급한다.

⑤ 특별검사는 그 직무수행에 필요한 사무실과 통신시설 등 장비의 제공을 국가 또는 공공기관에 요청할 수 있다. 이 경우 요청을 받은 기관은 정당한 사유가 없는 한 이에 응하여야 한다.

제15조(퇴직 등) ① 특별검사는 정당한 사유가 없는 한 퇴직할 수 없으며, 퇴직하고자 하는 경우에는 서면에 의하여야 한다.

② 대통령은 특별검사가 사망하거나 제1항에 따라 사퇴서를 제출한 경우에는 법무부장관에게 지체 없이 이를 통보하여야 한다.

③ 대통령은 특별검사가 사망하거나 제1항에 따라 사퇴서를 제출하는 경우에는 제

4조에서 정한 임명절차에 따라 후임 특별검사를 임명하여야 한다. 이 경우 후임 특별검사는 전임 특별검사의 직무를 승계한다.

④ 제3항에 따라 후임 특별검사를 임명하는 경우 제11조의 수사기간 산정에 있어서는 전임·후임 특별검사의 수사기간을 합산하되, 특별검사가 사퇴서를 제출한 날부터 후임 특별검사가 임명되는 날까지의 기간은 수사기간에 산입하지 아니한다.

⑤ 특별검사보가 사망하거나 사임한 경우에는 특별검사는 대통령에게 후임 특별검사보의 임명을 요청할 수 있다. 이 경우 대통령은 지체 없이 제9조 제1항에 따라 후임 특별검사보를 임명하여야 한다.

제16조(해임 등) ① 대통령은 다음 각 호의 어느 하나에 해당하는 경우를 제외하고는 특별검사 또는 특별검사보를 해임할 수 없다.

1. 제6조 각 호에 규정된 결격사유가 발견된 경우
2. 직무수행이 현저히 곤란한 신체적·정신적 질환이 있다고 인정되는 경우
3. 제21조 제5항에 위반하여 수사활동을 하거나, 제21조 제8항에 따른 집행 또는 절차 정지 결정에 위반하여 수사활동을 한 경우
4. 제10조 제1항부터 제3항까지 또는 제11조 제1항 후단을 위반한 경우
5. 제10조 제4항에 따라 특별검사와 특별검사보에게 준용되는 검사의 의무에 관한 규정에 위반한 경우
6. 특별검사가 그 직무수행 또는 제9조 제6항에 따라 필요하다고 인정하여 대통령에게 특별검사보의 해임을 요청하는 경우

② 대통령은 특별검사를 해임한 경우에는 법무부장관에게 지체없이 이를 통보하여야 한다.

③ 대통령은 특별검사를 해임한 경우에는 제4조에서 정한 임명절차에 따라 후임 특별검사를 임명하여야 한다. 이 경우 직무승계에 관하여는 제15조 제3항 후단, 수사기간의 산정에 관하여는 같은 조 제4항을 각각 준용한다.

④ 대통령이 특별검사보를 해임한 경우에는 지체없이 제9조 제1항에 따라 후임 특별검사보를 임명하여야 한다. 다만, 제16조 제1항 제6호(제9조 제6항에 의한 경우에 한한다)에 따라 특별검사보를 해임한 경우에는 그러하지 아니하다.

⑤ 특별검사는 그 직무수행을 위하여 필요한 때에는 특별수사관을 해임하거나 파견받은 공무원에 대하여 소속 기관의 장에게 교체를 요청할 수 있다.

제17조(신분보장) 특별검사 및 특별검사보는 탄핵 또는 금고 이상의 형을 선고받지 아니하고는 파면되지 아니한다.

제6장 보 칙

제18조(회계보고 등) 특별검사는 담당 사건에 대하여 공소를 제기하지 아니하는 결정을 하였을 경우와 공소를 제기한 사건의 판결이 확정되었을 경우에는 10일 이내에 비용지출 및 활동내역 등에 관한 사항을 대통령에게 서면으로 보고하고, 보관하고 있는 업무 관련 서류 등을 검찰총장에게 인계하여야 한다. 다만, 공소를 제기한 경우에는 그 공소제기일까지의 비용지출 및 활동내역 등에 관한 사항을 10일 이내에 대통령에게 서면으로 중간보고하여야 한다.

제19조(재판관할) 특별검사의 담당 사건에 관한 제1심 재판은 서울중앙지방법원 합의부의 전속관할로 한다.

제20조(직무범위를 이탈한 공소제기의 효력) 특별검사의 공소제기가 제8조 제1항을 위반하여 직무범위를 이탈한 경우 그 공소제기는 효력이 없다.

제21조(이의신청) ① 담당 사건의 수사대상이 된 자 또는 그 배우자·직계존속·비속·동거인·변호인은 제8조 제2항을 위반한 경우 등 특별검사의 직무범위 이탈에 대하여 서울고등법원에 이의신청을 할 수 있다.

② 제1항에 따른 이의신청은 이유를 기재한 서면으로 하되, 특별검사를 경유하여야 한다.

③ 제2항에 따라 이의신청서를 접수한 특별검사는 다음 각 호의 구분에 따라 이를 처리한다.

 1. 신청이 이유 있는 것으로 인정한 때에는 신청내용에 따라 즉시 시정하고, 이를 서울고등법원과 이의신청인에게 서면으로 통지하여야 한다.

 2. 신청이 이유 없는 것으로 인정한 때에는 신청서를 접수한 때부터 24시간 이내에 신청서에 의견서를 첨부하여 서울고등법원에 이를 송부하여야 한다.

④ 제3항 제2호에 따라 송부된 신청서를 접수한 서울고등법원은 접수한 때부터 48시간 이내에 다음의 구분에 따라 이를 결정하여야 한다. 이 경우 법원은 필요한 때에는 수사기록의 열람 등 증거조사를 할 수 있다.

 1. 신청이 이유 없는 것으로 인정한 때에는 신청을 기각한다.

2. 신청이 이유 있는 것으로 인정한 때에는 신청대상 조사 내용이 특별검사의 직무범위를 이탈하였음을 인용한다.

⑤ 제4항 제2호의 인용결정이 있는 경우에는 특별검사는 해당 결정의 취지에 반하는 수사활동을 하여서는 아니 된다.

⑥ 제4항의 결정에 대하여는 항고할 수 없다.

⑦ 제1항에 따른 이의신청에도 불구하고 특별검사의 수사활동은 정지되지 아니한다.

⑧ 제1항에 따른 이의신청인은 이의신청과 동시에 또는 그와 별도로 이유를 소명한 서면으로 서울고등법원에 해당 처분 등의 효력이나 그 집행 또는 절차의 속행의 전부 또는 일부 정지를 신청할 수 있고, 법원은 지체 없이 이에 대하여 결정하여야 한다.

⑨ 서울고등법원이 제4항 또는 제8항의 결정을 한 때에는 이의신청인과 특별검사에게 서면으로 통지하여야 한다.

제7장 벌 칙

제22조(벌칙) ① 위계 또는 위력으로써 특별검사 등의 직무수행을 방해한 자는 5년 이하의 징역 또는 5천만원 이하의 벌금에 처한다.

② 특별검사 등이나 제8조 제4항에 따라 파견된 공무원 또는 특별검사의 직무보조를 위하여 채용된 자가 제10조 제1항을 위반하여 직무상 알게 된 비밀을 누설한 때에는 3년 이하의 징역 또는 5년 이하의 자격정지에 처한다.

③ 특별검사 등이나 제8조 제4항에 따라 파견된 공무원 또는 특별검사의 직무보조를 위하여 채용된 자가 제10조 제3항을 위반하여 직무상 알게 된 수사내용을 공소제기 전에 공표한 때에는 3년 이하의 징역 또는 5년 이하의 자격정지에 처한다.

제23조(벌칙 적용에 있어서의 공무원 의제) 특별검사 등 및 특별검사의 직무보조를 위하여 채용된 자는 「형법」이나 그 밖의 법률에 의한 벌칙의 적용에 있어서 이를 공무원으로 본다.

부 칙

제1조(시행일) 이 법은 공포 후 6개월이 경과한 날부터 시행한다.

제2조(유효기간) 이 법은 시행일부터 3년간 그 효력을 가진다. 다만, 국회의 의결로써 2년간 그 효력을 연장할 수 있다.

제3조(실효의 효과) ① 이 법의 실효는 제23조 및 제24조에 따른 벌칙에 영향을 미치지 아니한다.

② 특별검사가 수사 중이거나 공소제기한 사건으로서 이 법 실효 당시 수사가 종료되지 아니하였거나 재판이 확정되지 아니한 사건의 수사 및 공소유지 등에 관한 직무는 검찰총장에게 승계된다.

사항색인

저자 약력

차 정 현

서울대학교 법학과 졸업

서울대학교 법과대학 석사

서울대학교 법과대학 박사

제46회 사법시험 합격

사법연수원 36기

공익법무관

금융위원회 금융정보분석원 기획행정실 행정사무관

금융위원회 금융정보분석원 심사분석과 행정사무관

특별감찰관 감찰담당관

특별감찰관 특별감찰과장

특별감찰관 직무대행

고위공직자범죄수사처 검사(수사2부)

고위공직자범죄수사처 부부장 검사(수사3부)

(現) 고위공직자범죄수사처 부부장 검사(특별수사본부)

금융위원회 금융정보분석원 제재심의위원

금융위원회 금융정보분석원 정책자문위원

한국거래소 준법감시 발전위원

한국기업지배구조원 ESG 심화평가위원, 의안분석 심의위원

CAMS(자금세탁방지전문가), CGSS(국제제재전문가), CAMS-RM(자금세탁방지 위험평가전문가)
MEA(자금세탁방지 상호평가자), CFE, CDCS, FRM 등

특별감찰관법 강의

초판발행	2023년 6월 30일
지은이	차정현
펴낸이	안종만·안상준
편 집	장유나
기획/마케팅	이후근
표지디자인	BEN STORY
제 작	고철민·조영환
펴낸곳	(주) **박영사**
	서울특별시 금천구 가산디지털2로 53, 210호(가산동, 한라시그마밸리)
	등록 1959. 3. 11. 제300-1959-1호(倫)
전 화	02)733-6771
f a x	02)736-4818
e-mail	pys@pybook.co.kr
homepage	www.pybook.co.kr
ISBN	979-11-303-4362-4 93360

정 가   29,000원